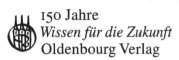

I0012899

150 Jahre
Wissen für die Zukunft
Oldenbourg Verlag

Technische Informatik

Eine einführende Darstellung

von
Prof. Dr. Bernd Becker
Prof. Dr. Paul Molitor

Oldenbourg Verlag München Wien

Bernd Becker ist Inhaber des Lehrstuhls für Rechnerarchitektur an der Albert-Ludwigs-Universität Freiburg. Seine Hauptarbeitsgebiete sind Entwurf, Verifikation und Test von Schaltungen und Systemen. Seine Arbeiten werden unterstützt durch umfangreiche Drittmittelprojekte sowohl von DFG, BMBF als auch von Geldgebern direkt aus der Industrie. Zur Zeit ist er stellvertretender Sprecher des SFB Transregios der DFG "Automatic Verification and Analysis of Complex Systems".

Paul Molitor ist Professor für Technische Informatik an der Martin-Luther-Universität Halle-Wittenberg. Vor seiner Tätigkeit an der Universität Halle war er Professor für Schaltungstechnik an der Humboldt-Universität zu Berlin (1993/94) bzw. Projektleiter in dem an der Universität des Saarlandes und der Universität Kaiserslautern angegliederten Sonderforschungsbereich "VLSI Entwurfsmethoden und Parallelität" (1983–1992). Er studierte Informatik und Mathematik an der Universität des Saarlandes (Diplom 1982, Promotion 1986, Habilitation 1992).

Bibliografische Information der Deutschen Nationalbibliothek

Die Deutsche Nationalbibliothek verzeichnet diese Publikation in der Deutschen Nationalbibliografie; detaillierte bibliografische Daten sind im Internet über <http://dnb.d-nb.de> abrufbar.

© 2008 Oldenbourg Wissenschaftsverlag GmbH
Rosenheimer Straße 145, D-81671 München
Telefon: (089) 4 50 51-0
oldenbourg.de

Das Werk einschließlich aller Abbildungen ist urheberrechtlich geschützt. Jede Verwertung außerhalb der Grenzen des Urheberrechtsgesetzes ist ohne Zustimmung des Verlages unzulässig und strafbar. Das gilt insbesondere für Vervielfältigungen, Übersetzungen, Mikroverfilmungen und die Einspeicherung und Bearbeitung in elektronischen Systemen.

Lektorat: Dr. Margit Roth
Herstellung: Anna Grosser
Coverentwurf: Kochan & Partner, München
Gedruckt auf säure- und chlorfreiem Papier
Gesamtherstellung: Kösel, Krugzell

ISBN 978-3-486-58650-3

Vorwort

Zu dieser Auflage

Das vorliegende Buch ist eine Überarbeitung des Buches „ Technische Informatik. Eine Einführung", das vor drei Jahren bei Pearson Studium erschienen ist. Wenn auch die Entwicklung von Rechnern und die Bedeutung integrierter Schaltungen und eingebetteter Systeme in diesen drei Jahren weiter rasant voran geschritten ist, die für das Basisverständnis notwendigen Grundlagen haben sich nicht wesentlich verändert.

Nichtsdestotrotz war es sinnvoll, das Buch zu überarbeiten und an einigen Stellen zu modifizieren. Nur kleinere Änderungen, die bis auf wenige Ausnahmen eher kosmetischer Natur sind, erfuhren die Kapitel aus Teil I „Mathematische und elektronische Grundlagen". Größere Änderungen finden sich in Teil II, der auf den Entwurf digitaler Hardware eingeht. So wurde Kapitel 8 um die Synthese mittels Funktionaler Dekomposition Boolescher Funktionen erweitert. Es werden bessere obere Schranken für die Komplexität Boolescher Funktionen als noch in der ersten Auflage enthalten eingeführt. Insbesondere im Kapitel 9 wurde die Darstellung zum Teil auch aus didaktischen Gründen modifiziert. Teil III, im Speziellen die Abschnitte 10.2, 10.3, 10.4 und 11.2, wurde grundlegend überarbeitet. Wir lehnen uns nunmehr bei der Vorstellung eines Lehrprozessors eng an den MIPS-Prozessor an, wenn auch der Befehlsaufbau sich an einigen Stellen stark unterscheidet. Hierbei beschränken wir uns bewusst auf einen sehr kleinen Befehlssatz, um die wesentlichen Aspekte der Funktionsweise eines Prozessors in Bezug auf die Befehlsabarbeitung zu erläutern. Auf Erweiterungen des Prozessors, wie zum Beispiel in Bezug auf die Möglichkeit von Unterprogrammaufrufen oder Ein-/Ausgabe-Routinen, wurde im Text verzichtet; sie wurden zum Teil in den Übungsteil verschoben. *Pipelining* wird in der vorliegenden Auflage nicht nur eher allgemein erklärt, sondern insbesondere auch in Bezug auf den Lehrprozessor selbst vorgestellt. Der Lehrprozessor wurde in einem Praktikum an der Albert-Ludwigs-Universität Freiburg auf einem Actel®-FPGA realisiert und als Rechnerplattform für ein bekanntes, relativ einfaches Computerspiel eingesetzt; eine Xilinx®-Realisierung des Lehrprozessors ist zur Zeit Gegenstand von Studenten-Praktika an der Martin-Luther-Universität Halle-Wittenberg. Die Kapitel zu Teil IV sind mehr oder weniger unverändert zu der ersten Auflage.

Die Kapitel wurden zum Teil durch eine Vielzahl von weiteren Übungsaufgaben – das Buch enthält nun um die 120 Übungsaufgaben – ergänzt, die es den Studierenden noch besser erlauben, ihr Wissen zu überprüfen und zu erweitern.

Zum Inhalt

Integrierte Schaltkreise haben in den vergangenen Jahren massiv unsere Umwelt verändert. Rechnersysteme in den verschiedensten „Ausprägungen" sind integraler Bestandteil des täglichen Lebens geworden: Sie finden sich – um nur einige Beispiele zu nennen – als Laptops in Betrieben, Schulen, Universitäten und im privaten Bereich, als Großrechner im Banken- und Versicherungswesen, aber auch als Mikrocontroller zur Lösung komplexer Regelungs- und Steuerungsaufgaben in Autos, Eisenbahnen und Flugzeugen. Nicht zuletzt sei auf ihre Bedeutung in der Mobilkommunikation und Unterhaltungselektronik hingewiesen.

Unabhängig von der Anwendung gibt es gemeinsame Basiskomponenten, aus denen sich dann Rechner mit durchaus unterschiedlichen „Architekturen" aufbauen lassen. Rechner „optimal" für eine Zielanwendung zu konstruieren oder auch nur einzusetzen, wird in zunehmendem Maße in den Aufgabenbereich von Informatikern fallen. Ein tieferes Verständnis der Rechnerarchitektur ist damit unerlässlich. Die Vermittlung dieser Fähigkeiten ist eine Kernaufgabe der Technischen Informatik, die die Integration unterschiedlicher Bereiche erfordert. Das vorliegende Buch will hierzu einen Beitrag leisten.

Unter dem Begriff der *Rechnerarchitektur* verstand man bis vor einigen Jahren vielfach nur die *Software/Hardware-Schnittstelle* eines Rechners, also welcher Satz von *Maschinenbefehlen*, d. h. welche *Maschinensprache*, dem Menschen zur Verfügung steht, um mit dem Rechner „reden" zu können. Wie die einzelnen Maschinenbefehle dann durch den Rechner letztendlich ausgeführt werden, wurde im Rahmen der Rechnerarchitektur nicht mehr betrachtet. Die Leistungsfähigkeit eines Rechners ergibt sich aber nicht (nur) aus den Möglichkeiten, die zu seiner Programmierung zur Verfügung stehen. Vielmehr hängt die Effizienz in großem Maße davon ab, wie schnell der Prozessor die verschiedenen Maschinenbefehle ausführen kann. Dieses Lehrbuch beschäftigt sich also nicht nur mit der Software/Hardware-Schnittstelle, sondern geht auch detailliert auf den Aufbau und den Entwurf einzelner Hardwarekomponenten, insbesondere auf die Entwurfsmöglichkeiten, sowie auf das Zusammenspiel dieser Komponenten und somit auf die prinzipielle Arbeitsweise eines Prozessors ein. Hierbei werden wir, wie oben bereits angedeutet, einen Bogen von den mathematischen und technischen Grundlagen bis hin zu algorithmischen Aspekten schlagen.

Rechner kann man als eine Hierarchie virtueller Rechner verstehen. Hierbei stehen die verschiedenen virtuellen Rechner für verschiedene Abstraktionsebenen. Eine zentrale Ebene ist die gerade schon angesprochene Maschinensprache-Ebene, auf der man den Rechner als eine Maschine sieht, die Programme in Maschinensprache einliest und gemäß der definierten Semantik der Maschinensprache korrekt ausführt. Die Maschinensprache hat entscheidenden Einfluss auf die Komplexität des eigentlichen, physikalischen Rechners und auf seine Performanz. Auf einen einfachen Nenner gebracht, kann man in etwa sagen, dass

- je größer der Satz der Maschinenbefehle ist, der von der Maschinensprache bereitgestellt wird, und

- je komplexer die Operationen sind, die diese Maschinenbefehle ausführen,

- desto komplexer wird die Realisierung des physikalischen Rechners sein, der als Maschinensprache gerade diese Sprache besitzt,

- desto schwieriger wird es sein, hohe Taktraten zu erreichen, da sich der Takt nach der langsamsten Operation richten muss,

- desto bequemer wird es der Mensch (und der Compiler) haben, Programme für den Rechner zu schreiben.

Im Rahmen dieses Buches werden wir die Maschinensprache-Ebene und die darunter liegenden Ebenen, die die Hardware eines Rechners „ausmachen", detailliert betrachten. Wir belassen es hierbei nicht bei einer reinen Vorstellung des Aufbaus und der Funktionsweise der einzelnen Teile eines Rechners, sondern versuchen darüber hinaus, dem Leser das mathematische und technologische Grundverständnis für die Funktionsweise der einzelnen Komponenten und des Gesamtsystems nahe zu bringen. Zudem geht das Buch auf algorithmische Aspekte des Schaltkreisentwurfes ein, d. h. stellt Datenstrukturen und Algorithmen vor, wie zu einer Spezifikation Hardware synthetisiert werden kann, die dieser Spezifikation genügt.

Wie ist nun das Buch aufgebaut?

- In Teil I werden mathematische und elektronische Grundlagen bereitgestellt, deren Kenntnis für den Entwurf von Rechnern, aber auch für das Verständnis der Funktionsweise eines Rechners unerlässlich ist.

- Darauf aufbauend gibt Teil II Einblicke in Entwurfsaufgaben wie die Optimierung digitaler Schaltkreise. Es werden spezielle Schaltkreise exemplarisch entworfen und der Aufbau ausgewählter, als Komponenten von Rechnern benötigter Hardwarebausteine (z. B. ALU) diskutiert. Damit werden die Voraussetzungen geschaffen, die benötigt werden, um sich konkret dem Entwurf von Rechnern zuwenden und diesen auch durchführen zu können.

- Ein konkreter Entwurf eines Mikroprozessors erfolgt in Teil III. Im Mittelpunkt dieses Kapitels steht die Definition der Maschinensprache, über die sich unser Prozessor definiert, deren Umsetzung in Hardware sowie Konzepte zur Beschleunigung dieses Rechners.

- Das Buch schließt mit Teil IV, in dem erläutert wird, wie die Kommunikation zwischen Rechnern (oder Hardware-Modulen) erfolgt, insbesondere wird dieser Teil auf die verschiedenen Bustypen und auf verschiedene Kodierungen der zu übermittelnden Daten eingehen.

Wir gehen nun etwas detaillierter auf die einzelnen Teile ein, um dem Leser eine Art Leitfaden an die Hand zu geben.

Das Einleitungskapitel

In der Einleitung (Kapitel 1) vertiefen wir die oben schon angesprochene Idee der virtuellen Rechner und ihrer Hierarchie. Abschnitt 1.1 ist, wenn auch einfach, für das allgemeine Verständnis der folgenden Kapitel unerlässlich. Das Kapitel schließt mit einem historischen Rückblick auf die Entwicklung der Rechner, die sich eng an die Entwicklung der zu Grunde liegenden Technologien anlehnt.

Teil I: Grundlagen

Der erste Teil des Buches beschäftigt sich mit verschiedenen Grundlagen, deren Kenntnis eine notwendige Voraussetzung für das Verständnis der späteren, weiterführenden Betrachtungen ist. Auch wenn man die Inhalte dieser Kapitel auf den ersten Blick statt der Technischen Informatik zunächst eher den Bereichen der Mathematik und Elektrotechnik zuordnen würde, so spielen diese bei eingehender Betrachtung in unserem Kontext eine wichtige Rolle.

In Kapitel 2 werden die grundlegenden mathematischen Begriffe eingeführt, wie zum Beispiel Boolesche Algebren, Boolesche Funktionen und Boolesche Ausdrücke, also Begriffe, die im Zusammenhang der Schaltungstheorie eine zentrale Rolle spielen. Es stellt damit einen wichtigen „Werkzeugkasten" für die weiteren Kapitel bereit.

Kapitel 3 beschreibt und diskutiert, wie Zeichen und Zahlen im Rechner zu repräsentieren sind. Da die Darstellung von Zeichen und Zeichenfolgen in den Kapiteln 13 und 14 nochmals detailliert aufgegriffen wird, insbesondere in Bezug auf Fehlertoleranz und Längen-Optimalität, steht die Darstellung von Zahlen im Mittelpunkt dieses Kapitels. Es werden verschiedene Darstellungen vorgestellt und ihre Vor- und Nachteile diskutiert.

Die Kapitel 4 und 5 geben eine kurze Einführung in die elektronischen Grundlagen von Schaltungen. Diese sind notwendig, um verstehen zu können, wie Signale in einem Rechner auf der physikalischen Ebene verarbeitet werden. Auch wenn die restlichen Teile des Buches, bis auf wenige Abschnitte, nicht auf diese beiden Kapitel zurückgreifen, sind die hier vermittelten Grundlagen notwendig, um die Funktionsweise von Rechnern und ihr Zusammenspiel mit der „Umwelt" wirklich verstehen zu können. Es werden Fragen wie „Wie funktioniert eine Taste?", „Wie ist ein Tastenfeld (Tastatur) aufgebaut?" oder „Wie arbeitet ein Analog/Digital-Wandler?" behandelt. Die letzte Frage hat eine zentrale Bedeutung, denkt man zum Beispiel an sogenannte „eingebettete Systeme", bei denen oft ein analoger Wert (Temperatur, Luftfeuchtigkeit, Säuregehalt usw.) gemessen werden muss, um ihn dann durch einen (digitalen) Rechner verarbeiten zu lassen.

Teil II: Entwurf digitaler Hardware

Teil II veranschaulicht, wie ausgehend von einer Spezifikation einer Schaltung, die durch eine funktionale Beschreibung gegeben ist, eine Realisierung als Schaltkreis erzeugt werden kann. Die Kapitel 7 und 8 stellen Entwurfsmethoden für zwei- und mehrstufige kombinatorische Schaltungen vor und besprechen automatische Verfahren, wie zu einer gegebenen Booleschen Funktion eine kostengünstige Realisierung gefunden werden kann. Diese Verfahren basieren zum Teil auf effizienten Repräsentationsformen für Boolesche Funktionen, die eine effiziente Bearbeitung erlauben. Eine solche Datenstruktur, die sogenannten „Decision Diagrams", die „mächtiger" als die in Kapitel 2 vorgestellten ist, wird in Kapitel 6 eingeführt. Für spezielle Funktionen, wie die Addition oder Multiplikation, die in der Praxis sehr häufig vorkommen, werden in Kapitel 9 spezielle Schaltkreise entwickelt und analysiert. Dieses Kapitel stellt zudem vor, wie eine arithmetisch-logische Einheit (ALU) mithilfe der entwickelten Methoden konstruiert werden kann.

Teil III: Architektur eines Prozessors

In Teil III wird ein kleiner Mikroprozessor „gebaut". Hierbei geht das Buch schrittweise vor.

In Kapitel 10 wird ein Ein-Zyklus-Mikroprozessor entworfen, d. h. ein Prozessor, der jeden seiner Befehle in einem Takt vollständig ausführt. Damit vermeiden wir, schon an dieser Stelle über Konzepte wie Befehlspipelining sprechen zu müssen. Das Kapitel versucht zuerst, dem Leser ein Gefühl für den grundsätzlichen Aufbau eines Rechners zu vermitteln. Eine Menge von Befehlen wird vorgestellt, über welche die Maschinensprache unseres Prozessors definiert wird. Es wird gezeigt, wie der Prozessor, welcher das „Herz" eines jeden Rechners darstellt, die verschiedenen Maschinenbefehle ausführen kann. Hierdurch wird das Zusammenwirken der einzelnen Komponenten des Rechners detailliert und anschaulich erklärt. Das Kapitel widmet sich zum Schluss dem Steuerwerk des Prozessors.

Nachdem in Kapitel 10 der grundsätzliche Aufbau eines Prozessors und seiner Maschinensprache diskutiert wurde, dabei aber von zahlreichen Details abstrahiert wurde, wird in Kapitel 11 untersucht, wie der eben vorgestellte Prozessor zu einem leistungsfähigeren Mehr-Zyklen-Rechner ausgebaut werden könnte. Das Kapitel beginnt mit einer prinzipiellen Diskussion der CISC- und RISC-Philosophie. Hier wird die oben angesprochene Frage des Einflusses der Architektur der Maschinensprache auf die Leistungsfähigkeit eines Prozessors detailliert, wenn auch stark vereinfacht, diskutiert. Daran schließt sich die Vorstellung von Ansätzen zur Beschleunigung der Befehlsabarbeitung: Abarbeitung durch Befehlspipelining und effiziente Realisierung von Speicherzugriffen mithilfe einer Speicherhierarchie. Integriert in dieses Kapitel ist eine Vorstellung des Aufbaus der verschiedenen Speichertypen wie zum Beispiel statische und dynamische Speicherzellen.

Teil IV: Kommunikation

Teil IV beschäftigt sich abschließend mit der Frage, wie Informationen und Daten zwischen Komponenten bzw. zwischen Rechnern übertragen werden können.

In Kapitel 12 werden die Grundlagen der Kommunikation zwischen Hardwarekomponenten von einem logischen Standpunkt aus erklärt. Es setzt sich mit seriellen und parallelen Bussystemen und dazugehörigen Protokollen, insbesondere mit Bus-Arbitrierung auseinander.

Da bei dem Übertragen von Daten Fehler auftreten können, ist es zum Teil wichtig, Codes zu benutzen, die fehlertolerant sind. Fehlertolerante Codes sind Codes, die es einem Empfänger erlauben zu erkennen, ob ein Fehler bei der Übertragung erfolgt ist, beziehungsweise Fehler zu erkennen *und* zu korrigieren. Dieser Thematik ist das Kapitel 13 gewidmet.

Neben fehlertoleranten Codes sind sogenannte Häufigkeitscodes ebenfalls von zentraler Bedeutung. Das Ziel dieser Codes besteht darin, die Zeichen eines Codes so zu kodieren, dass die Übertragung einer Sequenz von Zeichen möglichst wenig Aufwand zur Folge hat. Neben einer kurzen Einführung in die Informationstheorie, die die mathematische Grundlage längenoptimaler Codes bildet, stellt Kapitel 14 drei Kodierungen vor, die versuchen, die mittlere Codewortlänge zu minimieren, die Shannon-Fano-Kodierung, die Huffman-Kodierung und die sogenannte arithmetische Kodierung.

An wen richtet sich das Buch?

Das Buch richtet sich insbesondere an Studierende der Informatik im Grundstudium bzw. in Bachelor-Studiengängen. Spezielle Vorkenntnisse werden nicht vorausgesetzt. Wir haben versucht, alle benötigten Grundlagen in den einführenden Kapiteln bereitzustellen und in diesem Sinne ein geschlossenes Buch zu erarbeiten. Wir sind der Überzeugung, dass das Buch sowohl als vorlesungsbegleitende Literatur benutzt werden kann, als auch als Grundlage zum Selbststudium geeignet ist.

Danksagung

Das vorliegende Buch ist aus Vorlesungen zur Technischen Informatik entstanden, die die beiden Autoren und Rolf Drechsler, Mitautor der 2005 bei Pearson Studium erschienenen ersten Auflage des Buches, seit 1993 in Bremen, Freiburg und Halle gehalten haben. Insofern sind wir zahlreichen Kollegen, (ehemaligen) Mitarbeitern und Studierenden zu Dank verpflichtet, insbesondere natürlich Rolf Drechsler. Sie alle haben durch konstruktive Kritik und Mitarbeit wesentlich zu dem Buch in seiner jetzigen Form beigetragen. Besonders nennen – natürlich in der Hoffnung möglichst niemand vergessen zu haben – möchten wir: Changxing Dong, Nicole Drechsler, Rüdiger Ebendt, Julian Eichstätt, Piet Engelke, Thomas Eschbach, Görschwin Fey, Riccardo Forth, Daniel Große, Wolfgang Günther, Harry Hengster, Mark Herbstritt, Andreas Hett, Martin Keim, Marcus Kocum, Matt Lewis, Christoph Löffler, Christian Mariner, Tobias Nopper, Ilia Polian, Jörg Ritter, Christoph Scholl, Frank Schmiedle, Tobias Schubert, Jürgen Schüle, Kelley Strampp, Lisa Teuber, Sandro Wefel, Martina Welte und Ralf Wimmer. Natürlich ist das Buch auch beeinflußt durch die Lehrveranstaltungen, die wir selbst während unserer Studienzeit besucht haben. In diesem Sinne möchten wir insbesondere unserem akademischen Lehrer Günter Hotz danken.

Freiburg im Breisgau / Halle an der Saale, im Januar 2008

Bernd Becker / Paul Molitor

Inhaltsverzeichnis

1	**Einleitung**	**1**
1.1	Was ist überhaupt ein Rechner?	1
1.1.1	Die verschiedenen Abstraktionsebenen	2
1.1.2	Hierarchie virtueller Rechner	4
1.2	Historischer Rückblick	5
	1938-1941: Die Z1, Z2 und Z3	6
	1946: Die ENIAC	8
	1952: Die IAS	10
	1953: Die TRADIC	11
	1971: Der Intel 4004	13
	1986: Der MIPS R2000	14
	2000: Der Intel Pentium 4	14

I	**Grundlagen**	**17**
2	**Grundlegende mathematische Begriffe**	**21**
2.1	Boolesche Algebra	21
2.2	Boolesche Funktionen	25
2.3	Boolesche Ausdrücke	28
2.4	Übungsaufgaben	37
3	**Darstellungen im Rechner**	**41**
3.1	Information	41
3.2	Darstellung von Zeichen	42
3.3	Darstellung von Zahlen	45
3.3.1	Festkommadarstellungen	45
3.3.2	Gleitkommadarstellungen	54
3.4	Übungsaufgaben	66
4	**Elementare Bauelemente**	**69**
4.1	Grundlagen elektronischer Schaltkreise	69
4.1.1	Elektrische Ladung	70

4.1.2   Elektrischer Strom 71
4.1.3   Elektrischer Widerstand, spezifischer Widerstand 71
4.1.4   Elektrische Spannung, Potentiale 72
4.1.5   Elektrische Kapazität 72

4.2   Die wichtigsten Gesetze der Elektronik 73
4.2.1   Das Ohm'sche Gesetz 73
4.2.2   Die Kirchhoff'schen Regeln 74
4.2.3   Seriell und parallel angeordnete Widerstände 75

4.3   Die wichtigsten Bauelemente 77
4.3.1   Spannungsquelle 77
4.3.2   Widerstand 78
4.3.3   Schalter 78
4.3.4   Kondensator 79
4.3.5   Operationsverstärker, Differenzverstärker 80

5   Elektronische Schaltungen   85

5.1   Spannungsteiler 85

5.2   Eine Taste zur Eingabe einer 0 oder einer 1 86

5.3   Tastenfeld 87

5.4   Logische Grundbausteine 89

5.5   Digital/Analog-Wandler 91

5.6   Analog/Digital-Wandler 92

II   Entwurf digitaler Hardware   95

6   Darstellung Boolescher Funktionen durch Decision Diagrams   99

6.1   Grundlagen 99

6.2   Decision Diagrams 101

6.3   Kronecker Functional Decision Diagrams 106

6.4   Übungsaufgaben 122

7   Entwurf zweistufiger Logik   125

7.1   Schaltkreisrealisierung durch PLAs 125
7.1.1   Kosten Disjunktiver Normalformen 128
7.1.2   Visualisierung am Würfel 130

7.2   Implikanten und Primimplikanten 135

7.3   Berechnung von Minimalpolynomen 139
7.3.1   Verfahren von Quine/McCluskey 139

7.3.2   Bestimmung eines Minimalpolynoms 145

7.4   Übungsaufgaben 153

8   Entwurf mehrstufiger Logik   157

8.1   Schaltkreise 157
8.1.1   Realisierung 157
8.1.2   Syntaktische Beschreibung von Schaltkreisen 160
8.1.3   Semantik von kombinatorischen Schaltkreisen 165
8.1.4   Symbolische Simulation 167
8.1.5   Hierarchischer Entwurf und Teilschaltkreise 168

8.2   Logiksynthese 169
8.2.1   Darstellungssatz 169
8.2.2   Kostenberechnung bei Schaltkreisen 172
8.2.3   Einfache Ansätze zur Verringerung der Kosten 173
8.2.4   Synthese unter Verwendung der Shannon'schen Dekomposition 176
8.2.5   Abbildung von Decision Diagrams 179
8.2.6   Funktionale Dekomposition Boolescher Funktionen 181
8.2.7   Schaltungstransformationen 182

8.3   Übungsaufgaben 186

9   Grundlegende Schaltungen   189

9.1   Addition in der Zweier-Komplement-Darstellung 193

9.2   Addierer 196
9.2.1   Halbaddierer und Volladdierer 196
9.2.2   Carry-Ripple-Addierer 198
9.2.3   Inkrementierer und Dekrementierer 201
9.2.4   Conditional-Sum-Addierer 202
9.2.5   Carry-Lookahead-Addierer 206

9.3   Multiplizierer, ALU 213
9.3.1   Multiplizierer 213
9.3.2   Prinzipieller Aufbau einer ALU 215

9.4   Übungsaufgaben 218

III   Architektur eines Prozessors   221

10   Ein einfacher Mikroprozessor   225

10.1   Prinzipieller Aufbau eines Rechners 225

10.2   Aufbau des Ein-Zyklen-Prozessors OurMips 230
10.2.1   Rahmengrößen/Eckdaten 231
10.2.2   Schnittstelle des Speichers 232

10.2.3   Der Datenregistersatz 233
10.2.4   Die Arithmetisch-Logische Einheit 236
10.2.5   Der Befehlszähler und das Statusregister 238
10.2.6   Der Gesamtrechner 240

10.3   Befehlssatz von OurMips... 242
10.3.1   Initialisierung 243
10.3.2   Der Befehlssatz im Überblick 244
10.3.3   Befehlsaufbau und Befehlsklassen 244
10.3.4   Lade- und Speicherbefehle 248
10.3.5   Arithmetische Befehle vom Register-Typ 251
10.3.6   Arithmetische Befehle vom Immediate-Typ 255
10.3.7   Logische Befehle.. 259
10.3.8   Sprungbefehle 260

10.4   Das Steuerwerk.. 266
10.4.1   Berechnung der Befehlsklasse 268
10.4.2   Berechnung der Steuersignale 268
10.4.3   Berechnung des Load-Enable-Signals.................................... 270
10.4.4   ALU-Ansteuerung 271

10.5   Übungsaufgaben.. 272

11   Weitergehende Architekturkonzepte   277

11.1   CISC und RISC... 278
         Eigenschaften von CISC-Rechnern 278
         Eigenschaften von RISC-Rechnern 279
         CISC versus RISC.. 280

11.2   Pipelining 282
11.2.1   Pipelining bei der Befehlsausführung.................................. 283
11.2.2   Maximale Beschleunigung 285
11.2.3   Pipeline-Konflikte 286
         Data Hazards 287
         Control Hazards... 291

11.3   Speicherhierarchie 293
11.3.1   Die wichtigsten Speichertypen 293
         SRAM- und DRAM-Speicherzellen, Latches und Flipflops 293
         Hauptspeicher 296
         Festplatte 300
         CD und DVD 303
         Magnetband.. 305
11.3.2   Die Idee der Speicherhierarchie 306

11.4   Caches 308
11.4.1   Ideen, Konzepte, Eigenschaften 309
11.4.2   Der Lesezugriff 310
11.4.3   Interne Organisation 312

Vollassoziative Cache-Speicher 312
Direktabgebildete Cache-Speicher 314
11.4.4 Der Schreibzugriff 316

11.5 Der virtuelle Speicher 319

11.6 Übungsaufgaben.. 324

IV Kommunikation 329

12 Kommunikation innerhalb eines Rechners 333

12.1 Parallele und serielle Busse, Protokolle.............................. 333
12.1.1 Serielle Busse.. 334
12.1.2 Parallele Busse 337

12.2 Zuteilung des Busses an einen Master 343
12.2.1 Stichleitungen 344
12.2.2 Daisy-Chaining... 344
12.2.3 Polling 346
12.2.4 Carrier Sense Multiple Access... 346

12.3 Busstruktur in modernen Rechnern 347

12.4 Übungsaufgaben.. 349

13 Fehlertolerante Kodierungen 351

13.1 Grundlegende Begriffe 351

13.2 Grundlegende Eigenschaften fehlertoleranter Codes 352
13.2.1 Fehlererkennende Codes 353
13.2.2 Fehlerkorrigierende Codes 356

13.3 Beispiele fehlertoleranter Codes 360
13.3.1 Eindimensionale Parity-Überprüfung................................. 360
13.3.2 Zweidimensionale Parity-Überprüfung............................... 362
13.3.3 Hamming-Code... 365
13.3.4 CRC-Kodierung 367

13.4 Übungsaufgaben.. 372

14 Datenkompression 375

14.1 Grundlagen der Informationstheorie 375

14.2 Eindeutige Dekodierbarkeit 378

14.3 Präfixcodes... 379

14.4 Längenoptimale Codes.. 386
14.4.1 Historischer Rückblick 386

14.4.2   Shannon-Fano-Kodierung 387
14.4.3   Huffman-Kodierung 388
14.4.4   Erweiterte Huffman Kodierung 390
14.4.5   Arithmetische Kodierung 391

14.5   Übungsaufgaben.. 394

15   Schlusswort   397

Literaturverzeichnis   401

Index   405

1 Einleitung

Dasselbe, was Du auf rechnerischem Weg gemacht hast, habe ich kürzlich mechanisch versucht und eine aus elf vollständigen und sechs verstümmelten Rädchen bestehende Maschine gebaut, welche gegebene Zahlen im Augenblick automatisch zusammenrechnet: addiert, subtrahiert, multipliziert und dividiert. Du würdest hell auflachen, wenn Du da wärest und sehen könntest, wie sie, so oft es über einen Zehner oder Hunderter weggeht, die Stellen zur Linken ganz von selbst erhöht oder ihnen beim Subtrahieren etwas wegnimmt.

[Brief von Schickard an Kepler am 20. September 1623]

1.1 Was ist überhaupt ein Rechner?

Die Beantwortung dieser in der heutigen Zeit scheinbar einfachen Frage hängt stark von der Sichtweise der befragten Person auf den Rechner ab. Es wird insbesondere von Bedeutung sein, wie weit der/die Befragte bei ihren Überlegungen von dem eigentlichen physikalischen Rechner abstrahiert. So bekommt man sicherlich recht unterschiedliche Antworten auf diese Frage, wenn man z. B. einen Physiker, einen Informatiker und einen Verwaltungsangestellten fragt.

Diese Sichtweisen spiegeln sich in verschiedenen Abstraktionsebenen eines Rechners wider, die bei der Beschreibung der Rechner unterschieden werden können:

- Anwendungsebene
- Ebene der höheren Programmiersprachen
- Assembler-Ebene
- Betriebssystem-Ebene

- Maschinensprache-Ebene

- Mikroprogramm-Ebene

- Hardware-Ebene

Wir geben im Folgenden erste „Definitionen" dieser verschiedenen Ebenen.

1.1.1   Die verschiedenen Abstraktionsebenen

Auf der Hardware-Ebene betrachten wir die Hardware des Rechners, speziell wie der *Prozessor*, d. h. die Steuer- und die Recheneinheit des Rechners, über Transistoren und Grundbausteine hardwaremäßig aufgebaut ist. „Wie kann eine Addition oder eine Multiplikation von Zahlen hardwaremäßig realisiert werden?" ist zum Beispiel eine Frage, die man auf dieser Ebene zu beantworten hat.

Die nächsthöhere Ebene betrachtet, wie die einzelnen Bausteine der Steuer- und Recheneinheit eines Prozessors in Abhängigkeit von den abzuarbeitenden *Maschinenbefehlen* angesteuert werden müssen, damit der Rechner die vom Programmierer vorgelegten Programme korrekt abarbeitet. Das allgemein angewendete Arbeitsprinzip beruht auf dem sogenannten *Fetch-Decode-Execute*-Zyklus (siehe Abbildung 1.1). Die im Prozessor enthaltenen Bausteine müssen über Steuersignale so angesteuert werden, dass in der ersten Phase des Arbeitszyklus der nächste abzuarbeitende Maschinenbefehl aus dem Speicher, in der Regel dem *Hauptspeicher*, geholt[1] wird. In der zweiten Phase wird der Maschinenbefehl durch die Steuereinheit dekodiert. Die *execute*-Phase führt dann die dekodierte Anweisung aus, nachdem gegebenenfalls für die Ausführung notwendige Operanden aus dem Speicher geladen worden sind. Die Ansteuerung der Steuersignale erfolgt bei CISC (*Complex Instruction Set Computer*) über sogenannte *Mikrobefehle*, die in Form eines Programms, des sogenannten *Mikroprogramms*, in einem Nurlesespeicher (ROM, *Read Only Memory*) gespeichert sind.

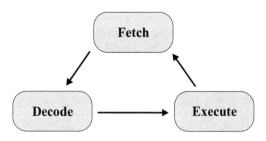

Abbildung 1.1: *Fetch-Decode-Execute-Arbeitszyklus eines Prozessors*

Die *Maschinensprache-Ebene* ist die unterste dem Programmierer frei zugängliche Sprache, in der er Programme für den Rechner schreiben kann. Diese Ebene wird aus

---

[1] *fetch* = holen

diesem Grunde auch *Software/Hardware-Schnittstelle* eines Prozessors genannt. Der Satz der verfügbaren Maschinenbefehle eines Prozessors bestimmt zu großen Teilen die „Architektur" des Rechners. Sind zum Beispiel nur wenige verschiedene Maschinenbefehle in der Maschinensprache verfügbar, die zudem noch alle einfacher Natur sind und die (fast) alle ungefähr die gleiche Ausführungszeit haben, so kann die Mikroprogramm-Ebene entfallen und die Maschinenbefehle können direkt, unter Verwendung einer *Befehlspipeline*, durch die Hardware ausgeführt werden, ohne ein Mikroprogramm als Interpreter zwischenzuschalten. Man spricht in diesem Zusammenhang von einer RISC-Architektur (RISC = *Reduced Instruction Set Computer*), andernfalls von einer CISC-Architektur. Die Maschinenbefehle selbst sind Folgen über 0 und 1, also kaum verständlich und recht unbequem für den menschlichen Programmierer. Ein Maschinenprogramm ist im Hauptspeicher abgespeichert.

Die *Betriebssystem-Ebene* liegt direkt oberhalb der Maschinensprache-Ebene. Das Betriebssystem (engl.: *Operating System*) ist in unserer vereinfachten Sicht[2] ein in Maschinensprache geschriebenes Programm, welches die Betriebsmittel wie Speicher, Ein- und Ausgabegeräte verwaltet, die Ausführung von Programmen steuert und die Kommunikation (Interaktion) zwischen Mensch und Computer ermöglicht. Auf dieser Ebene kommt der Benutzer zum Beispiel nicht mehr direkt mit der Ansteuerung des Speichers und der Peripherie in Verbindung. Es werden durch das Betriebssystem die Dateien verwaltet und dem Benutzer zum Lesen und Schreiben zur Verfügung gestellt, ohne dass dieser die physikalische Adresse der Dateien auf der *Festplatte* kennen muss. Zudem gaukelt das Betriebssystem dem Nutzer vor, dass ihm der volle *adressierbare Hauptspeicher* zur Verfügung steht, auch wenn es sich zum Beispiel um ein Mehrnutzer-System handelt oder der Rechner über weniger physikalischen Hauptspeicher verfügt als prinzipiell adressierbar ist. Der englische Begriff *operating system* kennzeichnet den Sinn und Zweck eines Betriebssystems. Die in den Anfängen der Computer stark mit fehlerträchtigen Arbeiten beschäftigte Bedienmannschaft eines Rechners, die *Operator-Mannschaft* genannt wurde, schrieb sich Programme, um sich die Arbeit zu erleichtern; diese wurden nach und nach zum *operating system* zusammengefasst [38].[3]

Oberhalb der Betriebssystem-Ebene befindet sich die *Assembler-Ebene*, die eine symbolische Notation der auf der Maschinensprache- und Betriebssystem-Ebene vorhandenen Befehle zur Verfügung stellt. Zudem stellt die Assembler-Ebene dem Programmierer sogenannte *Pseudoinstruktionen* zur Verfügung, die sich sehr einfach durch nur wenige Maschinenbefehle realisieren lassen, um so dem Menschen die Arbeit beim Programmieren zu erleichtern.

Auf den *Ebenen der höheren Programmiersprachen*, wie zum Beispiel C, C++, Java, C#, Pascal oder Fortran, versteht man den Rechner als einen „schwarzen Kasten", der Programme in der gegebenen höheren Programmiersprache einliest und direkt auf der Hardware ausführt.

Auf der *Anwendungsebene* sieht der Benutzer des Rechners nur die Anwendung – man

---

[2]In der Praxis stimmt dies so nicht! Vielmehr wird heutzutage ein Betriebssystem in einer höheren Programmiersprache geschrieben und wird auf einer existierenden Hostplattform durch einen sogenannten *Cross-Compiler* in ein Maschinenprogramm für die neue Hardwareplattform übersetzt.

[3]Im Rahmen des vorliegenden Buches werden wir nur auf wenige einzelne Aspekte eines Betriebssystems zu sprechen kommen. Weiterführende Informationen zu Betriebssystemen findet man z. B. in [33].

denke zum Beispiel an Informationssysteme, Programme zur Textverarbeitung oder zur Tabellenkalkulation.

1.1.2   Hierarchie virtueller Rechner

Jede Ebene mit Ausnahme der untersten, d. h. der Hardware-Ebene, ist durch eine Sprache definiert, die der Rechner auf dieser Ebene zu verstehen hat, d. h. deren Anweisungen er ausführen kann. Hierbei interessiert nicht, wie die Ausführung auf der eigentlichen Hardware letztendlich erfolgt. Vielmehr sehen wir die Rechner auf einer jeden Abstraktionsebene als „schwarzen Kasten" an, der Programme in der entsprechenden Sprache als Eingabe akzeptiert und, entsprechend der Semantik dieser Sprache, das Programm ausführt. Wir sprechen in diesem Zusammenhang von *virtuellen Rechnern*.

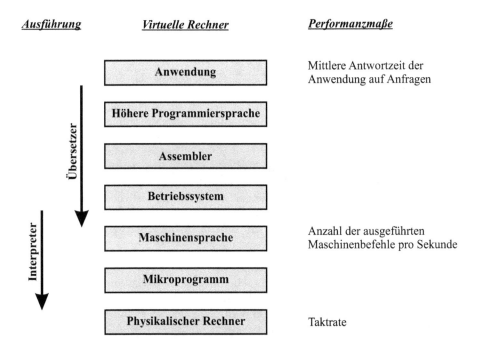

Abbildung 1.2: *Hierarchie virtueller Rechner. Links: Ausführungsart eines Programms des entsprechenden virtuellen Rechners. Rechts: die verschiedenen Performanzmaße der einzelnen Ebenen.*

Unsere Sichtweise führt uns zu einer *Hierarchie virtueller Rechner* beginnend bei dem virtuellen Rechner, der über eine höhere Programmiersprache definiert ist, bis hin zu der eigentlichen Hardware. Abbildung 1.2 zeigt die hier besprochene Hierarchie virtueller Rechner. Wie bereits oben erwähnt, ist die Mikroprogramm-Ebene nur in der CISC-Architektur vorzufinden, RISC kennt diese Ebene nicht. Links in der Abbildung ist vermerkt, wie – ob mit Übersetzung oder Interpretation – in der Regel die Ausführung eines Programms des entsprechenden virtuellen Rechners erfolgt. Rechts sind verschiedene Performanzmaße angegeben, die auf den entsprechenden Ebenen verwendet werden können, um die Leistung des virtuellen Rechners zu quantifizieren.

Wie oben implizit schon angedeutet, muss letztendlich jedoch jede Ebene auf die unterste Ebene, d. h. den eigentlichen physikalischen Rechner, abgebildet werden. Dies erfolgt teils durch Interpretation, teils durch Übersetzung.

Exkurs: Übersetzer und Interpreter ▷ ▷ ▷

Unter einem L_i-*Compiler* bzw. L_i-*Übersetzer* versteht man ein Maschinenprogramm, das ein Programm P_i der Sprache L_i in ein Programm P_j der Sprache L_j transformiert, das äquivalent zu P_i ist, d. h. das gleiche Ein-/Ausgabeverhalten wie P_i hat. Ist die Ausgabe eines L_i-Compilers jeweils ein Maschinenprogramm, so spricht man von einem L_i-*Vollcompiler*.

Unter einem L_i-*Interpreter* versteht man ein Maschinenprogramm, das ein Programm P_i der Sprache L_i Anweisung für Anweisung ausführt. Bevor die nächste Anweisung durch den Interpreter betrachtet wird, wird die aktuelle Anweisung auf dem physikalischen Rechner ausgeführt. Dies bedeutet insbesondere, dass während der Interpretation, im Unterschied zur Übersetzung, zu keinem Zeitpunkt ein zu P_i äquivalentes Maschinenprogramm erzeugt und abgespeichert wird. Insbesondere werden mehrfach auszuführende Programmteile immer wieder neu betrachtet und auf die Ebene der Maschinensprache abgebildet.

◁ ◁ ◁

Wir werden in den folgenden Kapiteln sehen, dass ein Maschinenprogramm nicht mehr übersetzt werden kann. Befehl nach Befehl des Maschinenprogramms muss durch das Mikroprogramm bzw. die Hardware aus dem Hauptspeicher in den Prozessor geholt (Fetch-Phase), dekodiert (Decode-Phase) und letztendlich ausgeführt (Execute-Phase) werden, bevor der nächste Maschinenbefehl durch den Prozessor betrachtet und verarbeitet werden kann.

1.2 Historischer Rückblick

Wir wollen im Folgenden die Rechner im Wandel der Zeit kurz Revue passieren lassen. Wir beginnen mit dem Jahr 1938, in dem erstmalig ein Rechner gebaut wurde, der unseren heutigen Vorstellungen entspricht. Auf frühere, zum Teil nur theoretische Ansätze, wie zum Beispiel die von Wilhelm Schickard (1592-1635), Blaise Pascal (1623-1662), Gottfried Wilhelm Leibniz (1646-1716), Samuel Morland (1625-1695) und Charles Babbage (1791-1871), der als Großvater heutiger Rechner gesehen werden kann, wollen wir hier nicht eingehen. Einen entsprechenden historischen Rückblick findet man zum Beispiel in [39].

Unser historischer Rückblick lehnt sich sehr eng an die technologischen Fortschritte an, die über die Zeit gemacht worden sind, beginnend bei einem rein mechanischen Rechner über mit Relais, Vakuumröhren oder Transistoren aufgebauten Rechnern bis hin zu Mikroprozessoren, die durch integrierte Schaltungen realisiert sind.

1938-1941: Die Z1, Z2 und Z3 von Konrad Zuse

Das Computer-Zeitalter begann im Jahre 1938 mit den Arbeiten von Konrad Zuse (1910-1995), einem damals jungen Wissenschaftler aus Berlin. Die von ihm konzipierten Rechner unterschieden sich grundsätzlich von den bisher konstruierten oder angedachten Rechenmaschinen. Das vielleicht einschneidenste Merkmal der Arbeiten von Konrad Zuse ist die konsequente Anwendung des binären Zahlensystems, das die heutigen Rechner kennzeichnet und das, wie wir in diesem Buch auch sehen werden, einen entscheidenden Anteil an der Leistungsfähigkeit von heutigen Rechnern hat. Das zweite Merkmal der Zuse-Maschinen bestand darin, dass es im Gegensatz zu den früheren Rechenmaschinen eine klare Trennung zwischen dem Programm und den ausführenden Teilen gab, also eine klare Trennung der Komponenten zum Speichern und zum Rechnen, wie wir das auch heute noch kennen.

Abbildung 1.3: *Nachbau der 1938 von Konrad Zuse fertig gestellten Z1*
[http://www.alliedbytes.de/Info_Referat/, 2007]

Der erste von Zuse konstruierte Rechner, die Z1, wurde vollständig aus privaten Mitteln finanziert. Als Werkstatt diente das Wohnzimmer des damals 28-jährigen Zuse. Die Z1 war ein vollständig mechanischer, im Wesentlichen aus Blech bestehender Rechner mit einer Taktfrequenz von 1 Hertz [4]. Der Elektromotor zur Taktgebung verbrauchte circa 1.000 Watt. Die Z1 war eine halbe Tonne schwer. Sie gilt heute als erster frei programmierbarer Rechner der Welt (auch wenn es noch keine Speichermöglichkeit für

---

[4]*Hertz* ist die Einheit für die Frequenz. Sie gibt die Anzahl der Zyklen pro Sekunde an.

das Programm gab) und enthielt wie auch ihre Nachfolger Z2 und Z3 (siehe das Block-schaltbild in Abbildung 1.4) alle Bausteine eines modernen Computers. So verwenden die Zuse-Rechner einen Speicher, ein Steuerwerk (Leitwerk) und eine arithmetische Einheit für Gleitkommaarithmetik.

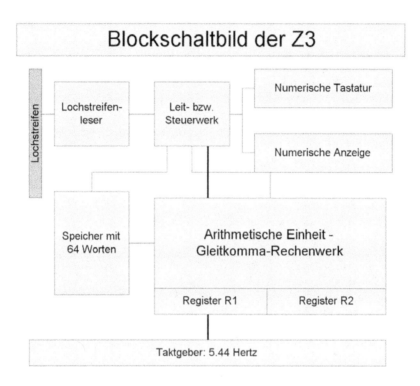

Abbildung 1.4: *Blockschaltbild der Z3*
[http://irb.cs.tu-berlin.de/~zuse/Konrad_Zuse/de/index.html, 2007]

Die mechanische Konstruktion der Z1 war sehr aufwändig und recht fehleranfällig, so-dass Zuse bereits vor Fertigstellung der Z1 mit dem Entwurf einer auf Relais basierenden arithmetischen Einheit und eines auf Relais basierenden Steuerwerkes begann. Die Z2, die Konrad Zuse 1939 fertig stellte, vereinigte diese beiden Module mit dem mechanisch arbeitenden Speicher der Z1. Hierdurch konnte er die Taktfrequenz seines Rechners auf 3 Hertz erhöhen.

Auf Grund der positiven Erfahrungen, die Zuse mit der Z2 gemacht hatte, konstruierte er die Z3, bei der nun auch der Speicher, der aus 64 Speicherzellen der Bitbreite 22 bestand, mit Relais aufgebaut war. Die Z3 bestand aus ungefähr 2.600 Relais – der Speicher war mit 1.400 Relais und die arithmetische Einheit und das Steuerwerk mit jeweils 600 Relais aufgebaut. Die Leistungsaufnahme war mit ungefähr 4.000 Watt recht hoch. Die Multiplikation erforderte 16 Takte bei einer Taktfrequenz von 5 bis 10 Hertz, die Addition benötigte 3 Takte, was zu einer Laufzeit von ungefähr 3 Sekunden für eine Multiplikation und von circa 0, 6 Sekunden für eine Addition führte.

Exkurs: Das Relais ▷ ▷ ▷

Ein *Relais* ist ein Schalter, der nicht von Hand, sondern mithilfe eines Elektromagneten betätigt wird. Es besteht aus zwei getrennten Stromkreisen. Der erste Stromkreis wird als *Steuerstromkreis* und der zweite als *Arbeitsstromkreis* bezeichnet. Wird der Steuerstromkreis über einen Schalter (S_1) geschlossen, dann zieht der Elektromagnet (bestehend aus einer Spule mit Eisenkern) den Schalter (S_2) im Arbeitskreis an und der zweite Stromkreis ist ebenfalls geschlossen. Wird der erste Schalter S_1 geöffnet, dann lässt der Magnet den Schalter S_2 los, und der Arbeitsstromkreis ist unterbrochen. Das Relais bietet somit die Möglichkeit, mit kleinen Spannungen, z. B. Batteriespannungen, Stromkreise mit hohen Spannungen und Strömen zu steuern.

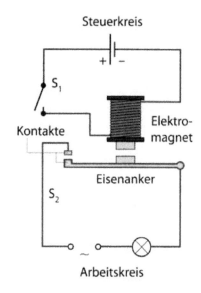

[http://www.laurentianum.de/physikmuseum, 2007]

◁ ◁ ◁

1946: Die ENIAC – Vakuumröhren anstelle von Relais

Das ENIAC-Projekt (*Electronic Numerical Integrator And Computer*) stellt einen weiteren Meilenstein in der Geschichte der Computer dar. Es wurde von der *Moore School of Electrical Engineering* der *University of Pennsylvania* in Kooperation mit dem *U.S. Army Ordnance Department Ballistic Research Laboratory* zu ballistischen Untersuchungen kurz vor Ausbruch des Zweiten Weltkrieges ins Leben gerufen. John Mauchly (1907-1980), der am *Ursinus College* als Professor tätig war und während des Zweiten Weltkriegs Kurse in Elektrotechnik an der *Moore School* gab, überlegte sich 1942 in dem kurzen Aufsatz „ *The Use of High Speed Vacuum Tube Devices for Calculating*", dass ein Rechner durch Einsatz von Vakuumröhren im Vergleich zu einem auf Relais-Technik

Abbildung 1.5: *Die in Philadelphia gebaute ENIAC (Ausschnitt). Die ENIAC konnte durch Verdrahten der einzelnen Komponenten programmiert werden.*
[*http://www.yesterdaystomorrows.org/newimages/Eniac.jpg, 2004*]

aufgebauten Rechner um Größenordnungen beschleunigt werden kann.

Exkurs: Die Vakuumröhre ▷ ▷ ▷

Bei einer *Vakuumröhre* ist zwischen einer Elektronen-abgebenden Kathode und einer Elektronen-aufnehmenden Anode ein Gitter. Durch das Spannungsgefälle zwischen der Kathode und der Anode werden Elektronen von der Kathode zur Anode emittiert. Strom fließt, wenn diese an der Anode ankommen. Über das Potential des Gitters kann der zwischen Kathode und Anode fließende Strom gesteuert werden.

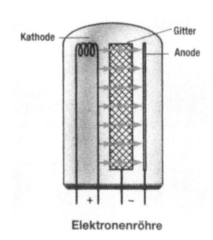

Wie das Relais ist auch die Vakuumröhre ein Schalter. Die Vakuumröhre ist etwas kleiner, aber wesentlich schneller (bis zu einem Faktor 1.000) als ein Relais. Nachteil von Vakuumröhren sind der sehr hohe Stromverbrauch und die Anfälligkeit der Röhren, die im Mittel etwa eine Lebensdauer von zwei Jahren haben.

[*http://www.alliedbytes.de/Info_Referat/, 2007*]

◁ ◁ ◁

Basierend auf dieser Idee baute John Mauchly zusammen mit einem seiner Studenten, Presper Eckert (1919-1995), die aus 17.468 Vakuumröhren bestehende ENIAC. Sie konnte eine Multiplikation (der Bitbreite 10) in einer Laufzeit von drei Millisekunden ausführen. Sie war also um einen Faktor 1.000 schneller als die Z3 von Zuse.

Die ENIAC war in gewissem Sinne ein „Monster". Neben den 17.468 Vakuumröhren bestand sie aus ungefähr 1.500 Relais, 70.000 Widerständen und 10.000 Kondensatoren. Sie war ungefähr 24 Meter breit, drei Meter hoch und ein Meter tief, bei einem Gewicht von 30 Tonnen. Das durch die *U.S. Army* bewilligte Budget von ursprünglich 150.000 US\$ erhöhte sich im Laufe der Arbeiten auf eine Gesamthöhe von 485.000 US\$.

Eines der großen Probleme bei der ENIAC lag nicht nur in dem hohen Stromverbrauch, sondern auch in der mühsamen Programmierung – die Programmierung der ENIAC erfolgte über explizites Neuverdrahten der einzelnen Module – und in der Anfälligkeit der Vakuumröhren. Geht man von einer mittleren Lebensdauer einer Vakuumröhre von ungefähr zwei Jahren aus, so kann man sich leicht überlegen, dass bei der ENIAC mit ihren 17.468 Röhren rein rechnerisch jede Stunde eine Röhre ausfiel.

Der Nachfolger der ENIAC, die UNIVAC, die im Jahre 1951 durch die Firma *Remington Rand* fertig gestellt wurde, war mit 46 verkauften Maschinen zu einem Kaufpreis von mehr als 1.000.000 US\$ der erste kommerzielle Rechner.

1952: Die IAS, der von-Neumann-Rechner

Schon während dem Bau der ENIAC war den Entwicklern klar, dass nicht nur die Daten, mit denen gerechnet wurde, sondern auch die Programme im Rechner gespeichert werden müssten. So äußerte John Mauchly 1948, dass *Rechnungen nur dann bei hoher Geschwindigkeit ausgeführt werden können, wenn der Maschine auch mit hoher Geschwindigkeit Befehle erteilt werden können*. Ideen für ein Programmspeicher-Prinzip, wie zum Beispiel die, dass Befehle und numerische Daten in gleicher Weise im Speicher abgelegt werden sollten, wurden während des ENIAC-Projektes nur rudimentär formuliert. Ihnen wurde erst durch John von Neumann (1903-1957), einem in Ungarn geborenen und am *Institute for Advanced Study* an der *Princeton University* arbeitenden Mathematiker, zum Durchbruch verholfen.

Von wirklich zentraler Bedeutung für den Rechnerbau waren die Arbeiten von John von Neumann zu den logischen Grundlagen seines in Princeton entwickelten IAS-Rechners, der 1952 der Öffentlichkeit vorgestellt wurde. Dieser unter *von-Neumann-Architektur* bekannte logische Aufbau ist während der letzten 50 Jahre von wenigen Ausnahmen abgesehen unverändert für Rechner benutzt worden. Die wesentlichen Punkte des von-Neumann-Prinzips, die zum Teil bereits in den Rechnern von Konrad Zuse zu finden waren, sind die folgenden:

- *Trennung zwischen Datenpfad und Speicherkomponenten.* Dies hatte eher technische Gründe, da dadurch der Entwurf sowohl von den Speicherzellen als auch von dem Datenpfad einfacher wurde;

- *Interne Speicherung der Programme in einer Speicherkomponente*, da durch Verwendung eines schnellen Speichers der Prozessor ohne große Wartezeiten auf die nächsten abzuarbeitenden Befehle zugreifen kann;

Abbildung 1.6: *Der am **I**nstitute for **A**dvanced **S**tudies in Princeton entwickelte IAS-Rechner. Auf dem Bild sind John von Neumann (links) zusammen mit dem damaligen Direktor des Instituts, Robert Oppenheimer, zu sehen.*
[http://www.admin.ias.edu/pr/images/winter03cover.jpg, 2004]

- *Gemeinsamer Speicher für Daten und Befehle*, da sich die Größen der Programme und der benötigte Speicherplatz für Daten von Programm zu Programm ändern können;

- *Fetch-Decode-Execute-Arbeitszyklus*, d. h. die grundsätzliche Arbeitsweise setzt sich aus drei Phasen zusammen. In einem ersten Schritt, der *Fetch*-Phase, wird der nächste abzuarbeitende Befehl aus der Speicherkomponente geholt. Der eingelesene Befehl wird in der *Decode*-Phase dekodiert und schließlich in der *Execute*-Phase ausgeführt.

1953: Die TRADIC – die Transistoren halten Einzug

TRADIC ist die Abkürzung von **TRA***nsistor* **DI***gital* **C***omputer*. Wie der Name es schon andeutet, handelt es sich bei der TRADIC von *AT&T Bell Labs* um den ersten Rechner, der nur Transistoren und Dioden und keine Vakuumröhren mehr benutzte. Die

Abbildung 1.7: *Die TRADIC von AT&T Bell Labs*
[http://www.cedmagic.com/history/tradic-transistorized.html, 2007]

TRADIC wurde im Auftrag der *U.S. Air Force* entwickelt. Sie bestand aus ungefähr 700 Transistoren und etwa 10.000 Dioden. Die Leistungsaufnahme war mit knapp 100 Watt um ein Vielfaches (Faktor 10 bis 12) kleiner als die der mit Vakuumröhren arbeitenden Maschinen.

Exkurs: Der Transistor ▷ ▷ ▷

Der *Transistor* wurde in den *Bell Laboratories* von John Bardeen (1908-1991), Walter Brattain (1902-1987) und William Shockley (1910-1989) erfunden – die Abbildung rechts zeigt den ersten Transistor. Die Entdeckung resultierte im Wesentlichen aus den Anstrengungen, bessere Verstärker herzustellen und einen Ersatz für mechanische Relais und Vakuumröhren zu finden.

[http://www.digicamhistory.com/, 2007]

Ein Transistor ist ein elektronisches Bauelement mit drei Anschlüssen. Über einen dieser Anschlüsse, das *Gate*, kann der Strom zwischen den anderen beiden Anschlüssen, die *Drain* oder *Senke* beziehungsweise *Source* oder *Quelle* genannt werden, gesteuert werden, sofern diese beiden Anschlüsse auf unterschiedlichen Potentialen liegen.

Transistoren können sehr kompakt auf Siliziumchips gebaut werden. Mehrere Millionen Transistoren passen heutzutage auf eine Fläche von $1\,cm^2$ – seit 1960 hat sich die Anzahl der Transistoren, die auf einem Quadratzentimeter Silizium integriert werden können, ungefähr alle 18 Monate verdoppelt. Die Schaltgeschwindigkeit liegt inzwischen im Nanosekundenbereich.

◁ ◁ ◁

1971: Der Intel 4004, der erste Mikroprozessor

Computers in the future may weigh no more than 1,5 tons.
[Popular Mechanics 1949]

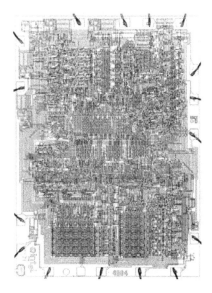

Abbildung 1.8: *Intel-4004-Prozessor*
[*http://www-vlsi.stanford.edu/group/chips_micropro_body.html, 2007*]

Der erste Prozessor, der auf einem einzigen Chip integriert war, ist der *Intel 4004*.[5] Die Entwicklung des *Intel 4004* geht auf einen Auftrag der Firma *Busicom* aus Japan an die damals noch sehr kleine Firma *Intel Corporation* zurück. *Busicom* verkaufte zur damaligen Zeit Tischrechner und beauftragte *Intel Corporation*, eine integrierte Schaltung mit der für einen Tischrechner notwendigen Funktionalität zu entwerfen und zu

---

[5] Jack Kilby (*1923), Mitarbeiter von *Texas Instruments*, baute 1958 den ersten integrierten Schaltkreis aus Silizium und zeigte damit, dass Widerstände, Kondensatoren und Transistoren auf dem gleichen Stück Halbleiter nebeneinander funktionieren können. Seine Schaltung bestand aus fünf untereinander verbundenen Komponenten.

fertigen. Ted Hoff, der sich bei *Intel Corporation* der Aufgabe annahm, ignorierte die von *Busicom* bereitgestellte Spezifikation und begann stattdessen mit der Entwicklung eines *general purpose*-Mikroprozessors, d. h. eines universellen Rechners, der über Software auf die Bedürfnisse des Kunden einstellbar ist und somit einen wesentlich größeren Markt erreichen konnte. Der von Ted Hoff gemachte Entwurf wurde von Federico Faggin zu dem ersten, auf einem Chip integrierten Mikroprozessor umgesetzt. Es handelt sich um einen 4-Bit-Prozessor, d. h. die von ihm verarbeiteten Daten hatten eine Wortbreite von 4 Bit mit der Besonderheit, dass Maschinenbefehle Wortbreite 8 Bit hatten – was bedeutete, dass Programm und Daten in unterschiedlichen Speichern abgelegt wurden. Die Maschinensprache des *Intel 4004* bestand aus 46 Befehlen. Der Mikroprozessor war aus 2.300 Transistoren aufgebaut und lief mit einer Taktfrequenz von 108 kHz.

1986: Der MIPS R2000, Beginn des RISC-Zeitalters

Der erste RISC (*Reduced Instruction Set Computer*) wurde 1986 der Öffentlichkeit vorgestellt. Es handelte sich um den MIPS R2000, der aus dem MIPS-Projekt der *Stanford University* hervorging. Die Abkürzung MIPS steht für *Microprocessor without Interlocked Pipeline Stages*.

Der Grundgedanke von RISC ist, dass man versucht, die Rechner zu beschleunigen, indem man in die Maschinensprache nur sehr einfache Maschinenbefehle aufnimmt, die alle ungefähr die gleiche Ausführungszeit haben. Hierdurch gewährleistet man, dass eine Verarbeitung der Maschinenprogramme unter Verwendung einer Befehlspipeline effizient möglich wird.

Die RISC-Philosophie hat zunächst Eingang im Bereich der wissenschaftlichen Arbeitsplatzrechner gefunden. Sie ist heute in allen Bereichen anzutreffen.

Wir wollen es bei diesen ersten Anmerkungen zu RISC belassen. Im weiteren Verlauf des Lehrbuches werden wir noch detailliert auf RISC eingehen (siehe Teil III).

2000: Der Intel Pentium 4

> *I think there is a world market for maybe five computers.*
> [Thomas Watson, *IBM Corporation*, 1943]

Wir schließen unseren Rundgang durch die Geschichte mit dem *Intel Pentium 4* ab. Wir wollen nicht auf Details eingehen, sondern nur zwei Kennzahlen[6] nennen und diese denen des oben schon kurz vorgestellten *Intel 4004* gegenüberstellen.

- Der *Intel Pentium 4* bestand ursprünglich aus 42.000.000 Transistoren, der Intel 4004 aus 2.300 Transistoren.

- Die Taktfrequenz des *Intel Pentium 4* lag bei $1,5$ GHz, die des *Intel 4004* bei 108 KHz.

---

[6]Die Kennzahlen der heute verfügbaren Prozessoren haben sich weiter erhöht. So ist z. B. der Montecito Chip von Intel aus mehr als einer Milliarde Transistoren aufgebaut (1,72 Milliarden Transistoren).

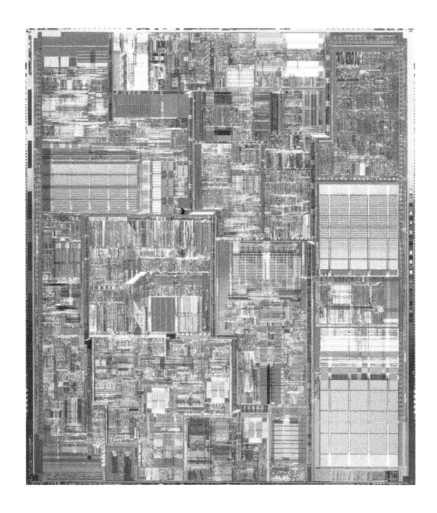

Abbildung 1.9: *Intel-Pentium-4-Prozessor*
[http://www-vlsi.stanford.edu/group/chips_micropro_body.html, 2007]

Der Vergleich zeigt eindrucksvoll, wie rasant sich die Technologie in den letzten 30 Jahren weiterentwickelt hat. Um ein Gefühl dafür zu bekommen, wie gewaltig die seit dem *Intel 4004* gemachten Fortschritte wirklich sind, wird oft ein Vergleich mit der Automobilindustrie gezogen:

Hätte sich die Geschwindigkeit der Kraftfahrzeuge in ähnlicher Art und Weise erhöht, wie dies bei der Taktfrequenz der Mikroprozessoren erfolgt ist, so könnte man heute in gerade mal 13 Sekunden mit dem Auto von San Francisco nach New York gelangen.

Teil I

Grundlagen

Im ersten Teil dieses Buches wollen wir uns mit verschiedenen Grundlagen beschäftigen, deren Kenntnis eine notwendige Voraussetzung für das Verständnis der späteren, weiterführenden Betrachtungen ist. Auch wenn man die Inhalte dieser Kapitel auf den ersten Blick statt der Technischen Informatik zunächst eher den Bereichen der Mathematik und Elektrotechnik zuordnen würde, so spielen diese bei eingehender Betrachtung dennoch auch in unserem Kontext eine wichtige Rolle. So hätten wir beispielsweise sicherlich Probleme, den Aufbau eines Addierer-Schaltkreises oder gar die Funktionsweise einer ALU zu verstehen, wenn wir nichts über Stellenwertsysteme und insbesondere über das Binärsystem wüssten.

Aus diesem Grund führen wir in Kapitel 2 Boolesche Algebren, Boolesche Funktionen sowie Boolesche Ausdrücke ein und stellen damit einen wichtigen „Werkzeugkasten" bereit, auf den wir später ständig zurückgreifen werden. Ziel des anschließenden Kapitels 3 ist es, zu beschreiben und zu diskutieren, auf welche Weise es möglich ist, Zeichen und vor allem Zahlen im Rechner zu repräsentieren, und welche Vor- und Nachteile die einzelnen Darstellungen aufweisen.

In den Kapiteln 4 und 5 geben wir eine Einführung in die elektronischen Grundlagen von Schaltungen, die notwendig ist, um verstehen zu können, wie Signale in einem Rechner auf der physikalischen Ebene verarbeitet werden. Insbesondere ist die Welt, in der wir leben, zu großen Teilen eine analoge Welt. Wollen wir zum Beispiel die Temperatur, also einen analogen physikalischen Wert, messen, um sie durch einen (digitalen) Rechner verarbeiten zu lassen, so muss der analoge Wert in einen digitalen Wert gewandelt werden. Wie erfolgt diese Umwandlung? Solche und ähnliche Fragen wollen wir in diesem Teil behandeln. Hierbei werden wir die Funktionsweisen der einzelnen Bauelemente und elementarer Schaltungen nicht bis ins letzte Detail diskutieren. Dies würde den Rahmen des Buches bei weitem sprengen. Im Vordergrund wird das prinzipielle Verständnis des Aufbaus und der Funktionsweise elektronischer Schaltungen stehen.

2 Grundlegende mathematische Begriffe

Eine der wichtigsten Abstraktionsebenen eines Rechners ist die in Kapitel 1 eingeführte Hardware-Ebene. In einer feineren Einteilung kann diese in weitere Unterebenen gegliedert werden. Eine dieser Unterebenen ist die *digitale Ebene*, auf der ausschließlich die beiden Signale 0 und 1 unterschieden und verarbeitet werden. Es wird also von elektronischen Eigenschaften, Spannungspegeln, Anstiegszeiten und dergleichen abstrahiert – stattdessen wird ein Signal als *binäre Informations-Einheit* interpretiert. Trotzdem handelt es sich bei dieser Sichtweise um eine relativ niedrige Abstraktionsebene, die für den Entwurf von Rechnern allerdings eine ganz wichtige Rolle spielt. Oftmals besteht die Entwurfsaufgabe genau darin, komplexere Bausteine wie beispielsweise Steuerwerke, über die auf höheren Beschreibungsebenen (System-Ebene, Register-Transfer-Ebene) gesprochen wird, einzig und allein mithilfe der auf der digitalen Ebene zur Verfügung stehenden Mittel und Methoden zu entwerfen.

Um solche Aufgaben angemessen beschreiben und lösen zu können, bedarf es einer formalen mathematischen Basis. Da statt des gewohnten Dezimalsystems nur die Ziffern 0 und 1 zur Verfügung stehen, weist dieses Fundament gegenüber dem Körper der reellen Zahlen, in dem wir uns bei den Rechenproblemen des Alltags üblicherweise bewegen, zwangsläufig gravierende Unterschiede auf. In diesem Grundlagenkapitel wollen wir uns mit diesen zunächst etwas ungewohnten Gesetzmäßigkeiten vertraut machen, um diese dann in späteren Teilen des Buches beim Entwurf digitaler Schaltungen in geeigneter Weise einzusetzen.

In Abschnitt 2.1 wird mit der *Booleschen Algebra* sozusagen der als Grundausstattung für weitere Aufgaben benötigte „Werkzeugkasten" zur Verfügung gestellt. Auch wenn sich die Notwendigkeit der formalen Einführung dieses mathematischen Gebildes nicht auf den ersten Blick erschließt, so wird doch bereits beim Durcharbeiten der folgenden Abschnitte 2.2 und 2.3 rasch klar, dass die Boolesche Algebra als Fundament notwendig ist, um mit den direkt anschließend eingeführten *Booleschen Funktionen* bzw. mit einer ihrer Darstellungsformen, den *Booleschen Ausdrücken*, umgehen zu können.

2.1 Boolesche Algebra

Eine Boolesche Algebra ist eine spezielle algebraische Struktur, die nach dem englischen Mathematiker und Philosophen George Boole benannt ist, der sie 1847 erstmals vorstellte. Wir beginnen unsere Diskussion mit der formalen Definition einer Booleschen Algebra und betrachten anschließend Beispiele, die teilweise für das weitere Vorgehen wichtig sind und überdies dem besseren Verständnis dienen.

Definition 2.1:   *Boolesche Algebra*

Sei M eine nicht leere Menge, auf der die zwei binären Operatoren $\cdot$ und $+$ sowie der unäre Operator $\sim$ definiert sind, d. h.:

$$+ : M \times M \to M$$
$$\cdot : M \times M \to M$$
$$\sim : M \to M$$

Das Tupel $(M, +, \cdot, \sim)$ heißt *Boolesche Algebra (BA)*, wenn für beliebige $x, y, z \in M$ die folgenden *Axiome* gelten:

$$
\begin{aligned}
\textit{Kommutativität:} \quad & x \cdot y = y \cdot x \\
& x + y = y + x \\
\textit{Assoziativität:} \quad & (x \cdot y) \cdot z = x \cdot (y \cdot z) \\
& (x + y) + z = x + (y + z) \\
\textit{Absorption:} \quad & (x \cdot y) + x = x \\
& (x + y) \cdot x = x \\
\textit{Distributivität:} \quad & x \cdot (y + z) = (x \cdot y) + (x \cdot z) \\
& x + (y \cdot z) = (x + y) \cdot (x + z) \\
\textit{Auslöschung:} \quad & x + (y \cdot (\sim y)) = x \\
& x \cdot (y + (\sim y)) = x
\end{aligned}
$$

Durch die Axiome haben wir nun also ein Grundgerüst an Rechenregeln, die in der Booleschen Algebra grundsätzlich immer gelten und bei Rechnungen/Umformungen ohne weiteres verwendet werden dürfen. Einige davon wie z. B. die Kommutativität sind vom Dezimalsystem her bekannt, andere wie die Absorption gelten im Körper der reellen Zahlen nicht. Aus den als Axiome gegebenen Regeln lassen sich noch weitere Gesetze herleiten, die sich im praktischen Umgang mit konkreten Booleschen Algebren ebenfalls als sehr nützlich erweisen.

Lemma 2.1:   *Gesetze der Booleschen Algebra*

Sei $(M, +, \cdot, \sim)$ eine Boolesche Algebra und $x, z, y \in M$ beliebig. Dann gelten die folgenden Gesetze:

$$
\begin{aligned}
\textit{Neutrale Elemente} : \quad & \exists n \in M : x + n = x \text{ und } x \cdot n = n \\
& \exists e \in M : x \cdot e = x \text{ und } x + e = e
\end{aligned}
$$

Allgemein wird n auch als *Nullelement* (0) und e als *Einselement* (1) bezeichnet.

$$\begin{aligned}
Idempotenz: \quad & x + x = x \\
& x \cdot x = x \\
Regeln\ von\ de\ Morgan: \quad & \sim(x + y) = (\sim x) \cdot (\sim y) \\
& \sim(x \cdot y) = (\sim x) + (\sim y) \\
Consensus: \quad & (x_1 \cdot x_2) + ((\sim x_1) \cdot x_3) \\
& \quad = (x_1 \cdot x_2) + ((\sim x_1) \cdot x_3) + (x_2 \cdot x_3) \\
& (x_1 + x_2) \cdot ((\sim x_1) + x_3) \\
& \quad = (x_1 + x_2) \cdot ((\sim x_1) + x_3) \cdot (x_2 + x_3)
\end{aligned}$$

Beweis: siehe Übungen.   ◁

Um herauszufinden, ob eine Menge mit entsprechenden Operatoren eine Boolesche Algebra darstellt, muss bewiesen werden, dass die Axiome aus Definiton 2.1 für den Verbund allgemeine Gültigkeit besitzen. Ist der Nachweis geglückt, so können beim Rechnen im jeweiligen Verbund automatisch auch die Regeln aus Lemma 2.1 verwendet werden, was natürlich sehr hilfreich sein kann.

Um aber überhaupt ein Gefühl für Boolesche Algebren und die für sie geltenden Gesetze bekommen zu können, ist es wichtig, konkrete Beispiele zu betrachten, was wir im Folgenden auch tun wollen.

Beispiel 2.1:   *Boolesche Algebra der Teilmengen*

Sei S eine beliebige, nichtleere Menge. Die Potenzmenge von S sei durch 2^S bezeichnet. Weiterhin seien $\cup$ und $\cap$ die aus der Mengenlehre bekannten Vereinigungs- bzw. Schnittoperatoren und

$$\begin{aligned}
& \sim : 2^S \to 2^S, \\
& M \to S \setminus M
\end{aligned}$$

die Abbildung, die jeder beliebigen Teilmenge M von S ihr Komplement bezüglich S zuordnet. Dann ist

$$BA_1 := (2^S, \cup, \cap, \sim)$$

eine Boolesche Algebra. Sie wird auch als *Boolesche Algebra der Teilmengen* bezeichnet.

Beispiel 2.2:   *Zweielementige Boolesche Algebra*

Es sei $\mathbb{B} := \{0,1\}$. Weiterhin seien folgende Operatoren definiert:

$$+_b : \mathbb{B} \times \mathbb{B} \to \mathbb{B} \text{ mit } x +_b y := x + y - x \cdot y$$
$$\cdot_b : \mathbb{B} \times \mathbb{B} \to \mathbb{B} \text{ mit } x \cdot_b y := x \cdot y$$
$$\sim \; : \mathbb{B} \to \mathbb{B} \qquad \text{mit } \sim x := 1 - x$$

Dann ist

$$BA_2 := (\mathbb{B}, +_b, \cdot_b, \sim)$$

eine Boolesche Algebra. Sie wird auch als *zweielementige Boolesche Algebra* bezeichnet. Die Operatoren $+_b$ und $\cdot_b$ wurden hier mit einem indizierten b versehen, um Verwechslungen mit den in der Definition ebenfalls vorkommenden Additions- bzw. Multiplikationsoperatoren der reellen Zahlen zu vermeiden. Zukünftig wird der Index weggelassen, wann immer Mehrdeutigkeiten ausgeschlossen sind.

Während die Boolesche Algebra BA_1 der Teilmengen vor allem demonstriert, dass sich das abstrakte Gerüst einer Booleschen Algebra mit konkreten Strukturen „füllen" lässt, die weit von dem entfernt sind, was wohl den meisten Lesern bei diesem Begriff intuitiv in den Sinn kommt, entpuppt sich BA_2 bei genauerem Hinsehen als alte Bekannte. Interpretiert man die Werte 0 und 1 als *falsch* und *wahr*, so stellen die Operatoren $+_b$ und $\cdot_b$ die logischen *ODER-* und *UND*-Verknüpfungen dar, während $\sim$ dem Negations-Operator entspricht. Insgesamt ist BA_2 dann nichts anderes als die bereits aus der Schulzeit bekannte Aussagenlogik.

Mit dieser Interpretation lässt sich nun auch endlich intuitiv der Sinn der Gesetze der Booleschen Algebra erschließen. Man versteht nun zum Beispiel, warum anders als beim Körper der reellen Zahlen $x + x = x$ gilt: Das liegt daran, dass die Aussage „x *ODER* x" genau dann gilt, wenn x mit dem Wert *wahr* belegt ist. Somit liefert also die Struktur der Booleschen Algebra die für die Aussagenlogik bekannten Rechenregeln.

In späteren Kapiteln dieses Buches wird die Boolesche Algebra der Teilmengen kaum weiter von Bedeutung sein, jedoch spielt die zweielementige Boolesche Algebra an zahlreichen Stellen eine wichtige Rolle. Eine weitere in unserem Kontext sehr wichtige Boolesche Algebra, nämlich die Boolesche Algebra der Funktionen, werden wir in Abschnitt 2.2 kennen lernen. Vorher soll aber noch auf einen ebenfalls interessanten Aspekt der Booleschen Algebra eingegangen werden: das Dualitätsprinzip der Operatoren $+$ und $\cdot$. Durch dieses lässt sich aus einer gültigen Gleichung unmittelbar eine zweite gültige Gleichung herleiten.

Definition 2.2:   *Duale Gleichung*

Sei p eine aus den Gesetzen einer Booleschen Algebra abgeleitete Gleichung. Die *duale Gleichung* p' erhält man aus p durch gleichzeitiges Vertauschen von $+$ und $\cdot$ sowie 0 und 1.

Lemma 2.2: *Prinzip der Dualität*

Sei p eine aus den Gesetzen einer Booleschen Algebra abgeleitete Gleichung. Gilt p, so gilt auch die zu p duale Gleichung p'.

Beweis: Für jedes Axiom a gilt: Auch die duale Gleichung a' ist ein Axiom. Da jede allgemeingültige Gleichung direkt oder indirekt aus den Axiomen hergeleitet ist, lässt sich die duale Gleichung auf die gleiche Art und Weise durch Verwendung der dualen Axiome herleiten.   ◁

2.2   Boolesche Funktionen

Wie bereits zuvor erwähnt, werden durch die Boolesche Algebra Werkzeuge bereitgestellt, die beim Entwurf von Rechnern sehr wichtig und hilfreich sind. Doch was genau ist denn nun eine Entwurfsaufgabe bzw. wie lässt sich diese formal korrekt beschreiben?

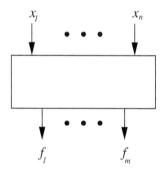

Abbildung 2.1: *Ausgangssituation beim Schaltkreisentwurf*

Für den Moment genügt es davon auszugehen, dass für einen geplanten Entwurf eine Ausgangssituation vorliegt, wie sie in Abbildung 2.1 skizziert ist. Die zu entwerfende Komponente verfügt über eine vorgegebene Menge von Ein- und Ausgängen, wobei die Eingänge jeweils mit binären Signalen (also 0 oder 1) belegt werden können. Abhängig von diesen Eingangssignalen sollen bestimmte Ausgangssignale generiert werden, die wiederum aus der Menge $\mathbb{B} = \{0, 1\}$ stammen. Mit anderen Worten: Die Komponente soll jeder möglichen Kombination von Eingangssignalen eine bestimmte Kombination von Ausgangssignalen zuordnen. Das Ziel des Entwurfs kann also als Realisierung einer Abbildung einer Menge binärer Signale auf eine andere Menge ebenfalls binärer Signale angesehen werden. Eine solche Abbildung bezeichnen wir als *Boolesche Funktion*.

Definition 2.3: *Boolesche Funktionen*

Es sei wie gewohnt $\mathbb{B} = \{0, 1\}$ und $D \subseteq \mathbb{B}^n$ beliebig. Dann definieren wir:

1. Eine Abbildung $f : \mathbb{B}^n \to \mathbb{B}^m$ heißt *(totale bzw. vollständig definierte) Boolesche Funktion* in n Variablen mit m Ausgängen. $\mathbb{B}_{n,m} := \{ f ; \; f : \mathbb{B}^n \to \mathbb{B}^m \}$ bezeichnet die *Menge aller totalen Booleschen Funktionen* von $\mathbb{B}^n$ nach $\mathbb{B}^m$.

2. Eine Abbildung $f : D \to \mathbb{B}^m$ heißt *partielle Boolesche Funktion* über D. Die *Menge aller partiellen Booleschen Funktionen* über D wird durch $\mathbb{B}_{n,m}(D) = \{ f ; \; f : D \to \mathbb{B}^m \}$ bezeichnet.

Von besonderer Bedeutung sind zunächst Funktionen mit genau einem Ausgang, weshalb im entsprechenden Sonderfall $m = 1$ statt $\mathbb{B}_{n,1}$ oft auch abkürzend einfach $\mathbb{B}_n$ geschrieben wird. Außerdem ist es sinnvoll, über bestimmte Bild- und Urbildmengen reden zu können, weshalb wir uns für das Weitere auf folgende Schreibweisen verständigen wollen:

- Für $f \in \mathbb{B}_n$ bezeichnet

    - $ON(f) := \{ x \in \mathbb{B}^n ; \; f(x) = 1 \}$ die *Erfüllbarkeitsmenge* von f,

    - $OFF(f) := \{ x \in \mathbb{B}^n ; \; f(x) = 0 \}$ die *Nichterfüllbarkeitsmenge* von f.

- Für $D \subseteq \mathbb{B}^n$ und $f \in \mathbb{B}_n(D)$ bezeichnet

    - $ON(f) := \{ x \in D ; \; f(x) = 1 \}$ die *Erfüllbarkeitsmenge* von f

    - $OFF(f) := \{ x \in D ; \; f(x) = 0 \}$ die *Nichterfüllbarkeitsmenge* von f

    - $DEF(f) := D$ den *Definitionsbereich* von f,

    - $DC(f) := \{ x \in \mathbb{B}^n ; \; x \notin D \}$ den *Don't-Care-Bereich* von f.

Eine totale Boolesche Funktion $f \in \mathbb{B}_{n,m}$ ist bereits allein durch ihre Erfüllbarkeitsmenge vollständig bestimmt. Da $ON(f) \cup OFF(f) = \mathbb{B}^n$, gilt dies natürlich genauso für die Nichterfüllbarkeitsmenge. Bei einer partiellen Booleschen Funktion $g \in \mathbb{B}_{n,m}(D)$ mit $D \subseteq \mathbb{B}^n$ benötigt man zwei der drei Mengen $ON(g)$, $OFF(g)$ und $DC(g)$, da $\mathbb{B}^n$ in diesem Fall die disjunkte Vereinigung aus Erfüllbarkeitsmenge, Nichterfüllbarkeitsmenge und Don't-Care-Bereich darstellt. Darüber hinaus gilt dann auch noch die Beziehung $ON(g) \cup OFF(g) = DEF(g)$.

Bevor wir mit unserer Untersuchung Boolescher Funktionen fortfahren, betrachten wir nun ein Beispiel.

Beispiel 2.3: *Repräsentation einer Booleschen Funktion durch eine Tabelle*

Es sei $f \in \mathbb{B}_{2,4}$, d. h. f besitzt zwei Eingänge und vier Ausgänge. Beide Eingänge, für die wir die Bezeichnungen x_1 und x_2 wählen, können die Werte 0 oder 1 annehmen, wodurch sich $2^2 = 4$ mögliche Eingangskombinationen ergeben. Jeder Eingangskombination muss nun für jeden der Ausgänge, welche wir mit f_1, f_2 ,f_3, f_4 bezeichnen, eine Belegung aus $\mathbb{B}$ zugewiesen werden. Dies lässt sich durch eine Tabelle bewerkstelligen, wie sie im Folgenden gegeben ist:

x_1	x_2	f_1	f_2	f_3	f_4
0	0	0	0	0	0
0	1	0	1	1	0
1	0	0	1	1	1
1	1	1	1	0	1

Werden die einzelnen Ausgänge unabhängig voneinander betrachtet, dann kann ganz allgemein festgestellt werden, dass eine Funktion aus der Menge $\mathbb{B}_{n,m}$ nichts anderes ist als m einzelne Funktionen aus $\mathbb{B}_n$, also mit jeweils nur einem Ausgang. In diesem Sinne stellt f hier vier einzelne Funktionen aus $\mathbb{B}_2$ dar. Man kann sich leicht davon überzeugen, dass f_1 der *Und-Funktion*, f_2 der *Oder-Funktion* und f_3 der *Exklusiv-Oder-Funktion* entspricht. Die Funktion f_4 hingegen stellt die sogenannte *Projektionsfunktion nach der Booleschen Variablen* x_1 dar, denn der Funktionswert ist in jedem Fall mit dem Wert des Eingangs x_1 identisch. Eine solche Projektionsfunktion nach einer Variablen x_i wird meist abkürzend und vereinfachend durch das Symbol x_i selbst bezeichnet.

Als Nächstes wenden wir uns dem Vergleichen und Verknüpfen von Booleschen Funktionen zu. Offensichtlich sind zwei Boolesche Funktionen $f, g \in \mathbb{B}_{n,m}$ genau dann als gleich anzusehen, wenn sie sich für jede Belegung der Booleschen Variablen „gleich verhalten". Formal ausgedrückt bedeutet dies:

$$f = g \quad \Leftrightarrow \quad \forall x \in \mathbb{B}^n : f(x) = g(x)$$

Neben der Gleichheit kann analog auch der Vergleichsoperator „$\leq$" auf Funktionen definiert werden:

$$f \leq g \quad \Leftrightarrow \quad \forall x \in \mathbb{B}^n : f(x) \leq g(x)$$

Boolesche Funktionen lassen sich aber nicht nur vergleichen, sondern mithilfe von geeigneten Operatoren auch verknüpfen. Dies ist z. B. dann von großer Bedeutung, wenn ein Entwurf hierarchisch durchgeführt wird und infolgedessen mehrere bereits entworfene und formal durch Boolesche Funktionen repräsentierte Komponenten zu weiteren Komponenten verknüpft oder zusammengefasst werden. Wir beschränken uns hierbei auf Funktionen aus $\mathbb{B}_n$ und führen die bereits aus Abschnitt 2.1 bekannten Operatoren nun für Boolesche Funktionen ein:

$$+ : \mathbb{B}_n \times \mathbb{B}_n \to \mathbb{B}_n \text{ mit } (f + g)(x) := f(x) +_b g(x) \qquad \forall x \in \mathbb{B}_n$$

$$\cdot : \mathbb{B}_n \times \mathbb{B}_n \to \mathbb{B}_n \text{ mit } (f \cdot g)(x) := f(x) \cdot_b g(x) \qquad \forall x \in \mathbb{B}_n$$

$$\sim \; : \mathbb{B}_n \to \mathbb{B}_n \qquad \text{ mit } (\sim f)(x) := \sim f(x) \qquad \forall x \in \mathbb{B}_n$$

Dabei bezeichnen f und g beliebige Boolesche Funktionen aus $\mathbb{B}_n$ und $+_b$, $\cdot_b$ sowie $\sim$ die Operatoren aus der zweielementigen Booleschen Algebra BA_2. Mit diesen Operatoren lässt sich nun die bereits in Abschnitt 2.1 angesprochene Boolesche Algebra der Funktionen gewinnen.

Satz 2.1: *Boolesche Algebra der Booleschen Funktionen in n Variablen*

Durch $(\mathbb{B}_n, +, \cdot, \sim)$ ist eine Boolesche Algebra gegeben.

Beweis: Durch Zurückführen der Operatoren der Booleschen Algebra der Funktionen auf die Operatoren von BA_2.   ◁

Die Erkenntnis, dass die Booleschen Funktionen zusammen mit den oben eingeführten Operatoren eine Boolesche Algebra bilden, versetzt uns in die Lage, alle für Boolesche Algebren zur Verfügung stehenden Gesetze zu verwenden und somit letzten Endes mit Funktionen genauso zu rechnen wie mit Booleschen Variablen. Dies stellt eine enorme Erleichterung dar, und wir werden auch immer und immer wieder Gebrauch davon machen.

Bevor aber wirklich mit Booleschen Funktionen „gerechnet" werden kann, muss man sich Gedanken um die Darstellung bzw. die Beschreibung von Funktionen machen. Bisher wurden die Darstellungen durch die Erfüllbarkeits- bzw. die Nichterfüllbarkeitsmenge angesprochen sowie anhand eines Beispiels die Darstellung in Tabellenform vorgeführt. Schon hier lässt sich leicht erkennen, dass die Vorgehensweise und der rechnerische Aufwand bei der Berechnung des Ergebnisses der Verknüpfung zweier Funktionen stark von der gewählten Darstellungsform abhängt – in der Tat, bei den bisher angesprochenen Darstellungen Boolescher Funktionen müssen jeweils alle Elemente der Erfüllbarkeitsmenge, der Nichterfüllbarkeitsmenge oder der Tabellenform „angefasst" werden. Es gibt aber auch noch einige weitere Möglichkeiten der Beschreibung Boolescher Funktionen. Eine sehr gebräuchliche Darstellung, die es erlaubt, Funktionen in einfacher Weise durch die gegebenen Operatoren zu verknüpfen und die sich zudem hervorragend dazu eignet, die Gesetze der Booleschen Algebra auszunutzen, sind die Booleschen Ausdrücke. Mit diesen befasst sich der nun folgende Abschnitt 2.3. Weitere Darstellungsformen Boolescher Funktionen werden wir in Kapitel 6 kennen lernen.

2.3   Boolesche Ausdrücke

Boolesche Ausdrücke sind eine weitere Darstellungsform Boolescher Funktionen, die an die „algebraische Struktur" der Funktionen angelehnt ist. Die Konstruktion Boolescher Ausdrücke sorgt dafür, dass es trivial ist, Boolesche Ausdrücke durch die Operatoren der Booleschen Algebra miteinander zu verknüpfen. Darüber hinaus können Funktionen durch Boolesche Ausdrücke meist sehr viel effizienter dargestellt werden, als dies in Form einer Funktionstabelle (siehe Beispiel 2.3) möglich ist.

Doch bevor wir uns von den Eigenschaften und Vorzügen, aber auch von den Nachteilen Boolescher Ausdrücke ein genaueres Bild verschaffen können, müssen zunächst ihre Syntax und ihre Semantik definiert werden. Hierzu sei im Folgenden $\mathbb{X}_n := \{x_1, \ldots, x_n\}$ eine Menge von n Booleschen Variablen. Ferner sei vorbereitend das Alphabet A durch $A := \mathbb{X}_n \cup \{0, 1, +, \cdot, \sim, (,)\}$ gegeben. Unter A^* verstehen wir die Menge aller beliebig langen endlichen Zeichenketten über A. Die Zeichenkette mit der Länge null ist ebenfalls enthalten und wird mit ϵ bezeichnet.

Definition 2.4: *Boolesche Ausdrücke*

Die Menge $BE(\mathbb{X}_n)$ (siehe Fußnote [1]) der *vollständig geklammerten Booleschen Ausdrücke* über $\mathbb{X}_n$ ist eine Teilmenge von A^*, die folgendermaßen induktiv definiert ist:

1. $BE_0(\mathbb{X}_n) := \{0, 1, x_1, \ldots, x_n\}$ ist die *Menge der Booleschen Ausdrücke der Tiefe 0*, oft auch *atomare Boolesche Ausdrücke* genannt.

2. Die Menge der *Booleschen Ausdrücke mit Tiefe i* $(i \in \mathbb{N}_0)$ wird durch $BE_i(\mathbb{X}_n)$ bezeichnet.

3. Wenn $a, b \in BE_i(\mathbb{X}_n)$ sind, dann ist:

   (a) $e := (\sim a) \in BE_{i+1}(\mathbb{X}_n)$

   (b) $e' := (a + b) \in BE_{i+1}(\mathbb{X}_n)$

   (c) $e'' := (a \cdot b) \in BE_{i+1}(\mathbb{X}_n)$

   $BE_{i+1}(\mathbb{X}_n)$ enthält nur Elemente, die sich mittels (a), (b) oder (c) konstruieren lassen. „$+$" bezeichnet man als *Disjunktion*, „$\cdot$" als *Konjunktion* und „$\sim$" als *Komplement*

4. $BE(\mathbb{X}_n) := \cup_{i \in \mathbb{N}_0} BE_i(\mathbb{X}_n)$.

Wenn klar ist, welche Variablenmenge $\mathbb{X}_n$ gemeint ist, kann statt $BE(\mathbb{X}_n)$ auch einfach BE geschrieben werden.

Um Schreibaufwand in Form von Klammern zu sparen und Boolesche Ausdrücke insgesamt übersichtlicher darstellen zu können, führen wir eine Prioritätsliste bezüglich der Auswertungsreihenfolge[2] von Operatoren ein:

$$\text{„}\sim\text{"} \quad \succ \quad \text{„}\cdot\text{"} \quad \succ \quad \text{„}+\text{"}$$

Dabei bedeutet $\rho \succ \zeta$ für zwei Operatoren ρ und ζ, dass die Auswertung von ρ höhere Priorität besitzt als die Auswertung von ζ, oder umgangssprachlich, dass ρ „stärker bindet" als ζ. Klammerpaare binden stärker als *jeder* Operator. Mit diesen Regeln können wir uns auf die folgende Schreibkonvention einigen:

Wann immer das Entfernen eines Klammerpaares in einem Booleschen Ausdruck die Auswertungsreihenfolge unter der eingeführten Prioritätsliste nicht verändert, kann dieses Klammerpaar tatsächlich weggelassen werden.

Diese Vorgehensweise soll nun anhand eines Beispiels demonstriert werden.

---

[1]Die Abkürzung BE steht für „Boolean Expressions"

[2]Dabei ist streng genommen erst noch zu klären, was „Auswertung von Operatoren" überhaupt bedeuten soll. Dies geschieht im Rahmen der Festlegung der Semantik von Booleschen Ausdrücken.

Beispiel 2.4

Es seien die drei Zeichenketten

$$e_1 := ((0 + (\sim 1)) \cdot (x_2 + (\sim (\sim x_{52}))))$$
$$e_2 := (0 + \sim 1) \cdot (x_2 + \sim\sim x_{52})$$
$$e_3 := 0 + \sim 1 \cdot x_2 + \sim\sim x_{52}$$

aus A^* gegeben.

Mit obiger Konvention sind sowohl e_1 und e_2 als auch e_3 syntaktisch korrekte Boolesche Ausdrücke. Die beiden letzten Booleschen Ausdrücke erhält man durch Streichen geeigneter Klammerpaare aus dem Booleschen Ausdruck e_1. Während e_2 eine korrekte Abkürzung für e_1 darstellt, ist dies bei e_3 nicht der Fall. Dort hat das Weglassen der Klammern dazu geführt, dass sich die Reihenfolge der Auswertung der Operatoren ändert.

Um auch dem Begriff der *Tiefe* eine anschauliche Bedeutung zu verleihen, wird ein zu dem Booleschen Ausdruck e_1 gehöriger *Operatorbaum*[3] in Abbildung 2.2 gezeigt. Der Operatorbaum gibt an, wie der Boolesche Ausdruck ausgewertet werden kann (siehe Fußnote auf Seite 29). Die Tiefe eines Booleschen Ausdrucks entspricht der Tiefe seines Operatorbaums, d. h. der Länge des längsten einfachen Pfades von der Wurzel des Operatorbaums zu einem seiner Blätter. Es gilt also $e_1 \in BE_4$.

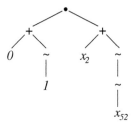

Abbildung 2.2: *Boolescher Ausdruck e_1 als Operatorbaum*

Bei Booleschen Ausdrücken erscheint es sinnvoll, mehrfach vorkommende Teilausdrücke (sie entsprechen Teilkomponenten beim Schaltkreisentwurf) mit einem Namen zu versehen und überall dort, wo diese auftreten, anstelle der kompletten Teilausdrücke nur das entsprechende, neu eingeführte Symbol zu verwenden. Auf diese Weise braucht der jeweilige Teilausdruck ausschließlich bei der Namensdefinition, also insgesamt nur einmal, aufgeführt zu werden. Es ist also sinnvoll, Boolesche Ausdrücke um die Möglichkeit der Verwendung von Funktionssymbolen zu erweitern.

---

[3]Auf die Konstruktion und die charakteristischen Eigenschaften von Operatorbäumen wird hier nicht näher eingegangen, da diese in unserem Kontext weiter keine tragende Rolle einnehmen.

Definition 2.5: *Erweiterte Boolesche Ausdrücke*

Es sei wiederum das Alphabet $A := \mathbb{X}_n \cup \{0, 1, +, \cdot, \sim, (,)\}$ gegeben. Weiterhin sei $F = \{f_1, f_2, \ldots\}$ eine abzählbare Menge von Funktionsnamen, und jedem $f \in F$ wird durch $\sigma : F \to \mathbb{N}$ eine Stelligkeit zugeordnet. Die Menge $EBE(\mathbb{X}_n)$ der *erweiterten Booleschen Ausdrücke* über $\mathbb{X}_n$ lässt sich dann in folgender Weise als Teilmenge von $(A \cup F)^*$ induktiv definieren:

1. $EBE_0(\mathbb{X}_n, F) := BE_0(\mathbb{X}_n)$ ist die Menge der *erweiterten Booleschen Ausdrücke der Tiefe 0*.

2. Die Menge der *Booleschen Ausdrücke mit Tiefe i* $(i \in \mathbb{N}_0)$ wird durch $EBE_i(\mathbb{X}_n, F)$ bezeichnet.

3. Sind $f \in F$, $a, b \in EBE_i(\mathbb{X}_n, F)$ und $c_j \in EBE_i(\mathbb{X}_n, F)$ für alle $j \in \{1, \ldots \sigma(f)\}$, so gilt:

   (a) $e := (\sim a) \in EBE_{i+1}(\mathbb{X}_n, F)$

   (b) $e' := (a + b) \in EBE_{i+1}(\mathbb{X}_n, F)$

   (c) $e'' := (a \cdot b) \in EBE_{i+1}(\mathbb{X}_n, F)$

   (d) $e''' := f(c_1, \ldots, c_{\sigma(f)}) \in EBE_{i+1}(\mathbb{X}_n, F)$

   $EBE_{i+1}(\mathbb{X}_n)$ enthält nur Elemente, die sich mittels (a), (b), (c) oder (d) konstruieren lassen.

4. $EBE(\mathbb{X}_n, F) := \cup_{i \in \mathbb{N}_0} EBE_i(\mathbb{X}_n, F)$.

Analog zu den nicht erweiterten Booleschen Ausdrücken kann statt $EBE(\mathbb{X}_n, F)$ auch einfach EBE geschrieben werden, wenn klar ist, um welche Variablenmenge $\mathbb{X}_n$ und welche Menge von Funktionsnamen F es sich handelt.

Beispiel 2.5

Sei $f \in F$ und $\sigma(f) = 2$. Außerdem seien e_1, e_2 und e_3 gegeben durch:

$$e_1 := (x_1 + x_2) \cdot (\sim (x_1 + x_2) \cdot (x_3 + (x_1 + x_2)))$$
$$e_2 := f(x_1, x_2) \cdot (\sim f(x_1, x_2) \cdot (x_3 + f(x_1, x_2)))$$
$$e_3 := x_4 + f(x_1, x_2 \cdot x_3)$$

Während $e_1 \in BE \subset EBE$, stellen e_2 und e_3 echte erweiterte Boolesche Ausdrücke dar, d. h. sie liegen nicht in der Menge BE.

Betrachtet man die Beispiele e_1, e_2 und e_3 etwas genauer, so fällt rasch auf, dass „ mit e_1 und e_2 dasselbe ausgedrückt werden soll". Wir erkennen, dass in e_2 gegenüber e_1 lediglich der Teilausdruck $x_1 + x_2$ durch $f(x_1, x_2)$ ersetzt wurde, und unsere Intuition verrät uns, dass beide Ausdrücke letztlich dieselbe Boolesche Funktion darstellen (sofern f entsprechend definiert ist).

Allerdings ist zu bedenken, dass Boolesche Ausdrücke bis jetzt nur als Zeichenketten, d. h. als syntaktische Gebilde, eingeführt sind. Eine Korrelation mit Booleschen Funktionen existiert nur intuitiv – formal gesehen weisen die beiden Begriffe hingegen noch keine Verbindung auf. Folglich kann der Begriff der Gleichheit auch nur syntaktisch betrachtet werden, was bedeutet, dass zwei Boolesche Ausdrücke nur dann gleich sind, wenn sie Zeichen für Zeichen miteinander übereinstimmen.

Was also noch fehlt, ist eine *semantische Interpretation* von Booleschen Ausdrücken als Boolesche Funktionen. Diese wird durch die Einführung der Interpretationsfunktion ψ gegeben:

Definition 2.6: *Semantik erweiterter Boolescher Ausdrücke*

Es seien wie üblich die Variablenmenge $\mathbb{X}_n$ und die Menge von Funktionsnamen F gegeben. Weiterhin seien e_i ($i \in \mathbb{N}$) erweiterte Boolesche Ausdrücke. Wir definieren induktiv die Abbildung $\psi : EBE(\mathbb{X}_n, F) \to \mathbb{B}_n$, die jedem (erweiterten) Booleschen Ausdruck e eine Boolesche Funktion zuweist, welche durch e repräsentiert wird. Für atomare Boolesche Ausdrücke gilt

$$\psi(0) := 0 \quad \text{(konstante Nullfunktion)}$$
$$\psi(1) := 1 \quad \text{(konstante Einsfunktion)}$$
$$\psi(x_i) := x_i \quad \text{(Projektion)}$$
$$\psi(f_i) := f_i \quad \text{(Funktion}^4 \; f_i).$$

Für nicht atomare Boolesche Ausdrücke gilt

$$\psi(\sim e_1) \quad := \; \sim \psi(e_1)$$
$$\psi(e_1 + e_2) \quad := \; \psi(e_1) + \psi(e_2)$$
$$\psi(e_1 \cdot e_2) \quad := \; \psi(e_1) \cdot \psi(e_2)$$
$$\psi(f(e_1, \ldots, e_{\sigma(f)})) := \psi(f)(\psi(e_1), \ldots, \psi(e_{\sigma(f)})).$$

Auf Grund der Konstruktion Boolescher Ausdrücke ist durch diese Definition ψ vollständig definiert, d. h. für jeden Ausdruck e lässt sich $\psi(e)$ eindeutig bestimmen.

Belegt man die Booleschen Ausdrücke mit der Semantik aus Definition 2.6, so erhält man mit der *Äquivalenz* auch einen weiteren Gleichheitsbegriff, der dann das oben bereits Angesprochene leistet. Für zwei erweiterte Boolesche Ausdrücke e_1 und e_2 gilt:

$$e_1 \equiv e_2 \quad (e_1 \text{ und } e_2 \text{ sind } \textit{äquivalent}) :\Leftrightarrow \psi(e_1) = \psi(e_2)$$

---

[4]Das Funktionssymbol f_i wird auf eine Funktion $\psi(f_i) \in \mathbb{B}_{\sigma(f_i)}$ abgebildet. Der Einfachheit halber wird $\psi(f_i)$ wieder mit f_i bezeichnet.

Boolesche Ausdrücke sind also genau dann äquivalent, wenn sie die gleiche Boolesche Funktion darstellen. In diesem Sinne stimmen also die Ausdrücke e_1 und e_2 aus Beispiel 2.5 zwar nicht syntaktisch exakt überein, sind aber semantisch dennoch gleich – sofern $\psi(f)$ auf die Oder-Funktion abgebildet wird. Man schreibt statt $e_1 \equiv e_2$ oft auch vereinfachend $e_1 = e_2$.

Für das Auswerten der Booleschen Funktion $\psi(e)$ für einen Booleschen Ausdruck e an der Stelle $\alpha := (\alpha_1, \ldots, \alpha_n) \in \mathbb{B}^n$ wird folgende Regel angewendet:

$\psi(e)(\alpha)$ ergibt sich durch Ersetzen der x_i durch α_i für alle i im Booleschen Ausdruck e und anschließendem Rechnen in der Booleschen Algebra BA_2.

Auf den (einfachen) Beweis der Korrektheit dieser Regel wollen wir verzichten. Stattdessen machen wir uns ihre Anwendung anhand eines Beispiels klar.

Beispiel 2.6

Gegeben seien der Boolesche Ausdruck $e := ((x_1 \cdot x_2) + x_3)$ und eine Variablenbelegung $\alpha := (1, 0, 1)$. Dann ist

$$
\begin{aligned}
\psi(e)(\alpha) &= (\psi(x_1 \cdot x_2) + \psi(x_3))(\alpha) \\
&= \psi(x_1 \cdot x_2)(\alpha) + \psi(x_3)(\alpha) \\
&= \psi(x_1)(\alpha) \cdot \psi(x_2)(\alpha) + \psi(x_3)(\alpha) \\
&= 1 \cdot 0 + 1 \\
&= 1
\end{aligned}
$$

Die Boolesche Funktion $\psi(e)$ wird meist durch e abgekürzt. Der Boolesche Ausdruck wird also mit der Funktion identifiziert, die er darstellt. Die Interpretationsfunktion taucht in der Regel im Weiteren nur dann noch explizit in der Notation auf, wenn es wichtig ist, zu verdeutlichen, wo die Syntax und an welchen Stellen die Semantik im Vordergrund steht.

Man kann festhalten, dass mithilfe der Interpretationsfunktion ψ zu jedem Booleschen Ausdruck eine zugehörige Boolesche Funktion angegeben werden kann. Insbesondere bedeutet dies natürlich, dass zu jedem Booleschen Ausdruck eine Boolesche Funktion *existiert*, die durch diesen Ausdruck repräsentiert wird. Interessant und für die Praxis sehr wichtig ist nun die Beantwortung der Frage, ob auch die Umkehrung dieser Aussage gilt. Man möchte also gerne wissen, ob es zu jeder Booleschen Funktion einen korrespondierenden Booleschen Ausdruck gibt, und falls ja, wie man diesen finden oder generieren kann. Die Antwort soll an dieser Stelle vorweggenommen werden – ja, diese Umkehrung gilt ebenfalls. Die Frage nach der Konstruktion Boolescher Ausdrücke zu gegebenen Booleschen Funktionen führt uns zum Begriff der Normalformen. Im Folgenden werden wir vorbereitend einige Notationen einführen. Dabei wird schon deutlich zu erkennen sein, auf welche Weise die gesuchten Ausdrücke konstruiert werden sollen.

- Zunächst einigen wir uns auf abkürzende Schreibweisen für die *iterierte Disjunktion* bzw. die *iterierte Konjunktion*. Es ist:

$$\prod_{i=1}^{n} x_i := x_1 \cdot \ldots \cdot x_n$$

$$\sum_{i=1}^{n} x_i := x_1 + \ldots + x_n$$

- Ein *Literal* ist ein Boolescher Ausdruck der Form x_i^{ϵ} mit $\epsilon \in \mathbb{B}$. Dabei ist x_i^0 lediglich eine andere Schreibweise für $\sim x_i$ und wird auch als *negatives Literal* bezeichnet. Analog steht das *positive Literal* x_i^1 einfach für x_i.

- Ein *Monom* m ist eine Konjunktion von Literalen, in der kein Literal doppelt auftritt und die außerdem für kein $i \in \mathbb{N}$ sowohl x_i^0 als auch x_i^1 enthält.

- Ein Monom m heißt *vollständig*, wenn jede Variable entweder als positives oder als negatives Literal in m vorkommt. Ein vollständiges Monom wird auch als *Minterm* bezeichnet.

- Für beliebiges $\alpha = (a_1, \ldots, a_n) \in \mathbb{B}^n$ ist

$$m(\alpha) = \prod_{i=1}^{n} x_i^{\alpha_i}$$

  der *zu α gehörende Minterm*.

- Ist $\alpha \in \mathbb{B}^n$ aus der ON-Menge der Booleschen Funktion f, so ist der zu α gehörende Minterm $m(\alpha)$ ein *Minterm von f*.

- Ein *Polynom* ist ein Boolescher Ausdruck, der aus einer Disjunktion paarweise verschiedener Monome besteht. Sind alle Monome vollständig, so handelt es sich um ein *vollständiges Polynom*.

- Unter einer *disjunktiven Normalform* (DNF) einer Booleschen Funktion f verstehen wir ein Polynom p, das f darstellt (d. h. $\psi(p) = f$).

- Unter einer *vollständigen* oder *kanonischen disjunktiven Normalform* (kDNF) einer Booleschen Funktion f verstehen wir ein vollständiges Polynom, das f darstellt.

- Eine *Klausel* c ist eine Disjunktion von Literalen, in der kein Literal doppelt auftritt und die außerdem für kein $i \in \mathbb{N}$ sowohl x_i^0 als auch x_i^1 enthält.

- Eine Klausel m heißt *vollständig*, wenn jede Variable entweder als positives oder als negatives Literal in m vorkommt. Eine solche Klausel wird auch als *Maxterm* bezeichnet.

- Für beliebiges $\alpha = (a_1, \ldots, a_n) \in \mathbb{B}^n$ ist

$$c(\alpha) = \sum_{i=1}^{n} x_i^{\alpha_i}$$

  der *zu α gehörende Maxterm*.

- Unter einer *konjunktiven Normalform* (KNF) einer Booleschen Funktion f verstehen wir einen Booleschen Ausdruck, der f darstellt und aus einer Konjunktion paarweise verschiedener Klauseln besteht. Sind alle Klauseln vollständig, so handelt es sich um eine *kanonische konjunktive Normalform* (kKNF).

- Unter einer *kanonischen Ringsummendarstellung* (kRNF) einer Booleschen Funktion f verstehen wir einen Booleschen Ausdruck, der f darstellt und aus einer Exklusiv-Oder-Verknüpfung (vgl. Beispiel 2.3) paarweise verschiedener Monome besteht, welche allesamt ausschließlich positive Literale enthalten.

Mit diesen Begriffen lässt sich nun der gewünschte Zusammenhang zwischen Booleschen Funktionen und Booleschen Ausdrücken als Satz formulieren.

Satz 2.2

Zu jedem $f \in \mathbb{B}_n$ existieren unendlich viele Boolesche Ausdrücke, die f darstellen.

Beweis: Wir zeigen zunächst, dass es überhaupt einen solchen Booleschen Ausdruck gibt, der f darstellt, und geben dann an, wie man aus diesem Ausdruck weitere Ausdrücke generieren kann, die ebenfalls f repräsentieren.

1. Wir setzen:

$$e_1 := \sum_{\alpha \in ON(f)} m(\alpha)$$

Dann gilt mit Übungsaufgabe 2.13 für alle $\beta \in ON(f)$:

$$\psi(e_1)(\beta) = \psi\left(\sum_{\alpha \in ON(f)} m(\alpha)\right)(\beta)$$
$$= \sum_{\alpha \in ON(f)} \psi(m(\alpha))(\beta)$$
$$= \psi(m(\beta))(\beta)$$
$$= 1$$

Entsprechend ist $\psi(e_1)(\beta) = 0$, wenn $\beta \notin ON(f)$ und somit gilt

$$f = \psi(e_1).$$

2. Nach den Regeln der Booleschen Algebra gilt für jeden Booleschen Ausdruck e

$$\psi(e) = \psi(e + e) = \psi(e + e + e) = \ldots$$

Somit stellt der Boolesche Ausdruck e_i mit

$$e_i := \sum_{j=1}^{i} e_1$$

ebenfalls die Funktion f dar.

$\triangleleft$

So ist nun also eine Methode gefunden, um zu einer beliebigen Booleschen Funktion f einen Booleschen Ausdruck zu finden – man konstruiert die kDNF von f, die genau durch den im Beweis zu Satz 2.2 angegebenen Ausdruck

$$\sum_{\alpha \in ON(f)} m(\alpha)$$

festgelegt ist. Dieser Ausdruck erzeugt für jedes Element der Erfüllbarkeitsmenge $ON(f)$ genau einen Minterm. Mithilfe dieser Überlegung kann man sich auch davon überzeugen, dass die kDNF einer Booleschen Funktion eine eindeutige Darstellung dieser Funktion als Boolescher Ausdruck ist. Dies ist die Eigenschaft, der die kDNF das Attribut „kanonisch" verdankt. Entsprechend sind auch kRNF sowie kKNF eindeutige Darstellungen (siehe auch Übungsaufgabe 2.17). Hingegen kann es zu einer Funktion f mehrere verschiedene DNFs und KNFs geben, die allesamt f darstellen.

Damit haben wir nun alle Voraussetzungen zusammen, die notwendig sind, um sich Gedanken über Optimierungsfragen zu machen. Letztere sind von großer Bedeutung, denn zwar wissen wir, *dass* wir jede Boolesche Funktion durch einen Booleschen Ausdruck darstellen können, und auch, wie wir einen solchen konstruieren können – doch damit sind wir bei weitem noch nicht restlos zufrieden gestellt. Wir haben gesehen, dass es viele verschiedene Boolesche Ausdrücke zur Beschreibung ein und derselben Funktion gibt. Selbstverständlich sind wir sehr daran interessiert, unter diesen Ausdrücken einen besonders *geeigneten* oder *günstigen* für die Funktionsbeschreibung zu verwenden. Derartige Boolesche Ausdrücke zu finden, ist eine bedeutende Aufgabe im Bereich der *Logiksynthese*. Entsprechende Verfahren werden in den Kapiteln 6 – 8 diskutiert.

Zum Abschluss dieses Abschnittes über Boolesche Ausdrücke soll noch erwähnt werden, dass für die Operatoren auch noch andere, ebenfalls gängige Schreibweisen existieren:

Schreibweisen

Statt $e_1 + e_2$ wird in der Literatur auch $e_1 \vee e_2$, statt $e_1 \cdot e_2$ auch $e_1 \wedge e_2$ und statt $\sim e_1$ auch die Notation $\overline{e}_1$ verwendet. Letztere Schreibweise werden wir aus Gründen der besseren Lesbarkeit auch im Folgenden für die Komplementierung verwenden. Semantisch gesehen ändert sich dadurch selbstverständlich nichts.

2.4 Übungsaufgaben

Aufgabe 2.1

Führen Sie den Beweis über die Aussagen aus Lemma 2.1, d. h. beweisen Sie die Existenz neutraler Elemente sowie die Gesetze der Idempotenz, die Regeln von de Morgan und die Consensus-Regeln. Verwenden Sie hierbei ausschließlich die Axiome der Booleschen Algebra sowie gegebenenfalls das Dualitätsprinzip.

Aufgabe 2.2

Beweisen Sie die Eindeutigkeit der neutralen Elemente einer Booleschen Algebra.

Aufgabe 2.3

Zeigen Sie: BA_2 ist eine Boolesche Algebra.

Aufgabe 2.4

Entscheiden Sie, ob die durch Boolesche Ausdrücke gegebenen Booleschen Funktionen f_1 und f_2 äquivalent sind, indem Sie die Tabellenformen der Funktionen erstellen und diese dann vergleichen. Es seien dabei:

$$f_1 = \psi((\overline{a} + b + d) \cdot (\overline{a} + \overline{b} + e) \cdot (\overline{a} + \overline{b} + c + \overline{e}) \cdot (a + \overline{b} + c + \overline{d}) \cdot (\overline{b} + \overline{d} + e))$$
$$f_2 = \psi((\overline{a} \cdot \overline{d}) + (\overline{b} \cdot d) + (b \cdot c \cdot e))$$

Aufgabe 2.5

Sei $(M, +, \cdot, \sim)$ eine beliebige Boolesche Algebra. Zeigen Sie, dass für alle $a, b, c \in M$

$$a \cdot (\sim b) + b \cdot (\sim c) + (\sim a) \cdot c = a \cdot (\sim c) + (\sim b) \cdot c + (\sim a) \cdot b$$

gilt.

Aufgabe 2.6

Sei $M \subset \mathbb{N}$ eine endliche Teilmenge der natürlichen Zahlen. Sind $a, b \in M$ zwei Elemente aus M, so sei $a+b$ das Maximum $\mathtt{max}\{a, b\}$ und $a \cdot b$ das Minimum $\mathtt{min}\{a, b\}$ von a und b. („ $+$ “ und „ $\cdot$ “ bezeichnen also nicht die Addition und Multiplikation natürlicher Zahlen!) Offenbar ist

$$min(M) := \mathtt{min}\{\, m \,;\, m \in M \,\}$$

das Nullelement und

$$max(M) := \mathtt{max}\{\, m \,;\, m \in M \,\}$$

das Einselement in M, da $\forall a \in M$ die Gleichungen $a + min(M) = a$, $a \cdot min(M) = min(M)$, $a + max(M) = max(M)$ und $a \cdot max(M) = a$ gelten.

Welche Eigenschaft muss M haben, damit es einen unären Operator $\sim\colon M \to M$ gibt, sodass $(M, +, \cdot, \sim)$ eine Boolesche Algebra ist?

Aufgabe 2.7

Sie $d \in \mathbb{N}$ und

$$T_d = \{\, t \in \mathbb{N}\,;\ t \text{ teilt } d \text{ ohne Rest} \,\}$$

die Menge aller natürlichen Zahlen, die d ohne Rest teilen. Sind $a, b \in T_d$ zwei Teiler von d, so sei $a + b$ als das kleinste gemeinsame Vielfache und $a \cdot b$ als der größte gemeinsame Teiler von a und b definiert. Offenbar ist die natürliche Zahl 1 das Nullelement und d das Einselement in T_d, da $\forall t \in T_d$ die Gleichungen $t + 1 = t$, $t \cdot 1 = 1$, $t + d = d$ und $t \cdot d = t$ gelten.

Beweisen oder widerlegen Sie die Behauptung, dass es einen unären Operator $\sim\colon T_{12} \to T_{12}$ gibt, sodass $(T_{12}, +, \cdot, \sim)$ eine Boolesche Algebra ist.

Aufgabe 2.8

Es gelten die gleichen Definitionen wie in Aufgabe 2.7. Beweisen oder widerlegen Sie die Behauptung, dass es einen unären Operator $\sim\colon T_{30} \to T_{30}$ gibt, sodass $(T_{30}, +, \cdot, \sim)$ eine Boolesche Algebra ist.

Aufgabe 2.9

Es gelten die gleichen Definitionen wie in Aufgabe 2.7. Welche (hinreichende und notwendige) Eigenschaft muss die natürliche Zahl d besitzen, damit es einen unären Operator $\sim\colon T_d \to T_d$ gibt, sodass $(T_d, +, \cdot, \sim)$ eine Boolesche Algebra ist?

Aufgabe 2.10

Sei $(M, +, \cdot, \sim)$ eine Boolesche Algebra. Auf M sei die Relation $\leq$ mit

$$\forall x, y \in M : x \leq y \iff x + y = y$$

definiert. Beweisen Sie die folgenden Aussagen

1. Die Relation $\leq$ ist eine partielle Ordnung, d. h. sie ist reflexiv, antisymmetrisch und transitiv.

2. Aus $x \leq y$ folgt $x \cdot y = x$.

Aufgabe 2.11

Es gelten die gleichen Definitionen wie in Aufgabe 2.10. Zusätzlich definieren wir, dass ein Element $a \in M$, verschieden vom Nullelement der Booleschen Algebra, ein *Atom* von M ist, wenn für alle $b \in M$ entweder $a \cdot b = a$ oder $a \cdot b = 0$ gilt.

Zeigen Sie die folgenden Aussagen.

1. Ein vom Nullelement verschiedenes Element $a \in M$ ist genau dann ein Atom von M, wenn für alle $b \in M$ mit $0 \leq b \leq a$ entweder $b = 0$ oder $a = b$ gilt.

2. Die Disjunktion aller Atome von M ergibt das Einselement von M, d. h.

$$\sum_{a \in \text{Atome}(M)} a = 1.$$

3. Es sei, für $x \in M$, $\text{Atome}(M, x)$ die Menge der Atome von M, die kleiner gleich x sind, d. h.

$$\text{Atome}(M, x) := \{\, a \in \text{Atome}(M)\,;\ a \leq x \,\}.$$

Es gilt

$$\sum_{a \in \text{Atome}(M,x)} a = x.$$

Aufgabe 2.12

Berechnen Sie für $n, m \in \mathbb{N}_0$ die Kardinalitäten der Mengen $\mathbb{B}_n := \{\, f\,;\ f : \mathbb{B}^n \to \mathbb{B} \,\}$ und $\mathbb{B}_{n,m} := \{\, f\,;\ f : \mathbb{B}^n \to \mathbb{B}^m \,\}$

Aufgabe 2.13

Seien $\alpha, \beta \in \mathbb{B}^n$. Dann gilt für den zu α gehörigen Minterm

$$\psi(m(\alpha))(\beta) = 1 \iff \alpha = \beta$$

Aufgabe 2.14

Beweisen Sie, dass die kanonische disjunktive Normalform einer Booleschen Funktion $f \in \mathbb{B}_n$ (bis auf die Reihenfolge, in denen die Minterme miteinander disjunktiv verknüpft sind, und die Reihenfolgen, in denen die Literale in den Mintermen konjunktiv miteinander verknüpft sind) eindeutig ist.

Aufgabe 2.15

Überlegen Sie sich ein Verfahren, das aus einer disjunktiven Normalform einer Booleschen Funktion $f \in \mathbb{B}_n$ eine kanonische Ringsummendarstellung von f generiert.

Aufgabe 2.16

Wie viele verschiedene Ringsummendarstellungen über n Booleschen Variablen gibt es? Darstellungen, die sich nur in der Reihenfolge, in denen die Minterme miteinander durch Exklusiv-Oder verknüpft sind, und den Reihenfolgen, in denen die positiven Literale in den Mintermen konjunktiv miteinander verknüpft sind, unterscheiden, werden als identisch angesehen.

Aufgabe 2.17

Unter Verwendung der Aufgaben 2.15 und 2.16 beweisen Sie, dass es zu jeder Booleschen Funktion $f \in \mathbb{B}_n$ genau eine über n Boolesche Variablen definierte kanonische Ringsummendarstellung von f gibt.

Aufgabe 2.18: *Farmer's Dilemma*

Ein Farmer befindet sich zusammen mit einem Wolf, einer Ziege und einem Kohlkopf auf einer Flussseite. Er besitzt ein Boot, welches ihn selbst sowie einen weiteren Gegenstand bzw. ein weiteres Tier trägt. Er möchte nun mit Kohlkopf, Ziege und Wolf auf die andere Seite des Flusses gelangen. Unglücklicherweise frisst der Wolf die Ziege bzw. die Ziege den Kohlkopf, wenn er diese unbeaufsichtigt lässt. Damit nun der Bauer nicht versehentlich Wolf und Ziege bzw. Ziege und Kohl allein lässt, soll ein Warnsystem aufgebaut werden, welches in diesen Fällen Alarm auslöst.

1. Die Variablen f, w, z und k bezeichnen Farmer, Wolf, Ziege und Kohlkopf. Ist der Wert einer solchen Variablen 0 (1), dann befindet sich der Gegenstand/das Lebewesen auf der linken (rechten) Flussseite. Geben Sie die Funktionstabelle der Alarmfunktion a an.

2. Geben Sie für die Funktion a einen vollständig geklammerten Booleschen Ausdruck e in disjunktiver Normalform mit Variablen aus $V = \{f, w, z, k\}$ an. Lassen Sie dabei ausnahmsweise *keine* Klammern und Operatorenzeichen vereinfachend weg. Zeigen Sie außerdem, dass gilt: $\psi(e) = a$.

3. Bestimmen Sie auch die Darstellung von a in *kDNF*.

3 Darstellungen im Rechner

In Kapitel 2 haben wir uns Gedanken darüber gemacht, wie bei der Verarbeitung von Daten der Tatsache Rechnung getragen werden kann, dass rechnerintern nur die Werte 0 und 1 zur Verfügung stehen. Wir haben die grundlegenden Werkzeuge zur Behandlung dieser binären Informationen eingeführt und sind dadurch nun in der Lage, auf der digitalen Ebene Funktionalitäten zu beschreiben. Mit anderen Worten: Wir können binäre Daten in sinnvoller Weise verarbeiten.

Dennoch ist klar, dass sich ein Benutzer eines Rechners nicht damit zufrieden geben möchte, mit Nullen und Einsen arbeiten zu können. Er will Zahlen und Zeichen oder auch Zeichenketten verwenden, so wie er es aus dem täglichen Leben gewohnt ist. Hier klafft also eine Lücke, die zwischen der Komplexität der Datenformate, die – durch die Bedürfnisse der Anwender vorgegeben – beherrscht werden müssen einerseits, und der Komplexität, die auf der digitalen Ebene maximal verarbeitet werden kann, andererseits besteht.

In diesem Kapitel wollen wir uns damit beschäftigen, diese Diskrepanz zu überwinden. Wir gehen also der Frage nach, auf welche Weise es möglich ist, Zeichen und vor allem Zahlen im Rechner zu repräsentieren, und welche Vor- und Nachteile die einzelnen Darstellungen aufweisen. Dabei überlegen wir uns zunächst, wie Information grundsätzlich gespeichert und verwaltet werden kann, bevor dann nacheinander die Möglichkeiten zur Repräsentation von Zeichen bzw. Zahlen detaillierter betrachtet werden.

3.1 Information

Information ist ein abstrakter Begriff. Dementsprechend können die Informationen, die von/in einem Rechner zu verarbeiten sind, von sehr vielseitiger Gestalt sein. Bilder stellen im abstrakten Sinn genauso Informationen dar wie Text-Dokumente, und auch Audio-Dateien enthalten nichts anderes als eine Reihe von Informationen, die letzten Endes von Soundkarten-Treibern korrekt interpretiert und über Lautsprecher in der gewünschten Art und Weise wiedergegeben werden.

Wie werden Informationen nun aber im Rechner abgelegt? Um diese Frage beantworten zu können, machen wir uns nochmals klar, dass auf der von uns betrachteten Ebene ausschließlich die Werte 0 und 1 unterschieden werden können. Die kleinste Einheit an Information, die innerhalb eines Rechners dargestellt, gespeichert oder abgefragt werden kann, ist folglich das *Bit*. Wir betrachten ein *Bit* als eine Elementarinformation in Form einer einzelnen Ziffer, die entweder den Wert 0 oder den Wert 1 annehmen kann. Eine Folge von acht Bits wird als *Byte* bezeichnet.

Da in der Regel Zeichen aus Alphabeten mit mehr als zwei Elementen dargestellt werden müssen, ist eine Darstellung in Form von Elementarinformation, also durch ein einzelnes Bit, in den meisten Fällen nicht möglich, da Bits nicht mächtig genug sind, um genügend Zeichen zu unterscheiden. Stattdessen benötigt man größere Folgen von Elementarinformationen, also Folgen von Bits. Ein Beispiel dafür sind *Bytes*. Durch ein Byte können $2^8 = 256$ verschiedene Werte oder Zeichen repräsentiert werden, denn die Bits können unabhängig voneinander jeden der beiden möglichen Werte annehmen. Bytes sind also mächtig genug, um beispielsweise alle Groß- und Kleinbuchstaben des deutschen Alphabets zu unterscheiden. Worte in deutscher Sprache, also Zeichenketten, können somit z. B. durch Folgen von Bytes repräsentiert werden, wenn klar ist, welches Byte welchen Buchstaben darstellen soll. Dies ist eine Frage der *Kodierung*, und diesem Thema wollen wir uns in Abschnitt 3.2 zuwenden.

3.2   Darstellung von Zeichen

Wie wir bereits festgestellt haben, kann die Information, die durch Rechner dargestellt und gespeichert werden soll, vielerlei Gestalt haben. Ein wichtiger Spezialfall ist aber die Repräsentation von Zeichen bzw. Zeichenketten. Zur rechnerinternen Darstellung muss ein vorgegebenes Alphabet aller potentiell vorkommenden Symbole auf eine Menge von Bitfolgen abgebildet werden. Eine solche Abbildung bezeichnen wir als *(binären) Code*.

Definition 3.1:   *Code eines endlichen Alphabets*

Gegeben sei ein endliches Alphabet A, also eine endliche Menge von Symbolen. Weiterhin sei $\mathbb{B}^*$ die Menge aller beliebig langen endlichen Bitfolgen.

1. Ein *(binärer) Code* von A ist eine injektive Abbildung $c : A \to \mathbb{B}^*$.

2. Die Menge aller *Codewörter* eines Codes c ist durch

$$c(A) := \{\, w \in \mathbb{B}^* \,;\ \exists\, a \in A : c(a) = w \,\}$$

gegeben.

3. Für beliebiges $n \in \mathbb{N}$ heißt ein Code c auch *Code fester Länge* oder genauer *Code der Länge n*, wenn $c(A) \subseteq \mathbb{B}^n$ gilt, d. h. wenn die Menge der Codewörter von c eine Teilmenge der Bitfolgen der Länge n ist.

Bevor wir uns Codelängen und Beispielen häufig verwendeter Codes zuwenden, machen wir uns anhand zweier kleiner Beispiele klar, warum die Injektivität eine grundlegende Eigenschaft von Codes ist.

Beispiel 3.1

Gegeben seien die beiden Alphabete $A_1 := \{rot, grün, blau\}$ und $A_2 := \{lila, violett, gelb\}$. Weiterhin seien mit $n := 24$ die folgenden Abbildungen definiert:

$$c_1 : A_1 \to \mathbb{B}^{24},$$
$$c_1 := \{\, (rot \quad \mapsto 1111\,1111\,0000\,0000\,0000\,0000),$$
$$(gruen \mapsto 0000\,0000\,1111\,1111\,0000\,0000),$$
$$(blau \quad \mapsto 0000\,0000\,0000\,0000\,1111\,1111)\,\}$$

$$c_2 : A_2 \to \mathbb{B}^{24},$$
$$c_2 := \{\, (lila \quad \mapsto 1111\,1111\,0000\,0000\,1111\,1111),$$
$$(violett \mapsto 1111\,1111\,0000\,0000\,1111\,1111),$$
$$(gelb \quad \mapsto 1111\,1111\,1111\,1111\,0000\,0000)\,\}$$

Die Abbildung c_1 stellt einen Code dar, genau genommen bildet c_1 eine Untermenge des bekannten RGB-Codes zur Darstellung von Farben.

Anders verhält es sich bei c_2. Obwohl auch diese Abbildung Farbsymbole nach den RGB-Regeln auf Bitfolgen abbildet, stellt c_2 keinen Code dar, denn die – formal gesehen verschiedenen – Symbole *lila* und *violett* werden auf dasselbe Codewort abgebildet.

Der Vorgang des „Übersetzens" eines Zeichens oder einer Zeichenfolge der Urbildmenge in die Bildmenge nennt man *Kodierung* oder *Verschlüsselung*. Der umgekehrte Vorgang heißt *Dekodierung* oder *Entschlüsselung*. Man kann leicht erkennen, dass in Beispiel 3.1 eine Verschlüsselung von Farbsymbolen sowohl durch c_1 als auch durch c_2 möglich ist. Andererseits ist aber auch offensichtlich, dass die Dekodierung durch c_2 im Falle des Codewortes $c_2(lila)$ nicht eindeutig ist, da dieses mit $c_2(violett)$ identisch ist und daher allein anhand des Codewortes das zugehörige Farbsymbol nicht zweifelsfrei rekonstruiert werden kann. Dieses Dekodierungsproblem liegt eben gerade in der fehlenden Injektivität begründet, und deshalb werden ausschließlich injektive Abbildungen als gültige bzw. korrekte Codes angesehen.

Kehren wir nochmals zu Codes fester Länge zurück. Hier stellt sich die Frage, wie die Länge n zu wählen ist. Natürlich möchte man für n einen möglichst kleinen Wert, denn längere Codewörter führen automatisch zu einem höheren Speicherplatzbedarf (und gegebenenfalls zu höheren Übertragungszeiten). Andererseits haben wir bereits in Abschnitt 3.1 festgestellt, dass bei zu kleinem n die Bildmenge nicht mächtig genug ist, um alle Symbole des zu kodierenden Alphabets zu unterscheiden. Insgesamt gilt bei Alphabetgröße $|A| = k$ für die Codelänge n die Regel

$$n \geq \lceil \log_2 k \rceil.$$

Ist $n = \lceil \log_2 k \rceil + r$, so können die r zusätzlichen Bits für den Test auf Übertragungsfehler verwendet werden. Auf welche Art dadurch Fehler erkannt und eventuell sogar korrigiert werden können, wird in Kapitel 13 diskutiert.

Zum Abschluss des Abschnitts über rechnerinterne Darstellung von Zeichen soll noch ein weiteres, sehr bekanntes Beispiel eines Codes betrachtet werden.

Beispiel 3.2

Im Folgenden wird der von der *International Organization for Standardization* (kurz *ISO* genannt) genormte *ASCII*[1] angegeben (siehe Tabelle 3.1).

Tabelle 3.1: Code-Tabelle für den ASCII-Code

c_6				0	0	0	0	1	1	1	1
			c_5	0	0	1	1	0	0	1	1
			c_4	0	1	0	1	0	1	0	1
c_3	c_2	c_1	c_0								
0	0	0	0	NUL	DLE		0	P	'		p
0	0	0	1	SOH	DC1	!	1	A	Q	a	q
0	0	1	0	SFX	DC2	"	2	B	R	b	r
0	0	1	1	ETX	DC3	#	3	C	S	c	s
0	1	0	0	EOT	DC4	$	4	D	T	d	t
0	1	0	1	ENQ	NAK	%	5	E	U	e	u
0	1	1	0	ACK	SYN	&	6	F	V	f	v
0	1	1	1	BEL	ETB	'	7	G	W	g	w
1	0	0	0	BS	CAN	(	8	H	X	h	x
1	0	0	1	HT	EM	)	9	I	Y	i	y
1	0	1	0	LF	SUB	*	:	J	Z	j	z
1	0	1	1	VT	ESC	+	;	K	[	k	{
1	1	0	0	FF	FS	,	<	L	\	l	|
1	1	0	1	CR	QS	-	=	M	]	m	}
1	1	1	0	SO	RS	.	>	N	^	n	*
1	1	1	1	SI	US	/	?	O	_	o	DEL

Steuerzeichen   Schriftzeichen

Die Codewörter haben alle Länge 7 und werden in Tabelle 3.1 durch die Bitfolgen $c_6 \ldots c_0$ spezifiziert. Um mithilfe der Tabelle zu einem Zeichen das zugehörige Codewort zu generieren, muss wie folgt vorgegangen werden:

- Suchen des gewünschten Zeichens in der Tabelle

- Ermitteln der Bitkombination $c_6 c_5 c_4$, die ganz oben in der entsprechenden Spalte angegeben ist

---

[1]American Standard Code for Information Interchange

- Ermitteln der Bitkombination $c_3c_2c_1c_0$, die ganz links in der entsprechenden Zeile angegeben ist

- Zusammensetzen der beiden Bitkombinationen zum Codewort $c_6c_5c_4c_3c_2c_1c_0$

ASCII bildet die Basis der für Aufgaben der Datenübertragung am weitesten verbreiteten Codes. Er verwendet, wie wir bereits oben an der Länge der Codewörter erkennen konnten, sieben Bits zur Informationsdarstellung, wobei bestimmte Binärkombinationen nach nationalem Bedarf festgelegt werden können. Außer den Schriftzeichen enthält der Code auch Übertragungs-, Format-, Geräte- und Informationssteuerungszeichen, wie in Tabelle 3.1 zu sehen ist. Beispielsweise steht das Steuerzeichen LF für einen Zeilenvorschub (engl.: *Line Feed*).

Codes dienen im hier besprochenen Kontext ausschließlich dazu, beliebige Daten in Bitfolgen umzuwandeln. Eine andere wichtige Bedeutung von Codes, die man dem Begriff intuitiv vielleicht eher zuordnet, ist die Verschlüsselung von Daten zum Zweck der Geheimhaltung. Mit derlei Aufgaben beschäftigt sich die *Kryptographie* [7] – wir wollen im Weiteren auf diesen Themenkomplex nicht detaillierter eingehen.

3.3 Darstellung von Zahlen

Neben den Möglichkeiten zur Repräsentation und Verarbeitung von Zeichen und Zeichenketten in Rechnern ist – der Name „Rechner" verrät es schon – auch die Fähigkeit, *Zahlen* darstellen und verarbeiten zu können, von großer Bedeutung. Um Manipulationen in Form von Rechenoperationen effizient durchführen zu können, ist es unbedingt notwendig, eine geeignete Repräsentation von Zahlen zu wählen. Die Operationen müssen direkt auf die rechnerinterne Darstellungsform der Zahlen angewendet werden können, weshalb der Wahl dieser Darstellungsform eine ganz besondere Bedeutung zukommt. Wir beschäftigen uns in diesem Abschnitt mit den beiden grundlegenden Repräsentationen von Zahlen, nämlich den Festkomma- und Gleitkommadarstellungen.

3.3.1 Festkommadarstellungen

Bei der *Festkommadarstellung* werden Zahlen durch zwei zusammengesetzte Bitfolgen dargestellt, die durch das *Komma* voneinander getrennt sind. Die Längen der beiden Bitfolgen werden a priori für *alle* zu repräsentierenden Zahlen festgelegt. Für alle Zahlen ist somit die Anzahl der jeweils zur Darstellung des Vor- bzw. Nachkommabereichs verwendeten Bits einheitlich. Die Grundlage der rechnerinternen Festkommadarstellung bildet allerdings nicht das uns wohl bekannte Dezimalsystem, sondern das bereits in Beispiel 3.2 angesprochene Binär- oder Dualsystem. Aus diesem Grunde wollen wir zunächst ganz allgemein den Begriff der *Stellenwertsysteme* einführen und einige wichtige Beispiele dazu angeben.

Definition 3.2: *Stellenwertsystem*

Ein *Stellenwertsystem (Zahlensystem)* ist ein Tripel $S = (b, Z, \delta)$ mit folgenden Eigenschaften:

1. $b \geq 2$ ist eine natürliche Zahl, die *Basis* des Stellenwertsystems.

2. Z ist eine b-elementige Menge von Symbolen, die auch als *Ziffern* bezeichnet werden.

3. $\delta : Z \to \{0, 1, \ldots, b-1\}$ ist eine Abbildung, die jeder Ziffer umkehrbar eindeutig eine natürliche Zahl zwischen 0 und $b - 1$ zuordnet.

Bevor wir mit weiteren Erklärungen fortfahren, werden zum besseren Verständnis zuerst einige häufig verwendete Beispiele von Zahlensystemen angegeben.

Beispiel 3.3

In der folgenden Tabelle sind wichtige Zahlensysteme aufgeführt. Die Ziffern sind in der Tabelle in der Reihenfolge aufgeführt, in der sie durch die Abbildung δ auf die jeweiligen Zahlen abgebildet werden. So gilt z. B. beim Hexadezimalsystem $\delta(6) = 6$, $\delta(A) = 10$ und $\delta(B) = 11$.

Basis	Zahlensystem	Ziffernmenge
2	Binärsystem	$0, 1$
8	Oktalsystem	$0, 1, 2, 3, 4, 5, 6, 7$
10	Dezimalsystem	$0, 1, 2, 3, 4, 5, 6, 7, 8, 9$
16	Hexadezimalsystem	$0, 1, 2, 3, 4, 5, 6, 7, 8, 9, A, B, C, D, E, F$

Basierend auf diesen Stellenwertsystemen können nun die Festkommazahlen eingeführt werden.

Definition 3.3: *Festkommazahl*

Gegeben sei ein Zahlensystem $S := (b, Z, \delta)$ sowie $n, k \in \mathbb{N}$. Eine *nichtnegative Festkommazahl* d mit n *Vor- und* k *Nachkommastellen* ist eine Folge von Ziffern aus Z, deren Länge $n + k$ beträgt. Der *Wert* $\langle d \rangle$ von

$$d := \underbrace{d_{n-1} d_{n-2} \ldots d_1 d_0}_{Vorkommastellen} \underbrace{d_{-1} \ldots d_{-k}}_{Nachkommastellen}$$

mit $d_i \in Z$ $(-k \leq i \leq n - 1)$ beträgt

$$\langle d \rangle := \sum_{i=-k}^{n-1} \delta(d_i) \cdot b^i. \tag{3.1}$$

Wenn bei einer Festkommazahl d unklar ist, bezüglich welchem Stellenwertsystem d zu interpretieren ist, wird die Ziffernfolge mit einem Index versehen, welcher der Basis b des Stellenwertsystems entspricht. Wann immer hingegen aus dem Kontext heraus eindeutig ist, um welches Zahlensystem es sich handelt, wird der Index weggelassen.

Beispiel 3.4

Wir betrachten die Festkommazahl 0110, die je nach Basis b des Stellenwertsystems, bezüglich dessen sie interpretiert wird, unterschiedliche Werte annimmt. Dies ist auch in der folgenden Tabelle zu sehen, in der sämtliche Ziffern der Zahl Vorkommastellen sind; es gilt also $n = 3$ und $k = 0$.

Basis	2	8	10
Festkommazahl	0110_2	0110_8	0110_{10}
Dezimalwert	6_{10}	72_{10}	110_{10}

Wir wollen uns nun noch auf zwei weitere Schreibkonventionen verständigen, die wir vom konventionellen Umgang mit Zahlen her schon gewohnt sind. Zum Einen ist es möglich, führende Nullen beim Schreiben wegzulassen, wie wir auch schon in der letzten Zeile der obigen Tabelle erkennen können. Dies kann jedoch nur dann ohne Mehrdeutigkeiten funktionieren, wenn die Anzahl der Vor- bzw. Nachkommastellen n oder k angegeben ist. Damit dies nicht immer explizit geschehen muss, werden Vor- und Nachkommastellen meist durch ein Komma oder durch einen Punkt getrennt (d. h. $d := d_{n-1}d_{n-2}\ldots d_1 d_0 \, . \, d_{-1}\ldots d_{-k}$), ganz so, wie wir das im Dezimalsystem z. B. von Taschenrechnern her kennen.

Im täglichen Leben wird fast ausschließlich das Dezimalsystem verwendet, weswegen das Rechnen darin uns auch so geläufig ist und das System uns so „natürlich" vorkommt. Tatsächlich ist jedoch das Stellenwertsystem mit der Basis 12 vom theoretischen Standpunkt her genauso gut wie dasjenige mit der Basis 10; in ersterem kann genauso gut gerechnet werden, sofern zwölf verschiedene Symbole für Ziffern festgelegt werden.

Da, wie bereits ausführlich diskutiert, rechnerintern nur zwei Signale unterschieden werden, liegt es nahe, diese mit 0 und 1 zu benennen und in demjenigen Stellenwertsystem zu rechnen, das mit nur zwei Ziffern auskommt – dem Binärsystem. Der Preis dafür, dass das Binärsystem nur zwei Ziffern benötigt, besteht darin, dass Binärzahlen bereits bei relativ kleinem Betrag schon sehr viele Stellen umfassen und somit im Vergleich zu Dezimalzahlen in der Regel wesentlich „länger" und unhandlicher sind. Aus diesem Grund wird oft zur Notation das Hexadezimalsystem verwendet, dessen Zahlendarstellungen kompakter sind. Dabei ist es gängige Praxis, durch die vorangestellten Zeichen 0x kenntlich zu machen, dass es sich um eine Hexadezimalzahl handelt. Das Hexadezimalsystem ist für die Verwendung in Kombination mit dem Binärsystem vor allem auch deshalb besonders gut geeignet, weil sich beide Zahlenformate sehr einfach ineinander konvertieren lassen. Es entspricht dabei jeweils eine Hexadezimalziffer einer Folge von vier Bitstellen bzw. Binärziffern.

Mehrstellige Binärzahlen können direkt durch Leitungsbündel bzw. durch die an den entsprechenden Leitungen anliegenden Signale repräsentiert werden. Wenn wir nun in

der Lage sind, Rechenoperatoren zu definieren, mithilfe derer zwei (oder mehrere) Binärzahlen direkt in gewünschter Weise effizient verknüpft werden können, dann kann dadurch viel Aufwand für die Umrechnungen in und vom Dezimalsystem gespart werden.
Dieser Umstand wird auch durch Abbildung 3.1 am Beispiel der Addition verdeutlicht.

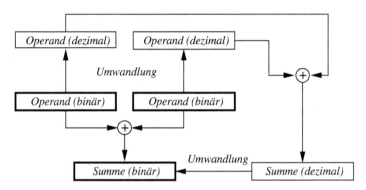

Abbildung 3.1: *Mögliche Vorgehensweisen bei der Addition von Binärzahlen*

Als Folge dieser Überlegungen ergibt sich, dass bereits bei der Wahl der Kodierung darauf zu achten ist, dass diese mit den später benötigten Operationen „zusammenpasst"
und der Realisierung der Operationen nicht im Wege steht. Wie man Schaltkreise ent-
wirft, die eine effiziente Addition von Zahlen in der gewählten Kodierung (Binärzahlen)
realisieren, werden wir in Kapitel 9 diskutieren.

Im Weiteren haben wir uns stattdessen zunächst einmal um ein anderes Problem zu
kümmern, das im Zusammenhang mit Festkommazahlen bislang noch offen gelassen
wurde. Denn ein genauerer Blick auf Formel (3.1) verrät, dass mithilfe dieser Formel ausschließlich *positive* Zahlen dargestellt werden können. Selbstverständlich soll
ein Rechner aber auch in der Lage sein, negative Zahlen zu verarbeiten, weshalb wir
nun erörtern müssen, auf welche Art und Weise man vorzeichenbehaftete Festkommazahlen darstellen kann. Wir beschränken uns dabei von nun an auf das Binärsystem (es
ist also stets $b = 2$) und werden drei verschiedene Repräsentationsformen behandeln:

- Darstellung durch Betrag und Vorzeichen

- Einer-Komplement-Darstellung

- Zweier-Komplement-Darstellung

Zudem werden wichtige Eigenschaften dieser Darstellungen diskutiert. Wir nehmen in
diesem Zusammenhang einige Gemeinsamkeiten der Darstellungen bereits an dieser
Stelle vorweg. So ist bei Festkommazahlen der Abstand zweier „benachbarter" darstellbarer Zahlen stets identisch. Anschaulich gesprochen bedeutet dies, dass das Intervall
zwischen kleinster und größter darstellbarer Zahl durch die Festkommazahlen in viele
gleich große Abschnitte unterteilt wird. Wir kommen zu Beginn des Abschnitts 3.3.2
auf die Bedeutung dieser Eigenschaft zurück. Zudem sind natürlich nicht alle reellen

oder rationalen Zahlen darstellbar, denn das wären ja unendlich viele. Insbesondere ist die Menge der darstellbaren Zahlen aus demselben Grund sowohl nach oben als auch nach unten beschränkt. Als direkte Folgerung daraus ergibt sich, dass Operationen wie Addition, Subtraktion oder Multiplikation nicht abgeschlossen sind. Das wiederum bedeutet, dass auch die Gesetze der Assoziativität und Distributivität nicht wie gewohnt gelten. Zwischenergebnisse können eventuell außerhalb des darstellbaren Zahlenbereichs liegen, weshalb das Ergebnis in diesen Fällen von der Auswertungsreihenfolge abhängt.

Eine weiteres Merkmal ist die Art und Weise, wie positive von negativen Zahlen unterschieden werden, und auch diesbezüglich ist das Vorgehen bei allen drei im Folgenden diskutierten Darstellungsarten identisch. Üblicherweise wird die Eigenschaft einer Zahl, positiv oder negativ zu sein, durch das Vorzeichen angezeigt. Da ein Vorzeichen jedoch nur zwei verschiedene „Werte" annehmen kann und deshalb eine binäre Information darstellt, kann man es in Form eines Bits repräsentieren. Um ein solches Bit erweitern wir die Festkommazahlen, wie sie in Definition 3.3 eingeführt worden sind – wir sprechen in diesem Zusammenhang von einer *vorzeichenbehafteten Festkommazahl*. Wenn dieses *Vorzeichenbit* den Wert 0 hat, so wird es als positives Vorzeichen interpretiert, andernfalls (Wert 1) als negatives Vorzeichen.

Darstellung durch Betrag und Vorzeichen

Verwendet man bei einer Festkommazahl $d := d_n d_{n-1} \ldots d_{-k}$ die Stelle d_n als Vorzeichenbit, so ist das Nächstliegende, den Betrag $|d|$ der durch d dargestellten Zahl in der weiter oben beschriebenen Weise als Binärzahl durch die Stellen $d_{n-1} \ldots d_{-k}$ zu repräsentieren. Wir vereinbaren deshalb das Folgende:

Definition 3.4:   *Darstellung durch Betrag und Vorzeichen*

Gegeben sei eine Festkommazahl

$$d := d_n d_{n-1} \ldots d_0 d_{-1} \ldots d_{-k}$$

mit k Nachkommastellen ($k, n \geq 0$). Interpretiert man d als *Darstellung durch Betrag und Vorzeichen*, so wird dies durch die Bezeichnung $[d]_{BV}$ gekennzeichnet. Die Bitstelle d_n repräsentiert das Vorzeichen, und durch die Stellen $d_{n-1} \ldots d_0 d_{-1} \ldots d_{-k}$ wird der Betrag von d dargestellt. Der Dezimalwert $[d]_{BV}$ ergibt sich somit zu

$$[d_n d_{n-1} \ldots d_0 d_{-1} \ldots d_{-k}]_{BV} := (-1)^{d_n} \cdot \sum_{i=-k}^{n-1} d_i \cdot 2^i. \tag{3.2}$$

Beispiel 3.5

In der folgenden Tabelle sind für $n = 2$ und $k = 0$ alle möglichen Festkommazahlen d zusammen mit ihrem Dezimalwert bzgl. der Darstellung durch Betrag und Vorzeichen aufgeführt.

d	000	001	010	011	100	101	110	111
$[d]_{BV}$	0	1	2	3	0	-1	-2	-3

Anhand dieser Tabelle lässt sich erkennen, wie man aus den Zahlen des positiven Zahlenbereichs diejenigen des negativen Zahlenbereichs generieren kann. Anschaulich betrachtet bedarf es dazu einer Spiegelung des nichtnegativen Zahlenbereichs am Nullpunkt der
reellen Achse mit anschließender Invertierung des Vorzeichenbits. Dies wird (wiederum
anhand von Beispiel 3.5) durch Abbildung 3.2 zusätzlich veranschaulicht. Zwei wichtige

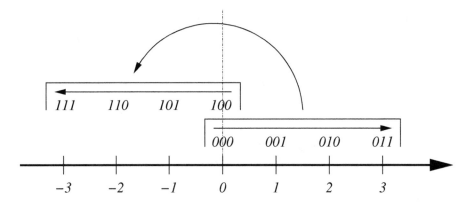

Abbildung 3.2: *Darstellung durch Betrag und Vorzeichen für $n = 2$ und $k = 0$*

Eigenschaften der Darstellung durch Betrag und Vorzeichen werden in Abbildung 3.2
ebenfalls deutlich:

1. Der Zahlenbereich ist symmetrisch bezüglich des Nullpunkts. Genau genommen
   umfasst er das Intervall $[-(2^n - 2^{-k}), 2^n - 2^{-k}]$.

2. Es gibt zwei Darstellungen für die Null. Für $n = 2$ und $k = 0$ sind dies die Festkommazahlen 100 und 000. Dies ist eine unerwünschte Eigenschaft. Wir kommen
   gleich nochmals auf diesen Punkt zurück.

Einer-Komplement-Darstellung

Statt bei Festkommazahlen den negativen Zahlenbereich durch Spiegeln am Nullpunkt
zu erzeugen (vgl. Abbildung 3.2), ist es auch möglich, diesen durch eine Verschiebung des nichtnegativen Zahlenbereichs um einen entsprechenden Betrag zu gewinnen.
Wenn wir so verfahren und geeignet verschieben, erhalten wir die Darstellung im Einer-
Komplement, die wie folgt definiert wird.

Definition 3.5: *Einer-Komplement-Darstellung*

Gegeben sei eine Festkommazahl

$$d := d_n d_{n-1} \ldots d_0 d_{-1} \ldots d_{-k}$$

mit k Nachkommastellen ($k, n \geq 0$). Interpretiert man d als *Darstellung im Einer-Komplement*, so wird dies durch die Bezeichnung $[d]_1$ gekennzeichnet. Der Dezimalwert $[d]_1$ ergibt sich zu

$$[d_n d_{n-1} \ldots d_0 d_{-1} \ldots d_{-k}]_1 := \left(\sum_{i=-k}^{n-1} d_i \cdot 2^i \right) - d_n \cdot \left(2^n - 2^{-k} \right). \qquad (3.3)$$

Auch im Einer-Komplement repräsentiert die Bitstelle d_n das Vorzeichen. Ist es positiv ($d_n = 0$), so wird der Betrag von d in derselben Weise wie bei der Darstellung durch Betrag und Vorzeichen dargestellt. Gilt hingegen $d_n = 1$, d. h. handelt es sich um eine negative Zahl oder die Null, so entspricht der Betrag derjenigen (nichtnegativen) Zahl, die sich durch das bitweise Komplementieren aller Bitstellen von d ergibt. Letzteres stellt einen wichtigen Zusammenhang zwischen der Einer-Komplement-Darstellung zweier Zahlen $[d]_1$ und $-[d]_1$ dar, und diesen wollen wir nun als Lemma formulieren.

Lemma 3.1

Seien d und d' Bitfolgen. Zudem gehe d' durch Komplementieren aller Bits aus d hervor. Dann gilt:

$$[d']_1 = -[d]_1$$

Man erhält also zu einer in Einer-Komplement-Darstellung gegebenen Zahl d das Einer-Komplement der negierten Zahl durch Komplementieren aller Bits.

Dass der in Lemma 3.1 beschriebene Zusammenhang zwischen bitweisem Komplement und Multiplikation mit -1 tatsächlich durch Gleichung (3.3) widergespiegelt wird, davon können wir uns durch Nachrechnen bzw. Lösen der entsprechenden Übungsaufgabe am Ende des Kapitels überzeugen. Wir betrachten nun die Einer-Komplement-Darstellung wiederum am Beispiel der vorzeichenbehafteten Festkommazahlen mit $n = 2$ und $k = 0$.

Beispiel 3.6

Abbildung 3.3 illustriert, wie für $n = 2$ und $k = 0$ die Festkommazahlen bei der Darstellung im Einer-Komplement auf dem Zahlenstrahl angeordnet sind. Dabei ist zu sehen, dass die Zahlen des negativen Zahlenbereichs aus denen des nichtnegativen Bereichs hervorgehen, indem letzterer um den Betrag 3 (allgemein: $2^n - 2^{-k}$, vgl. Gleichung (3.3)) verschoben wird. Man kann sich auch exemplarisch davon überzeugen, dass sich die Einer-Komplement-Darstellung $-[d]_1$ einer Zahl aus d durch Komplementieren aller Bits ergibt; so ist z. B. $-2 = [101]_1$ und $2 = [010]_1$.

Bei der Betrachtung von Abbildung 3.3 stellen wir fest, dass die beiden Eigenschaften, auf die wir im Zusammenhang mit der Festkommazahlen-Darstellung durch Betrag und Vorzeichen hingewiesen haben, auch bei der Darstellung im Einer-Komplement gelten.

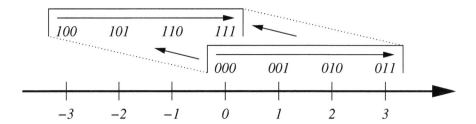

Abbildung 3.3: *Darstellung im Einer-Komplement für $n = 2$ und $k = 0$*

Der Zahlenbereich ist identisch, und wiederum gibt es zwei verschiedene Darstellungen der Null – auch wenn es sich dabei diesmal neben $0\ldots0$ nicht um $10\ldots0$, sondern um $11\ldots1$ handelt.

Speziell die Mehrdeutigkeit der Null, die auch bei der Darstellung durch Betrag und Vorzeichen auftritt, kann aber eine sehr unerwünschte Eigenschaft sein. Zum Einen darf bei der Gleichheitsprüfung nicht davon ausgegangen werden, dass zwei Zahlen genau dann gleich sind, wenn sie bitweise übereinstimmen, zum Anderen wird aus diesem Grund nicht die maximale Ausdehnung des mit $n + 1 + k$ Bits darstellbaren Zahlenbereichs erreicht. Dies ist einer der Gründe dafür, dass wir mit dem Zweier-Komplement noch eine weitere Darstellung für Festkommazahlen betrachten wollen.

Zweier-Komplement-Darstellung

Wie die Namensähnlichkeit schon erahnen lässt, unterscheidet sich die Darstellung im Zweier-Komplement formal gesehen nur geringfügig von der Einer-Komplement-Darstellung. Dieser Unterschied führt aber zu charakteristischen Eigenschaften dieser Darstellung, die für das Folgende von Bedeutung sind (siehe Kapitel 9).

Definition 3.6: *Zweier-Komplement-Darstellung*

Gegeben sei eine Festkommazahl

$$d := d_n d_{n-1} \ldots d_0 d_{-1} \ldots d_{-k}$$

mit k Nachkommastellen ($k, n \geq 0$). Interpretiert man d als *Darstellung im Zweier-Komplement*, so wird dies durch die Bezeichnung $[d]_2$ (oder abkürzend einfach $[d]$) gekennzeichnet. Der Dezimalwert $[d]$ ergibt sich dann zu

$$[d_n d_{n-1} \ldots d_0 d_{-1} \ldots d_{-k}] := \left(\sum_{i=-k}^{n-1} d_i \right) \cdot 2^i - d_n \cdot 2^n. \tag{3.4}$$

Die Bitstelle d_n repräsentiert auch hier wiederum das Vorzeichen. Ist $d_n = 0$, so ist das Vorzeichen positiv, $d_n = 1$ wird als negatives Vorzeichen interpretiert. Vergleicht man die Formeln (3.3) und (3.4), so fällt auf, dass sich beide ausschließlich durch die zusätzliche Addition des Terms $d_n 2^{-k}$ im Falle der Einer-Komplement-Darstellung unterscheiden. Analog zum Einer-Komplement gibt es deshalb auch bei der Darstellung im Zweier-Komplement einen engen Zusammenhang zwischen der Zweier-Komplement-Darstellung zweier Zahlen $[d]$ und $-[d]$. Diesen beschreibt Lemma 3.2.

Lemma 3.2

Seien d und d' Bitfolgen. Zudem gehe d' durch Komplementieren aller Bits aus d hervor. Dann gilt:

$$[d'] + 2^{-k} = -[d]$$

Man erhält also zu einer in Zweier-Komplement-Darstellung gegebenen Zahl d das Zweier-Komplement der negierten Zahl durch Komplementieren aller Bits und anschließender Addition von 2^{-k} (bzw. Addition von eins im Spezialfall $k = 0$).

Wie schon zuvor bei der Diskussion der Darstellungen mit Betrag und Vorzeichen bzw. im Einer-Komplement, betrachten wir das Beispiel der vorzeichenbehafteten Festkommazahlen mit $n = 2$ und $k = 0$.

Beispiel 3.7

Die Festkommazahlen-Darstellung im Zweier-Komplement für $n = 2$ und $k = 0$ ist in Abbildung 3.4 skizziert. Wie beim Einer-Komplement gehen die Zahlen des negativen Zahlenbereichs aus denen des nichtnegativen Bereichs durch Verschiebung hervor. Der Betrag der Verschiebung ist hierbei 4 (allgemein: 2^n, vgl. Gleichung (3.4)). Exemplarisch lässt sich belegen, dass sich die Zweier-Komplement-Darstellung einer Zahl $-[d]$ aus d durch Komplementieren aller Bits und anschließender Addition von eins ergibt. Betrachtet man die Zahl 2, so ergibt sich $-2 = -3 + 1 = [101] + 1$ und $2 = [010]$.

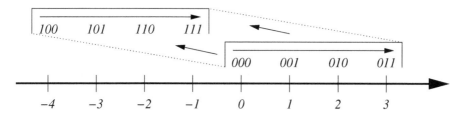

Abbildung 3.4: *Darstellung im Zweier-Komplement für $n = 2$ und $k = 0$*

Obwohl die Definition von Zweier-Komplement-Zahlen nur verhältnismäßig wenig von derjenigen der Zahlen im Einer-Komplement abweicht, ergeben sich doch einige bedeutende Änderungen hinsichtlich der charakteristischen Eigenschaften der Darstellungsform. So wird z. B. in Abbildung 3.4 deutlich sichtbar, dass der Zahlenbereich im Zweier-Komplement nicht symmetrisch ist. Im allgemeinen Fall sind im Zweier-Komplement

Zahlen im Intervall $[-2^n, 2^n - 2^{-k}]$ darstellbar. Zudem erhält man durch diese Art der Repräsentation von Festkommazahlen die größtmögliche Menge darstellbarer Zahlen – das erkennt man daran, dass sich in der Skizze die beiden Zahlenbereiche nicht wie in den Abbildungen 3.2 und 3.3 überlappen. Aus demselben Grund gibt es auch keine zwei verschiedenen Darstellungen der Null, die Zahlendarstellung ist beim Zweier-Komplement eindeutig.

Ein weiteres wichtiges Argument für die Verwendung des Zweier-Komplements zur Repräsentation von Festkommazahlen ist jedoch ein anderes. Wie wir in Kapitel 9 noch sehen werden, funktionieren Addition und Subtraktion für Zweier-Komplement-Zahlen auf dieselbe Art und Weise. Deshalb kommt man bei Einsatz der Darstellung im Zweier-Komplement bei der Realisierung dieser beiden Grundrechenarten insgesamt mit *einem einzigen* Schaltkreis aus, was ein bedeutender Vorteil ist.

3.3.2   Gleitkommadarstellungen

Da für die Repräsentation einer Zahl immer nur endlich viele Bits zur Verfügung gestellt werden können, ist es wie bereits erwähnt selbstverständlich, dass nicht alle rationalen oder gar reellen Zahlen darstellbar sind. Man muss sich also stets damit begnügen, sich einer beliebigen gewünschten oder benötigten Zahl „in ausreichendem Maße" durch darstellbare Zahlen nähern zu können.

Im vorigen Abschnitt wurde erwähnt, dass betragsmäßig sehr große Zahlen als Festkommazahlen gar nicht dargestellt werden können, was in diesem Zusammenhang natürlich je nach Anwendung zum Problem werden kann. Darüber hinaus besteht eine der charakteristischen Eigenschaften der Festkommazahlen-Darstellung darin, dass der Abstand darstellbarer Zahlen zu den jeweils benachbarten, d. h. nächstgelegenen darstellbaren Zahlen konstant ist. Die Menge der Festkommazahlen bildet also eine äquidistante Partitionierung des Intervalls zwischen der kleinsten und der größten darstellbaren Zahl. Da es bei der Näherung nicht darstellbarer Zahlen darum geht, die *prozentuale Abweichung* gering zu halten, ist die äquidistante Verteilung ungünstig. Bei Zahlen mit großem Betrag fällt eine absolute Abweichung ϵ prozentual sehr viel weniger ins Gewicht als bei Zahlen, die nahe am Nullpunkt liegen.

Aus diesem Grund wäre eine Zahlkodierung zu bevorzugen, bei der die darstellbaren Zahlen im Bereich des Nullpunkts enger beieinander liegen und bei der der Abstand benachbarter darstellbarer Zahlen mit wachsendem Betrag zunimmt. Eine solche Verteilung ist im unteren Teil von Abbildung 3.5 angedeutet.

Gleitkommazahlen erfüllen die angesprochene Anforderung und werden aus diesem Grund im Allgemeinen zur Darstellung von Zahlen in Rechnern verwendet. Das bedeutet aber nicht, dass Festkommazahlen dadurch unbedeutend geworden wären. Sie sind es schon allein deshalb nicht, weil Gleitkommazahlen, wie wir noch sehen werden, teilweise aus Festkommazahlen zusammengesetzt werden. Während bei letzteren wie bereits erörtert die Anzahl der Vor- und Nachkommastellen jeweils fest vorgegeben ist, beinhalten Gleitkommazahlen einen Teil, der speziell die Aufgabe hat, die Position des Kommas anzugeben. Wir schauen uns zunächst an, wie eine Gleitkommazahl grundsätzlich aufgebaut ist.

Festkommazahlen:

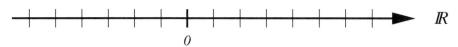

Gleitkommazahlen:

Abbildung 3.5: *Verteilung von Zahlen bei Fest- und Gleitkommadarstellung.*

Definition 3.7: *Gleitkommazahl*

Es seien $n, i \in \mathbb{N}$. Eine *Gleitkommazahl* (engl.: *Floating Point Number*) d ist eine n-stellige Bitfolge, die – als Dezimalzahl $\langle d \rangle$ interpretiert – das folgende Format besitzt:

$$\langle d \rangle := (-1)^S \cdot M \cdot 2^E \tag{3.5}$$

Dabei bildet

S das Vorzeichen,

M die *Mantisse* und

E den *Exponenten* (inkl. dessen Vorzeichen)

der dargestellten Zahl $\langle d \rangle$. Vorzeichen, Exponent und Mantisse bestehen jeweils aus Teil-(Bit-)folgen von d, die „zusammengesetzt" gerade d ergeben. Das Vorzeichen wird durch ein einzelnes Bit repräsentiert, der Exponent durch eine Folge von i Bits. Die verbleibenden $n - i - 1$ Bits dienen zur Repräsentation der Mantisse. Es ergibt sich also folgende Aufteilung:

$$\underbrace{d_{n-1}}_{S} \quad \underbrace{d_{n-2} \cdots d_{n-(i+1)}}_{i \text{ Bits Exponent } E} \quad \underbrace{d_{n-(i+2)} \cdots d_1 d_0}_{n-i+1 \text{ Bits vorzeichenlose Mantisse } M}$$

Wenn es nicht explizit darum geht, die Repräsentation einer Gleitkommazahl d als Bitfolge von der Darstellung in Form einer Dezimalzahl zu unterscheiden, benutzen wir im Folgenden die Bezeichnungen d und $\langle d \rangle$ synonym zueinander.

Mithilfe von Gleitkommazahlen kann wie bereits erwähnt ein großes Zahlen-Intervall mit sinnvollem Raster abgedeckt werden. Noch zu klären ist nun, in welcher Weise

Vorzeichen, Exponent und Mantisse durch die jeweiligen Bitfolgen repräsentiert werden, d. h. wie sich beispielsweise aus der Folge $d_{n-2} \ldots d_{n-(i+1)}$ der Exponent berechnen lässt.

Es gibt theoretisch sicherlich viele verschiedene Möglichkeiten, eine entsprechende Kodierung zu definieren. Wir stellen im Folgenden den *IEEE-754*-Standard [2] für die interne Darstellung von Gleitkommazahlen vor und beschränken uns auch auf diesen. Er umfasst vier Formate, wovon zwei die grundlegende Gleitkommazahlen-Repräsentation mit einfacher (32 Bit) bzw. doppelter (64 Bit) Genauigkeit definieren. Die anderen beiden beschreiben erweiterte Formate für die Darstellung von Zwischenergebnissen. Im einfach-genauen Fall umfassen diese mindestens 44 Bits, bei doppelter Genauigkeit sind es sogar mindestens 80 Bits. Wir werden auf die erweiterten Formate nicht näher eingehen, sondern ausschließlich die beiden erstgenannten betrachten. Der schematische Aufbau der Gleitkommazahlen ist in Tabelle 3.2 zu sehen.

Tabelle 3.2: *Zusammensetzung von Gleitkommazahlen nach IEEE 754*

einfache Genauigkeit:

31	30 $\quad\quad$ ... $\quad\quad$ 23	22 $\quad\quad$ ... $\quad\quad$ 1 0
S	8 Bits Exponent E	23 Bits vorzeichenlose Mantisse M

doppelte Genauigkeit:

63	62 $\quad\quad$ ... $\quad\quad$ 52	51 $\quad\quad$ ... $\quad\quad$ 1 0
S	11 Bits Exponent E	52 Bits vorzeichenlose Mantisse M

Bei der Interpretation von Gleitkommazahlen nach IEEE 754 beschäftigen wir uns vorerst mit den sogenannten *normalisierten* Gleitkommazahlen. Diese werden zunächst formal eingeführt, und anschließend diskutieren wir die Hintergründe dieser Definition. Dabei wird auch deutlich werden, welche Intention dahintersteckt, gewisse Dinge genau so festzulegen, wie dies in Definition 3.8 geschieht. Um die Definition übersichtlicher und dadurch besser verständlich zu halten, beschränken wir uns auf die Gleitkommazahlen mit einfacher Genauigkeit.

Definition 3.8: *Normalisierte Gleitkommazahl*

Es sei $n := 32$ und $d := s\, e_7 \ldots e_0\, m_{22} \ldots m_0$ eine Bitfolge der Länge n. Zudem sei $e_7 \ldots e_0 \notin \{00000000, 11111111\}$. Dann stellt d eine *normalisierte Gleitkommazahl* nach dem Standard IEEE 754 dar. Dabei repräsentiert d die Dezimalzahl $\langle d \rangle$ mit

$$\langle d \rangle := (-1)^s \cdot \left(1 + \sum_{i=-1}^{-23} m_{23+i} \cdot 2^i \right) \cdot \left(2^{\left(\sum_{i=0}^{7} e_i \cdot 2^i \right) - BIAS} \right). \tag{3.6}$$

---

[2] Institute of Electrical and Electronics Engineers

Es gilt hierbei $BIAS := 127$

Zahlen mit doppelter Genauigkeit lassen sich analog definieren, indem man die Indizes der einzelnen Bits entsprechend anpasst und $BIAS = 1023$ wählt.

Das Vorzeichenbit s wirkt in gewohnter Weise. Ist $s = 0$, so ist das Vorzeichen positiv, andernfalls ist es negativ. Vergleicht man die Formeln (3.5) und (3.6), so ist leicht zu erkennen, wie sich Mantisse M und Exponent E aus den entsprechenden Bits berechnen lassen. Aus Gründen der Übersichtlichkeit führen wir die beiden Formeln hier jedoch nochmals gesondert auf: Es gilt

$$E := 2^{\left(\sum_{i=0}^{7} e_i \cdot 2^i\right) - BIAS}$$

und

$$M := 1 + \sum_{i=-1}^{-23} m_{23+i} \cdot 2^i.$$

Wenden wir uns zunächst der Berechnung des Exponenten zu. Die Bitfolge $e_7 \dots e_0$ wird als Binärzahl interpretiert und gemäß Formel (3.1) in das Dezimalsystem umgewandelt. Weil der Exponent bei normalisierten Zahlen definitionsgemäß nicht die Werte 0 und $255(= 11111111_2)$ annehmen darf, erhält man eine natürliche Zahl zwischen 1 und 254. Da es sinnvoll ist, auch negative Exponenten zuzulassen, wird von dieser Zahl noch ein sogenannter $BIAS$ (bei einfacher Genauigkeit hat dieser den Wert 127) subtrahiert. Somit sind ganzzahlige Exponenten aus dem Intervall $[-126, 127]$ verfüg- bzw. darstellbar.

Bevor wir uns überlegen, wie die Berechnung der Mantisse zustande kommt, betrachten wir die beiden Gleitkommadarstellungen $0,001_2 \cdot 2^5$ und $0,100_2 \cdot 2^3$. Es gilt:

$$0,001_2 \cdot 2^5 = \frac{1}{8} \cdot 32 = 4 = \frac{1}{2} \cdot 8 = 0,100_2 \cdot 2^3$$

Das bedeutet, dass die Zahlendarstellung bei Gleitkommazahlen nicht „von Natur aus" eindeutig ist. Dies liegt daran, dass eine Vervielfachung der Mantisse (im Beispiel eine Multiplikation mit vier) durch entsprechendes Anpassen des Exponenten (im Beispiel durch Subtraktion von zwei) neutralisiert werden kann. Mehrdeutigkeiten bei der Zahlendarstellung sind jedoch, wie in Abschnitt 3.3.1 erörtert, nicht wünschenswert, weshalb durch eine zusätzliche Einschränkung in Definition 3.8 eine Normalformeigenschaft[3] erzwungen wird.

Die (implizit durch Formel (3.6) gegebene) Einschränkung besteht darin, dass für die Mantisse M einer normalisierten Gleitkommazahl stets $1 \leq M < 2$ gelten muss. Daraus folgt direkt die Eindeutigkeit der Zahlendarstellung. Außerdem ergibt sich dadurch

---

[3]Das ist auch der Grund für die Bezeichnung „normalisierte Zahl".

aber noch ein weiterer Vorteil. Bedenkt man, dass die Mantisse als binäre Festkommazahl dargestellt in jedem Fall die Form $1, \ldots$ hat, so ist offensichtlich, dass die führende
Eins vor dem Komma nicht eigens repräsentiert werden muss. Es genügt also, in der
Bitfolgen-Darstellung die Nachkommastellen als Binärzahl abzulegen. Mit diesen Erklärungen wird die Formel, mithilfe derer M berechnet wird, verständlich. Die Bits
$m_{23} \ldots m_0$ werden als Nachkommastellen einer Festkommazahl aufgefasst, wobei m_{23}
die höchste Wertigkeit, also 2^{-1}, besitzt. Diese Festkommazahl wird gemäß Formel (3.1)
in eine dezimale Darstellung gebracht, und die Addition von eins sorgt für die führende Eins vor dem Komma, die wegen der impliziten Repräsentation allgemein auch als
hidden bit bezeichnet wird.

Nachdem wir nun also wissen, wie sich eine normalisierte Gleitkommazahl zusammen-
setzt, können wir Beispiele solcher Zahlen und deren Umrechnung betrachten.

Beispiel 3.8

    Es seien die Gleitkommazahl a_1 im IEEE-754-Standard sowie $\langle a_2 \rangle$ als Dezimalzahl
gegeben. Wir berechnen die Dezimaldarstellung $\langle a_1 \rangle$ sowie die Gleitkommadarstellung von a_2 als Bitfolge.

    1. Gegeben sei also a_1 wie folgt:

$$a_1 := 1\ 1000\,0001\ 1100\,0000\,0000\,0000\,0000\,000$$

       Der dezimale Wert von a_1 lässt sich gemäß Formel (3.6) ermitteln.

$$\begin{aligned}
\langle a_1 \rangle &:= (-1)^1 \cdot (1 + (2^{-1} + 2^{-2})) \cdot 2^{2^7 + 2^0 - 127} \\
&= (-1) \cdot (1 + 0,5 + 0,25) \cdot 2^{128+1-127} \\
&= -1,75 \cdot 2^2 \\
&= -7
\end{aligned}$$

    2. Gegeben sei die Dezimalzahl $\langle a_2 \rangle := -0,625$. Wir bestimmen die normalisierte
Gleitkommadarstellung a_2 wie folgt:

       • a_2 ist negativ $\Rightarrow$ Vorzeichenbit $s = 1$

       • Umwandlung in eine Binärzahl:

$$\begin{aligned}
-0,625_{10} &= -(0,5_{10} + 0,125_{10}) \\
&= -(2_{10}^{-1} + 2_{10}^{-3}) \\
&= -(0,1_2 + 0,001_2) \\
&= -0,101_2
\end{aligned}$$

       • Normalisierung:

$$-0,101_2 = -1,01_2 \cdot 2^{-1}$$

- Bitfolge zur Repräsentation der Mantisse M: 0100 0000 0000 0000 0000 000.
  Die Eins vor dem Komma ist das *hidden bit* und braucht deshalb nicht
  weiter berücksichtigt zu werden.

- Berechnung des Exponenten :

$$2^{-1} = 2^{126-127}$$
$$= 2^{2^6+2^5+2^4+2^3+2^2+2^1-127}$$

- Bitfolge zur Repräsentation des Exponenten E: 0111 1110
- Gleitkommadarstellung:

$$a_2 = 1\ 0111\ 1110\ 0100\ 0000\ 0000\ 0000\ 0000\ 000$$

Dass für den Umgang mit Zahlen die normalisierten Gleitkommazahlen nicht ausreichen, wird einmal mehr am Beispiel der Null deutlich. Bei genauerer Betrachtung von
Formel (3.6) fällt auf, dass der Dezimalwert einer normalisierten Zahl einem Produkt
dreier Faktoren entspricht, von denen keiner den Wert 0 annehmen kann. Damit kann
der Zahlenwert nicht null werden, weshalb die Null nicht durch normalisierte Zahlen
darstellbar ist. Daraus ergibt sich wiederum ein weiteres Problem mit normalisierten
Zahlen. Wenn die Null nicht darstellbar und die Menge der darstellbaren positiven
Zahlen endlich ist, so muss es zwangsläufig eine kleinste positive normalisierte Gleitkommazahl d_{n+} geben. Die Rasterung der darstellbaren Zahlen von d_{n+} in die positive
Richtung gestaltet sich durch die Art der Festlegung normalisierter Zahlen in der gewünschten Art und Weise, doch zwischen d_{n+} und der größten negativen normalisierten
Gleitkommazahl d_{n-} liegen überhaupt keine darstellbaren normalisierten Zahlen. Speziell in einer Umgebung von null ist aber aus bereits diskutierten Gründen eine sehr
enge Rasterung stark erwünscht.

Für eine solche Rasterung sowie für die Darstellbarkeit der Null wird durch die Einführung der *denormalisierten Zahlen* gesorgt. In der Bitfolgen-Darstellung sind diese
Zahlen daran erkennbar, dass der Exponent durch die bei normalisierten Zahlen explizit ausgeschlossene Bitfolge $e_7 \dots e_0 := 0000\ 0000$ repräsentiert wird. Die Interpretation
einer denormalisierten Zahl als Dezimalzahl kann der folgenden Definition entnommen
werden.

Definition 3.9: *Denormalisierte Gleitkommazahl*

Es sei $n := 32$ und $d := s\,e_7 \dots e_0\,m_{22} \dots m_0$ eine Bitfolge der Länge n mit $e_7 \dots e_0 :=$
00000000. Dann stellt d eine *denormalisierte Gleitkommazahl* nach dem Standard
IEEE 754 dar und repräsentiert die Dezimalzahl $\langle d \rangle$ mit

$$\langle d \rangle := (-1)^s \cdot \left(\sum_{i=-1}^{-23} m_{23+i} \cdot 2^i \right) \cdot \left(2^{-126} \right). \tag{3.7}$$

Ein Vergleich von (3.7) mit (3.1) zeigt, dass denormalisierte Zahlen bis auf die Multiplikation mit dem Vorzeichen und dem konstanten Term 2^{-126} wie eine Festkommazahl

gebildet werden. Deshalb ist offensichtlich, dass diese Zahlen die Intervalle $[-d_{d_{max}}, 0]$ sowie $[0, d_{d_{max}}]$ äquidistant partitionieren, wobei $d_{d_{max}}$ die größte denormalisierte Zahl bezeichnet. Die Null kann ebenfalls als denormalisierte Zahl dargestellt werden. In der entsprechenden Bitfolge müssen dann neben den Exponenten-Bits auch sämtliche Mantissen-Bits $m_{22} \ldots m_0$ gleich null sein.

Wir wissen nun, wie normalisierte und denormalisierte Zahlen auf der reellen Achse angeordnet sind. Wenig überraschend ist deshalb die Erkenntnis, dass es sowohl im negativen als auch im positiven Zahlenbereich jeweils eine darstellbare Zahl mit größtem Absolutbetrag gibt und dass folglich Zahlen mit höherem Betrag nicht darstellbar sind. Somit kann z. B. bei Additionen oder Multiplikationen leicht ein Überlauf auftreten, wenn die Operatoren Zahlen mit entsprechend großen Beträgen sind. Um solche Überläufe in einer wohldefinierten Art und Weise handhaben zu können, hat man sich entschieden, auch eine spezielle Gleitkomma-Repräsentation für die Werte $+\infty$ und $-\infty$ („ $+$ und $-$ unendlich") zu definieren. Dies führt uns zum letzten Spezialfall, den wir betrachten wollen.

Definition 3.10: *Sonderfälle $+\infty$ und $-\infty$*

Es seien

$$d := 0\ 1111\ 1111\ 0000\ 0000\ 0000\ 0000\ 0000\ 000,$$
$$e := 1\ 1111\ 1111\ 0000\ 0000\ 0000\ 0000\ 0000\ 000.$$

Dann stellt nach dem Standard IEEE 754 d den Wert $+\infty$ und e den Wert $-\infty$ dar.

Nachdem wir nun also die grundlegenden Definitionen des IEEE-754-Standards für Gleitkommazahlen-Darstellung betrachtet haben, listen wir die wichtigen Eckdaten der Formate mit einfacher und doppelter Genauigkeit übersichtlich auf.

Die in Tabelle 3.3 angegebenen Daten sind charakteristische Eigenschaften der beiden Formate mit einfacher bzw. doppelter Genauigkeit. Die konkreten Werte der betragsmäßig größten und kleinsten normalisierten/denormalisierten Zahlen können leicht nachvollzogen werden, indem man sich überlegt, wie die entsprechende Bitfolge für die jeweilige Zahl aussieht und dann mithilfe der Formeln (3.6) oder (3.7) die Dezimaldarstellung errechnet. Auch einige andere Eigenschaften der Gleitkommazahlen-Darstellung nach dem IEEE-754-Standard verdienen Erwähnung:

- Die Darstellung normalisierter Zahlen ist eindeutig.

- In Bereichen betragsmäßig kleinerer Zahlen liegen die darstellbaren Zahlen dichter beieinander.

- Arithmetische Operationen sind nicht abgeschlossen. Zum Beispiel ist das arithmetische Mittel $(d + e)/2$ zweier benachbarter darstellbarer Zahlen d und e nicht darstellbar.

Tabelle 3.3: *Zusammensetzung von Gleitkommazahlen nach IEEE 754*

	Genauigkeit	
	einfach	doppelt
#Vorzeichen-Bits	1	1
#Exponenten-Bits	8	11
#Mantissen-Bits	23	52
#Bitstellen insgesamt	32	64
BIAS	127	1023
Exponentenbereich	$[-126, 127] \cap \mathbb{Z}$	$[-1022, 1023] \cap \mathbb{Z}$
norm. Zahl mit max. Betrag	$(1 - 2^{-24}) \cdot 2^{128}$	$(1 - 2^{-53}) \cdot 2^{1024}$
norm. Zahl mit min. Betrag	2^{-126}	2^{-1022}
denorm. Zahl mit max. Betrag	$(1 - 2^{-23}) \cdot 2^{-126}$	$(1 - 2^{-52}) \cdot 2^{-1022}$
denorm. Zahl mit min. Betrag	2^{-149}	2^{-1074}

- Assoziativ- und Distributivgesetze gelten nicht, da Zwischenergebnisse eventuell nicht darstellbar sind und in diesen Fällen die Auswertungsreihenfolge eventuell signifikant sein kann.

Zum Abschluss dieses Abschnittes wollen wir uns den arithmetischen Operationen zuwenden und in diesem Rahmen das grobe Vorgehen bei der Addition und der Multiplikation zweier Gleitkommazahlen erläutern, wobei wir uns darauf beschränken, die Operationen für *normalisierte* Gleitkommazahlen zu betrachten. Wir führen unsere Überlegungen auf einer relativ hohen Abstraktionsebene durch – Addition bzw. Multiplikation von Gleitkommazahlen werden auf die entsprechenden Operationen für Festkommazahlen zurückgeführt. Wie Festkommazahlen in Rechnern addiert und multipliziert werden bzw. wie man Schaltkreise konstruiert, die solche Operationen realisieren, wird in Kapitel 9 detaillierter beschrieben.

Addition von Gleitkommazahlen

Sollen zwei Gleitkommazahlen addiert werden, so ist es aus Gründen der Effizienz wesentlich, dass die Addition direkt auf dem Gleitkomma-Format ausgeführt wird und ohne Umrechnung ins Dezimalsystem auskommt (vgl. Abbildung 3.1). Insbesondere bedeutet dies, dass das Ergebnis wieder die Form einer normalisierten Gleitkommazahl haben muss.

Wir beschränken uns zunächst auf die Addition nichtnegativer Gleitkommazahlen. Für zwei Gleitkommazahlen d_1 und d_2, deren Summe s zu berechnen ist, erhalten wir auf

Grund der Einschränkung auf positive Vorzeichen durch Formel (3.5)

$$\langle d_1 \rangle := M_1 \cdot 2^{E_1},$$
$$\langle d_2 \rangle := M_2 \cdot 2^{E_2}.$$

Im einfachen Spezialfall $E_1 = E_2$ kann der Exponententeil ausgeklammert werden. Es ergibt sich für die Summe s:

$$\langle s \rangle = (M_1 + M_2) \cdot 2^{E_1} \tag{3.8}$$

Wie man sieht, hat s dann bereits die Form einer Gleitkommazahl und kann deshalb direkt in Gleitkomma-Notation beschrieben werden. Die Summe kann in diesem Fall also durch eine Addition der Mantissen, d. h. der Festkommazahlen M_1 und M_2, berechnet werden. Bezüglich des Exponententeils ist gar nichts zu tun, der Exponent kann einfach von einem der beiden Summanden übernommen werden.

Nun ist in der Regel natürlich $E_1 \neq E_2$, und dann ist ein Ausklammern des Exponenten nicht ohne weiteres möglich. Um Formel (3.8) dennoch verwenden zu können, müssen wir die Exponenten anpassen – wir gehen o. B. d. A.[4] davon aus, dass $E_2 < E_1$ gilt und passen E_2 an E_1 an:

$$\langle d_2 \rangle := M_2 \cdot 2^{E_2} = (M_2 \cdot 2^{E_2 - E_1}) \cdot 2^{E_1} \tag{3.9}$$

Dadurch erhalten wir in der Mantisse den multiplikativen Korrekturterm $2^{E_2 - E_1}$. Da M_2 bei einer Gleitkommazahl in Binärdarstellung gegeben ist, stellt die Multiplikation mit einer Zweierpotenz lediglich eine Verschiebung des Kommas, also eine relativ einfach zu bewerkstelligende Operation, dar. Wir bezeichnen das Ergebnis dieser Kommaverschiebung mit M_3, es ist also $M_3 := M_2 \cdot 2^{E_2 - E_1}$. Nun kann s wieder analog zum Spezialfall $E_1 = E_2$ mithilfe von Formel (3.8) berechnet werden:

$$\langle s \rangle = (M_1 + M_3) \cdot 2^{E_1} \tag{3.10}$$

Zu beachten ist, dass in beiden Fällen ($E_1 = E_2$ bzw. $E_1 \neq E_2$) bei der Addition die Normalisierungseigenschaft verloren gehen kann, d. h. s ist in der Regel keine normalisierte Gleitkommazahl. Deshalb muss am Ende der Addition noch eine Normalisierung des Ergebnisses durchgeführt werden, und dies kann in der üblichen Weise durch Kommaverschiebung bei der Mantisse und entsprechende Angleichung des Exponenten erfolgen. Zusammenfassend besteht die Addition zweier positiver Gleitkommazahlen also aus den folgenden drei Schritten:

1. Angleichung der Exponenten

2. Addition der Mantissen

3. Normalisierung des Ergebnisses

---

[4]ohne Beschränkung der Allgemeinheit

Diese Methode, die anhand von Beispiel 3.9 detailliert nachvollzogen werden kann, lässt sich auch auf die Addition von Gleitkommazahlen mit beliebigem Vorzeichen verallgemeinern. Das Vorzeichen wird dann als Teil der Mantisse aufgefasst, womit negative Mantissen entstehen können. Dementsprechend kann in Schritt 2 aus der Addition von Festkommazahlen eine Subtraktion werden, ansonsten ist die Vorgehensweise identisch.

Beispiel 3.9

Es seien d_1 und d_2 Gleitkommazahlen mit $\langle d_1 \rangle := 1,101 \cdot 2^{-3}$ und $\langle d_2 \rangle := 1,011 \cdot 2^{-4}$. Da die Exponenten nicht gleich sind, muss eine Anpassung gemäß Formel (3.9) stattfinden:

$$\begin{aligned}
\langle d_2 \rangle &:= 1,011 \cdot 2^{-4} \\
&= (1,011 \cdot 2^{-1}) \cdot 2^{-3} \\
&= 0,1011 \cdot 2^{-3}
\end{aligned}$$

Es ist also $M_3 = 0,1011$ und somit berechnet sich die Summe s analog zu Formel (3.10) wie folgt:

$$\begin{aligned}
\langle s \rangle &= (1,101 + 0,1011) \cdot 2^{-3} \\
&= 10,0101 \cdot 2^{-3}
\end{aligned}$$

Abschließend muss s noch in eine normalisierte Darstellung gebracht werden. Dazu muss die Mantisse M_s im Bereich $1 \leq M_s < 2$ liegen. Wie leicht einzusehen ist, wird dies durch eine Verschiebung des Kommas um eine Stelle nach links erreicht. Das entspricht einer Multiplikation mit 2^{-1}, die im Exponententeil durch eine Multiplikation mit 2^1 ausgeglichen werden muss. Schließlich erhält man also:

$$\begin{aligned}
\langle s \rangle &= 10,0101 \cdot 2^{-3} \\
&= (1,00101 \cdot 2^1) \cdot 2^{-3} \\
&= 1,00101 \cdot (2^1 \cdot 2^{-3}) \\
&= 1,00101 \cdot 2^{-2}
\end{aligned}$$

Multiplikation von Gleitkommazahlen

Bei der Betrachtung der Multiplikation zweier Gleitkommazahlen gehen wir ähnlich vor wie im Falle der Addition. Wiederum gehen wir von zwei vorgegebenen Gleitkommazahlen d_1 und d_2 aus und betrachten ihre Dezimaldarstellungen gemäß Formel (3.5), um das Produkt $\langle p \rangle$ in einer Form zu berechnen, die sich direkt in das Gleitkommaformat übertragen lässt. Es seien also

$$\begin{aligned}
\langle d_1 \rangle &:= (-1)^{S_1} \cdot M_1 \cdot 2^{E_1} \\
\langle d_2 \rangle &:= (-1)^{S_2} \cdot M_2 \cdot 2^{E_2}.
\end{aligned}$$

Dann gilt für das Produkt p der beiden Gleitkommazahlen d_1 und d_2

$$\begin{aligned}
\langle p \rangle &= \langle d_1 \rangle \cdot \langle d_2 \rangle \\
&= (-1)^{S_1} \cdot M_1 \cdot 2^{E_1} \cdot (-1)^{S_2} \cdot M_2 \cdot 2^{E_2} \\
&= (-1)^{S_1+S_2} \cdot (M_1 \cdot M_2) \cdot 2^{E_1+E_2}.
\end{aligned}$$

Es genügt also, die drei Bestandteile der Gleitkommazahlen d_1 und d_2 separat zu behandeln und zu verknüpfen:

- Das Vorzeichen von p ergibt sich aus den Vorzeichen von d_1 und d_2. Sind diese identisch, so ergibt sich für p ein positives Vorzeichen, andernfalls ein negatives. Das Vorzeichen von p kann dementsprechend durch Vergleich oder Multiplikation der Vorzeichen der beiden Faktoren errechnet werden.

- Die Mantisse von p ist das Produkt der Mantissen der Faktoren d_1 und d_2. Zur Berechnung der Mantisse des Produktes bedarf es also einer Multiplikation der beiden Festkommazahlen M_1 und M_2.

- Der Exponent des Resultats ergibt sich aus der Summe der Exponenten der Faktoren. Man erhält den Exponenten von p also durch eine Addition von E_1 und E_2.

Die Multiplikation von Gleitkommazahlen lässt sich also nach dem angegebenen Schema recht elegant realisieren. Allerdings gibt es noch zwei Details, die zu beachten sind:

1. Analog zur Addition ist nicht gewährleistet, dass das Produkt der Multiplikation der beiden Mantissen der Faktoren d_1 und d_2 die Bedingung $1 \leq M_1 \cdot M_2 < 2$ erfüllt. Ist dies nicht gegeben, so kann die resultierende Mantisse nicht Teil einer normalisierten Zahl sein. Es muss dann wieder, wie im Falle der Addition beschrieben, abschließend eine Normalisierung durchgeführt werden.

2. Der Exponent einer Gleitkommadarstellung nach dem IEEE-754-Standard wird bekanntermaßen durch die Bitfolge $e_7 \ldots e_0$ nicht direkt dargestellt, sondern er ergibt sich erst aus einer Subtraktion des *BIAS* von der Binärzahl, die durch $e_7 \ldots e_0$ repräsentiert wird. Demzufolge wird bei der Berechnung auch nicht der Exponent E_p von p direkt gesucht, sondern die Binärzahl bzw. Bitfolge $e_p :=$ $e_{p,7} \ldots e_{p,0}$, für die gilt

$$\begin{aligned}
\langle e_p \rangle &= \sum_{i=0}^{7} e_{p,i} \cdot 2^i \\
&= E_p + BIAS,
\end{aligned}$$

wobei E_p den Exponenten des zu berechnenden Produktes p darstellt. Da wir bereits wissen, dass $E_p = E_1 + E_2$ gilt, ergibt sich

$$\langle e_p \rangle = E_1 + E_2 + BIAS$$

$$= \left(\sum_{i=0}^{7} e_{d_1,i} \cdot 2^i - BIAS \right) + \left(\sum_{i=0}^{7} e_{d_2,i} \cdot 2^i - BIAS \right) + BIAS$$

$$= \langle e_{d_1,7} \ldots e_{d_1,0} \rangle + \langle e_{d_2,7} \ldots e_{d_2,0} \rangle - BIAS.$$

wobei $e_{d_1,7} \ldots e_{d_1,0}$ bzw. $e_{d_2,7} \ldots e_{d_2,0}$ den Exponententeil von d_1 bzw. Exponenteil von d_2 darstellt.

Dadurch vereinfacht sich insgesamt die Berechnung des Exponenten. Wir erhalten die Bitfolge, die den Exponenten des Produktes repräsentiert, durch Addition der beiden Bitfolgen, welche die Faktoren-Exponenten repräsentieren, und anschließender einmaliger Subtraktion des $BIAS$.

Wie im Falle der Addition wollen wir auch bei der Multiplikation abschließend ein Beispiel betrachten, anhand dessen nachvollzogen werden kann, wie das Produkt zweier Gleitkommazahlen als Gleitkommazahl errechnet und dargestellt wird.

Beispiel 3.10

Es seien d_1 und d_2 Gleitkommazahlen mit

$$\langle d_1 \rangle := (-1)^1 \cdot 1,101 \cdot 2^{124-BIAS} = -1,101 \cdot 2^{-3}$$
$$\langle d_2 \rangle := (-1)^0 \cdot 1,011 \cdot 2^{129-BIAS} = 1,011 \cdot 2^2.$$

Wir berechnen das Produkt $p := d_1 \cdot d_2$ gemäß oben angegebener Vorgehensweise in drei separaten Schritten:

1. **Vorzeichen**: Da die beiden Vorzeichenbits von d_1 und d_2 offensichtlich verschieden sind, ist das Vorzeichen von p negativ.

2. **Mantisse**: Die beiden Mantissen müssen als Festkommazahlen miteinander multipliziert werden. In Ermangelung der Kenntnis einer Methode zur Multiplikation von Festkommazahlen zu diesem Zeitpunkt – eine solche wird erst in Kapitel 9 eingeführt – behelfen wir uns hier (ausnahmsweise) mit Umrechnungen in das Dezimalsystem. Es gilt

$$M_{d_1} = 1,101_2$$
$$= \left(\frac{8+4+1}{8} \right)_{10}$$
$$= \left(\frac{13}{8} \right)_{10}$$

$$M_{d_2} = 1,011_2$$
$$= \left(\frac{8+2+1}{8} \right)_{10}$$
$$= \left(\frac{11}{8} \right)_{10}$$

$$M_{d_1} \cdot M_{d_2} = \left(\frac{13}{8} \cdot \frac{11}{8} \right)_{10}$$

$$= \left(\frac{143}{64} \right)_{10}$$

$$= \left(\frac{128 + 8 + 4 + 2 + 1}{64} \right)_{10}$$

und somit

$$M_p = 10,001111_2.$$

3. **Exponent**: Wir bezeichnen die Bitfolgen, welche die Exponenten von d_1 bzw. d_2 repräsentieren, mit e_{d_1} bzw. e_{d_2} und berechnen den Exponenten e_p wie folgt:

$$e_{d_1} := e_{d_1,7} \ldots e_{d_1,0} = 124_{10}$$

$$e_{d_2} := e_{d_2,7} \ldots e_{d_2,0} = 129_{10}$$

$$\langle e_{d_1} \rangle + \langle e_{d_2} \rangle = 253_{10}$$

$$\langle e_p \rangle = \langle e_{d_1} \rangle + \langle e_{d_2} \rangle - BIAS = 126_{10}$$

was dem Exponenten E_p gleich -1 ($= 126_{10} - 127_{10}$) entspricht. Zum Abschluss muss p in eine normalisierte Darstellung gebracht werden. Dazu wird das Komma der Mantisse M_p um eine Stelle nach links verschoben, was durch eine Addition von eins zum Wert des Exponenten ausgeglichen wird. Schließlich erhält man:

$$\langle p \rangle = (-1)^1 \cdot 10,001111_2 \cdot 2^{-1}$$

$$= -1,0001111_2 \cdot 2^0$$

$$= -1,0001111_2 \cdot 2^{127_{10} - BIAS}$$

3.4   Übungsaufgaben

Aufgabe 3.1

Betrachten Sie die Einer-Komplement-Darstellung für festes n und k und zeigen Sie:

1. Der darstellbare Zahlenbereich ist symmetrisch.

2. Aus der Einer-Komplement-Darstellung einer Zahl a erhält man die Einer-Komplement-Darstellung von $-a$ durch Komplementieren aller Bits.

Aufgabe 3.2

Gegeben sei die Gleitkommazahlen-Darstellung nach dem *IEEE*-754-Standard.

- Beschreiben Sie ein Verfahren zum Vergleich von zwei Zahlen im Format mit einfacher Genauigkeit durch die Vergleichsoperatoren „ > ", „ = " und „ < ".

- Bestimmen Sie unter Verwendung dieses Verfahrens für die im Folgenden angegebenen Zahlenpaare (x, y) jeweils, ob $x > y$, $x = y$ oder $x < y$ gilt.

  a) $x = 0\ 0011\ 0100\ 0000\ 1001\ 0111\ 1010\ 0100\ 111$
  $y = 0\ 0010\ 1110\ 1110\ 1110\ 1001\ 1101\ 1000\ 110$

  b) $x = 1\ 0010\ 0111\ 1111\ 1011\ 1100\ 0100\ 1011\ 001$
  $y = 0\ 0000\ 1101\ 1100\ 0001\ 0011\ 1010\ 0111\ 011$

  c) $x = 1\ 0100\ 1011\ 0011\ 0100\ 1001\ 1100\ 0101\ 001$
  $y = 1\ 0100\ 1011\ 0011\ 0110\ 1000\ 0100\ 0100\ 001$

Aufgabe 3.3

Gegeben sei die 32-stellige Binärzahl

$$x = 1010\ 1100\ 0011\ 0100\ 0010\ 0110\ 1010\ 0111.$$

Interpretieren Sie x als

1. Zahl in Betrag-Vorzeichen-Darstellung

2. Zahl in Einer-Komplement-Darstellung

3. Zahl in Zweier-Komplement-Darstellung

4. Gleitkommazahl nach dem IEEE 754 Standard

Aufgabe 3.4

Beweisen Sie, dass es für alle $n, k \in \mathbb{N}$ genau eine Zweier-Komplement-Darstellung mit n Vor- und k Nachkommastellen gibt, die die Dezimalzahl 0 darstellt.

Aufgabe 3.5

Stellen Sie die Zahlen 1 und $2,5 \cdot 10^3$ in normalisierter Form als Gleitkommazahl nach dem *IEEE*-754-Standard im Format mit einfacher Genauigkeit dar.

Aufgabe 3.6

Bestätigen Sie die in der mittleren Spalte von Tabelle 3.3 angegebenen Werte, d. h. berechnen Sie die normalisierte bzw. denormalisierte Zahl mit jeweils maximalem und minimalem Betrag und geben Sie diese in Dezimaldarstellung an.

Aufgabe 3.7

Zu betrachten ist wiederum die Gleitkommazahlen-Darstellung nach dem *IEEE*-754-Standard (Format mit einfacher Genauigkeit). Ermitteln Sie die kleinste darstellbare positive Zahl s, für die gilt: $x := 1 + s \neq 1$ und x ist nach dem *IEEE*-754-Standard darstellbar. Geben Sie s sowohl im Gleitkommazahlen-Format als auch als Darstellung im Dezimalsystem an.

Aufgabe 3.8

Betrachten ist wiederum die Gleitkommazahlen-Darstellung nach dem *IEEE*-754-Standard (Format mit einfacher Genauigkeit). Gibt es eine reelle Zahl, für die es zwei verschiedene Darstellungen gibt, sei es als normalisierte Gleitkommazahl oder als denormalisierte Gleitkommazahl? Begründen Sie Ihre Aussage.

4 Elementare Bauelemente

Nachdem wir die mathematischen Grundlagen vorgestellt haben, konzentrieren wir uns in den nächsten beiden Kapiteln auf die elektrotechnischen Grundlagen und einfache elektronische Schaltungen, die für das grundlegende Verständnis der Funktionsweise von Rechnern aus physikalischer Sicht unabdingbar sind. Wir beginnen mit einer kurzen Einführung in die elektronischen Grundlagen.

4.1 Grundlagen elektronischer Schaltkreise

Elektronische Schaltkreise bestehen aus elementaren Bausteinen, wie zum Beispiel Energiequellen (Spannungsquellen), Widerständen, Kondensatoren, Operationsverstärkern, Schaltern und Spulen, die untereinander über Leitungen miteinander verbunden sind. Abbildung 4.1 zeigt die Symbole der elementaren Bausteine, die wir im Folgenden benutzen werden. Abbildung 4.2 zeigt einen einfachen Stromkreis, der aus einer Spannungsquelle, einem *Verbraucher* (dem Widerstand) und einigen Leitungen besteht.

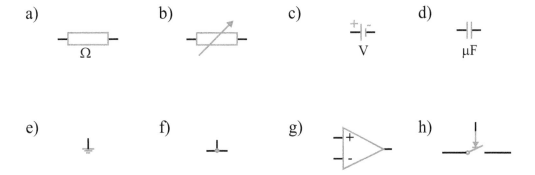

Abbildung 4.1: *Symbole für die elementaren Bausteine: a) Widerstand, gemessen in Ohm [Ω]. b) einstellbarer, zum Beispiel temperaturabhängiger Widerstand. c) Spannungsquelle mit einer Quellenspannung zwischen dem Plus- und Minuspol, gemessen in Volt [V]. d) Kondensator, gemessen in Mikro-Farad [μF]. e) Masse, entspricht 0 V. f) Leitungskontaktierung. g) Operationsverstärker. h) (high-aktiver) Schalter.*

Um die Funktionsweise elektronischer Schaltkreise verstehen zu können, müssen wir uns einige grundlegende Begriffe wie Ladung, Strom, Spannung, Widerstand, die uns in der

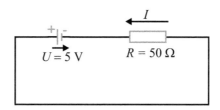

Abbildung 4.2: *Einfacher Stromkreis bestehend aus einer Spannungsquelle und einem Wider-stand. Der Pfeil oberhalb des Widerstands gibt die technische Stromrichtung an, die vom Plus-zum Minuspol der Spannungsquelle gerichtet ist.*

Schule sicherlich schon begegnet sind, wieder ins Gedächtnis rufen. Zudem müssen wir uns an die drei wichtigsten Gesetze erinnern: das Ohm'sche Gesetz, die Kirchhoff'sche Knotenregel und die Kirchhoff'sche Maschenregel.

Tabelle 4.1: *Physikalische Einheiten und bei Einheiten oft benutzte „Präfixe"*

Größe	Einheit	Symbol		Präfix	Name	Bedeutung
Kapazität	Farad	F		T	Tera-	10^{12}
Ladung	Coulomb	C		G	Giga-	10^9
Strom	Ampere	A		M	Mega-	10^6
Spannung	Volt	V		k	Kilo-	10^3
Widerstand	Ohm	Ω		m	Milli-	10^{-3}
Leitwert	Siemens	S		μ	Mikro-	10^{-6}
Zeit	Sekunde	s		n	Nano-	10^{-9}
Frequenz	Hertz	Hz		p	Piko-	10^{-12}
Temperatur	Kelvin	K		f	Femto-	10^{-15}

4.1.1   Elektrische Ladung

Ladung ist eine fundamentale Eigenschaft von Materie, die weder verloren gehen noch erzeugt werden kann. Ladung kann nur von einer Stelle an eine andere verschoben werden.

Es gibt zwei Arten von Ladung, positive Ladung und negative Ladung. Besteht ein Elektronenmangel, so spricht man von *positiver Ladung*. Besteht ein Elektronenüber-schuss, so spricht man von *negativer Ladung*. Die Ladung wird quantifiziert über die Anzahl der (fehlenden oder überschüssigen) Elektronen. Hierzu verwendet man die Einheit *Coulomb* (Abkürzung: C), wobei ein Elektron gleich $-1,602 \cdot 10^{-19}\,$C ist. Demnach entspricht ein Coulomb

$$\frac{1}{1,602 \cdot 10^{-19}} = 6,25 \cdot 10^{18} \text{ Elektronenladungen.}$$

Im Rahmen unseres Buches ist es wichtig zu wissen, dass ungleiche Ladungen einen Ausgleich anstreben. Durch dieses Ausgleichsbestreben resultiert die elektrische Spannung.

4.1.2 Elektrischer Strom

Unter elektrischem *Strom* versteht man grundsätzlich die gerichtete Bewegung von Elektronen. Je mehr Elektronen in einer Sekunde durch einen Leiter fließen, um so größer ist die Stromstärke I, die in *Ampere* (Abkürzung: A) gemessen wird. Es gilt:

$$I = \frac{Q}{t},$$

wobei Q die elektrische Ladung (gemessen in [C]) ist, die in Zeit t durch den Leiterquerschnitt fließt. Es liegt somit genau dann ein Strom von einem Ampere an, wenn ein Coulomb pro Sekunde durch den Leiterquerschnitt fließt. Des Weiteren ist leicht einzusehen, dass kein elektrischer Strom fließen kann, wenn keine Ladungsträger vorhanden bzw. keine Ladungsträger frei beweglich sind.

Betrachten Sie den einfachen Stromkreis in Abbildung 4.2. Hier treten freie Elektronen aus dem Minuspol der Spannungsquelle heraus und werden über den Widerstand zum Pluspol geführt. Der Elektronenstrom fließt demnach vom Minuspol zum Pluspol der Energiequelle – wir sprechen von der *physikalischen Stromrichtung*. Die *technische Stromrichtung* ist diesem Fluss entgegengesetzt. Dies hat historische Gründe. Wir werden in diesem Buch, wie in der Literatur üblich, mit der technischen Stromrichtung arbeiten.

4.1.3 Elektrischer Widerstand, spezifischer Widerstand

Unter dem *elektrischen Widerstand* versteht man den Effekt, dass die freien Ladungsträger im Innern eines Leiters in ihrem Fluss gestört werden, da sie in der Regel gegen Hindernisse stoßen. Somit begrenzt der Widerstand den Strom in einem Schaltkreis. Der elektrische Widerstand wird in der Einheit *Ohm* (Abkürzung: Ω) angegeben.

Je größer der Widerstand, desto weniger Strom fließt durch den Stromkreis. Somit wird der Strom nicht alleine durch die Spannungsquelle bestimmt, sondern hängt auch von dem elektrischen Widerstand des Stromkreises ab. In der Tat gibt es einen direkten Zusammenhang zwischen der durch die Spannungsquelle angelegten Spannung, dem elektrischen Widerstand und dem fließenden Strom. Dieser Zusammenhang wird durch das Ohm'sche Gesetz, das wir uns weiter unten anschauen werden, bestimmt.

Zur Erläuterung des Begriffs des elektrischen Widerstandes wird vielfach folgender Vergleich benutzt:

Stellen Sie sich vor, die Leitungen wären Wasserleitungen, durch die Wasser fließt – das Wasser übernimmt in diesem Vergleich sinngemäß die Rolle der Elektronen. Betrachten Sie nun ein einfaches Rohr, das an einem Wasserhahn angeschlossen ist. Je breiter das Rohr ist, desto mehr Wasser kann durch das Rohr fließen. Verengt man nun das Rohr an einer Stelle, so wird die Verengung zu einem Nadelöhr. Das Wasser kann nicht mehr ungehindert durch das Rohr fließen. Mit der Verengung an einer Stelle des Rohres haben Sie einen Widerstand eingebaut.

In dem einfachen Stromkreis in Abbildung 4.2 haben wir ein spezielles Bauelement eingefügt, das einen elektrischen Widerstand von $50\,\Omega$ besitzt – diese Bausteine nennt man selbst auch *Widerstände*[1]. Neben diesen Bauelementen haben, wie oben schon angedeutet, die Leitungen selbst gewisse elektrische Widerstände, wobei der elektrische Widerstand R_s eines Leitungssegments s ausschließlich von der Länge l des Segments, dem Leitungsdurchschnitt d und dem *spezifischen Widerstand* ρ_M des Materials M, aus dem die Leitung gefertigt ist, abhängt. Es gilt

$$R_s = \frac{\rho_M \cdot l}{d}.$$

Wir werden im Folgenden die von Leitungen verursachten elektrischen Widerstände weitgehend vernachlässigen. Sollten sie an einer Stelle von Bedeutung sein, so werden wir sie mit dem Baustein *Widerstand* modellieren.

Der Kehrwert des spezifischen Widerstands ρ_M wird *Leitfähigkeit* des Materials M genannt; der Kehrwert des elektrischen Widerstands wird als *elektrischer Leitwert* bezeichnet. Letzterer hat als Einheit *Siemens* (Abkürzung: S).

4.1.4 Elektrische Spannung, Potentiale

Die *elektrische Spannung* U_{ab} zwischen einem Punkt a und einem Punkt b ist definiert als Quotient aus der Arbeit, um eine Ladung von a nach b zu bewegen, und dieser Ladung. Die elektrische Spannung wird in der Einheit *Volt* (Abkürzung: V) angegeben.

Betrachtet man an einem Punkt p des Schaltkreises die elektrische Spannung gegenüber einem festen Bezugspunkt, so spricht man von dem *Potential* des Punktes p. Der Bezugspunkt wird *Masse* genannt. Die Masse hat somit ein Potential von $0\,\mathrm{V}$.

4.1.5 Elektrische Kapazität

Die elektrische Kapazität ist ein Maß, das das Fassungsvermögen eines Kondensators (Abschnitt 4.3) quantifiziert. Dieses Fassungsvermögen wird in der Einheit *Farad* (Abkürzung: F) ausgedrückt, wobei ein Farad dem Fassungsvermögen eines Kondensators entspricht, der beim Anlegen einer Spannung von $1\,\mathrm{V}$ eine elektrische Ladung von $1\,\mathrm{C}$ speichert.

---

[1]In der englischen Sprache werden mit *resistance* für den elektrischen Widerstand und *resistor* für das Bauelement Widerstand zwei unterschiedliche Wörter benutzt.

4.2 Die wichtigsten Gesetze der Elektronik

Nachdem wir uns die wichtigsten elektrischen Größen in Erinnerung gerufen haben, lassen Sie uns jetzt die elementaren Gesetze der Elektronik anschauen. Das bekannteste Gesetz ist wohl das Ohm'sche Gesetz.

4.2.1 Das Ohm'sche Gesetz

Das *Ohm'sche Gesetz* sagt aus, dass der Strom, der durch einen Widerstand fließt, direkt proportional zu der am Widerstand abfallenden Spannung ist. Es gilt

$$U = R \cdot I,$$

wobei I der durch den Widerstand R fließende Strom und U die am Widerstand R abfallende Spannung ist. Es gilt insbesondere

$$1\,\text{V} = 1\,\Omega \cdot 1\,\text{A},$$

d. h. $1\,\text{V}$ entspricht der Spannung, die bei einem Strom von $1\,\text{A}$ über einen Widerstand von $1\,\Omega$ abfällt.

Der Spannungsabfall erfolgt entsprechend der technischen Stromrichtung.

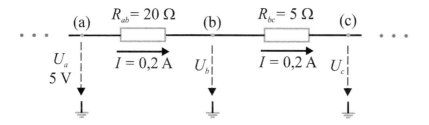

Abbildung 4.3: *Zwei in Serie geschaltete Widerstände*

Betrachten Sie die in Abbildung 4.3 gezeigte Teilschaltung, die aus zwei in Serie geschalteten Widerständen R_{ab} und R_{bc} besteht. Das Potential U_a sei $5\,\text{V}$. Der durch die beiden Widerstände R_{ab} und R_{bc} fließende Strom I sei $0,2\,\text{A}$. Über den Widerstand R_{ab} fällt somit die Spannung

$$
\begin{aligned}
U_{ab} &= R_{ab} \cdot I \\
&= 20\,\Omega \cdot 0,2\,\text{A} \\
&= 20\,\frac{\text{V}}{\text{A}} \cdot 0,2\,\text{A} \\
&= 4\,\text{V}
\end{aligned}
$$

ab, sodass am Punkt (b) ein Potential U_b von $5\,\text{V} - 4\,\text{V} = 1\,\text{V}$ anliegt. Am Widerstand R_{bc} fällt die Spannung

$$\begin{aligned}
U_{bc} &= R_{bc} \cdot I \\
&= 5\,\Omega \cdot 0,2\,\text{A} \\
&= 5\,\frac{\text{V}}{\text{A}} \cdot 0,2\,\text{A} \\
&= 1\,\text{V}
\end{aligned}$$

ab. Somit liegt am Punkt (c) ein Potential U_c von $0\,\text{V}$ an.

4.2.2   Die Kirchhoff'schen Regeln

Die Kirchhoff'schen Regeln erlauben es, kompliziertere Schaltkreise zu untersuchen.

Kirchhoff'sche Knotenregel

Die Knotenregel von Kirchhoff besagt, dass in jedem Punkt die Summe der zufließenden Ströme gleich der Summe der abfließenden Ströme ist, also an jedem Punkt p des Schaltkreises

$$\sum_{I_j \in \mathcal{I}} I_j = 0$$

gilt, wobei $\mathcal{I}$ die Menge der am Punkt p ein- und abfließenden Ströme darstellt. Abfließender Strom wird als negativer, zufließender Strom als positiver Strom angenommen.

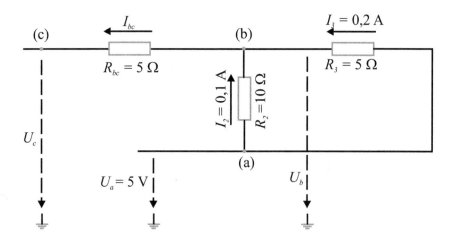

Abbildung 4.4: *Teilschaltung zur Illustration der Kirchhoff'schen Knotenregel*

Zur Illustration betrachten wir Abbildung 4.4. In der Teilschaltung wollen wir den Strom I_{bc} bestimmen. Die Knotenregel besagt für den Knoten (b), dass

$$I_{bc} + I_2 + I_3 = 0$$

gelten muss, also

$$I_{bc} = -I_2 - I_3 = -0.3\,\text{A}.$$

Kirchhoff'sche Maschenregel

Die Kirchhoff'sche Maschenregel besagt, dass die Summe der Spannungsabfälle in jeder Masche[2] gleich 0 V ist, also

$$\sum_{U_j \in \mathcal{U}} U_j = 0,$$

wobei $\mathcal{U}$ die Menge der in der betrachteten Masche verursachten (gerichteten) Spannungsabfälle und vorhandenen Spannungsquellen darstellt. Diese Regel besagt insbesondere, dass auf verschiedenen einfachen Pfaden zwischen zwei Punkten des Schaltkreises jeweils die gleiche Spannung abfallen muss. Es wundert daher nicht, dass in Abbildung 4.4 sowohl über den Widerstand R_2 als auch über den Widerstand R_3 jeweils eine Spannung von 1 V abfällt. Am Punkt (b) des Schaltkreises liegt also ein Potential U_b von 4 V an.

4.2.3   Seriell und parallel angeordnete Widerstände

Die in den Abbildungen 4.3 und 4.4 gezeigten Schaltkreise enthalten jeweils mehrere Widerstände. In Abbildung 4.3 sind sie seriell, d. h. hintereinander, angeordnet, in Abbildung 4.4 sind die Widerstände R_2 und R_3 parallel zueinander angeordnet und seriell mit Widerstand R_{bc}. Wie kann man die entsprechenden Gesamtwiderstände berechnen?

Serielle Anordnung

Betrachten Sie, wie in Abbildung 4.5 angedeutet, n Widerstände $R_1, R_2, \ldots, R_n$, die seriell hintereinander geschaltet sind. Auf Grund der Kirchhoff'schen Knotenregel fließt durch jeden dieser Widerstände der gleiche Strom I, d. h. es gilt

$$I_1 = I_2 = \ldots = I_n = I.$$

Die Spannung U_{ab} zwischen den beiden Punkten (a) und (b) ergibt sich aus der Summe der einzelnen Spannungsabfälle, d. h.

$$U_{ab} = I \cdot R_1 + I \cdot R_2 + \ldots + I \cdot R_n.$$

---

[2]Unter einer *Masche* versteht man eine Teilschaltung, die nur aus einem einfachen Kreis besteht (siehe auch [23]).

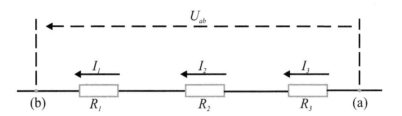

Abbildung 4.5: *Serielle Anordnung von Widerständen*

Somit ergibt sich der Gesamtwiderstand R_{ab} zwischen den beiden Punkten (a) und (b) durch

$$R_{ab} = \frac{U_{ab}}{I} = R_1 + R_2 + \ldots + R_n.$$

Parallele Anordnung

Ein ähnlich einfaches Gesetz gilt für die parallele Anordnung von Widerständen. Wir betrachten einen Schaltkreis, der wie in Abbildung 4.6 angedeutet, aus n Widerständen besteht, die parallel angeordnet sind.

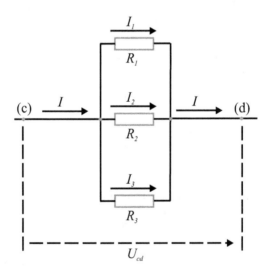

Abbildung 4.6: *Parallele Anordnung von Widerständen*

Auf Grund der Kirchhoff'schen Knotenregel gilt

$$I = I_1 + I_2 + \ldots + I_n$$

und somit für den Gesamtwiderstand R_{cd} zwischen den Punkten c und d

$$U_{cd} = R_{cd} \cdot (I_1 + I_2 + \ldots + I_n)$$
$$= R_{cd} \cdot \left(\frac{U_{cd}}{R_1} + \frac{U_{cd}}{R_2} + \ldots + \frac{U_{cd}}{R_n} \right).$$

Die letzte Gleichung folgt aus der Kirchhoff'schen Maschenregel und dem Ohm'schen Gesetz. Teilt man beide Seiten durch U_{cd} und R_{cd}, dann folgt direkt die gesuchte Gleichung

$$\frac{1}{R_{cd}} = \frac{1}{R_1} + \frac{1}{R_2} + \ldots + \frac{1}{R_n}.$$

In dem Schaltkreis aus Abbildung 4.4 gilt demnach für den Gesamtwiderstand R_{ab} zwischen den beiden Punkten (a) und (b)

$$\frac{1}{R_{ab}} = \frac{1}{10\,\Omega} + \frac{1}{5\,\Omega} = 0.3\,\Omega^{-1},$$

sodass

$$R_{ab} = \frac{1}{0.3}\,\Omega = 3.33\,\Omega$$

gilt. Der vom Punkt (a) zum Punkt (b) fließende Strom I_{ab} beträgt auf Grund der Kirchhoff'schen Knotenregel $0,3$ A, sodass wir zwischen den Punkten (a) und (b) in der Tat einen Spannungsabfall U_{ab} von 1 V haben.

4.3 Die wichtigsten Bauelemente

Lassen Sie uns jetzt die wichtigsten in der Elektronik vorkommenden Bauelemente kurz betrachten. Die Symbole der einzelnen Bauelemente haben wir in Abbildung 4.1 schon aufgelistet.

4.3.1 Spannungsquelle

Abbildung 4.7: Symbol für eine Spannungsquelle

Spannungsquellen besitzen zwei Pole mit unterschiedlicher Ladung. Auf der einen Seite ist der *Pluspol* mit einem Mangel an Elektronen, auf der anderen Seite der *Minuspol* mit einem Überschuss an Elektronen. Sind die Pole über einen Leiter miteinander verbunden, so versucht das System über den Leiter die Ladungen auszugleichen. Der Leiter kann hierbei eine komplexe Schaltung sein. Es fließen freie Elektronen vom Minuspol zum Pluspol hin. Der technische Strom fließt, wie oben schon angedeutet, vom Plus- zum Minuspol, d. h. die einzelnen Spannungsabfälle sind entsprechend vom Plus- zum Minuspol gerichtet. Die Spannung zwischen den beiden Polen wird als *Quellenspannung* der Spannungsquelle bezeichnet. Er ist ebenfalls – und dies ist wichtig im Zusammenhang mit der Kirchhoff'schen Maschenregel – vom Plus- zum Minuspol gerichtet.

4.3.2   Widerstand

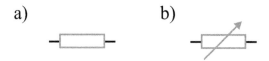

Abbildung 4.8: *Symbole für Widerstände: a) Widerstand mit festem Widerstandswert. b) einstellbarer Widerstand.*

Widerstände haben wir oben schon kennen gelernt. Neben den *Festwiderständen*, die einen nicht einstellbaren festen Widerstandswert haben, gibt es auch Widerstände, die einstellbar sind. So gibt es *temperatur-* und *lichtabhängige Widerstände*. Temperaturabhängige Widerstände können zum Beispiel als Temperaturfühler bei Temperaturmessungen eingesetzt werden, lichtabhängige Widerstände als Sensoren in Lichtschranken.

Exkurs: Pull-down- und Pull-up-Widerstände ▷ ▷ ▷

Widerstände werden öfter eingesetzt, um einen Eingang oder eine Leitung auf einen vordefinierten Wert, einen Default-Wert, zu setzen. Soll der Eingang default-mäßig hohes Potential (siehe Abschnitt 4.1.4) haben, so spricht man von einem *Pull-up*-Widerstand. Soll der Eingang default-mäßig auf Masse liegen, so spricht man von einem *Pull-down*-Widerstand.

Die beiden Schaltungen in Abbildung 5.2 auf Seite 87 zeigen jeweils einen Pull-down-(links) und einen Pull-up-Widerstand (rechts).

◁ ◁ ◁

4.3.3   Schalter

Schalter sind Bauelemente, die, wie in Abbildung 4.9 in den entsprechenden Symbolen angedeutet, es erlauben, in Abhängigkeit der Belegung eines (elektrischen oder mechanischen) Steuersignals, zwei Leitungssegmente miteinander zu verbinden – man spricht

in diesem Fall davon, dass der Schalter *geschlossen* ist –, oder voneinander zu trennen
– dann ist der Schalter *offen*.

Wir unterscheiden in unseren folgenden Ausführungen bei Schaltern mit elektrischem
Steuersignal zwischen high-aktiven und low-aktiven Schaltern. Ein *high-aktiver Schalter*
ist genau dann geschlossen, wenn am Steuereingang des Schalters ein hohes Potential
anliegt. Ein *low-aktiver* Schalter arbeitet in einem gewissen Sinne invers dazu. Er ist
genau dann geschlossen, wenn am Steuereingang des Schalters Masse (oder ein Potential
in der Gegend von 0 V) anliegt. Abbildung 4.9 zeigt die im Folgenden benutzten Symbole
für high- und low-aktive Schalter.

Abbildung 4.9: *Symbole für Schalter: a) high-aktiver Schalter. b) low-aktiver Schalter.*

In MOS-Technologie werden Schalter jeweils durch einen Transistor realisiert, einen
high-aktiven Schalter durch einen *n-Kanal-Feldeffekttransistor*, einen low-aktiven Schalter durch einen *p-Kanal-Feldeffekttransistor*. Für weitere Erläuterungen verweisen wir
auf weiterführende Literatur, zum Beispiel [8] oder [12]. Abbildung 4.10 zeigt die in der
Regel verwendeten Symbole für Transistoren.

Abbildung 4.10: *Symbole für Transistoren: a) n-Kanal-Feldeffekttransistor. b) p-Kanal-
Feldeffekttransistor.*

4.3.4   Kondensator

Abbildung 4.11: *Symbol für einen Kondensator*

Unter einem Kondensator versteht man ein Bauelement, in dem ruhende Ladungen
gespeichert werden können.

4.3.5   Operationsverstärker, Differenzverstärker

Ein sehr wichtiges Bauelement in Bezug auf die Realisierung analoger elektrischer Systeme ist der *Operationsverstärker*. Wir wollen uns in diesem Abschnitt den *Differenzverstärker* detailliert anschauen, ohne jedoch über seine eigentliche Realisierung zu sprechen – dies würde über den Rahmen des Buches bei weitem hinausgehen. Zudem wollen wir annehmen, dass es sich um einen *idealen Differenzverstärker* handelt. Nichtsdestotrotz müssen wir ein wenig weiter ausholen als bei den vorherigen Bauelementen, um im nächsten Kapitel verstehen zu können, wie zum Beispiel analoge Signale in digitale Signale und umgekehrt mithilfe von Differenzverstärkern gewandelt werden können.

Eigenschaften eines idealen Differenzverstärkers

Abbildung 4.12 zeigt einen Differenzverstärker mit angelegter Basisspannung U_B. Er besitzt zwei Eingänge, die mit $+$ und $-$ bezeichnet werden, und einen Ausgang.

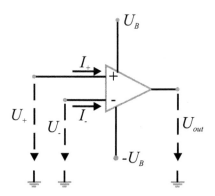

Abbildung 4.12: *Differenzverstärker mit angelegter Basisspannung U_B*

Das am Plus-Eingang ($+$) anliegende Potential bezeichnen wir mit U_+, das am Minus-Eingang ($-$) mit U_-. Das Potential U_{out} am Ausgang wird bei einem idealen Differenzverstärker (auf Grund des internen Aufbaus) durch den Verstärkungsfaktor A_{open} und der Differenz $U_+ - U_-$ der an den Eingangspolen anliegenden Potentiale bestimmt. Es gilt

$$U_{out} = A_{open} \cdot (U_+ - U_-), \tag{4.1}$$

wobei U_{out} natürlicherweise vom Betrag her nicht größer als die am Operationsverstärker angelegte Basisspannung sein kann, also

$$-U_B \leq U_{out} \leq U_B. \tag{4.2}$$

Somit können auch kleinste Potentialdifferenzen erkannt werden, was zum Beispiel im medizinischen Bereich bei Elektro-Kardiogrammen (EKG) und der Elektro-Enzephalografie (EEG) ausgenutzt wird. Differenzverstärker werden aber auch in alltäglichen Gegenständen wie dem Radio verwendet, wo sie in der Eingangsstufe eingesetzt werden.

Beim idealen Differenzverstärker geht man zudem davon aus, dass die Eingangswiderstände der beiden Eingänge unendlich groß sind – was bei einem realen Operationsverstärker natürlich nicht der Fall sein kann. Damit fließen keine elektrischen Ströme in die beiden Eingänge des idealen Differenzverstärkers hinein und es gilt

$$I_+ = I_- = 0\,\text{A}. \tag{4.3}$$

Lassen Sie uns jetzt einen idealen Differenzverstärker mit Rückkopplung von seinem Ausgang zu seinem Minus-Eingang, wie in Abbildung 4.13 gezeigt, betrachten. Wir nennen diesen Aufbau im Folgenden *negativ-rückgekoppelter Differenzverstärker*.

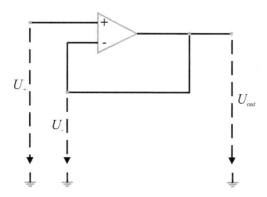

Abbildung 4.13: *Negativ-rückgekoppelter idealer Differenzverstärker*

Bei detaillierter Betrachtung zeigt sich, dass die beiden Eingangspole des Differenzverstärkers auf dem gleichen Potential liegen müssen, d. h.

$$U_+ = U_- \tag{4.4}$$

falls der Verstärkungsfaktor A_{out} gegen Unendlich geht. Es gilt

$$U_- = U_{out}$$
$$= A_{open} \cdot (U_+ - U_-)$$

und somit

$$A_{open} \cdot U_+ = U_- \cdot (1 + A_{open})$$

und

$$U_- = U_+ \cdot \frac{A_{open}}{1 + A_{open}}.$$

Zum Abschluss unserer Betrachtungen wollen wir uns noch genauer anschauen, wie die Verstärkung über extern angelegte Widerstände an dem Differenzverstärker eingestellt werden kann. Wir unterscheiden hierbei zwischen dem nichtinvertierenden Operationsverstärker und dem invertierenden Operationsverstärker.

Nichtinvertierender Operationsverstärker

Der Aufbau des *nichtinvertierenden Operationsverstärker* ist in Abbildung 4.14 zu sehen.

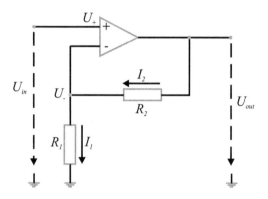

Abbildung 4.14: *Nichtinvertierender Operationsverstärker*

Der durch diesen Aufbau realisierte Verstärkungsfaktor

$$A_n = \frac{U_{out}}{U_{in}}$$

kann wie folgt bestimmt werden. Aus Gleichung (4.4) und der Kirchhoff'schen Knotenregel folgt, dass durch beide Widerstände R_1 und R_2 der gleiche Strom I fließt, also

$$I = I_1 = I_2$$

gilt. Somit folgt mit dem Ohm'schen Gesetz

$$U_{out} = (R_1 + R_2) \cdot I,$$

da die beiden Widerstände in Serie geschaltet sind, und

$$U_- = R_1 \cdot I.$$

Mit $U_+ = U_-$ (siehe Gleichung (4.4)) folgt dann

$$
\begin{aligned}
A_n &= \frac{U_{out}}{U_{in}} \\
&= \frac{U_{out}}{U_+} \\
&= \frac{U_{out}}{U_-} \\
&= \frac{(R_1 + R_2) \cdot I}{R_1 \cdot I} \\
&= \frac{R_1 + R_2}{R_1} \\
&= 1 + \frac{R_2}{R_1}.
\end{aligned}
$$

Der Verstärkungsfaktor hat ein positives Vorzeichen, daher auch der Name *nichtinvertierender* Operationsverstärker.

Invertierender Operationsverstärker

Der *invertierende Operationsverstärker* ist sehr ähnlich aufgebaut und ist in Abbildung 4.15 zu sehen.

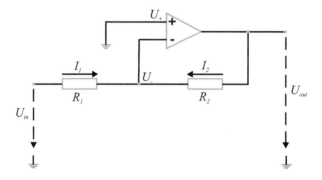

Abbildung 4.15: *Invertierender Operationsverstärker*

Der Verstärkungsfaktor

$$
A_i = \frac{U_{out}}{U_{in}}
$$

ist hier ebenfalls recht einfach zu bestimmen. Wegen $U_+ = 0$ und Gleichung (4.4) gilt

$$
U_- = 0,
$$

sodass über den Widerstand R_2 ein Spannungsabfall von U_{out} und über den Widerstand R_1 ein Spannungsabfall von U_{in} erfolgen muss. Auf Grund der Kirchhoff'schen Knotenregel gilt

$$I_1 + I_2 = 0,$$

woraus

$$I_1 = -I_2$$

folgt. Aus dem Ohm'schen Gesetz folgt somit direkt

$$\frac{U_{in}}{R_1} = -\frac{U_{out}}{R_2}$$

und somit für den Verstärkungsfaktor A_i

$$A_i = \frac{U_{out}}{U_{in}} = -\frac{R_2}{R_1}.$$

5 Elektronische Schaltungen

In diesem Kapitel wollen wir grundlegende elektronische Schaltungen betrachten, wie sie in ähnlicher Weise in Rechnern vorkommen. Wir werden uns

- einen Spannungsteiler,

- eine Taste,

- ein Tastenfeld,

- die logischen Bausteine NOT, NAND und NOR,

- einen Digital/Analog-Wandler und

- einen Analog/Digital-Wandler

anschauen.

5.1 Spannungsteiler

Eine der wesentlichen Grundschaltungen ist der *Spannungsteiler*, den wir an sich schon in den Ausführungen im Kapitel 4 benutzt haben, und dessen Aufbau in Abbildung 5.1 nochmals gezeigt wird.

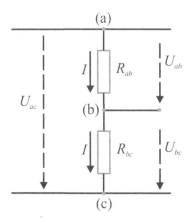

Abbildung 5.1: *Spannungsteiler*

Lassen Sie uns davon ausgehen, dass durch beide Widerstände R_{ab} und R_{bc} der gleiche Strom I fließt, also nach der Kirchhoff'schen Knotenregel kein Strom nach rechts abfließt. Da die beiden Widerstände R_{ab} und R_{bc} in Serie geschaltet sind, gilt für das am Punkt (a) herrschende Potential U_{ac}

$$U_{ac} = U_{ab} + U_{bc}$$
$$= I \cdot R_{ab} + I \cdot R_{bc}.$$

Löst man diese Gleichung nach I auf, so erhält man

$$I = \frac{U_{ac}}{R_{ab} + R_{bc}}.$$

Am Widerstand R_{ab} erfolgt somit ein Spannungsabfall U_{ab} von

$$U_{ab} = R_{ab} \cdot I$$
$$= \frac{R_{ab}}{R_{ab} + R_{bc}} \cdot U_{ac}$$

und am Widerstand R_{bc} ein Spannungsabfall U_{bc} von

$$U_{bc} = \frac{R_{bc}}{R_{ab} + R_{bc}} \cdot U_{ac}.$$

Durch Benutzung geeigneter Widerstände R_{ab} und R_{bc} kann demnach die Spannung U_{ab} beliebig geteilt und am Punkt (b) abgegriffen werden, sofern der an Punkt (b) nach rechts abfließende Strom gegenüber I vernachlässigbar ist.

5.2   Eine Taste zur Eingabe einer 0 oder einer 1

Lassen Sie uns jetzt eine Schaltung betrachten, die eingesetzt wird, um eine logische 0 oder eine logische 1 einzugeben, also eine *Taste*, wie man sie zum Beispiel bei einem Lichtschalter vorfindet. Zwei verschiedene Schaltungen für eine solche Taste sind in Abbildung 5.2 zu sehen.

Im Grunde genommen handelt es sich jeweils um Spannungsteiler, mit dem Unterschied, dass einer der beiden Widerstände durch einen (high-aktiven) Schalter substituiert wurde. In beiden Schaltungen gilt, dass wenn der Schalter geschlossen ist, d. h., die Taste gedrückt ist, ein Strom I durch den Widerstand R mit $R \cdot I = U_B$ fließt. Am Widerstand R fällt also die gesamte Spannung U_B ab.

Man unterscheidet bei den Tasten zwischen *invertierenden* und *nichtinvertierenden* Tasten. Bei einer nichtinvertierenden Taste liegt der Ausgang auf der Betriebsspannung U_B, wenn sie geschlossen ist, sonst auf 0 V. Die invertierende Taste arbeitet invers dazu. Hier liegt der Ausgang genau dann auf 0 V, wenn die Taste geschlossen ist, sonst auf der Betriebsspannung U_B.

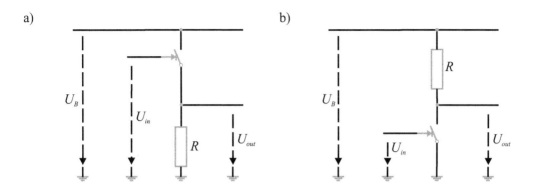

Abbildung 5.2: *Taste: a) Nichtinvertierende Taste. Da der Ausgang der Schaltung default-mäßig auf Masse liegt, wird der Widerstand als* Pull-down-Widerstand *bezeichnet (siehe Abschnitt 4.3.2). b) Invertierende Taste. Hier liegt der Ausgang default-mäßig auf hohem Potential. Der Widerstand wird als* Pull-up-Widerstand *bezeichnet.*

Bei der linken Schaltung in Abbildung 5.2 handelt es sich um eine *nichtinvertierende Taste*, da die Spannung bei geschlossenem Schalter erst unterhalb des Ausgangs abfällt. Die rechte Schaltung hingegen ist eine *invertierende Taste*, da die Spannung bei geschlossenem Schalter oberhalb des Ausgangs abfällt. Ist der Schalter offen, so liegt der Ausgang bei der nichtinvertierenden Taste offensichtlich auf dem Potential 0 V und bei der invertierenden Taste auf dem Potential U_B.

5.3   Tastenfeld

Will man ein ganzes Tastenfeld realisieren, so sieht die Schaltung ein wenig komplizierter aus. Abbildung 5.3 zeigt ein 3×3-Tastenfeld – Tastenfelder ähnlicher Größen findet man zum Beispiel bei Telefonen vor. An diesem wollen wir den prinzipiellen Aufbau eines Tastenfeldes erläutern.

Das 3×3-Tastenfeld besteht aus drei Zeilen und drei Spalten und realisiert hiermit neun Tasten, jeweils drei Tasten in jeder der drei Spalten (bzw. Zeilen). In Abbildung 5.3 sehen Sie, dass alle Spalten und alle Zeilen jeweils über einen *Vorwiderstand*, d. h. einen Pull-up-Widerstand, auf die Basisspannung U_B gezogen werden.

Gehen Sie für die weiteren Erläuterungen davon aus, dass die mittlere Taste gedrückt ist, d. h. $U_{(2,2)}$ ein hohes Potential ist, und somit der mittlere Schalter geschlossen ist.

Der *Parallele IO*-Baustein (PIO) ist nun ein Baustein, der jeden seiner Ausgänge separat elektrisch isolieren oder auf 0-Pegel, d. h. auf 0 V, legen kann. Belegt er nun seine

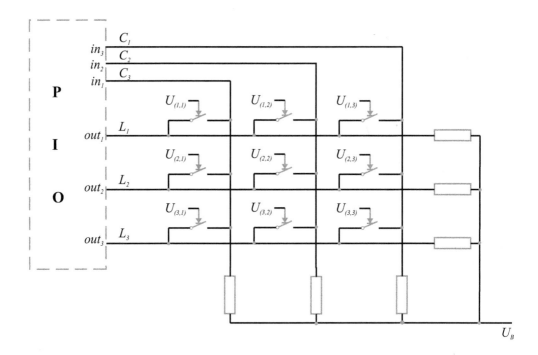

Abbildung 5.3: *3×3-Tastenfeld*

Ausgänge mit

$$out_1 = \text{offen},$$
$$out_2 = 0\,\text{V},$$
$$out_3 = \text{offen},$$

so liegt L_1 und L_3 auf der Betriebsspannung U_B und L_2 auf 0 V, sodass nur die zweite Zeile und die zweite Spalte als Spannungsteiler arbeiten und das Potential von C_2 auf ungefähr 0 V fällt. Somit liegt der Eingang in_2 der PIO auf 0 V, alle übrigen auf der Betriebsspannung U_B. Die PIO erkennt hierdurch, dass die Taste, die sich in der zweiten Zeile (wegen $out_2 = 0$ V) und der zweiten Spalte (wegen $in_2 = 0$ V) befindet, gedrückt ist.

Die PIO arbeitet nun derart, dass sie mit großer Frequenz die einzelnen Zeilen des Tastenfeldes nacheinander auf niedriges Potential setzt und entsprechend ihre Eingänge in_1, in_2 und in_3 abfragt.

5.4   Logische Grundbausteine

Um kombinatorische Schaltkreise realisieren zu können, benötigt man Grundbausteine, die die logischen Operationen realisieren. In der Regel sind dies, bedingt durch die heute benutzten Technologien, wie zum Beispiel die CMOS-Technologie, der *Inverter* (NOT), das NAND-Gatter und das NOR-*Gatter*.

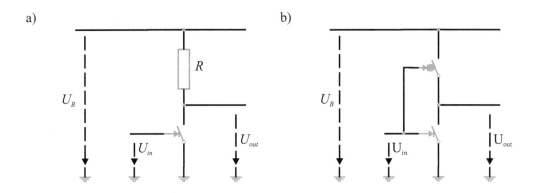

Abbildung 5.4: *Inverter: a) Inverter mit Widerstand und Schalter. b) Inverter mit low-aktivem und high-aktivem Schalter, wie zum Beispiel in CMOS-Technologie realisiert.*

Abbildung 5.4 zeigt zwei mögliche Realisierungen eines Inverters. Bei der Realisierung (a) mit Widerstand und Schalter handelt es sich um den gleichen Aufbau wie bei einer invertierenden Taste. Nachteil dieser Realisierung ist, dass statischer Strom über den Widerstand auch in der Zeit fließt, in der der Schalter geschlossen ist.

Die Realisierung (b), in der der Widerstand durch einen low-aktiven Schalter ersetzt wurde, hat diesen Nachteil nicht. Hier gibt es genau dann einen leitenden Pfad von der Basisspannung zum Ausgang, wenn es keinen leitenden Pfad von der Masse zum Ausgang gibt. Dies ist genau dann der Fall, wenn das Eingangspotential U_{in} auf 0 V liegt – oder, wenn wir es genauer formulieren wollen, unterhalb einer durch die Technologie vorgegebenen Schwellenspannung ΔU – d. h. wenn der logische Wert 0 am Eingang des Inverters anliegt. Damit gilt

$$U_{in} = 0\,\text{V} \implies U_{out} = U_B.$$

Ist das Eingangspotential U_{in} größer als die Schwellenspannung ΔU, d. h. liegt der logische Wert 1 am Eingang an, so gibt es einen leitenden Pfad von der Masse zum Ausgang (und keinen leitenden Pfad von der Betriebsspannung zum Ausgang), sodass $U_{out} = 0\,\text{V}$ und

$$U_{out} = \begin{cases} U_B \text{ , falls } U_{in} = 0\,\text{V} \\ 0\,\text{V} \text{ , falls } U_{in} = U_B. \end{cases}$$

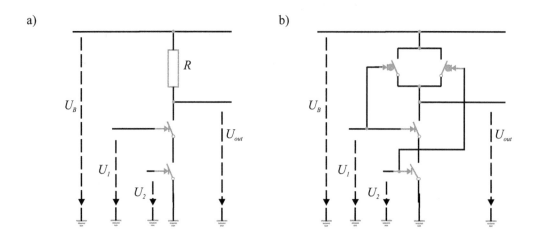

Abbildung 5.5: NAND-*Gatter*

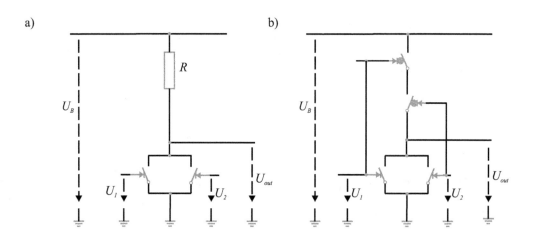

Abbildung 5.6: NOR-*Gatter*

Die Realisierungen der logischen Operationen NAND und NOR sind, wie in den Abbildungen 5.5 und 5.6 gezeigt, analog zu den Realisierungen eines Inverters aufgebaut.

5.5 Digital/Analog-Wandler

Um eine digitale Information, zum Beispiel eine n-Bit-Binärzahl in ein analoges Signal zu wandeln, setzt man *Digital/Analog-Wandler* (*D/A-Wandler*) ein. Am Ausgang eines solchen Digital/Analog-Wandlers liegt ein analoges Signal an, das 2^n diskrete Werte annehmen kann. Zur Realisierung eines solchen Bausteins gibt es verschiedene Verfahren. Abbildung 5.7 zeigt das *Wägeverfahren*.

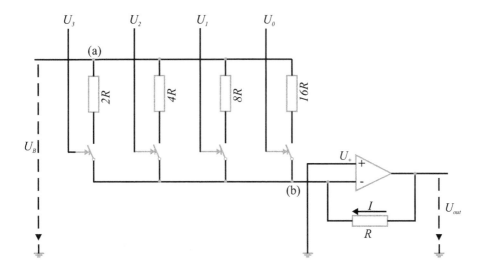

Abbildung 5.7: *4-Bit-Digital/Analog-Wandler durch das Wägeverfahren. Das Tupel* (U_3, U_2, U_1, U_0) *stellt die 4-Bit-Binärzahl dar, wobei das Potential U_i genau dann gleich der Betriebsspannung U_B sein soll, wenn das i-te niederwertigste Bit der Binärzahl eine 1 ist. Ansonsten ist U_i gleich 0 V.*

Die Potentiale $U_{n-1}, \ldots, U_1, U_0$ stellen die zu wandelnde n-Bit-Binärzahl $d = d_{n-1} \ldots d_0$ mit $d_i \in \{0, 1\} \, \forall i \in \{0, \ldots, n-1\}$ dar, wobei

$$(\forall U_i) \quad U_i = \begin{cases} U_B, & \text{wenn } d_i = 1 \\ 0\,\text{V}, & \text{wenn } d_i = 0 \end{cases}$$

gelten soll. Hierbei stellt U_B die Betriebsspannung dar. Der Widerstand $R_{U_{n-1} \ldots U_0}$ der parallelen Anordnung zwischen dem Punkt (a) und dem Punkt (b) beläuft sich auf

$$\frac{1}{R_{U_{n-1} \ldots U_0}} = \sum_{i=0}^{n-1} \frac{d_i}{2^{n-i} R}$$

$$= \sum_{i=0}^{n-1} \frac{d_i \cdot 2^i}{2^n R}$$

$$= \frac{\sum_{i=0}^{n-1} d_i \cdot 2^i}{2^n R}$$

$$= \frac{\langle d \rangle}{2^n R}.$$

Für den Verstärkungsfaktor A gilt demnach

$$A = -\frac{R}{R_{U_{n-1}\ldots U_0}}$$

$$= -R \cdot \frac{1}{R_{U_{n-1}\ldots U_0}}$$

$$= -R \cdot \frac{\langle d \rangle}{2^n R}$$

$$= -\frac{\langle d \rangle}{2^n}$$

und die Ausgangsspannung U_{out} hat den Wert

$$U_{out} = -\frac{\langle d \rangle}{2^n} \cdot U_B.$$

5.6   Analog/Digital-Wandler

Zur digitalen Verarbeitung analoger Signale in einem Rechner ist es notwendig, analoge Werte in digitale Werte, sprich n-Bit-Binärzahlen, umwandeln zu können. Dies erfolgt mit sogenannten *Analog/Digital-Wandlern* (*A/D-Wandler*). Wie für Digital/Analog-Wandler sind auch hier verschiedene Verfahren bekannt. Wir wollen das einfachste, wenn auch das langsamste, dieser Verfahren kurz skizzieren. Dieses Verfahren heißt (erneut) *Wägeverfahren* – es sei dem Leser überlassen, sich zu überlegen, warum die beiden Verfahren zur Analog/Digital-Wandlung und zur Digital/Analog-Wandlung, die wir in diesem Buch vorstellen, den gleichen Namen führen. Abbildung 5.8 zeigt den Aufbau der entsprechenden Schaltung.

Am Plus-Eingang des Differenzverstärkers liegt die zu wandelnde Eingangsspannung U_{in} an. Diese wird nun in jedem Schritt mit der Eingangsspannung U_- des Minus-Eingangs des Differenzverstärkers, die über einen Digital/Analog-Wandler angelegt wird, verglichen. Man überlegt sich, dass wenn der Differenzbetrag der beiden Potentiale kleiner gleich $\frac{1}{2} \cdot U_{LSB}$ ist, die gesuchte n-Bit-Binärzahl gefunden ist und das Verfahren stoppen kann.[1] In der in Abbildung 5.8 gezeigten Schaltung wird einfach nur ein Zähler beginnend mit der n-Bit Binärzahl $0\ldots 0$ hochgezählt. Schnellere Verfahren, in denen zum Beispiel mit einem logarithmischen Suchverfahren gearbeitet wird, sind hier ebenfalls denkbar und werden auch angewendet.

---

[1]U_{LSB} (LSB: least significant bit) bezeichnet die für die Binärzahl $0\ldots 01$ stehende Spannung.

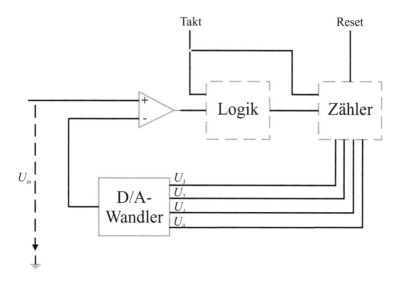

Abbildung 5.8: *4-Bit-Analog/Digital-Wandler durch das Wägeverfahren*

Teil II

Entwurf digitaler Hardware

In diesem Teil des Buches wird veranschaulicht, wie man ausgehend von einer funktionalen Beschreibung einer Schaltung eine Realisierung als Schaltkreis erhält. Dazu wird zunächst eine neue Repräsentationsform für Boolesche Funktionen, die sogenannten Decision Diagrams, eingeführt, die eine in der Regel effizientere Bearbeitung Boolescher Funktionen während der Synthese und Analyse als die bei Booleschen Ausdrücken (oder Booleschen Polynomen) erlaubt.

Es werden Entwurfsmethoden für zwei- und mehrstufige Schaltungen vorgestellt und automatische Verfahren besprochen, wie zu einer gegebenen Booleschen Funktion eine kostengünstige Realisierung gefunden werden kann. Auf die Synthese sequentieller Schaltungen wird hier nicht eingegangen. Bausteine, die ein sequentielles Verhalten haben, werden, soweit wir es im Rahmen des Buches benötigen, im Kapitel über Speicher in Teil III beschrieben.

Für spezielle Funktionen, wie die Addition oder Multiplikation, die in der Praxis sehr häufig vorkommen, werden spezielle Schaltkreise entwickelt und deren Vor- und Nachteile diskutiert. Zum Ende von Teil II wird ausgehend von den entwickelten „Teilschaltungen" gezeigt, wie man diese zu einer Arithmetisch-Logischen Einheit (Arithmetic Logic Unit, ALU), d. h. der Recheneinheit eines Prozessors, zusammensetzen kann.

6 Darstellung Boolescher Funktionen durch Decision Diagrams

Als Alternative zu den in Kapitel 2 vorgestellten „klassischen" Datenstrukturen für Boolesche Funktionen, den Wahrheitstabellen und den Polynomen, werden im Folgenden Entscheidungsdiagramme, sogenannte *Decision Diagrams* (DDs), eingeführt. Durch DDs können Funktionen kompakt dargestellt und bearbeitet werden. DDs werden typischerweise in einer reduzierten Form betrachtet. Anwendungen aus dem Bereich der Synthese und der Formalen Verifikation logischer Schaltungen haben in den vergangenen Jahren gezeigt, dass DD-basierte Verfahren sehr leistungsstark sind. Auch im Rahmen des Buches werden Verfahren vorgestellt, wie man aus einem gegebenen DD eine mehrstufige Schaltung ableiten kann.

Eine besondere Bedeutung haben in diesem Zusammenhang *Binary Decision Diagrams* (BDDs) erlangt. Sie stellen einen guten Kompromiss zwischen Kompaktheit der Darstellung und Effizienz der Operationen dar.

Nach einigen Grundlagen werden DDs formal eingeführt und anhand diverser Beispiele erläutert. Es werden verschiedene Variationen des Grundkonzeptes vorgestellt.

6.1 Grundlagen

Die wesentliche Idee bei DDs ist es, eine Funktion $f(x_1, \dots, x_n) \in \mathbb{B}_n$ in zwei Teilfunktionen f_{low} bzw. f_{high} zu zerlegen, sodass sich f aus diesen Teilen wieder zusammensetzen lässt. Die Zerlegung wird anhand einer *Entscheidungsvariablen* x_i durchgeführt. Dieses Vorgehen wird in Abbildung 6.1 veranschaulicht. Falls die Entscheidungsvariable den Wert 0 annimmt, so wird die Funktion f_{low}, auf die die Kante mit der Beschriftung 0 zeigt, weiter betrachtet. Ansonsten wird die Funktion, die durch f_{high} repräsentiert wird, ausgewählt.

Überträgt man dieses Verfahren auf die bisherige Betrachtung einer Funktion in der Beschreibungsform als Wahrheitstabelle, so wird diese durch die Entscheidungsvariable in einen „oberen" und einen „unteren" Teil zerlegt. Im oberen Teil sind all die Elemente aufgelistet, für die $x_i = 0$, und im unteren diejenigen, für die $x_i = 1$ gilt (siehe Tabelle 6.1).

Hierbei handelt es sich jedoch nur um eine Art der Veranschaulichung von DDs. Im Folgenden wird im Detail diskutiert, warum DDs in vielen Fällen Wahrheitstabellen

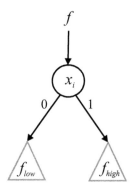

Abbildung 6.1: *Zerlegung der Funktion f mittels der Entscheidungsvariablen x_i in zwei Teilfunktionen*

Tabelle 6.1: *Aufteilung einer Tabelle nach der Variablen x_i*

x_1	$\dots$	x_i	$\dots$	x_n	f
		0			
$\dots$		$\vdots$	$\dots$		f_{low}
		0			
$\cdots$	$\cdots$	$\cdots$	$\cdots$	$\cdots$	$\cdots$
		1			
$\dots$		$\vdots$	$\dots$		f_{high}
		1			

klar überlegen sind – insbesondere was den Platzbedarf betrifft, um eine Boolesche Funktion darzustellen.

Die den DDs zu Grunde liegende Datenstruktur ist ein Graph, auf dem sich verschiedene „Komprimierungen" anwenden lassen, die ihn verkleinern, ohne dabei die durch ihn dargestellte Funktion zu verändern. Zunächst wird nun diese Datenstruktur formal eingeführt.

Definition 6.1: *Gerichteter Graph*

$G = (V, E)$ heißt *gerichteter Graph*, falls folgendes gilt:

- $V \neq \emptyset$ ist eine endliche Menge, die *Knotenmenge*.
- $E \subseteq V \times V$ ist eine endliche Menge, die *Kantenmenge*.

- Auf E sind Abbildungen Q und Z mit $Q\ :E \rightarrow V$ und $Z\ :E \rightarrow V$ definiert. Die Abbildungen Q und Z ordnen den Kanten jeweils Knoten zu, die die *Quelle* und das *Ziel* der Kante bestimmen. Sie geben also an, von welchem Knoten eine Kante ausgeht und wohin sie führt.

Eine Kantenfolge $l_1, l_2, \ldots, l_n$ $(n \geq 1)$ von Elementen aus E heißt *Pfad*, falls $Z(l_i) = Q(l_{i+1})$ für alle $1 \leq i \leq n-1$ gilt. Die *Länge* des Pfades entspricht der Anzahl der im Pfad enthaltenen Kanten, also in unserem Fall wäre die Länge gleich n

Ein gerichteter Graph $G = (V, E)$ heißt *azyklisch*, falls er keinen Pfad $l_1, l_2, \ldots, l_n$ $(n \geq 1)$ mit $Z(l_n) = Q(l_1)$ enthält. Ein solcher Pfad wird *Zyklus* genannt.

Ein gerichteter Graph $G = (V, E)$ heißt *gewurzelt*, falls es in G genau einen Knoten v gibt, der keine eingehende Kante besitzt, d. h. $Z^{-1}(v) = \emptyset$.

6.2 Decision Diagrams

Aufbauend auf diesen Notationen können nun DDs formal eingeführt werden.

Definition 6.2: *Decision Diagram*

Ein *Decision Diagram (DD)* über einer Variablenmenge $\mathbb{X}_n := \{x_1, x_2, \ldots, x_n\}$ ist ein gewurzelter, azyklischer und gerichteter Graph $G = (V, E)$. Die Knotenmenge V des Graphen zerfällt in zwei Teilmengen, die Menge der terminalen und die der nichtterminalen Knoten, mit folgenden Eigenschaften:

- Für *nichtterminale Knoten* v gilt:
  - v ist mit einer Variablen aus $\mathbb{X}_n$ markiert; diese Variable bezeichnet man als die *Entscheidungsvariable* des Knotens v.
  - v hat genau zwei ausgehende Kanten, die zu den Knoten führen, die mit $low(v)$ bzw. mit $high(v)$ bezeichnet werden.
- *Terminale Knoten* werden mit ‚0‘ oder mit ‚1‘ markiert und haben keine ausgehenden Kanten.

Zur Verdeutlichung, welche Kanten im Graphen zu *low-* bzw. zu *high*-Nachfolgern führen, wird folgende Notation eingeführt:

- Die Kante $e_1 = (v, low(v))$ heißt *low*-Kante und wird mit 0 markiert. Im Folgenden ist in den Bildern diese Kante in der Regel die linke der beiden ausgehenden Kanten eines Knotens v. Sie wird als gestrichelter Pfeil dargestellt.
- Die Kante $e_2 = (v, high(v))$ heißt *high*-Kante und wird mit 1 markiert. In den Bildern ist diese Kante entsprechend in der Regel die rechte der beiden ausgehenden Kanten eines Knotens v. Sie wird als durchgezogener Pfeil dargestellt.

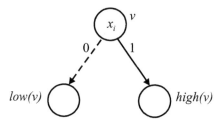

Abbildung 6.2: *Ein nichtterminaler, mit x_i markierter Knoten v mit den Nachfolgern $low(v)$ und $high(v)$*

In den Abbildungen werden terminale Knoten durch Rechtecke dargestellt, die mit 0 oder 1 markiert sind. Nichtterminale Knoten werden durch Kreise dargestellt, in deren Mitte die Entscheidungsvariable angegeben ist (siehe Abbildung 6.2).

Bisher wurde nur die zu Grunde liegende graphische Struktur eines DDs beschrieben. Es wird nun gezeigt, wie man durch DDs Boolesche Funktionen darstellen kann bzw. wie man aus einem gegebenen DD die zugehörige Funktion erhält. Somit wird die bisher gegebene syntaktische Beschreibung durch eine semantische ergänzt, d. h. es wird beschrieben, wie DDs zu *interpretieren* sind.

Um eine *kanonische* Darstellung Boolescher Funktionen zu erhalten, muss die Struktur der DDs eingeschränkt werden. Unter Kanonizität wird die Eindeutigkeit der Darstellung verstanden. Sie ist wichtig, um z. B. effizient überprüfen zu können, ob zwei gegebene Darstellungen die gleiche Boolesche Funktion beschreiben. Ein solcher Test auf Äquivalenz zweier Darstellungen reduziert sich im Falle, dass es sich um eine kanonische Darstellung handelt, auf das Überprüfen, ob die beiden Darstellungen „syntaktisch" gleich sind.

Beispiel 6.1

Eine mögliche Interpretation für drei sehr einfache DDs ist in Tabelle 6.2 zu finden.

DDs können spezielle Eigenschaften besitzen, die das Arbeiten mit ihnen erleichtert.

Definition 6.3:   *Freie, komplette und geordnete DDs*

Ein DD heißt genau dann *frei*, wenn auf allen Wegen von der Wurzel zu einem Terminal jede Variable höchstens einmal abgefragt wird.

Ein DD heißt genau dann *komplett*, wenn auf allen Wegen von der Wurzel zu einem Terminal jede Variable genau einmal abgefragt wird.

Ein DD heißt genau dann *geordnet*, wenn das DD frei und die Reihenfolge, in der die Variablen abgefragt werden, auf allen Wegen gleich ist.

Im Folgenden werden nur noch geordnete DDs betrachtet, da diese in den Anwendungen am häufigsten benutzt werden. Die prinzipielle Methode bei DDs zur Darstellung von

Tabelle 6.2: Mögliche und naheliegende Interpretation von DDs

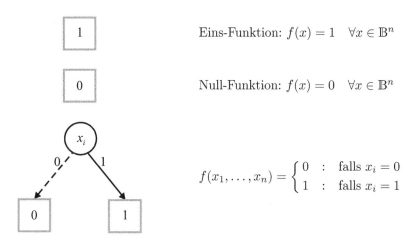

Funktionen ist, wie bereits angedeutet, dass man eine Funktion f, die von n Variablen abhängt, in einfachere Teilfunktionen zerlegt, die von weniger Variablen abhängen. Daher wird der Begriff des *Trägers* eingeführt. Dieser gibt an, welche Variablen aus $\mathbb{X}_n$ für eine Funktion f überhaupt relevant sind.

Definition 6.4:   *Träger einer Booleschen Funktion*

Der *Träger* (engl.: *Support*) $\mathsf{supp}(f)$ einer Booleschen Funktion $f \in \mathbb{B}_n$ ist gegeben durch:

$$x_i \in \mathsf{supp}(f) \quad \Leftrightarrow \quad \exists\, a \in \mathbb{B}^n : f(a_1, \ldots, a_i, \ldots, a_n) \neq f(a_1, \ldots, \bar{a}_i, \ldots, a_n)$$

Für die konstanten Booleschen Funktionen $\mathbf{0}$ und $\mathbf{1}$ gilt $\mathsf{supp}(\mathbf{0}) = \mathsf{supp}(\mathbf{1}) = \emptyset$ und für die Projektion auf die i. Variable $\mathsf{supp}(x_i) = \{x_i\}$.

Darauf aufsetzend werden nun Techniken beschrieben, wie „einfache" Teilfunktionen aus einer gegebenen Funktion bestimmt werden können. Zum Beispiel lässt sich durch die *Kofaktor*-Bildung der Support einer Funktion nach und nach verringern.

Definition 6.5:   *Kofaktoren einer Booleschen Funktion*

Seien $f \in \mathbb{B}_n$ eine über den Variablen $x_1, \ldots, x_n$ definierte Boolesche Funktion und x_i eine dieser n Variablen.

  1. Die Funktion $f_{x_i=0} \in \mathbb{B}_n$ mit

$$f_{x_i=0}(a_1, \ldots, a_n) := f(a_1, \ldots, a_{i-1}, 0, a_{i+1}, \ldots, a_n) \quad \forall a \in \mathbb{B}^n$$

heißt *Kofaktor* von f nach $x_i = 0$.

2. Die Funktion $f_{x_i=1} \in \mathbb{B}_n$ mit

$$f_{x_i=1}(a_1, \ldots, a_n) := f(a_1, \ldots, a_{i-1}, 1, a_{i+1}, \ldots, a_n) \quad \forall a \in \mathbb{B}^n$$

heißt *Kofaktor* von f nach $x_i = 1$.

3. Die Funktion $f_{x_i=2} \in \mathbb{B}_n$ ist definiert durch $f_{x_i=0} \oplus f_{x_i=1}$ und heißt *Boolesche Differenz* von f nach x_i. Hierbei bezeichnet $\oplus$ die EXOR-Funktion, die genau dann 1 wird, wenn einer der Operanden den Wert 1 und der andere den Wert 0 hat.

Es folgt direkt:

Lemma 6.1

$x_i \notin \mathrm{supp}(f_{x_i=0})$, $x_i \notin \mathrm{supp}(f_{x_i=1})$ und $x_i \notin \mathrm{supp}(f_{x_i=2})$.

Aus der Definition der Kofaktoren und dem Lemma folgt also, dass durch Bildung der Kofaktoren bzw. der Booleschen Differenz Teilfunktionen gewonnen werden können, die unabhängig von der Variablen x_i sind. Für die Synthese wichtig ist aber auch, dass es möglich ist, aus diesen Teilen wieder die ursprüngliche Funktion f zusammenzusetzen. Um die Ursprungsfunktion f wieder zu erhalten, muss der inverse Schritt ausgeführt werden und die Teilfunktionen müssen mit der Entscheidungsvariablen wieder verknüpft werden. Im folgenden Satz wird nachgewiesen, dass es ausreicht, je zwei der drei Teilfunktionen $f_{x_i=0}$, $f_{x_i=1}$ und $f_{x_i=2}$ zu verwenden, um f rekonstruieren zu können. Die resultierenden *Dekompositionsgleichungen* bilden die Grundlage für die Repräsentation von Booleschen Funktionen mithilfe von DDs.

Satz 6.1

Es gelten die folgenden *Dekompositionsgleichungen* für $f \in \mathbb{B}_n$:

- *Shannon-Dekomposition (S)*:

$$f = \overline{x}_i \cdot f_{x_i=0} + x_i \cdot f_{x_i=1}$$

- *positiv Davio-Dekomposition (pD)*:

$$f = f_{x_i=0} \oplus (x_i \cdot f_{x_i=2})$$

- *negativ Davio-Dekomposition (nD)*:

$$f = f_{x_i=1} \oplus (\overline{x}_i \cdot f_{x_i=2})$$

Beweis: Man muss zeigen, dass sich für alle $a \in \mathbb{B}^n$, $a = (a_1, \ldots, a_n)$, die Funktion f in der angegebenen Weise darstellen lässt. Dazu unterscheiden wir die drei Fälle:

Zu (S): Sei a fest.

Für den Fall, dass $a_i = 0$, d. h.

$$a = (a_1, \ldots, a_{i-1}, 0, a_{i+1}, \ldots, a_n),$$

gilt, folgt:

$$
\begin{aligned}
&(\overline{x}_i \cdot f_{x_i=0} + x_i \cdot f_{x_i=1})(a) \\
&= \overline{x}_i(a) \cdot f_{x_i=0}(a) + x_i(a) \cdot f_{x_i=1}(a) \\
&= 1 \cdot f_{x_i=0}(a_1, \ldots, a_{i-1}, 0, a_{i+1}, \ldots, a_n) + 0 \cdot f_{x_i=1}(a) \\
&= f_{x_i=0}(a_1, \ldots, a_{i-1}, 0, a_{i+1}, \ldots, a_n) + 0 \\
&= f_{x_i=0}(a_1, \ldots, a_{i-1}, 0, a_{i+1}, \ldots, a_n) \\
&= f(a_1, \ldots, a_{i-1}, 0, a_{i+1}, \ldots, a_n) \\
&= f(a).
\end{aligned}
$$

Für den Fall $a_i = 1$ gilt:

$$
\begin{aligned}
&(\overline{x}_i \cdot f_{x_i=0} + x_i \cdot f_{x_i=1})(a) \\
&= \overline{x}_i(a) \cdot f_{x_i=0}(a) + x_i(a) \cdot f_{x_i=1}(a) \\
&= 0 \cdot f_{x_i=0}(a) + 1 \cdot f_{x_i=1}(a_1, \ldots, a_{i-1}, 1, a_{i+1}, \ldots, a_n) \\
&= 0 + f_{x_i=1}(a_1, \ldots, a_{i-1}, 1, a_{i+1}, \ldots, a_n) \\
&= f_{x_i=1}(a_1, \ldots, a_{i-1}, 1, a_{i+1}, \ldots, a_n) \\
&= f(a_1, \ldots, a_{i-1}, 1, a_{i+1}, \ldots, a_n) \\
&= f(a).
\end{aligned}
$$

Zu (pD): Es gilt $\overline{x}_i = 1 \oplus x_i$. Damit folgt:

$$
\begin{aligned}
&f_{x_i=0} \oplus (x_i \cdot (f_{x_i=0} \oplus f_{x_i=1})) \\
&= f_{x_i=0} \oplus ((x_i \cdot f_{x_i=0}) \oplus (x_i \cdot f_{x_i=1})) \\
&= f_{x_i=0} \oplus (x_i \cdot f_{x_i=0}) \oplus (x_i \cdot f_{x_i=1}) \\
&= ((1 \oplus x_i) \cdot f_{x_i=0}) \oplus (x_i \cdot f_{x_i=1}) \\
&= (\overline{x}_i \cdot f_{x_i=0}) \oplus (x_i \cdot f_{x_i=1}) \\
&= \overline{x}_i \cdot f_{x_i=0} + x_i \cdot f_{x_i=1} \\
&= f
\end{aligned}
$$

Bei der gerade gesehenen Umformung wird das Distributivgesetz von „ $\cdot$ “ mit „ $\oplus$ “ angewendet. In den Übungen, Aufgabe 6.1, wird das Distributivgesetz nachgewiesen.

Zu (nD): Analog zu (pD) durch Ersetzung von $1 \oplus \bar{x}_i$ durch x_i.

◁

Die Zerlegung kann in weitere Teilfunktionen erfolgen. Es kann aber bewiesen werden, dass sich – unter gewissen Einschränkungen – alle auf die obigen drei Dekompositionen zurückführen lassen. Der zugehörige (nicht triviale!) Beweis ist in [11] zu finden.

Binary Decision Diagrams (BDDs) verwenden nur eine der drei Zerlegungen, werden aber in der Praxis sehr häufig angewandt aus Gründen, die später in diesem Kapitel noch erläutert werden.

Definition 6.6:   *Binary Decision Diagram*

Ein *Binary Decision Diagram (BDD)* über $\mathbb{X}_n$ ist ein DD, in dem an jedem nicht-terminalen Knoten gemäß der Dekompositionsgleichung (S) zerlegt wird.

Diese nahe liegende Interpretation wurde schon bei den DDs in Tabelle 6.2 angewandt.

6.3   Kronecker Functional Decision Diagrams

Ausgehend von den drei Zerlegungen aus dem Satz 6.1 können BDDs in nahe liegender Weise verallgemeinert werden, indem an einem Knoten nicht nur nach der Zerlegung (S), sondern nach einer der drei zerlegt werden kann. Es muss allerdings festgelegt werden, welche Dekompositionen an den einzelnen Knoten eines DDs benutzt werden sollen. Dies macht man, indem man für jede Variable x_i einen *Dekompositionstyp* (DT) $d_i \in \{\mathrm{S}, \mathrm{pD}, \mathrm{nD}\}$ wählt. Das n-Tupel

$$(d_1, d_2, \ldots, d_n) \in \{\mathrm{S}, \mathrm{pD}, \mathrm{nD}\}^n$$

bezeichnet man auch als *Dekompositionstypen-Liste* (DTL) und wird für die nun folgende Definition eines *Ordered Kronecker Functional Decision Diagram* (OKFDD) verwendet.

Definition 6.7:   *Ordered Kronecker Functional Decision Diagram*

Ein *Ordered Kronecker Functional Decision Diagram (OKFDD)* über $\mathbb{X}_n$ ist ein geordnetes DD zusammen mit einer DTL $d = (d_1, \ldots, d_n)$.

Sei G ein OKFDD mit DTL d. Dann ist die von G und d repräsentierte Boolesche Funktion $f_G^d \in \mathbb{B}_n$ folgendermaßen definiert:

- Falls G nur aus einem Terminalknoten $\boxed{0}$ bzw. $\boxed{1}$ besteht, ist f_G^d die Null-Funktion bzw. die Eins-Funktion.

- Ist die Wurzel v von G mit x_i markiert, so ist G ein OKFDD für die Boolesche Funktion

$$\begin{cases} \overline{x}_i \cdot f_{low(v)} + x_i \cdot f_{high(v)} & \text{, falls } d_i = \text{S} \\ f_{low(v)} \oplus (x_i \cdot f_{high(v)}) & \text{, falls } d_i = \text{pD} \\ f_{low(v)} \oplus (\overline{x}_i \cdot f_{high(v)}) & \text{, falls } d_i = \text{nD.} \end{cases}$$

Dabei ist $f_{low(v)}$ ($f_{high(v)}$) die Funktion, die durch das OKFDD mit Wurzel $low(v)$ ($high(v)$) repräsentiert wird.

Beispiel 6.2

Aus dem OKFDD mit Variablenmenge $\mathbb{X}_4 = \{x_1, x_2, x_3, x_4\}$, Variablensortierung $x_1 < x_2 < x_3 < x_4$ und DTL $d = (S, pD, nD, S)$, das in Abbildung 6.3 auf der linken Seite angegeben ist, kann man die Funktion f_G^d bestimmen, indem man von den Terminalen beginnend zur Wurzel hin die Funktion an den einzelnen Knoten berechnet. Zur Vereinfachung der Notation werden die Teilfunktionen, die durch die einzelnen Knoten dargestellt werden, von oben nach unten und von links nach rechts mit f_1 bis f_6 bezeichnet. Die zugehörigen Gleichungen sind auf der rechten Seite in Abbildung 6.3 angegeben. Die repräsentierte Funktion ist somit

$$f_G^d = (x_2 \cdot x_4) \oplus (x_1 \cdot \overline{x}_2 \cdot \overline{x}_3).$$

Der nachfolgende Satz gibt nun eine erste Beziehung zwischen OKFDDs und der Menge der Booleschen Schaltfunktionen an. Dieser Aspekt wird später in Satz 6.3 nochmals aufgegriffen.

Satz 6.2

Seien eine beliebige Ordnung auf den Variablen in $\mathbb{X}_n$ und eine beliebige DTL d gegeben. Dann gibt es zu jeder Booleschen Funktion f aus $\mathbb{B}_n$ ein OKFDD mit DTL d und dieser Variablenordnung.

Beweis: Der Beweis erfolgt durch Induktion über der Anzahl der Elemente in $\mathsf{supp}(f)$.

Falls die Anzahl der Elemente in $\mathsf{supp}(f)$ null ist, so hängt f von keiner Variablen ab, d.h. f ist entweder die konstante Boolesche Funktion $\mathbf{0}$ oder $\mathbf{1}$ und wird durch einen OKFDD, der nur aus einem terminalen, entsprechend markierten Knoten besteht, dargestellt.

Sei $x_i \in \mathsf{supp}(f)$ das erste gemäß der Variablenordnung auftretende Element. Dann betrachte man den zugehörigen Dekompositionstyp d_i.

Sei $d_i = \text{pD}$. Dann lässt sich f schreiben als $f = f_{x_i=0} \oplus x_i \cdot f_{x_i=2}$. Sowohl $f_{x_i=0}$ als auch $f_{x_i=2}$ haben einen Support, der x_i nicht enthält. Wegen der Induktionsannahme gibt es sowohl ein OKFDD G_{low} für $f_{x_i=0}$ als auch ein OKFDD G_{high} für $f_{x_i=2}$. Aus diesen

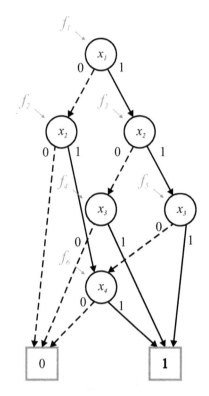

$$f_6 = 0 \cdot \overline{x}_4 + 1 \cdot x_4 = x_4$$

$$f_5 = f_6 \oplus (\overline{x}_3 \cdot 1) = \overline{x}_3 \oplus x_4$$

$$f_4 = 0 \oplus (\overline{x}_3 \cdot 1) = \overline{x}_3$$

$$\begin{aligned}
f_3 &= f_4 \oplus (x_2 \cdot f_5) \\
&= \overline{x}_3 \oplus (x_2 \cdot (\overline{x}_3 \oplus x_4)) \\
&= \overline{x}_3 \oplus ((x_2 \cdot \overline{x}_3) \oplus (x_2 \cdot x_4)) \\
&= (\overline{x}_3 \cdot (1 \oplus x_2)) \oplus (x_2 \cdot x_4) \\
&= (\overline{x}_2 \cdot \overline{x}_3) \oplus (x_2 \cdot x_4)
\end{aligned}$$

$$f_2 = 0 \oplus (x_2 \cdot f_6) = x_2 \cdot x_4$$

$$\begin{aligned}
f_1 &= \overline{x}_1 \cdot f_2 + x_1 \cdot f_3 \\
&= (\overline{x}_1 \cdot f_2) \oplus (x_1 \cdot f_3) \\
&= (\overline{x}_1 \cdot (x_2 \cdot x_4)) \oplus \\
&\quad (x_1 \cdot ((\overline{x}_2 \cdot \overline{x}_3) \oplus (x_2 \cdot x_4))) \\
&= (\overline{x}_1 \cdot x_2 \cdot x_4) \oplus (x_1 \cdot x_2 \cdot x_4) \\
&\quad \oplus (x_1 \cdot \overline{x}_2 \cdot \overline{x}_3) \\
&= (x_2 \cdot x_4) \cdot (\overline{x}_1 \oplus x_1) \oplus (x_1 \cdot \overline{x}_2 \cdot \overline{x}_3) \\
&= (x_2 \cdot x_4) \oplus (x_1 \cdot \overline{x}_2 \cdot \overline{x}_3) \\
&= f_G^d
\end{aligned}$$

Abbildung 6.3: *Berechnung der Funktion $f_1 := f_G^d \in \mathbb{B}_n$ zu einem gegebenen OKFDD G mit* $(d_1, d_2, d_3, d_4) = (\mathrm{S}, \mathrm{pD}, \mathrm{nD}, \mathrm{S})$.

beiden lässt sich ein OKFDD für f konstruieren, indem ein Knoten für x_i erzeugt wird, dessen *low*-Kante auf G_{low} und dessen *high*-Kante auf G_{high} zeigt.

Analog wird für $d_i = \mathrm{nD}$ und $d_i = \mathrm{S}$ geschlossen.   ◁

Falls die DTL nur die Shannon-Dekomposition verwendet, d. h. $d = (\mathrm{S}, \ldots, \mathrm{S})$, dann wird das resultierende OKFDD auch als *Ordered Binary Decision Diagram* (OBDD) bezeichnet. OKFDDs stellen also eine echte Obermenge von OBDDs, siehe auch Definition 6.6. Der obige Satz 6.2 sagt insbesondere aus, dass es zu jeder Booleschen Funktion auch einen OBDD gibt, der diese Funktion darstellt.

Die folgenden Betrachtungen werden nur für KFDDs durchgeführt, übertragen sich aber direkt auf die mehr eingeschränkte Darstellungsform der BDDs. Es sei jedoch darauf hingewiesen, dass in der Praxis häufiger BDDs zum Einsatz kommen, da sie leichter implementiert werden können und häufig bezüglich der Bearbeitung effizienter sind.

Aus der im obigen Beweis gegebenen Konstruktion erhält man im Wesentlichen einen OKFDD, der einer „baumartig geschriebenen Tabelle" entspricht. Im Folgenden wird

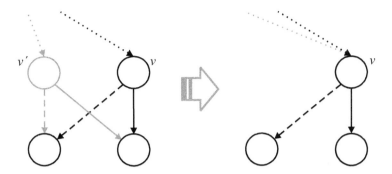

Abbildung 6.4: *Reduktionsregel vom Typ* I *für OKFDDs*

der Begriff der *Reduktion* eingeführt. Durch Anwenden verschiedener *Reduktionsregeln* kann die Größe von OKFDDs – gemessen in der Anzahl der benötigten Knoten – reduziert werden. Die durch das OKFDD repräsentierte Funktion ändert sich dabei aber nicht. Weiterhin lässt sich zeigen, dass ein *reduziertes* OKFDD, ein sogenanntes *Reduced Ordered Kronecker Functional Decision Diagram* (ROKFDD), eine *eindeutige* Beschreibung einer Booleschen Funktion ist.

Es werden drei Reduktionsarten verwendet. Während die erste Regel auf alle Knoten angewandt werden kann, können die zweite und dritte nur bei geeignetem Zerlegungstyp angewendet werden.

Typ I (Isomorphie): Lösche einen Knoten v' und seine ausgehenden Kanten, falls gilt: Es gibt einen Knoten $v \neq v'$, dessen Markierung mit der von v' übereinstimmt und dessen ausgehenden Kanten auf dieselben Nachfolger wie v' zeigen, d. h. $low(v) = low(v')$ und $high(v) = high(v')$. Die eingehenden Kanten von v' werden auf v umgelenkt.

Typ S (Shannon): Lösche einen Knoten v', falls $low(v') = high(v')$ gilt, und lenke alle eingehenden Kanten von v' auf $low(v')$ um.

Typ D (Davio): Lösche einen Knoten v', falls $high(v') = \boxed{0}$ gilt, und lenke alle eingehenden Kanten von v' auf $low(v')$ um.

Die Regel vom Typ S darf auf einen Knoten v' nur dann angewendet werden, wenn die Entscheidungsvariable x_i des Knotens v' den Dekompositionstyp (S) hat. Die Regel vom Typ D darf auf v' nur dann angewendet werden, wenn die Entscheidungsvariable x_i des Knotens v' den Dekompositionstyp pD oder nD hat. Die drei Abbildungen 6.4, 6.5 und 6.6 geben die Regeln graphisch wieder. Im linken Teil des jeweiligen Bildes ist der Teil des OKFDDs vor, auf der rechten Seite nach der Reduktion dargestellt.

Lemma 6.2

Die korrekte Anwendung der Reduktionsregeln vom Typ I, S, D verändert die repräsentierte Funktion nicht.

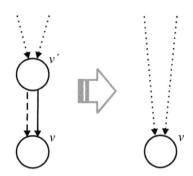

Abbildung 6.5: *Reduktionsregel vom Typ S für OKFDDs*

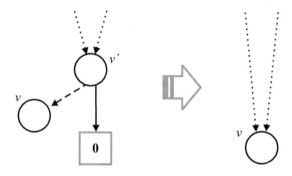

Abbildung 6.6: *Reduktionsregel vom Typ D für OKFDDs*

Beweis: Durch die Reduktion vom Typ I werden nur strukturgleiche Graphen identifiziert. Daher wird die dargestellte Funktion nicht verändert.

Ist ein Knoten vom Typ S und beide ausgehenden Kanten zeigen auf den gleichen Nachfolger, so bedeutet dies, dass die beiden an diesem Knoten berechneten Kofaktoren identisch sind. Sei hierzu der Knoten v' mit der Variablen x_i markiert. Dann gilt

$$f_{x_i=0} = f_{x_i=1}.$$

Betrachtet man nun die Shannon-Dekomposition und verwendet diese Identität, so folgt

$$\begin{aligned}
f &= \overline{x}_i \cdot f_{x_i=0} + x_i \cdot f_{x_i=1} \\
&= \overline{x}_i \cdot f_{x_i=0} + x_i \cdot f_{x_i=0} \\
&= (\overline{x}_i + x_i) \cdot f_{x_i=0} \\
&= f_{x_i=0}.
\end{aligned}$$

Dies bedeutet aber, dass die dargestellte Funktion nicht von x_i abhängt und somit kann der Knoten v' entfernt werden.

Eine analoge Überlegung zeigt die Korrektheit der Anwendung der Reduktion vom Typ D, wenn dieser Knoten durch die Zerlegung pD oder nD berechnet wird.   ◁

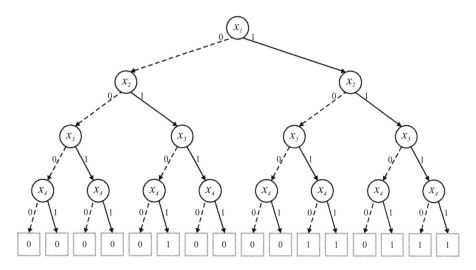

Abbildung 6.7: *Beispiel der Reduktion eines OKFDDs. Der Übersichtlichkeit wegen finden sich in den Zeichnungen die Terminalknoten mehrmals wieder. Rechnerintern ist jedoch nur ein Terminalknoten mit Markierung 0 und nur ein Terminalknoten mit Markierung 1 abgespeichert.*

Beispiel 6.3

Anhand des OKFDDs in Abbildung 6.7 soll der Vorgang der Reduktion nochmals veranschaulicht werden. Die verwendeten Dekompositionstypen sind $(d_1, d_2, d_3, d_4) = (S, pD, nD, S)$. Zuerst wird die Shannon-Reduktion auf mit x_4 markierten Knoten ausgeführt. Es resultiert das Diagramm in Abbildung 6.8. Die folgende Anwendung der Davio-Reduktion liefert das Diagramm aus Abbildung 6.9. Abschließend werden Isomorphien entfernt, was zum Endergebnis aus Abbildung 6.10 führt.

Definition 6.8: *Reduzierter OKFDD*

Ein OKFDD heißt *reduziert*, falls keine Regel vom Typ I, S, D auf ihm anwendbar ist. Zudem wird verlangt, dass der OKFDD höchstens einen mit ‚0' und höchstens einen mit ‚1' markierten terminalen Knoten enthält.

Satz 6.3

Sei $f \in \mathbb{D}_n$ gegeben. Seien eine Variablenordnung und eine DTL beliebig, aber fest gewählt. Dann ist der reduzierte OKFDD für f mit dieser Variablenordnung und DTL *eindeutig* bestimmt.

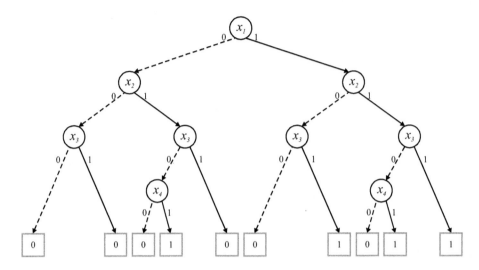

Abbildung 6.8: *Anwendung der Reduktion vom Typ S*

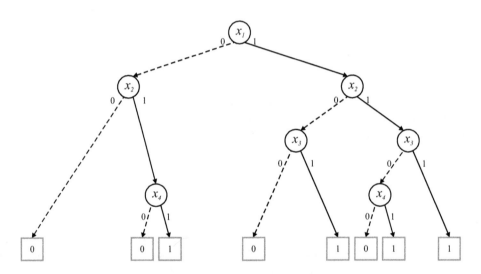

Abbildung 6.9: *Anwendung der Reduktion vom Typ D.*

Somit sind reduzierte OKFDDs eine *kanonische* Darstellung Boolescher Funktion. Dieser Satz wurde für reduzierte und geordnete BDDs von Bryant 1986 durch Induktion über der Anzahl der Variablen bewiesen [6]. Die obige Verallgemeinerung lässt sich in analoger Weise zeigen, allerdings muss im Induktionsschritt noch gemäß des verwendeten Zerlegungstyps unterschieden werden. Der formale Beweis, der recht aufwändig ist, wird hier nicht geführt.

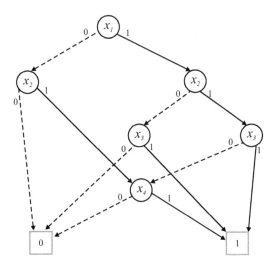

Abbildung 6.10: *Anwendung der Reduktion vom Typ I.*

Korollar 6.3

Sei $f \in \mathbb{B}_n$ gegeben. Sei eine Variablenordnung beliebig, aber fest gewählt. Dann ist der reduzierte OBDD für f mit dieser Variablenordnung *eindeutig* bestimmt.

Bisher wurde immer davon ausgegangen, dass ein OKFDD gegeben ist, und es wurde angegeben, wie man von den terminalen Knoten ausgehend zur Wurzel hin die repräsentierte Funktion bestimmen kann. Im Folgenden wird nun eine Methode gezeigt, wie man ausgehend von einer Booleschen Funktion durch Bestimmen der Kofaktoren zu einer Darstellung als OKFDD gelangen kann. Diese „absteigende" Vorgehensweise ist auch die zentrale Sichtweise für die Syntheseverfahren auf OKFDDs, d. h. von Verfahren, die ausgehend von zwei OKFDD-Beschreibungen diese zu anderen Booleschen Funktionen verknüpft. Auf die Syntheseverfahren selbst wird aber im Folgenden aus Platzgründen nicht weiter eingegangen. Der interessierte Leser findet eine genaue Beschreibung dieser Verfahren z. B. in [11].

Um zu einer Booleschen Funktion f einen OKFDD zu konstruieren, sind folgende Schritte zu durchlaufen – ein ausführliches Beispiel schließt sich unmittelbar an diese Beschreibung zum prinzipiellen Vorgehen an:

1   Bestimme eine Variablenordnung;

2   Bestimme eine DTL;

3   Sei x_i die erste Variable aus dem Träger der aktuell betrachteten Funktion;

3a   Berechne die Kofaktoren der betrachteten Funktion nach x_i;

3b   Berechne die Funktionen des *low-* und *high*-Nachfolgers aus den berechneten Kofaktoren entsprechend des in der DTL für x_i angegebenen Zerlegungstyps;

3c   Erzeuge einen Knoten, der mit x_i markiert ist
     und ersetze den entsprechenden vorläufigen „Knoten" (siehe Schritt 3d u. 3e)

3d   Erzeuge an der *low*-Kante einen „Knoten" für die Funktion des
     low-Nachfolgers – dieser wird später durch die Wurzel eines OKFDDs ersetzt.

3e   Erzeuge an der *high*-Kante einen „Knoten" für die Funktion des
     high-Nachfolgers – dieser wird später durch die Wurzel eines OKFDDs ersetzt.

4 Gehe zu Schritt 3 mit der Funktion des *low*-Nachfolgers,
   falls dieser nicht terminal ist.

5 Gehe zu Schritt 3 mit der Funktion des *high*-Nachfolgers,
   falls dieser nicht terminal ist.

Beispiel 6.4

Sei f eine Boolesche Funktion, die durch

$$f(a, b, c) = a \cdot b + \bar{a} \cdot \bar{b} \cdot c$$

gegeben ist. Die Variablenreihenfolge sei gegeben durch (a, b, c) und die DTL sei
$d = (\text{pD}, \text{S}, \text{nD})$.

Zunächst werden die Kofaktoren für a bestimmt:

$$f_{a=0} = \bar{b} \cdot c$$

und

$$f_{a=1} = b.$$

Wegen des Zerlegungstyps pD ist die Funktion des *low*-Nachfolgers

$$\begin{aligned}
f_{low} &= f_{a=0} \\
&= \bar{b} \cdot c.
\end{aligned}$$

Die Funktion des *high*-Nachfolgers ist

$$\begin{aligned}
f_{high} &= f_{a=2} \\
&= f_{a=0} \oplus f_{a=1} \\
&= (\bar{b} \cdot c) \oplus b.
\end{aligned}$$

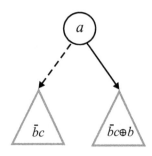

Anschließend werden die Funktionen f_{low} bzw. f_{high} nach b zerlegt. Zur Vereinfachung der Schreibweise bezeichne $f^1(b,c) := \overline{b} \cdot c$ und $f^2(b,c) := (\overline{b} \cdot c) \oplus b$. Dann gilt:

$$f^1_{b=0} = (f_{a=0})_{b=0}$$
$$= c$$

$$f^1_{b=1} = (f_{a=0})_{b=1}$$
$$= 0$$

$$f^2_{b=0} = (f_{a=2})_{b=0}$$
$$= c$$

$$f^2_{b=1} = (f_{a=2})_{b=1}$$
$$= 1$$

Anstelle der Funktionen wird je ein mit b markierter Knoten erzeugt. Da an b entsprechend der DTL nach Shannon zerlegt wird, sind die Nachfolger des linken Knotens:

$$f^1_{low} = f^1_{b=0}$$
$$= c$$

$$f^1_{high} = f^1_{b=1}$$
$$= 0$$

Die Nachfolger des rechten Knotens b sind:

$$f^2_{low} = f^2_{b=0}$$
$$= c$$

$$f^2_{high} = f^2_{b=1}$$
$$= 1$$

Wie zu erkennen ist, stellen $(f_{a=0})_{b=0}$ und $(f_{a=2})_{b=0}$ die gleiche Funktion $f^3(c) := c$ dar. Da ein reduziertes DD berechnet werden soll, darf diese Teilfunktion auch nur einmal erzeugt werden. Damit ist folgendes DD gegeben:

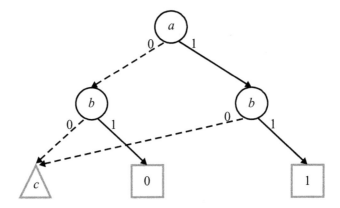

Es bleibt jetzt noch $f^3(c) = c$ entsprechend negativ Davio zu zerlegen. Hierzu betrachtet man zunächst wieder die Kofaktoren

$$f^3_{c=0} = 0$$

und

$$f^3_{c=1} = 1.$$

Wegen der Zerlegungsvorschrift nD gilt dann:

$$\begin{aligned} f^3_{low} &= f^3_{c=1} \\ &= 1 \end{aligned}$$

$$\begin{aligned} f^3_{high} &= f^3_{c=2} \\ &= f^3_{c=1} \oplus f^3_{c=0} \\ &= 1 \end{aligned}$$

Das endgültige DD hat das folgende Aussehen:

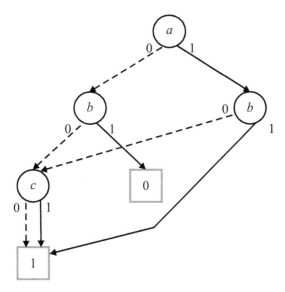

Das Gebiet der DDs hat sich in den vergangenen Jahren sehr stark entwickelt und graphenbasierte Funktionsdarstellungen sind in vielen Bereichen der Technischen Informatik zum Standard geworden. Im Rahmen des vorliegenden Buches kann keine umfassende Darstellung gegeben werden. Daher soll im Folgenden abschließend zu diesem Kapitel noch auf einige wichtige Aspekte hingewiesen werden, die in den Übungen vertiefend bearbeitet werden.

- Die gewählte *Variablenordnung* hat einen signifikanten Einfluss auf die Größe der Darstellung eines OKFDDs. Dies kann man sich sehr gut für den Spezialfall der OBDDs, d. h. OKFDDs, bei denen die DTL nur den Typ S verwendet, an der Booleschen Funktion ($n \in \mathbb{N}$)

$$f = x_1 \cdot x_2 + x_3 \cdot x_4 + \ldots + x_{2n-1} \cdot x_{2n}$$

verdeutlichen. Mit der „guten" Variablenordnung $x_1 < x_2 < x_3 < x_4 < \ldots < x_{2n-1} < x_{2n}$ wird nur eine in n lineare Anzahl an Knoten benötigt, wobei die „schlechte" Variablenordnung $x_1 < x_3 < \ldots < x_{2n-1} < x_2 < x_4 < \ldots < x_{2n}$ zu einer exponentiellen Anzahl von Knoten führt.

Eine optimale Variablenordnung zu bestimmen, ist schwierig. Es gibt aber (heuristische) Algorithmen, die effizient sind und oft gute Lösungen liefern. Eine analoge Aussage gilt bezüglich der Wahl der DTL.

- Sind Boolesche Funktionen als OKFDDs gegeben, so ist man natürlich daran interessiert, mit diesen Darstellungen zu arbeiten. Die verwendeten Methoden bezeichnet man als Synthese- oder Manipulationsalgorithmen.

Exemplarisch nehme man an, dass zwei Funktionen f und g als OKFDD vorliegen. Nun möchte man wissen, wie der zugehörige OKFDD für $f + g$ oder $f \cdot g$ aussieht.

Die meisten Algorithmen arbeiten rekursiv, indem sie die Operation auf die Nachfolger eines Knotens anwenden – analog zu Beispiel 6.4. Dies wird auch bei der Implementierung des nun vorgestellten ternären Operators so gemacht.

Die Vorgehensweise zur Berechnung von $f + g$, $f \cdot g$ oder einer anderen binären Operation auf Booleschen Funktionen besteht in der Praxis darin, dass man alle diese Booleschen Operatoren auf einen ternären Operator zurückführt, den IF-THEN-ELSE-Operator.

Definition 6.9

Seien f, g und h drei auf den gleichen Variablen definierte Boolesche Funktionen. Dann ist der IF-THEN-ELSE-Operator ITE angewendet auf f, g, h durch

$$\mathrm{ITE}(f, g, h) := f \cdot g + \overline{f} \cdot h$$

gegeben.

Auf den ITE-Operator können Operatoren über zwei Argumenten zurückgeführt werden. Dies ist hier für AND, OR und NOT angegeben:

$$\begin{aligned}
\mathrm{AND}(f, g) &:= \mathrm{ITE}(f, g, 0) \\
&= f \cdot g + \overline{f} \cdot 0 \\
&= f \cdot g
\end{aligned}$$

$$\begin{aligned}
\mathrm{OR}(f, g) &:= \mathrm{ITE}(f, 1, g) \\
&= f \cdot 1 + \overline{f} \cdot g \\
&= f + \overline{f} \cdot g \\
&= f + g
\end{aligned}$$

$$\begin{aligned}
\mathrm{NOT}(f) &:= \mathrm{ITE}(f, 0, 1) \\
&= f \cdot 0 + \overline{f} \cdot 1 \\
&= \overline{f}
\end{aligned}$$

In analoger Weise können alle 16 Booleschen Operatoren über zwei Argumenten durch ITE ausgedrückt werden.

Wie oben schon angedeutet, kann man den ITE-Operator rekursiv realisieren. Es gilt:

$$\begin{aligned}
\mathrm{ITE}(f, g, h) &= f \cdot g + \overline{f} \cdot h \\
&= x \cdot (f \cdot g + \overline{f} \cdot h)_{x=1} + \overline{x} \cdot (f \cdot g + \overline{f} \cdot h)_{x=0} \\
&= x \cdot (f_{x=1} \cdot g_{x=1} + \overline{f_{x=1}} \cdot h_{x=1}) + \\
&\quad \overline{x} \cdot (f_{x=0} \cdot g_{x=0} + \overline{f_{x=0}} \cdot h_{x=0}) \\
&= x \cdot \mathrm{ITE}(f_{x=1}, g_{x=1}, h_{x=1}) + \overline{x} \cdot \mathrm{ITE}(f_{x=0}, g_{x=0}, h_{x=0})
\end{aligned}$$

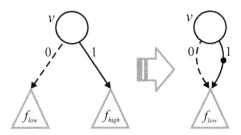

Abbildung 6.11: *Reduktion durch Komplementierung im Falle $f_{low} = \overline{f_{high}}$*

Terminalfälle dieser Rekursion sind

$$\text{ITE}(\mathbf{1}, g, h) = g$$

$$\text{ITE}(\mathbf{0}, g, h) = h$$

$$\text{ITE}(f, \mathbf{1}, \mathbf{0}) = f$$

$$\text{ITE}(f, g, g) = f$$

- OKFDDs können durch die Verwendung von *Komplementkanten* weiter in der Größe reduziert werden. Die Idee dabei ist, dass „ein Knoten eine Boolesche Funktion *und* ihr Komplement gleichzeitig repräsentiert". Genauer: Jede auf einen Knoten zeigende Kante ist mit einem Attribut versehen, das angibt, ob der entsprechende Knoten komplementiert oder nichtkomplementiert interpretiert werden soll.

Beispiel 6.5

Enthält ein OKFDD einen Knoten v, dessen Nachfolger Komplemente voneinander sind, d. h. $f_{low} = \overline{f_{high}}$, so kann man auf die eingehende Kante von f_{high} einen Komplementpunkt setzen und diese Kante auf f_{low} umleiten (siehe Abbildung 6.11). Man beachte jedoch, dass man in diesem Fall nicht mehr die Reduktion vom Typ S anwenden darf.

Für die entsprechende Kante muss ein weiteres Bit an Speicherplatz reserviert werden. Bei einer „cleveren" Implementierung kann dies auf modernen Workstations jedoch eingespart werden (siehe [11]).

Ein Problem, das durch den Einsatz von Komplementkanten entsteht, ist, dass die so resultierenden OKFDDs so nicht mehr kanonisch sind. Dies soll exemplarisch für den Fall der Shannon-Dekomposition verdeutlicht werden. Diese ist gemäß Satz 6.1 durch

$$f = \overline{x}_i \cdot f_{x_i=0} + x_i \cdot f_{x_i=1}$$

gegeben. Setze nun auf die eingehende als auch auf die beiden ausgehenden Kanten des f darstellenden Knotens einen Komplementpunkt. Durch den so abgeänderten OKFDD wird die Boolesche Funktion

$$\overline{\overline{x_i} \cdot \overline{f_{x_i=0}} + x_i \cdot \overline{f_{x_i=1}}}$$

dargestellt. Durch Anwendung der Regeln der Booleschen Algebra sieht man unmittelbar, dass dies gerade f ist:

$$
\begin{aligned}
\overline{\overline{x_i} \cdot \overline{f_{x_i=0}} + x_i \cdot \overline{f_{x_i=1}}} &= (x_i + f_{x_i=0}) \cdot (\overline{x_i} + f_{x_i=1}) \\
&= x_i \cdot \overline{x_i} + x_i \cdot f_{x_i=1} + \overline{x_i} \cdot f_{x_i=0} + f_{x_i=0} \cdot f_{x_i=1} \\
&= x_i \cdot f_{x_i=1} + \overline{x_i} \cdot f_{x_i=0} + f_{x_i=0} \cdot f_{x_i=1} \\
&= x_i \cdot f_{x_i=1} + \overline{x_i} \cdot f_{x_i=0} \\
&= f
\end{aligned}
$$

Somit hat man zwei unterschiedliche Darstellungen, die die gleiche Funktion repräsentieren, was ein Widerspruch zur Kanonizität ist. Daher müssen für OKFDDs mit Komplementkanten noch weitere Regeln bei der Reduktion beachtet werden. Insgesamt gibt es für den Fall der Shannon-Dekomposition acht Möglichkeiten, die Komplementpunkte zu setzen. Diese sind in Abbildung 6.12 angegeben. Fasst man diese wie durch die Pfeile angedeutet paarweise zusammen und wählt aus jedem Paar einen Repräsentanten, so erhält man wieder eine kanonische Darstellung Boolescher Funktionen. Analoge Betrachtungen müssen für Knoten vom Typ D angestellt werden.

Exkurs: Word-Level Decision Diagrams ▷ ▷ ▷

Motiviert durch die große praktische Relevanz von DDs wurden zahlreiche Erweiterungen des Basiskonzeptes vorgeschlagen. Die Erweiterungen gehen im Wesentlichen in zwei Richtungen:

- *Variablenordnung*: Wenn man keine feste Variablenordnung zu Grunde legt, gibt man die Kanonizität auf, aber man erreicht häufig kompaktere Darstellungen.

- *Zerlegungstyp*: Wie schon im Anschluss an Satz 6.1 angedeutet wurde, ist die Anzahl der „sinnvollen" Booleschen Zerlegungen begrenzt. Jedoch kann man auch nichtboolesche Zerlegungen betrachten.

Da gerade aus der zweiten Betrachtung Datenstrukturen resultierten, die im Bereich der formalen Hardware-Verifikation große Bedeutung erlangt haben, soll die Grundidee kurz erläutert werden.

Während wir uns in Satz 6.1 auf Boolesche Funktionen beschränkt haben, werden nun Funktionen der Form $f : \mathbb{B}^n \to \mathbb{Z}$ betrachtet – $\mathbb{Z}$ bezeichnet die Menge der ganzen

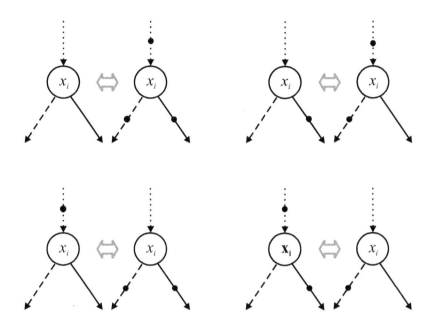

Abbildung 6.12: *Mögliche Fälle bei der Komplementierung für die Shannnon-Dekomposition*

Zahlen. Analog kann man Dekompositionsgleichungen für diesen Fall betrachten:

$$f = (1 - x_i) \cdot f_{x_i=0} + x_i \cdot f_{x_i=1} \qquad\qquad \text{Shannon-Dekomposition}$$

$$f = f_{x_i=0} + x_i \cdot (f_{x_i=1} - f_{x_i=0}) \qquad\qquad \text{positiv Davio-Dekomposition}$$

$$f = f_{x_i=1} + (1 - x_i) \cdot (f_{x_i=1} - f_{x_i=0}) \qquad \text{negativ Davio-Dekomposition}$$

Wichtig ist es zu beachten, dass die Operationen nun in $\mathbb{Z}$ ausgeführt werden, so bezeichnet „+" die Addition und nicht das Boolesche Oder, „·" die Multiplikation und nicht das Boolesche Und.

Diagramme, die auf diesen Zerlegungen basieren, bezeichnet man auch als *Wortebenen-Entscheidungsdiagramme* bzw. *Word-Level Decision Diagrams* (WLDDs). Vertreter dieser Klasse sind z. B. *Multi-Terminal BDDs, Edge-Valued BDDs, Binary Moment Diagrams* oder *Kronecker Multiplicative Binary Moment Diagrams*. Die Arten unterscheiden sich in der Anzahl der zu verwendenden Dekompositionen und der Anwendung von Kantengewichten – vergleichbar den Komplementkanten bei OKFDDs –, die zur weiteren Größenreduktion verwendet werden.

WLDDs können auch verwendet werden, um Boolesche Funktionen darzustellen. Dazu lassen sich die Booleschen Funktionen wie folgt durch arithmetische darstellen:

$$
\begin{aligned}
\text{NOT}(x) &\equiv 1 - x \\
x_1 \text{ AND } x_2 &\equiv x_1 \cdot x_2 \\
x_1 \text{ OR } x_2 &\equiv x_1 + x_2 - x_1 \cdot x_2 \\
x_1 \text{ XOR } x_2 &\equiv x_1 + x_2 - 2 \cdot x_1 \cdot x_2
\end{aligned}
$$

Weitere Details inklusive einer vollständigen Klassifikation der verschiedenen DD-Typen sind in [11] zu finden.

◁ ◁ ◁

6.4   Übungsaufgaben

Aufgabe 6.1

Beweisen Sie $a \cdot (b \oplus c) = (a \cdot b) \oplus (a \cdot c)$.

Aufgabe 6.2

Beweisen Sie Satz 6.3 durch Induktion über der Anzahl der Variablen. (Idee: Betrachten Sie zunächst die konstanten Funktionen. Beim Induktionsschritt muss gemäß der drei möglichen Dekompositionstypen unterschieden werden.)

Aufgabe 6.3

Betrachten Sie die Boolesche Funktion $\text{EXOR}_3 = x_1 \oplus x_2 \oplus x_3$.

1. Geben Sie die Wahrheitstabelle für EXOR_3 an.

2. Konstruieren Sie aus der Wahrheitstabelle den OBDD für EXOR_3.

3. Reduzieren Sie den erhaltenen OBDD durch die Reduktionsregeln I und S.

Aufgabe 6.4

Gegeben sei die Boolesche Funktion $f = x_1 + x_2 \cdot x_3$. Konstruieren Sie den OKFDD für f mit der Variablenordnung $x_1 < x_2 < x_3$ und der DTL (S,pD,nD).

Aufgabe 6.5

Betrachten Sie die Boolesche Funktion $s_k^n \in \mathbb{B}_n$ $(n, k \in \mathbb{N}$ mit $k \leq n)$, die durch

$$s_k^n(x_1, \ldots, x_n) = 1 \iff \sum_{i=1}^n x_i \geq k$$

definiert ist – diese Funktion wird als *Schwellenfunktion* in n Variablen und Schwelle k bezeichnet.

1. Konstruieren Sie den reduzierten OBDD für s_4^6 mit einer von Ihnen gewählten Variablenordnung.

2. Wie hängen Struktur und Größe des OBDDs für s_k^n von der dem OBDD zu Grunde gelegten Variablenordnung ab?

3. Schätzen Sie die Größe der OBDDs für s_k^n, d. h. die Anzahl der inneren Knoten, nach oben ab!

Aufgabe 6.6

Betrachten Sie eine beliebige Boolesche Funktion $\sigma \in \mathbb{B}_n$, für die es einen Vektor $(w_0, w_1, \ldots, w_n) \in \{0, 1\}^{n+1}$ mit

$$\sigma(x_1, \ldots, x_n) = w_{\sum_{i=1}^n x_i}$$

gibt. Der Funktionswert von σ hängt also nur von der Anzahl der Einser im Argument ab, nicht von deren Positionen – wir sprechen von einer *symmetrischen* Booleschen Funktion. Wie groß ist ein reduzierter OBDD einer symmetrischen Funktion aus $\mathbb{B}_n$ höchstens? Skizzieren Sie den „schlechtsmöglichen" OBDD für eine solche Funktion!

Aufgabe 6.7

Betrachten Sie die Boolesche Funktion $f_n \in \mathbb{B}_{2n}$ $(n \in \mathbb{N})$ mit

$$f_n(x_1, x_2, x_3, x_4 \ldots, x_{2n}) = x_1 \cdot x_2 + x_3 \cdot x_4 + \ldots + x_{2n-1} \cdot x_{2n}.$$

1. Konstruieren Sie den OBDD für die Boolesche Funktion f_3 jeweils für die beiden Variablenordnungen

   - $x_1 < x_2 < x_3 < x_4 < x_5 < x_6$
   - $x_1 < x_3 < x_5 < x_2 < x_4 < x_6$

2. Wie viele innere Knoten enthält der OBDD von f_n bei Verwendung der Variablenordnung $x_1 < x_2 < x_3 < x_4 < \ldots < x_{2n-1} < x_{2n}$?

3. Schätzen Sie die Anzahl der inneren Knoten des OBDD von f_n nach unten ab, falls die Variablenordnung $x_1 < x_3 < x_5 < \ldots < x_{2n-1} < x_2 < x_4 < x_6 < \ldots < x_{2n}$ dem OBDD zugrunde liegt.

Aufgabe 6.8

Zeigen Sie, dass durch den *ITE*-Operator alle 16 Booleschen Operatoren ausgedrückt werden können.

Aufgabe 6.9

Seien $f, g \in \mathbb{B}_n$ ($n \in \mathbb{N}$), $i \in \{1, \ldots, n\}$ und $\varepsilon \in \{0, 1\}$. Beweisen Sie die folgenden Gleichungen:

$$(f \cdot g)_{x_i = \varepsilon} = (f_{x_i = \varepsilon}) \cdot (g_{x_i = \varepsilon})$$
$$(f + g)_{x_i = \varepsilon} = (f_{x_i = \varepsilon}) + (g_{x_i = \varepsilon})$$
$$(\overline{f})_{x_i = \varepsilon} = \overline{f_{x_i = \varepsilon}}$$

Aufgabe 6.10

Geben Sie die für den Fall von positiv Davio und negativ Davio entstehenden äquivalenten Paare an, wenn Komplementkanten verwendet werden. Finden Sie eine einfache Regel, wie man bei OKFDDs die Kanonizität erhalten kann.

7   Entwurf zweistufiger Logik

In den vorangegangenen Kapiteln wurden schon elementare Bausteine von Schaltungen besprochen und es wurden Boolesche Funktionen mit ihren verschiedenen Darstellungen eingeführt. In diesem Kapitel und in Kapitel 8 werden wir Methoden vorstellen, die es ermöglichen, eine Boolesche Funktion zum Teil unmittelbar in eine Schaltung zu überführen. Wir beginnen mit der Überführung von Booleschen Polynomen, d. h. Disjunktiven Normalformen, in eine spezielle Form von Schaltungen.

Zunächst wird ein spezieller Typus von Schaltkreisrealisierung, sogenannte *Programmierbare Logische Felder* (*Programmable Logic Arrays*, PLA), eingeführt. Diese besitzen eine spezielle Struktur, die sehr regulär ist und sich dadurch sehr einfach fertigen lässt. Da PLAs es erlauben, Boolesche Polynome sozusagen „eins-zu-eins" zu realisieren, bedingt der vorgestellte Schaltkreistyp ein Kostenmaß, das zur Minimierung von Polynomen verwendet werden kann.

In diesem Zusammenhang werden die bereits in Kapitel 2.3 eingeführten Minterme und Monome genauer untersucht und die Begriffe *Implikant* und *Primimplikant* eingeführt. Diese sind die Grundlage zur Bestimmung einer günstigsten Darstellung einer Booleschen Funktion als PLA. Darauf aufbauend wird der Algorithmus von Quine/McCluskey beschrieben, ein Verfahren, das alle Primimplikanten einer Booleschen Funktion bestimmt, woraus sich wiederum eine kostenminimale Realisierung berechnen lässt. Dieser Algorithmus bildet noch heute die Grundlage vieler Verfahren zur Schaltungsoptimierung – den Prozess der Generierung und Optimierung einer Schaltung aus einer funktionalen Beschreibung bezeichnet man auch als *Logiksynthese*.

Kapitel 7 folgt in großen Teilen den Ausführungen in [21].

7.1   Schaltkreisrealisierung durch PLAs

Schon in Satz 2.2 auf Seite 35 wurde gezeigt, dass jede Boolesche Funktion als Disjunktive Normalform (DNF), d. h. als Polynom, dargestellt werden kann. Ein Polynom besteht aus Monomen, die disjunktiv verknüpft sind. Die Monome selbst sind Konjunktionen von (positiven und negativen) Literalen.

Ein PLA ist eine Schaltung, die eine unmittelbare Umsetzung von Booleschen Funktionen, die als Polynome gegeben sind, ermöglicht. Es besteht aus zwei Feldern

- einem AND-Feld und

- einem OR-Feld.

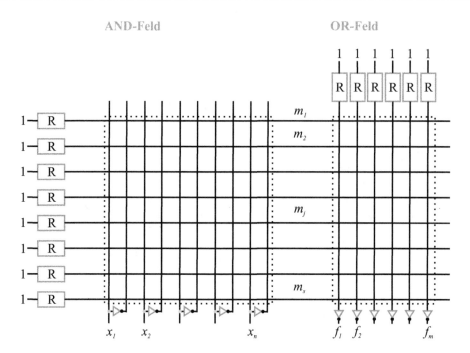

Abbildung 7.1: *Aufbau eines PLAs. Die horizontalen Leitungen sind nach den Monomen*
$m_1, \ldots, m_s$, *die im AND-Feld zu realisieren sind, benannt.*

Der strukturelle Aufbau eines PLAs zur Umsetzung einer Funktion mit n Eingängen
und m Ausgängen ist in Abbildung 7.1 angegeben. Das AND-Feld berechnet die benötigten Konjunktionen über den Eingängen, d. h. die Monome, die in dem gegebenen
Polynom der Booleschen Funktion enthalten sind. Jeder Eingang des AND-Feldes entspricht einem Literal, d. h. dem AND-Feld steht jede Variable negiert und nichtnegiert
zur Verfügung – die durch Dreiecke dargestellten Bausteine in Abbildung 7.1 stehen für
Inverter. Durch Setzen von Schaltern im AND-Feld ergibt sich die Generierung aller
notwendigen Monome. Die Schalter werden in dem PLA durch Transistoren realisiert.
Das OR-Feld berechnet die Disjunktion über den Monomen aus dem AND-Feld. Hierbei
wird jedes Ergebnis aus dem OR-Feld negiert an die Ausgänge des PLAs weitergeleitet.
Am linken und oberen Rand sind die jeweiligen notwendigen Pull-up-Widerstände zu
finden. Zur Verdeutlichung zeigen wir den Aufbau eines PLAs und die Umsetzung einer
Booleschen Funktion an einem Beispiel.

Beispiel 7.1

Sei $f \in \mathbb{B}_{3,2}$ eine Boolesche Funktion über drei Variablen mit zwei Ausgängen definiert durch

$$f_1(x_1, x_2, x_3) = \overline{x}_1 \cdot \overline{x}_2 + \overline{x}_2 \cdot x_3 + x_1 \cdot x_2$$

und

$$f_2(x_1, x_2, x_3) = \overline{x}_2 \cdot x_3.$$

Die Funktion f_1 lässt sich durch die drei Monome $\overline{x}_1 \cdot \overline{x}_2$, $\overline{x}_2 \cdot x_3$ und $x_1 \cdot x_2$ und die Funktion f_2 durch das Monom $\overline{x}_2 \cdot x_3$, das auch in dem Polynom von f_1 verwendet wird, beschreiben.

Das PLA arbeitet mit einer Art „negierter Logik", d. h. es wird genau dann ein Schalter an einer Leitung platziert, wenn der negierte Wert gesetzt sein muss, damit das Monom (noch) zu 1 auswerten kann. Dies sei exemplarisch für das Monom $m_1 = \overline{x}_1 \cdot \overline{x}_2$, das in der obersten horizontalen Leitung in Abbildung 7.2 realisiert wird, ausgeführt.

Das Monom m_1 berechnet die Konjunktion $\overline{x}_1 \cdot \overline{x}_2$. Daher werden Transistoren als Schalter auf den Leitungen, die zu x_1 und x_2 korrespondieren, gesetzt – das Monom $\overline{x}_1 \cdot \overline{x}_2$ nimmt genau dann den Wert 0 an, wenn die Variable x_1 mit dem Wert 1 oder die Variable x_2 mit dem Wert 1 belegt ist (oder beide Variablen mit dem Wert 1 belegt sind). Dies resultiert in der folgenden Funktionalität:

- Sind sowohl x_1 als auch x_2 gleich 0, so schließt keiner der Schalter der betrachteten Leitung, die links über den Pull-up-Widerstand angelegte Spannung, die dem logischen Wert 1 entspricht, fließt daher nicht ab. Die Leitung m_1 hat den Wert 1.

- Ist $x_1 = 1$ oder $x_2 = 1$, so ist einer der beiden Schalter geschlossen und die Ladung fließt gegen Masse ab, d. h. die Spannung fällt über dem Pull-up-Widerstand links ab. Die Leitung m_1 liegt in diesem Fall auf dem logischen Wert 0.

Analog verläuft die Argumentation für das OR-Feld. Hier werden Schalter gesetzt, wenn das in dieser Zeile des AND-Feldes generierte Monom in der gegebenen DNF der Funktion enthalten ist. Nimmt die Leitung den logischen Wert 1 an, so schließt der Schalter und die Ladung auf der senkrechten Leitung des OR-Feldes fließt gegen Masse ab. Da am Ausgang eine Wertinvertierung erfolgt, wird also das korrekte Ergebnis berechnet.

Aus der Struktur eines PLAs lassen sich auch Kosten für die Hardware-Realisierung einer Booleschen Funktion ableiten. Hierzu betrachte man erneut Abbildung 7.1. Durch das PLA wird eine Funktion mit n Eingängen und m Ausgängen realisiert. Die Breite des AND-Feldes wird durch $2 \cdot n$ Leitungen bestimmt – je n für die negierten und nichtnegierten Variablen. Weiterhin ist die Breite des OR-Feldes durch die Anzahl der Ausgänge festgelegt. Insgesamt ergibt sich für die Breite des Feldes der Wert $2 \cdot n + m$. Dieser ist durch die Stelligkeit der zu realisierenden Funktion bestimmt. Die Höhe des Feldes hingegen ergibt sich durch die Anzahl der Monome, die benötigt werden, um die Funktion darzustellen. Daher lässt sich die belegte Fläche abschätzen durch [1]

$$(2 \cdot n + m) \times (\text{Anzahl der benötigten Monome}) \tag{7.1}$$

---

[1] Bei PLAs kann es zu der Situation kommen, dass viele Zeilen und Spalten „dünn besetzt" sind,

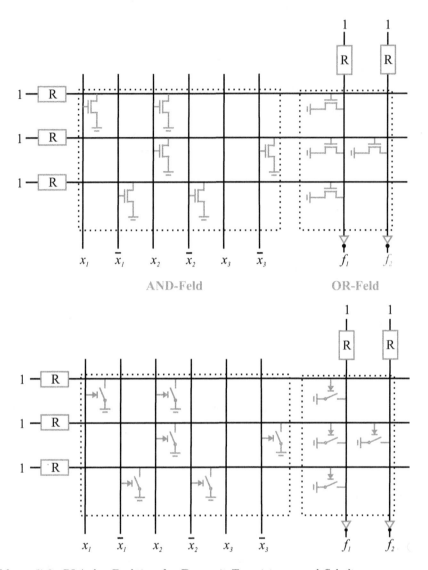

Abbildung 7.2: *PLA der Funktion f ∈ 𝔹₃,₂ mit Transistoren und Schaltern*

7.1.1   Kosten Disjunktiver Normalformen

Basierend auf der oben angestellten Betrachtung des Flächenbedarfs bei PLAs wird nun ein Maß formal definiert, das es erlaubt, Boolesche Polynome bezüglich ihrer Komplexität einzugruppieren und zu vergleichen.

d. h. kaum Schalter enthalten, oder sogar ganz frei bleiben. Diese resultierenden Freiräume können genutzt werden, indem Leitungen verlegt oder gestrichen werden. Dieser Vorgang wird auch als *Faltung* bezeichnet. Hierbei wird eine Kompaktierung zu Lasten der Regularität der Schaltung vorgenommen.

Dazu werden zuerst Monome betrachtet. Zur Realisierung langer Monome müssen viele Schalter im PLA verwendet werden – enthält das Monom r Literale, so werden r Schalter benötigt. Daher werden die Kosten proportional zur Anzahl der Literale gewählt.

Definition 7.1: *Kosten von Monomen*

Sei $q = q_1 \cdot \ldots \cdot q_r$ ein Monom, dann sind die Kosten $|q|$ von q gleich der Anzahl der zur Realisierung von q benötigten Schalter im PLA, also $|q| = r$.

Basierend auf den Kosten für Monome werden nun Polynomen Kosten zugeordnet. Hierbei unterscheidet man zwei Kostenarten, die im Folgenden als *primäre* und *sekundäre Kosten* bezeichnet werden. Zunächst ist man bei Polynomen aufgrund von Gleichung (7.1) daran interessiert, die Anzahl der Monome gering zu halten. Die Anzahl der zu realisierenden Monome ist direkt proportional zur Höhe des PLAs. Eine kleinere Anzahl von Monomen korrespondiert demnach direkt mit einem geringeren Flächenverbrauch. Als zweites Optimierungsziel betrachtet man noch die Anzahl der gesetzten Literale in den Monomen, was im PLA der Anzahl der verwendeten Schalter entspricht. Eine geringe Zahl ermöglicht weitere Flächenreduktion durch Faltung (siehe Fußnote auf Seite 127) – auch wenn wir im Rahmen dieses Buches nicht weiter auf die Faltung von PLAs eingehen werden.

Definition 7.2: *Kosten von Polynomen*

Seien $p_1, \ldots, p_m$ Polynome, dann bezeichne $M(p_1, \ldots, p_m)$ die Menge[2] der in diesen Polynomen verwendeten Monome.

1. Die *primären Kosten* $\text{cost}_1(p_1, \ldots, p_m)$ einer Menge $\{p_1, \ldots, p_m\}$ von Polynomen sind gleich der Anzahl der benötigten Zeilen im PLA, um $p_1, \ldots, p_m$ zu realisieren, d. h.

$$\text{cost}_1(p_1, \ldots, p_m) = |M(p_1, \ldots, p_m)|.$$

2. Die *sekundären Kosten* $\text{cost}_2(p_1, \ldots, p_m)$ einer Menge $\{p_1, \ldots, p_m\}$ von Polynomen sind gleich der Anzahl der benötigten Transistoren im PLA, d. h.

$$\text{cost}_2(p_1, \ldots, p_m) = \sum_{q \in M(p_1, \ldots, p_m)} |q| + \sum_{i=1, \ldots, m} |M(p_i)|.$$

Bei den sekundären Kosten cost_2 steht die erste Summe für die Anzahl der Schalter im AND-Feld und die zweite für die Anzahl der Schalter im OR-Feld.

---

[2] An dieser Stelle ist es wichtig, dass es sich um eine *Menge* handelt. Auch wenn ein Monom in mehreren im PLA zu realisierenden Polynomen enthalten ist, braucht es nur *einmal* im AND-Feld realisiert zu werden.

Diese Definitionen ermöglichen nun den Vergleich von verschiedenen Polynomen, die die gleiche Boolesche Funktion beschreiben. Somit ist es möglich, eine Realisierung als „besser" oder „schlechter" als eine andere anzusehen.

Um die Lesbarkeit zu erleichtern, wird eine vereinfachende Schreibweise benutzt: Im Folgenden sei cost $= (\text{cost}_1, \text{cost}_2)$ die Kostenfunktion mit der Eigenschaft, dass für zwei Mengen von Polynomen $\{p_1, \ldots, p_m\}$ und $\{p'_1, \ldots, p'_m\}$ die Ungleichung

$$\text{cost}(p_1, \ldots, p_m) \leq \text{cost}(p'_1, \ldots, p'_m)$$

genau dann gilt, wenn entweder

- $\text{cost}_1(p_1, \ldots, p_m) < \text{cost}_1(p'_1, \ldots, p'_m)$ oder

- $\text{cost}_1(p_1, \ldots, p_m) = \text{cost}_1(p'_1, \ldots, p'_m)$ und $\text{cost}_2(p_1, \ldots, p_m) \leq \text{cost}_2(p'_1, \ldots, p'_m)$

gilt.

Die Aufgabe besteht nun darin, unter allen Polynomen einer Booleschen Funktion eine gute oder sogar die billigste auszuwählen. Mit diesem Problem, dem *Problem der zweistufigen Logikminimierung* wird sich der Rest dieses Kapitels beschäftigen. Es handelt sich formal um die folgende Problemstellung:

Gegeben:

Eine Boolesche Funktion $f = (f_1, \ldots, f_m)$ in n Variablen und m Ausgängen in Form

- einer Tabelle der Größe $(n + m) \cdot 2^n$ oder
- einer Menge von m Polynomen $\{p_1, \ldots, p_m\}$ mit $\psi(p_i) = f_i$ für alle i

Gesucht:

Eine Menge von m Polynomen $\{g_1, \ldots, g_m\}$ mit den Eigenschaften

1. $\psi(g_i) = f_i$ für alle i,
2. $\text{cost}(g_1, \ldots, g_m)$ ist minimal unter der Bedingung 1.

7.1.2   Visualisierung am Würfel

Für Boolesche Funktionen, die über nur wenigen Eingängen definiert sind, ist es oftmals hilfreich, sich die *ON*-Menge einer Booleschen Funktion als Teile eines mehrdimensionalen Würfels zu veranschaulichen. In nahe liegender Weise kann man auch Minterme und Monome betrachten und Vereinfachungen bzw. Minimierungen leichter erkennen. Dies ist für Funktionen mit bis zu vier Variablen gut möglich. Für komplexere Boolesche Funktionen wird die Darstellung zu unübersichtlich, sodass man dann eher zu der „klassischen" Beschreibung durch Polynome greifen sollte. Die Visualisierung am

Würfel erlaubt es jedoch, ein besseres Verständnis für die im Folgenden eingeführten Begriffe und Verfahren zu gewinnen.

Wir wollen den Begriff des Würfels anschaulich anhand einfacher Beispiele einführen.

Eine Boolesche Funktion über n Variablen (und einem Ausgang) kann durch einen *mehrdimensionalen Würfel* – auch *Hypercube* genannt – visualisiert werden. Hierbei entsprechen die Ecken des Würfels den Elementen in $\mathbb{B}^n$. Die Ecken werden immer so bezeichnet, dass sich benachbarte Ecken, d. h. solche, die durch eine Kante verbunden sind, in genau einer Stelle unterscheiden. Die Anzahl der Ecken für eine Funktion über n Variablen ist 2^n. Exemplarisch sind die Fälle $n = 1$, $n = 2$ und $n = 3$ in Abbildung 7.3 und für $n = 4$ in Abbildung 7.4 angegeben. Üblicherweise werden die Ecken, die zur *ON*-Menge der darzustellenden Booleschen Funktion gehören, markiert.

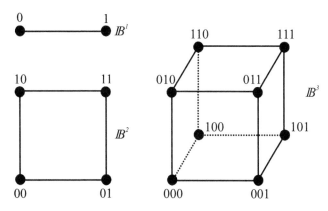

Abbildung 7.3: *Würfel für* $\mathbb{B}^1$, $\mathbb{B}^2$ *und* $\mathbb{B}^3$

Ein n-dimensionaler Würfel kann wie folgt konstruiert werden: Es werden zwei Instanzen des $(n-1)$-dimensionalen Würfels benötigt. Alle Ecken mit der gleichen Bezeichnung werden verbunden. Anschließend wird die Eckenbezeichnung um eine Stelle an vorderster Position erweitert – in der einen Instanz mit 0, in der anderen mit 1. Dies ist in den Abbildungen 7.3 und 7.4 gut zu sehen. Der 3-dimensionale Würfel in Abbildung 7.3 besteht aus zwei 2-dimensionalen Würfeln, gemäß unserer Vereinbarung in Bezug auf die Eckenbezeichnungen aus dem 2-dimensionalen Würfel vorne und dem 2-dimensionalen Würfel hinten. Entsprechend verhält es sich bei dem 4-dimensionalen Würfel in Abbildung 7.4, der sich aus dem inneren und äußeren 3-dimensionalen Würfel ergibt. Alle Ecken dieses 4-dimensionalen Würfels, bei denen die hinteren drei Stellen in ihrer Bezeichnung übereinstimmen, sind miteinander verbunden.

Ein n-dimensionaler Würfel kann als ungerichteter Graph aufgefasst werden, wobei die Eckpunkte des Würfels – oder besser gesagt $\mathbb{B}^n$, die Menge der Eckenbezeichnungen – die Knoten des Graphen darstellen.[3]

---

[3]Bei *gerichteten Graphen* (siehe Definition 6.1) hat jede Kante eine bestimmte Richtung. Die Abbildung Quelle Q bzw. Ziel Z angewandt auf eine Kante liefert den Ausgangs- bzw. Endknoten der Kante. Da die Kanten in *ungerichteten Graphen* keine Richtung haben, werden diese beiden Abbildungen Q und Z durch die Abbildung *Rand* : $E \rightarrow \{\{u,v\}; \; u,v \in V\}$ ersetzt, wobei V die Knotenmenge und E

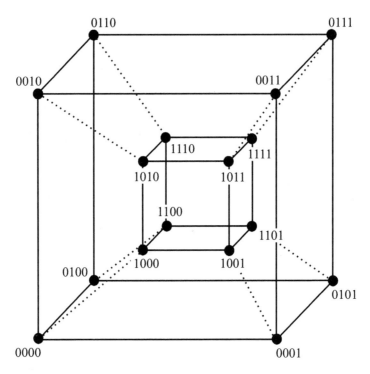

Abbildung 7.4: *Würfel für* $\mathbb{B}^4$

Wie oben schon angedeutet werden zur Darstellung einer Booleschen Funktion aus $\mathbb{B}_n$ die Knoten des n-dimensionalen Würfels, die zur *ON*-Menge der Funktion gehören, markiert. Sei z. B. die Boolesche Funktion $f \in \mathbb{B}_4$ durch das Polynom

$$f(x_1, x_2, x_3, x_4) = x_1 \cdot x_2 + \overline{x}_1 \cdot \overline{x}_2 \cdot \overline{x}_3 + x_1 \cdot \overline{x}_2 \cdot \overline{x}_3 \cdot x_4$$

gegeben. Der zu f gehörige „markierte" 4-dimensionale Würfel entspricht dem in Abbildung 7.5 gezeigten. Die Elemente der *ON*-Menge sind grau gekennzeichnet.

Das oben angegebene Polynom der Funktion f besteht aus drei Monomen. Jedes dieser drei Monome findet sich in der Würfeldarstellung von f als vollständig markierter Teilwürfel wieder, der genau die Knoten des n-dimensionalen Würfels umfasst, die in der *ON*-Menge der durch das jeweilige Monom beschriebenen Booleschen Funktion enthalten sind (siehe auch Abbildung 7.6):

- So entspricht das Monom $x_1 \cdot \overline{x}_2 \cdot \overline{x}_3 \cdot x_4$ dem Teilwürfel der Dimension 0, der gerade nur aus dem einen Knoten 1001 besteht.

---

die Kantenmenge des Graphen darstellen. In der Regel sind ungerichtete Kanten, deren Rand nur aus einem Knoten bestehen, nicht erlaubt. Falls die Abbildung *Rand* eine injektive Abbildung ist, fassen wir E als Teilmenge von $\{\,\{u,v\}\,;\ u,v \in V\,\}$ auf.

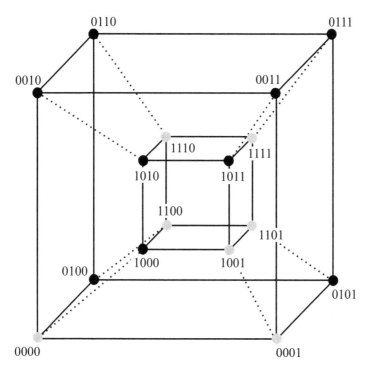

Abbildung 7.5: *Markierter 4-dimensionaler Würfel für die im Text angegebene Boolesche Funktion $f \in \mathbb{B}_4$*

- Das Monom $\overline{x}_1 \cdot \overline{x}_2 \cdot \overline{x}_3$ entspricht dem Teilwürfel, der durch die Knoten gegeben ist, deren Bezeichner 000 als Präfix haben. Es ist dies der 1-dimensionale Teilwürfel, d. h. die Kante, vorne unten.

- Das Monom $x_1 \cdot x_2$ wird dargestellt durch die hintere graue Fläche, also einem 2-dimensionalen Teilwürfel.

Man sieht, dass ein Monom $q \in BE(\mathbb{X}_n)$ der Länge $|q| = r$ einem Teilwürfel der Dimension $n - r$ in dem n-dimensionalen Würfel entspricht.

Mit dieser Veranschaulichung im Hinterkopf ist leicht einzusehen, dass das Polynom

$$x_1 \cdot x_2 + \overline{x}_1 \cdot \overline{x}_2 \cdot \overline{x}_3 + x_1 \cdot \overline{x}_3 \cdot x_4$$

ebenfalls eine DNF von f ist. Diese ist in den sekundären Kosten bei gleichen primären Kosten billiger als die zuvor angegebene.

Das Problem der 2-stufigen Logikminimierung lässt sich damit auch wie folgt definieren:

Gegeben:

Ein markierter n-dimensionaler Würfel W

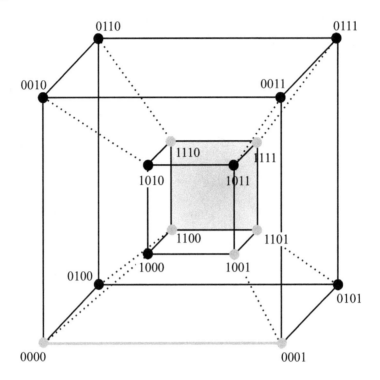

Abbildung 7.6: *Die zu den Monomen des Polynoms gehörigen Teilwürfel*

Gesucht:

Eine minimale Menge von Teilwürfeln $c_1, \ldots, c_s$ von W, für die folgende Eigenschaften gelten:

1. Jeder Teilwürfel c_i enthält nur markierte Knoten von W.

2. Jeder in W markierte Knoten ist in mindestens einem Teilwürfel c_i enthalten.

3. Die Summe der Dimensionen von $c_1, \ldots, c_s$ ist maximal unter den beiden oben genannten Voraussetzungen.

Eigenschaft (3) besagt insbesondere, dass keiner der Teilwürfel $c_1 \ldots, c_s$ um eine Dimension vergrössert werden kann, ohne dann unmarkierte Knoten von W zu enthalten. In der Praxis beschränkt man sich in der Regel auch nur auf letzteres, d. h. Eigenschaft (3) ersetzt man durch

4. Die Teilwürfel $c_1, \ldots, c_s$ sind maximal unter den Voraussetzungen (1) und (2), d. h. keiner der Teilwürfel kann um eine Dimension vergrößert werden, ohne dann unmarkierte Knoten von W zu enthalten.

7.2 Implikanten und Primimplikanten

Es wird im Folgenden untersucht, wie man zu einer kostenminimalen Darstellung einer Booleschen Funktion gelangen kann. Dazu werden zunächst Monome von Funktionen betrachtet und deren Eigenschaften analysiert.

Definition 7.3: *Teilmonom*

> Seien m, m' Monome. Monom m' heißt *Teilmonom* von Monom m, wenn jedes Literal in m' auch in m vorkommt. Das Monom m' heißt *echtes Teilmonom*, wenn m' Teilmonom ist und in m mindestens ein Literal vorkommt, das nicht in m' ist.

Beispiel 7.2

> Das Monom $x_1 \cdot x_2 \cdot \overline{x}_3 \cdot x_4$ hat unter anderem die Teilmonome 1, $x_2 \cdot \overline{x}_3$, $x_1 \cdot x_4$.

Ist m' ein (echtes) Teilmonom von m, so ist der zu m gehörige Teilwürfel (echt) in dem zu m' gehörigen Teilwürfel enthalten – der zu m' gehörige Teilwürfel *überdeckt* den zu m gehörigen – und es gilt für die durch sie dargestellten Booleschen Funktionen $\psi(m) \leq \psi(m')$.

Definition 7.4: *kleiner gleich*

> Eine Boolesche Funktion $f \in \mathbb{B}_n$ heißt *kleiner gleich* einer Booleschen Funktion $g \in \mathbb{B}_n$, in Zeichen $f \leq g$, genau dann wenn $f(a) \leq g(a)$ für alle $a \in \mathbb{B}^n$ gilt, d. h. genau dann wenn $ON(f) \subseteq ON(g)$ gilt.

Wir kommen nun zu den Begriffen Implikant und Primimplikant einer Booleschen Funktion, die wir in dem Abschnitt über die Visualisierung am Würfel bereits implizit kennengelernt haben – sie entsprechen den Teilwürfeln bzw. den maximalen Teilwürfeln, die nur markierte Knoten enthalten.

Definition 7.5: *Implikanten und Primimplikanten einer Funktion*

> - Sei $f \in \mathbb{B}_n$. Ein Monom m heißt *Implikant* von f, falls $\psi(m) \leq f$.
>
> - Sei $f \in \mathbb{B}_n$. Ein Implikant m von f heißt *Primimplikant* von f, falls kein echtes Teilmonom des Implikanten m ebenfalls Implikant von f ist.

Beispiel 7.3

Sei $f = x_1 \cdot x_2 + \overline{x}_2$ eine Boolesche Funktion über zwei Variablen. Dann sind $x_1 \cdot x_2$ und $\overline{x}_2$ Implikanten von f. Aber nur $\overline{x}_2$ ist ein Primimplikant. Das Monom $x_1 \cdot x_2$ enthält ein echtes Teilmonom, das auch Implikant von f ist – in der Tat, das Monom x_1 ist Implikant von f und überdeckt den Implikanten $x_1 \cdot x_2$.

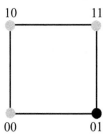

Lemma 7.1

Alle Monome eines Polynoms p von f sind Implikanten von f.

Beweis: Wir zeigen, dass für ein beliebiges Monom m aus p und jede Belegung $a \in \mathbb{B}^n$ der Variablen $(x_1, \ldots, x_n)$ die Implikation

$$\psi(m)(a) = 1 \Rightarrow f(a) = 1$$

gilt.

Sei also a eine Belegung mit $\psi(m)(a) = 1$. Dann gilt – $p_{/m}$ bezeichne im Folgenden das Polynom p ohne m:

$$\begin{aligned}
f(a) &= \psi(p)(a) \\
&= \psi(p_{/m} + m)(a) \\
&= \psi(p_{/m})(a) + \psi(m)(a) \\
&= \psi(p_{/m})(a) + 1 \\
&= 1.
\end{aligned}$$

$\triangleleft$

Unter den Implikanten einer Funktion kann man nun die heraussuchen, die zu einer billigsten Realisierung führen.

Definition 7.6: *Minimalpolynom einer Funktion*

Sei $f \in \mathbb{B}_n$, p ein Boolesches Polynom. Dann heißt p ein *Minimalpolynom* von f, falls gilt:

- $\psi(p) = f$

- $\mathrm{cost}(p) \leq \mathrm{cost}(p')$ für jedes Polynom p' mit $\psi(p') = f$.

Ein Minimalpolynom einer Booleschen Funktion f ist also ein Polynom von f mit minimalen Kosten.

Aus dem Blickwinkel der Logiksynthese sind Minimalpolynome von besonderem Interesse, da aus ihnen PLAs minimaler Fläche abgeleitet werden können. Ein wichtiges Resultat zur Bestimmung eines Minimalpolynoms ist der folgende Satz.

Satz 7.1: *Primimplikantensatz von Quine*

Sei $f \neq 0$. Dann besteht ein Minimalpolynom für eine Boolesche Funktion f ausschließlich aus Primimplikanten von f.

Beweis: Sei p ein beliebiges Polynom für f, p enthalte das Monom m, aber m sei kein Primimplikant von f.

Da m kein Primimplikant von f ist, gibt es einen Primimplikanten m' von f, der echtes Teilmonom von m ist, für den also $\psi(m) < \psi(m') \leq f$ und $\mathrm{cost}(m') < \mathrm{cost}(m)$ gelten.

Ersetzt man in p den Implikanten m durch den Primimplikanten m', so erhält man das Polynom $p' := p_{/m} + m'$ – wiederum bezeichne $p_{/m}$ das Polynom p ohne m – mit $\mathrm{cost}(p') < \mathrm{cost}(p)$, das wegen

$$\begin{aligned}
f &= \psi(p) \\
&= \psi(p_{/m} + m) \\
&= \psi(p_{/m}) + \psi(m) \\
&\leq \psi(p_{/m}) + \psi(m') \\
&\leq f + f \\
&= f
\end{aligned}$$

auch ein Polynom von f ist. Das Polynom p ist also kein Minimalpolynom von f.

◁

Die Grundlage für die algorithmische Bestimmung der Primimplikanten im folgenden Abschnitt stellen die beiden nächsten Lemmata dar.

Lemma 7.2

Ist m ein Implikant von f, so auch $m \cdot x_i$ und $m \cdot \overline{x}_i$ für jede Variable x_i, die in m weder als positives noch als negatives Literal vorkommt.

Beweis: Die Korrektheit des Lemmas sieht man leicht ein, wenn wir uns die Aussage in der Würfeldarstellung veranschaulichen. Die Monome $m \cdot x_i$ und $m \cdot \overline{x}_i$ sind Teilwürfel des Würfels m. Sind alle Ecken von m markiert, so offensichtlich auch alle Ecken von $m \cdot x_i$ und $m \cdot \overline{x}_i$.

Formal zeigt man die Aussage, indem man beweist, dass $\psi(m \cdot x_i) \leq f$ und $\psi(m \cdot \overline{x}_i) \leq f$ gelten. Dies folgt aus einer einfachen Überlegung, wie dies die gerade angegebene Veranschaulichung vermuten lässt:

$$
\begin{aligned}
f &\geq \psi(m) \\
&= \psi(m) \cdot 1 \\
&= \psi(m) \cdot (\psi(x_i) + \overline{\psi(x_i)}) \\
&= \psi(m) \cdot (\psi(x_i) + \psi(\overline{x}_i)) \\
&= \psi(m) \cdot \psi(x_i) + \psi(m) \cdot \psi(\overline{x}_i) \\
&= \psi(m \cdot x_i) + \psi(m \cdot \overline{x}_i) \\
&\geq \psi(m \cdot x_i)
\end{aligned}
$$

Der letzte Schritt folgt aus der Beobachtung, dass für zwei beliebige Boolesche Funktionen $g, h \in \mathbb{B}_n$

$$
g \leq g + h
$$

gilt – siehe Aufgabe 7.1.

Natürlich gilt auch $f \geq \psi(m \cdot \overline{x}_i)$.   ◁

Lemma 7.3

Sind für eine Variable x_i, die nicht in dem Monom m enthalten ist, die Monome $m \cdot x_i$ und $m \cdot \overline{x}_i$ Implikanten von f, so auch m.

Beweis: Die Behauptung folgt durch unmittelbares Nachrechnen:

$$
\begin{aligned}
f &\geq \psi(m \cdot x_i) + \psi(m \cdot \overline{x}_i) \\
&= \psi(m) \cdot \psi(x_i) + \psi(m) \cdot \psi(\overline{x}_i) \\
&= \psi(m) \cdot (\psi(x_i) + \psi(\overline{x}_i)) \\
&= \psi(m) \cdot (\psi(x_i) + \overline{\psi(x_i)}) \\
&= \psi(m) \cdot 1 \\
&= \psi(m)
\end{aligned}
$$

Auch diesen Beweis kann man sich über die Würfelansicht veranschaulichen: Sei die Länge von m gleich r. Dann sind $m \cdot x_i$ und $m \cdot \overline{x}_i$ zwei $(n-r-1)$-dimensionale Teilwürfel, die über die durch x_i gegebene Dimension direkt benachbart sind. Vereinigt man diese beiden Teilwürfeln, so erhält man den zu m gehörigen $(n-r)$-dimensionalen Teilwürfel. Sind alle Ecken von $m \cdot x_i$ und $m \cdot \overline{x}_i$ markiert, so sind dementsprechend auch alle Ecken von m markiert.   ◁

Durch Anwendung der beiden vorherigen Lemmata erhält man direkt:

Satz 7.2

Ein Monom m ist genau dann ein Implikant von f, wenn entweder

- m ein Minterm von f ist, oder

- $m \cdot x_i$ und $m \cdot \overline{x}_i$ Implikanten von f sind für eine Variable x_i, die nicht in m vorkommt.

Die Aussage des Satzes lässt sich formaler als

$$m \in \text{Implikant}(f) \Leftrightarrow [\, m \in \text{Minterm}(f)\,] \text{ oder}$$
$$[\, m \cdot x_i, m \cdot \overline{x}_i \in \text{Implikant}(f) \text{ für } x_i \notin \text{supp}(\psi(m))\,]$$

schreiben. Hierbei bezeichnen Minterm(f) und Implikant(f) die Mengen der Minterme und der Implikanten von f.

Basierend auf diesen theoretischen Vorüberlegungen wird im Folgenden ein Verfahren entwickelt, welches ausgehend von einer Beschreibung einer Booleschen Funktion ein Minimalpolynom bestimmt.

7.3 Berechnung von Minimalpolynomen

Der *Primimplikantensatz von Quine* – Satz 7.1 aus dem vorherigen Abschnitt – legt die folgende Vorgehensweise nahe, die im Weiteren verfolgt wird:

1. *Berechnung aller Primimplikanten:* Nach dem Satz von Quine besteht das Minimalpolynom einer Booleschen Funktion nur aus Primimplikanten dieser Funktion. Daher müssen andere Implikanten der Funktion bei der Minimierung nicht weiter berücksichtigt werden. In einer ersten Phase wird aus diesem Grunde – mit dem Verfahren von Quine/McCluskey ausgehend von der Menge der Minterme der Funktion – die Menge der Primimplikanten der Funktion bestimmt.

2. *Auswahl der Primimplikanten:* Der Satz von Quine besagt zwar, dass das Minimalpolynom einer Booleschen Funktion nur aus Primimplikanten dieser Funktion besteht, es ist aber nicht zwingend, dass alle Primimplikanten der Funktion verwendet werden (müssen). Die Auswahl der Primimplikanten wird als *Überdeckungsproblem* formuliert.

7.3.1 Verfahren von Quine/McCluskey

Das Verfahren von Quine/McCluskey zum Finden der Primimplikanten einer Booleschen Funktion ist der Ursprung der meisten heutigen Verfahren im Bereich der Logiksynthese. Der Grundalgorithmus wurde von Quine vorgestellt:

Quine (Minterm(f))
begin

   $L_0 = \text{Minterm}(f)$;

   i $= 1$;

   $\text{Prim}(f) = \emptyset$;

   while $(L_{i-1} \neq \emptyset)$ and $(i \leq n)$

   begin

      commentary: L_{i-1} enthält alle Implikanten von f der Länge $n - i + 1$

      $L_i = \{\, m \,;\; |m| = n - i,\; m \cdot x_j \in L_{i-1} \text{ und } m \cdot \overline{x}_j \in L_{i-1} \text{ für ein } j \,\}$;

      $P_i = \{\, m \,;\; m \in L_{i-1} \text{ und } m \text{ hat keinen „Partner" in } L_{i-1}, \text{ sodass } m$
              zu einem Implikanten der Länge $n - i$ gekürzt werden kann $\}$;

      $\text{Prim}(f) = \text{Prim}(f) \cup P_i$;

      $i = i + 1$;

   end;

   return $\text{Prim}(f) \cup L_{i-1}$;

end

Bevor eine genauere Untersuchung der Korrektheit des Verfahrens erfolgt, soll zunächst der Ablauf skizziert werden.

Das Verfahren von Quine erhält als Eingabe alle Minterme einer Booleschen Funktion und berechnet daraus alle Primimplikanten dieser Funktion.

Ausgehend von den Mintermen der betrachteten Funktion f werden jeweils paarweise Monome betrachtet, die die Hamming-Distanz 1 haben, d.h. Monome der Form $m \cdot x_i$ und $m \cdot \overline{x}_i$. Aus diesen Monomen wird dann gemäß Satz 7.2 aus dem vorherigen Abschnitt das Monom m gebildet. Die Monome, die sich in der angegebenen Weise zusammenfassen lassen, werden im Folgenden auch als *Partner* bezeichnet. Das Verfahren iteriert diesen Prozess, bis keine Verkürzungen mehr gefunden werden können. Für eine Funktion mit n Variablen ist dies spätestens nach n Durchläufen der Fall.

Im Folgenden wird diese Vorgehensweise formalisiert. Dazu sei M eine Menge von Monomen. Betrachte dann die Menge $Q(M)$, die durch

$$Q(M) := \{\, m \,;\; m \cdot x_j \in M \text{ und } m \cdot \overline{x}_j \in M \text{ für ein } j \in \{1, \ldots, n\} \,\}$$

gegeben ist. Die Menge $Q(M)$ wird gebildet, indem man in M alle Partner $m \cdot x_j$ und $m \cdot \overline{x}_j$ sucht und zur sogenannten *Resolvente* verbindet. Der Ablauf ist dann wie folgt:

1. Das Verfahren wird mit

$$L_0 = \{\, m \,;\; m \text{ Minterm von } f \,\}$$

   gestartet.

Tabelle 7.1: *Beispielfunktion* $f \in \mathbb{B}_4$ *für Verfahren von Quine*

	x_1	x_2	x_3	x_4	f
0	0	0	0	0	1
1	0	0	0	1	1
2	0	0	1	0	1
3	0	0	1	1	1
4	0	1	0	0	0
5	0	1	0	1	0
6	0	1	1	0	0
7	0	1	1	1	1
8	1	0	0	0	0
9	1	0	0	1	0
10	1	0	1	0	0
11	1	0	1	1	0
12	1	1	0	0	0
13	1	1	0	1	0
14	1	1	1	0	0
15	1	1	1	1	1

2. In Iteration i werden die Mengen

$$L_i = Q(L_{i-1})$$

$$P_i = \{\, m\,;\ m \in L_{i-1} \text{ und } m \text{ hat keinen Partner in } L_{i-1} \,\}$$

berechnet.

3. Das Verfahren bricht ab, wenn $L_i = \emptyset$ oder $i = n$ gilt .

In der Menge P_i werden die Primimplikanten gespeichert, die aus genau $n - i + 1$ Literalen bestehen. Die Menge aller Primimplikanten ergibt sich aus der Vereinigung der P_i für alle i.

Der Ablauf soll nochmals exemplarisch verdeutlicht werden.

Beispiel 7.4

Man betrachte die Funktion f über den vier Variablen x_1, x_2, x_3 und x_4, die durch Tabelle 7.1 gegeben ist. Um die Schreibweise zu verkürzen, werden im Folgenden die Belegungen der Variablen als Binärzahl aufgefasst und dann diejenigen aufgezählt, die zum Ergebnis 1 führen. Für die Funktion aus Tabelle 7.1 ergibt sich somit

$$ON(f) = \{0, 1, 2, 3, 7, 15\}.$$

Im i-ten Durchlauf werden jeweils Monome der Länge $n - i$ betrachtet. Zu Beginn des Algorithmus hat i den Wert 1 und die Menge L_0 besteht genau aus der Menge der Minterme der Funktion. Diese ergeben sich direkt aus der Tabelle:

$$L_0 = \{\overline{x}_1 \cdot \overline{x}_2 \cdot \overline{x}_3 \cdot \overline{x}_4,$$
$$\overline{x}_1 \cdot \overline{x}_2 \cdot \overline{x}_3 \cdot x_4,$$
$$\overline{x}_1 \cdot \overline{x}_2 \cdot x_3 \cdot \overline{x}_4,$$
$$\overline{x}_1 \cdot \overline{x}_2 \cdot x_3 \cdot x_4,$$
$$\overline{x}_1 \cdot x_2 \cdot x_3 \cdot x_4,$$
$$x_1 \cdot x_2 \cdot x_3 \cdot x_4 \ \}.$$

Im ersten Durchlauf wird nun aus der Menge L_0 die Menge L_1 konstruiert, indem durch Vergleich die möglichen Partner überprüft werden (siehe Definition von $Q(M)$ oben). Aus $\overline{x}_1 \cdot \overline{x}_2 \cdot \overline{x}_3 \cdot \overline{x}_4$ und $\overline{x}_1 \cdot \overline{x}_2 \cdot \overline{x}_3 \cdot x_4$ entsteht somit das Monom $\overline{x}_1 \cdot \overline{x}_2 \cdot \overline{x}_3$, das in L_1 aufgenommen wird. Analog wird für alle weiteren Paare aus L_0 verfahren und somit die Menge L_1 konstruiert:

$$L_1 = \{\overline{x}_1 \cdot \overline{x}_2 \cdot \overline{x}_3,$$
$$\overline{x}_1 \cdot \overline{x}_2 \cdot \overline{x}_4,$$
$$\overline{x}_1 \cdot \overline{x}_2 \cdot x_3,$$
$$\overline{x}_1 \cdot x_3 \cdot x_4,$$
$$\overline{x}_1 \cdot \overline{x}_2 \cdot x_4,$$
$$x_2 \cdot x_3 \cdot x_4 \ \}.$$

Da jedes Monom aus L_0 mindestens einen Partner gefunden hat, wird auch jedes durch ein Monom aus L_1 überdeckt. Wir werden weiter unten beweisen, dass die Monome, die in eine der L_i-Mengen aufgenommen werden, alle Implikanten der Funktion sind. Demzufolge ist keiner der Implikanten aus L_0 ein Primimplikant der Funktion und die Menge der im ersten Durchlauf bestimmten Primimplikanten ist leer, d. h. $P_1 = \emptyset$.

Im zweiten Durchlauf können sowohl $\overline{x}_1 \cdot \overline{x}_2 \cdot \overline{x}_3$ und $\overline{x}_1 \cdot \overline{x}_2 \cdot x_3$ als auch $\overline{x}_1 \cdot \overline{x}_2 \cdot \overline{x}_4$ und $\overline{x}_1 \cdot \overline{x}_2 \cdot x_4$ zu $\overline{x}_1 \cdot \overline{x}_2$ reduziert werden, das in L_2 aufgenommen wird. Die Monome $\overline{x}_1 \cdot x_3 \cdot x_4$, und $x_2 \cdot x_3 \cdot x_4$ finden keine Partner und werden in P_2 aufgenommen. Am Ende der zweiten Iteration ergeben sich die Mengen

$$L_2 = \{\overline{x}_1 \cdot \overline{x}_2\}$$

und

$$P_2 = \{\overline{x}_1 \cdot x_3 \cdot x_4, \ x_2 \cdot x_3 \cdot x_4\}.$$

Da in L_2 nur ein Element übrig ist und so kein Partner gefunden werden kann, ergibt sich in trivialer Weise

$$L_3 = \emptyset$$

und

$$P_3 = \{\overline{x}_1 \cdot \overline{x}_2\}.$$

Die Menge der Primimplikanten von f ist daher durch

$$\begin{aligned} \mathrm{Prim}(f) &= P_2 \cup P_3 \\ &= \{\overline{x}_1 \cdot x_3 \cdot x_4,\ x_2 \cdot x_3 \cdot x_4,\ \overline{x}_1 \cdot \overline{x}_2\} \end{aligned}$$

gegeben.

Satz 7.3: *Korrektheit des Algorithmus von Quine*

Für alle $1 \leq i \leq n$ gilt:

1. L_i enthält nur Monome mit $n - i$ Literalen.

2. L_i enthält alle Implikanten von f mit $n - i$ Literalen.

3. Nach Abschluss des i-ten Durchlaufs enthält P_i genau die Primimplikanten von f mit $n - i + 1$ Literalen.

Beweis:

Zum Start des Verfahrens wird L_0 mit der Menge der Minterme der Funktion initialisiert. Minterme sind Monome mit n Literalen und nach Definition sind die Minterme von f genau die Implikanten von f mit der Länge n. Damit gelten die Eigenschaften 1 und 2 insbesondere für $i = 0$.

Der Beweis erfolgt nun durch Induktion über $i \geq 1$.

Im ersten Durchlauf werden genau die Minterme von f in die Menge P_1 aufgenommen, für die es keinen Partner gibt. Dies ist aber nach Definition 7.5 und Satz 7.2 gerade eine hinreichende und notwendige Voraussetzung, dass ein Minterm von f ein Primimplikant von f ist. Nach eben dieser Definition und diesem Satz enthält L_1 auch genau die Implikanten von f der Länge $n - 1$.

Geht man nun davon aus, dass die Behauptung für alle i mit $1 \leq i < i_0$ für ein $i_0 \leq n$ bewiesen ist, so lässt sich direkt auf den Fall für i_0 schließen. Nach Induktionsannahme gelten die Eigenschaften 1 und 2 für L_{i_0-1}. Die Implikanten aus L_{i_0-1} werden um genau ein Literal verkürzt, wenn sie einen Partner gefunden haben, bevor sie in L_{i_0} aufgenommen werden. Somit gilt Eigenschaft 1 für i_0. In der Konstruktion der Menge L_{i_0} durch $Q(L_{i_0-1})$ werden genau die Implikanten aus L_{i_0-1} verwendet, die gemäß Satz 7.2 notwendig sind, um alle Implikanten der Länge $n - i_0$ zu erhalten. Die Implikanten aus L_{i_0-1}, die keinen Partner finden, sind Primimplikanten von f und werden nach P_{i_0} geschrieben.

Die Abbruchbedingung der Schleife im Algorithmus ist erfüllt, falls $L_{i-1} = \emptyset$ oder falls $i > n$ gilt. Wir unterscheiden zwischen diesen beiden Fällen:

$L_{i-1} = \emptyset$: Es sind in dem $(i-1)$-ten Durchlauf keine weiteren Implikanten bei der Partnersuche entstanden, d. h. die Menge L_{i-2} ist vollständig in P_{i-1} aufgegangen.

$i = n+1$: Dies bedeutet, dass L_n berechnet wurde. In diesem Fall gilt $L_n = \emptyset$ oder $L_n = \{1\}$. Ist $L_n = \emptyset$, so können wir wie gerade erfolgt argumentieren. Ist $L_n = \{1\}$, so bedeutet dies, dass f die Eins-Funktion ist, d. h. die Funktion für alle Belegungen der Variablen den Wert 1 annimmt. In diesem Fall ist die in dem Verfahren berechnete Menge Prim(f) leer. Zurückgegeben wird das Monom, das nur aus dem Symbol 1 besteht.

Hiermit folgt die Aussage des Satzes.   ◁

Für das Verfahren von Quine wurde von McCluskey die Verbesserung vorgeschlagen, dass nur die Monome miteinander zu vergleichen sind, die

- die gleichen Variablen enthalten und

- bei denen sich die Anzahl der positiven Literale um genau 1 unterscheidet.

Aus diesem Grunde wird das Verfahren auch häufig als *Verfahren von Quine/McCluskey* bezeichnet.

Diese Verbesserung kann erreicht werden, indem die Mengen L_i (für alle i) partitioniert werden. Hierfür betrachtet man für jede Menge von Variablen $M \subseteq \{x_1, \ldots, x_n\}$ mit $|M| = n - i$ eine eigene Klasse L_i^M. Die Menge L_i^M enthält genau die Implikanten aus L_i, deren Literale alle aus M sind. Zusätzlich werden die Monome in L_i^M noch bezüglich der Anzahl der positiven Literale geordnet. Gemäß des Satzes 7.2 aus dem vorherigen Abschnitt können damit die Partner leicht bestimmt und somit die Suche vereinfacht werden. Wir wollen dies noch etwas detaillierter fassen.

Für $m = x_{i_1}^{\epsilon_0} \ldots x_{i_k}^{\epsilon_k}$ ist die Anzahl $|m|_1$ der nichtnegierten Literale durch

$$|m|_1 = \sum_{i=1}^{k} \epsilon_i$$

gegeben.

Zwei Monome m und m' heißen *benachbart*, wenn sie den gleichen Support haben und sie sich an genau einer Stelle unterscheiden. Es gilt offensichtlich, dass nur benachbarte Monome sich als $m \cdot x_j$, $m \cdot \overline{x}_j$ schreiben lassen. Deshalb bleibt das Verfahren korrekt, falls bei der Konstruktion von $Q(L_{i-1})$ nur benachbarte Monome betrachtet werden.

Auf die Kosten und Implementierung des Verfahrens wird an dieser Stelle nicht weiter eingegangen. Wir verweisen auf die Übungen am Ende des Kapitels.

7.3.2   Bestimmung eines Minimalpolynoms

Nach Satz 7.1 besteht ein Minimalpolynom einer Booleschen Funktion nur aus Primimplikanten dieser Funktion. Der Satz besagt *nicht*, dass ein Minimalpolynom jeweils aus allen Primimplikanten besteht. Dies soll an einem einfachen Beispiel illustriert werden.

Beispiel 7.5

Sei f eine Boolesche Funktion über drei Variablen gegeben durch die kDNF

$$x_1 \cdot \overline{x}_2 \cdot \overline{x}_3 + \overline{x}_1 \cdot x_2 \cdot \overline{x}_3 + x_1 \cdot x_2 \cdot \overline{x}_3 + \overline{x}_1 \cdot \overline{x}_2 \cdot x_3 + x_1 \cdot \overline{x}_2 \cdot x_3 + \overline{x}_1 \cdot x_2 \cdot x_3.$$

Wendet man das Verfahren von Quine/McCluskey an, so erhält man direkt, dass die Menge der Primimplikanten durch

$$\{x_1 \cdot \overline{x}_3, x_1 \cdot \overline{x}_2, x_2 \cdot \overline{x}_3, \overline{x}_1 \cdot x_2, \overline{x}_1 \cdot x_3, \overline{x}_2 \cdot x_3\}$$

gegeben ist. Die Primimplikanten sind in Abbildung 7.7 veranschaulicht.

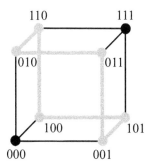

Abbildung 7.7: *Beispiel einer Funktion ohne wesentliche Primimplikanten*

Insbesondere aus der Würfelansicht sieht man, dass f zwei unterschiedliche Minimalpolynome besitzt, nämlich

$$x_1 \cdot \overline{x}_3 + \overline{x}_1 \cdot x_2 + \overline{x}_2 \cdot x_3 \text{ und } x_1 \cdot \overline{x}_2 + x_2 \cdot \overline{x}_3 + \overline{x}_1 \cdot x_3.$$

Abbildung 7.8 zeigt die beiden verschiedenen Minimalpolynome. Bemerkenswert an diesem Beispiel ist, dass es keinen Primimplikanten gibt, der in beiden Minimalpolynomen auftritt.

Ausgehend von der Ausgabe des Verfahrens von Quine/McCluskey – der Menge aller Primimplikanten der betrachteten Booleschen Funktion – muss also in einem zweiten Schritt eine kostenminimale Teilmenge der Primimplikanten ausgewählt werden, um ein Minimalpolynom der Funktion zu konstruieren. Im Folgenden wird ein Ansatz präsentiert, bei dem die Auswahl der Primimplikanten als *Matrixüberdeckungsproblem* formuliert wird.

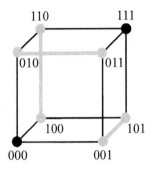 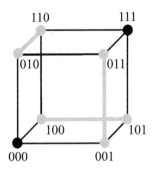

Abbildung 7.8: *Die beiden Minimalpolynome*

Definition 7.7: *Primimplikantentafel*

Sei Primimplikant(f) die Menge der Primimplikanten und $ON(f)$ die Erfüllbarkeitsmenge von f. Die *Primimplikantentafel* (PIT) von f ist durch eine Boolesche Matrix

$$\text{PIT}\,(f) : \text{Primimplikant}(f) \times ON(f) \to \{0,1\}$$

definiert, wobei

- die Zeilen eineindeutig den Primimplikanten und

- die Spalten eineindeutig den Argumenten aus der Erfüllbarbarkeitsmenge

von f entsprechen. Für alle $m \in \text{Primimplikant}(f)$ und $\alpha \in ON(f)$ gilt

$$\text{PIT}(f)[m,\alpha] = 1 \quad \Leftrightarrow \quad \psi(m)(\alpha) = 1.$$

Der Eintrag in PIT an der Stelle $[m,\alpha]$ ist also genau dann 1, wenn α in der ON-Menge der durch den Primimplikanten m dargestellten Booleschen Funktion enthalten ist.

Zu lösen ist folgendes Problem, das auch unter dem Namen *Matrixüberdeckungsproblem zur Bestimmung eines Minimalpolynoms einer Funktion f* bekannt ist:

Gegeben:

Die Primimplikantentafel PIT (f) von f

Gesucht:

Eine kostenminimale Teilmenge $N \subseteq \text{Primimplikant}(f)$, sodass jede Spalte von PIT(f) überdeckt ist, d. h.

$$\forall \alpha \in ON(f) \; \exists m \in N \text{ mit PIT}(f)[m,\alpha] = 1.$$

Da die Überdeckung von Spalten im Folgenden auch mit den zugehörigen Formeln identifiziert wird, verallgemeinern wir diese Notation.

Definition 7.8

Sei $e \in BE$ und $\alpha \in \mathbb{B}^n$. Der Boolesche Ausdruck e *überdeckt* α genau dann, wenn α in der *ON*-Menge von $\psi(e)$ liegt.

Während es bei obiger Funktion in Beispiel 7.5 keinen Primimplikanten gab, der „auf alle Fälle" im Minimalpolynom enthalten sein muss, gibt es zahlreiche Beispiele, bei denen ein oder mehrere erfüllende Argumente von f nur von einem Primimplikanten überdeckt werden. Offensichtlich muss ein solcher Primimplikant bei dem Matrix-überdeckungsproblem ausgewählt werden, da sonst nicht jede Spalte überdeckt werden würde.

Definition 7.9: *Wesentliche Primimplikanten einer Funktion*

Ein Primimplikant m von f heißt *wesentlich*, wenn es ein $\alpha \in ON(f)$ gibt, der nur von diesem Primimplikanten überdeckt wird, d. h.:

- $\mathrm{PIT}(f)[m, \alpha] = 1$

- $\mathrm{PIT}(f)[m', \alpha] = 0$ für jeden anderen Primimplikanten m' von f

Es folgt direkt:

Lemma 7.4

Jedes Minimalpolynom von f enthält alle wesentlichen Primimplikanten von f.

Daher sollten aus Effizienzgründen wesentliche Primimplikanten aus der Tafel entfernt werden und schon in die Menge der für das Minimalpolynom notwendigen Primimplikanten aufgenommen werden. Alle von diesen wesentlichen Primimplikanten überdeckten Spalten, d. h. alle weiteren Spalten, in denen bei diesem Primimplikanten eine 1 steht, brauchen nicht weiter berücksichtigt werden, da diese ja schon durch den wesentlichen Primimplikanten überdeckt werden. Man spricht auch davon, dass diese Spalten *gestrichen* werden können. Dadurch vereinfacht sich das Überdeckungsproblem.

Im Folgenden formulieren wir deshalb die

Erste Reduktionsregel ▷ ▷ ▷

Entferne aus der Primimplikantentafel $\mathrm{PIT}(f)$ alle wesentlichen Primimplikanten und alle Spalten, die von diesen überdeckt werden. ◁ ◁ ◁

Bevor diese Regel an einem Beispiel demonstriert wird, werden noch zwei weitere Reduktionsregeln eingeführt, die ebenfalls das Problem durch einfache Betrachtungen der Matrix vereinfachen, wenn dabei auch auf eine andere Argumentation aufgebaut wird.

Definition 7.10: *Dominierende Spalte, dominierende Zeile*

Sei A eine Boolesche Matrix.

- Spalte j der Matrix A *dominiert* Spalte i der Matrix A, wenn $A[k, i] \leq A[k, j]$ für jede Zeile k gilt.

- Zeile i der Matrix A *dominiert* Zeile j der Matrix A, wenn $A[i, k] \geq A[j, k]$ für jede Spalte k gilt.

Man beachte, dass sich der erste Teil der Definition auf Spalten- und der zweite Teil auf Zeilendominanz bezieht. Liegt Spalten- oder Zeilendominanz vor, so kann (in der Regel) das Matrixüberdeckungsproblem vereinfacht werden.

Spaltendominanz: Dominiert eine Spalte j eine andere Spalte i, so bedeutet dies, dass in jeder Zeile, in der die Spalte i eine 1 hat, die Spalte j ebenfalls eine 1 hat. Somit überdeckt jeder Primimplikant (Zeile), der Spalte i überdeckt, auch Spalte j. Spalte j muss also nicht weiter berücksichtigt werden, da im Laufe des Verfahrens auf alle Fälle Spalte i überdeckt werden muss und damit auch Spalte j überdeckt wird.

Zeilendominanz: Dominiert eine Zeile eine andere, so bedeutet dies, dass der dazugehörige Primimplikant alle Spalten überdeckt, die auch von dem anderen überdeckt werden. Sind noch dazu die Kosten des dominierenden Primimplikanten geringer, so muss nur noch dieser betrachtet werden.

Es sei darauf hingewiesen, dass in der initialen Problembeschreibung Zeilendominanz nicht auftreten kann, da dies ein Widerspruch zur Definition von Primimplikanten wäre. Durch Anwendung der Reduktionsregeln kann es aber zu solchen Fällen kommen, wie wir dies in einem der folgenden Beispiele sehen werden.

Aus der Spalten- und Zeilendominanz ergeben sich zwei weitere Reduktionsregeln, durch die die Primimplikantentafel vereinfacht werden kann.

Zweite Reduktionsregel ▷ ▷ ▷

Entferne aus der Primimplikantentafel PIT(f) alle Spalten, die jeweils eine andere Spalte in PIT(f) dominieren.   ◁ ◁ ◁

Dritte Reduktionsregel ▷ ▷ ▷

Entferne aus PIT(f) alle Primimplikanten, die durch einen anderen, nicht teureren Primimplikanten dominiert werden.   ◁ ◁ ◁

Somit kann jede Primimplikantentafel zunächst durch wiederholte Anwendung der drei Reduktionsregeln verkleinert werden:

1. Entferne aus der Primimplikantentafel PIT(f) alle wesentlichen Primimplikanten und alle Spalten, die von diesen überdeckt werden.

2. Entferne aus der Primimplikantentafel PIT(f) jede Spalte, die eine andere Spalte in PIT(f) dominiert.

3. Entferne aus PIT(f) alle Primimplikanten, die durch einen anderen, nicht teureren Primimplikanten dominiert werden.

Die Reduktionen sollen nochmals an einem Beispiel verdeutlicht werden.

Beispiel 7.6

Für die Funktion $f(x_1, x_2, x_3, x_4)$ mit $ON(f) = \{0, 1, 2, 3, 7, 15\}$ aus Beispiel 7.4 ergibt sich die Primimplikantentafel zu:

PIT(f)	0000	0001	0010	0011	0111	1111
$\overline{x}_1 \cdot x_3 \cdot x_4$	0	0	0	1	1	0
$x_2 \cdot x_3 \cdot x_4$	0	0	0	0	1	1
$\overline{x}_1 \cdot \overline{x}_2$	1	1	1	1	0	0

Man erkennt nun durch Betrachtung der ersten drei Spalten (Spalten 0000 bis 0010), dass der Primimplikant $\overline{x}_1 \cdot \overline{x}_2$ wesentlich ist, da es keinen anderen Primimplikanten gibt, der die Minterme 0000, 0001 und 0010 überdeckt. Daher wird $\overline{x}_1 \cdot \overline{x}_2$ aus der Tafel entfernt; ebenso können die vier von ihm überdeckten Spalten entfernt werden. Somit erhält man nach erstmaliger Anwendung der ersten Reduktionsregel folgende Tafel:

PIT(f')	0111	1111
$\overline{x}_1 \cdot x_3 \cdot x_4$	1	0
$x_2 \cdot x_3 \cdot x_4$	1	1

Man erkennt nun unmittelbar, dass $x_2 \cdot x_3 \cdot x_4$ wegen Spalte 1111 ebenfalls wesentlich ist. Entfernt man auch diesen Primimplikanten, so sind alle Spalten der Primimplikantentafel von f' und damit auch von f überdeckt. Das bedeutet, dass das Minimalpolynom von f gefunden wurde und durch

$$\overline{x}_1 \cdot \overline{x}_2 + x_2 \cdot x_3 \cdot x_4$$

gegeben ist. An dieser Stelle endet der Algorithmus. Das Minimalpolynom von f ist in diesem Beispiel sogar eindeutig bestimmt. Bei der Anwendung der Reduktionen waren wir immer in „Zugzwang".

Im Folgenden werden die beiden anderen Reduktionsregeln anhand derselben (ursprünglichen) Primimplikantentafel $PIT(f)$ von oben vorgestellt.

Reduktion durch die zweite Regel:

Die Spalten 2, 3 und 4 der Primimplikantentafel $PIT(f)$ können gestrichen werden – jede von ihnen dominiert Spalte 1. Dies führt zu der Matrix

$PIT(f'')$	0000	0111	1111
$\overline{x}_1 \cdot x_3 \cdot x_4$	0	1	0
$x_2 \cdot x_3 \cdot x_4$	0	1	1
$\overline{x}_1 \cdot \overline{x}_2$	1	0	0

In dieser Matrix dominiert Spalte 2 die Spalte 3 und kann somit entfernt werden:

$PIT(f''')$	0000	1111
$x_2 \cdot x_3 \cdot x_4$	0	1
$\overline{x}_1 \cdot \overline{x}_2$	1	0

Es zeigt sich, dass durch diese einfache Regel die Größe der Probleminstanz deutlich reduziert werden kann.

Reduktion durch die dritte Regel:

Sei $\overline{x}_1 \cdot \overline{x}_2$ durch die 1. Reduktionsregel entfernt worden. Dann erhält man die bereits oben gezeigte Tafel

$PIT(f')$	0111	1111
$\overline{x}_1 \cdot x_3 \cdot x_4$	1	0
$x_2 \cdot x_3 \cdot x_4$	1	1

Die erste Zeile wird durch die zweite dominiert. Da der zur zweiten Zeile gehörige Primimplikant $x_2 \cdot x_3 \cdot x_4$ zudem nicht teurer als der zur ersten Zeile gehörige Primimplikant $\overline{x}_1 \cdot x_3 \cdot x_4$ ist, kann die erste Zeile gestrichen werden.

Bei gegebener Primimplikantenafel wendet man so lange Reduktionen an, wie dies möglich ist. Am Ende erhält man entweder

- ein Minimalpolynom der Funktion, oder

- ein Restproblem.

Man kann dieses Restproblem durch Aufzählen aller „Kandidaten" lösen. Falls in der reduzierten Tafel k Zeilen enthalten sind, sind $2^k - 1$ Kandidatenmengen zu betrachten und gemäß den Kriterien

- Überdecken sie alle Minterme?

- Wie hoch sind die Kosten?

zu untersuchen. In obigem Beispiel konnte alleine durch die Anwendung der Reduktions-regeln ein Minimalpolynom berechnet werden. Es gibt aber auch Funktionen, bei denen dies nicht so einfach möglich ist, da auf die Primimplikantentafel keine der Reduktionen anwendbar ist. In diesem Fall spricht man auch von einem *zyklischen Überdeckungspro-blem*. Bei dem Beispiel 7.5 wurde eine solche Funktion vorgestellt. Die zu dieser Funktion gehörige Primimplikantentafel ist gegeben durch

PIT(f)	100	010	110	001	101	011
$x_1 \cdot \overline{x}_2$	1	0	0	0	1	0
$x_1 \cdot \overline{x}_3$	1	0	1	0	0	0
$x_2 \cdot \overline{x}_3$	0	1	1	0	0	0
$\overline{x}_1 \cdot x_2$	0	1	0	0	0	1
$\overline{x}_1 \cdot x_3$	0	0	0	1	0	1
$\overline{x}_2 \cdot x_3$	0	0	0	1	1	0

Man sieht, dass es keine Spalte gibt, in der nur eine 1 steht. Somit ist keine Zeile wesentlich. Zudem dominiert keine Spalte eine andere Spalte bzw. keine Zeile eine andere Zeile – jede Spalte (wie auch jede Zeile) enthält genau zweimal die 1 und alle Spalten (Zeilen) sind unterschiedlich.

Im Folgenden wird die Methode von Petrick vorgestellt, die es erlaubt, in einfacher Weise das Problem zu lösen. Es sei angemerkt, dass man dieses Verfahren auch auf die initiale Primimplikantentafel anwenden kann, d. h. bevor die Reduktionen angewandt wurden. Allerdings hat die Methode von Petrick eine Laufzeit, die mit der Größe der Eingabe exponentiell wächst, sodass man hier an einer frühzeitigen effizienten Reduktion der Probleminstanz interessiert ist.

Das Verfahren besteht aus drei wesentlichen Schritten:

1. Übersetze die PIT in eine Produktsumme, d. h. in eine KNF, die alle Möglichkeiten, die Spalten zu überdecken, beschreibt.

2. Multipliziere die Produktsumme aus, sodass eine DNF entsteht.

3. Die gesuchte minimale Überdeckung ist dann durch eines der kürzesten in der DNF enthaltenen Monome gegeben.

Das Vorgehen soll an einem Beispiel verdeutlicht werden.

Beispiel 7.7

Der einfachen Lesbarkeit wegen seien sowohl die Primimplikanten als auch die zu überdeckenden Minterme durch Zahlen gegeben. Wir betrachten hierbei eine Primimplikantentafel mit sechs Zeilen und vier Spalten:

	1	2	3	4
1	1	1		
2			1	1
3	1		1	
4		1		1
5	1			1
6		1	1	

Zunächst wird aus der Tabelle im ersten Schritt eine KNF konstruiert, indem zu jeder Spalte die Primimplikanten angegeben werden, durch die sie überdeckt wird:

$$(\delta_1 + \delta_3 + \delta_5) \cdot (\delta_1 + \delta_4 + \delta_6) \cdot (\delta_2 + \delta_3 + \delta_6) \cdot (\delta_2 + \delta_4 + \delta_5) \qquad (7.2)$$

Hierbei steht δ_i für die i-te Zeile der Primimplikantentafel. Setzt man δ_i auf 1, so wird dies so interpretiert, dass Zeile i in die Spaltenüberdeckung mit aufgenommen wird. Wird δ_i auf 0 gesetzt, so lässt man die i-te Zeile aus der Überdeckung heraus. Jede Belegung der Variablen $\delta_1, \ldots, \delta_6$, für die der obige Boolesche Ausdruck (7.2) zu 1 auswertet, entspricht somit einer korrekten Spaltenüberdeckung. Gesucht ist dabei eine solche Belegung, bei der möglichst wenige der Variablen mit 1 belegt sind.

Durch Ausmultiplizieren erhält man im zweiten Schritt:

$$
\begin{aligned}
&(\delta_1 + \delta_3 + \delta_5) \cdot (\delta_1 + \delta_4 + \delta_6) \cdot (\delta_2 + \delta_3 + \delta_6) \cdot (\delta_2 + \delta_4 + \delta_5)\\
&= (\delta_1 + \delta_1 \cdot \delta_4 + \delta_1 \cdot \delta_6 + \delta_1 \cdot \delta_3 + \delta_3 \cdot \delta_4 + \delta_3 \cdot \delta_6 + \delta_1 \cdot \delta_5 + \delta_4 \cdot \delta_5 + \delta_5 \cdot \delta_6) \cdot\\
&\quad (\delta_2 + \delta_2 \cdot \delta_4 + \delta_2 \cdot \delta_5 + \delta_2 \cdot \delta_3 + \delta_3 \cdot \delta_4 + \delta_3 \cdot \delta_5 + \delta_2 \cdot \delta_6 + \delta_4 \cdot \delta_6 + \delta_5 \cdot \delta_6)\\
&= \delta_1 \cdot \delta_2 + \delta_1 \cdot \delta_2 \cdot \delta_4 + \delta_1 \cdot \delta_2 \cdot \delta_5 + \delta_1 \cdot \delta_2 \cdot \delta_3 + \delta_1 \cdot \delta_3 \cdot \delta_4 + \ldots + \delta_3 \cdot \delta_4 + \ldots
\end{aligned}
$$

Abschließend werden in dieser DNF die kürzesten Monome bestimmt. In diesem Beispiel sind dies unter anderem $\delta_1 \cdot \delta_2$ und $\delta_3 \cdot \delta_4$. Wie man leicht anhand der obigen Tabelle überprüft, stellen die erste und zweite Zeile genauso wie die dritte und vierte in der Tat eine minimale Spaltenüberdeckung dar.

Bevor das Kapitel schließt, soll noch ein kurzer Ausblick zum Thema der zweistufigen Logiksynthese gegeben werden. Sowohl das Verfahren von Quine/McCluskey als auch das Bestimmen einer minimalen Überdeckung der Primimplikantentafel sind schwierige Probleme, die im Allgemeinen nur für kleinere Funktionen gelöst werden können. Es gibt jedoch Spezialfälle, bei denen die Bestimmung eines Minimalpolynoms einfacher möglich ist, z. B. wenn die zu minimierende Funktion *monoton* oder *symmetrisch* ist – siehe die Übungsaufgaben im Anschluss. In der Praxis wird die Methode von Petrick normalerweise nicht eingesetzt, da sie zu lange Laufzeit benötigt. Alternativ werden *Branch&Bound*-Ansätze verwendet, oder man setzt heuristische Lösungsansätze ein, d. h. Verfahren, die keine Exaktheit garantieren, aber dafür in kurzer Laufzeit eine „gute" Lösung bestimmen. Weitere Diskussionen zu diesem Thema sind in [4, 21] zu finden. Die besten bekannten Verfahren zur zweistufigen Logiksynthese verwenden die in Kapitel 6 eingeführten DDs. Details zu diesen Algorithmen sind in [10] nachzulesen.

7.4   Übungsaufgaben

Aufgabe 7.1

Seien $f, g \in \mathbb{B}_n$ zwei Boolesche Funktionen. Beweisen Sie

$$f \cdot g \leq f \leq f + g$$

Aufgabe 7.2

Beweisen Sie, dass es zu einer Booleschen Funktion f über n Variablen $3^n - 1$ verschiedene Monome gibt.

Aufgabe 7.3

Beweisen Sie, dass das Verfahren von Quine/McCluskey höchstens $n! \cdot 3^n$ Vergleiche zweier Monome bzw. $n! \cdot 3^n \cdot n$ Bitvergleiche benötigt. Verwenden Sie für Ihren Beweis die Aussage aus Aufgabe 7.2 und überlegen Sie sich, wieviele Elemente eine Menge L_i^M höchstens enthalten kann.

Aufgabe 7.4

Geben Sie eine Implementierung des Verfahrens von Quine/McCluskey in einer Programmiersprache Ihrer Wahl (z. B. JAVA oder C) an. Berücksichtigen Sie insbesondere die Auswahl der Datenstruktur zur Verwaltung der Monome, damit die verwendeten Operatoren effizient umgesetzt werden können.

Aufgabe 7.5

Bestimmen Sie für die folgende Boolesche Funktion $f \in \mathbb{B}_5$, die durch ihre *ON*-Menge gegeben ist, die Menge der Primimplikanten mit dem Verfahren von Quine/McCluskey:

$$ON(f)(x_1, x_2, x_3, x_4, x_5) = \{00000, 00010, 00011, 00100, 00101,$$
$$00111, 01000, 01001, 10100, 10110,$$
$$11000, 11001, 11100, 11110\}.$$

Aufgabe 7.6

Die Boolesche Funktion $f \in \mathbb{B}_5$ sei gegeben durch die Menge Primimplikant(f) ihrer Primimplikanten mit:

$$\begin{aligned}
\text{Primimplikant}(f) = \{ & x_2 \cdot \overline{x}_3 \cdot \overline{x}_4, \, x_1 \cdot x_3 \cdot \overline{x}_5, \, \overline{x}_1 \cdot \overline{x}_2 \cdot \overline{x}_3 \cdot x_4, \\
& \overline{x}_1 \cdot \overline{x}_2 \cdot x_3 \cdot \overline{x}_4, \, \overline{x}_1 \cdot \overline{x}_2 \cdot \overline{x}_3 \cdot \overline{x}_5, \, \overline{x}_1 \cdot \overline{x}_2 \cdot x_3 \cdot x_5, \\
& \overline{x}_1 \cdot \overline{x}_2 \cdot \overline{x}_4 \cdot \overline{x}_5, \, \overline{x}_1 \cdot \overline{x}_2 \cdot x_4 \cdot x_5, \, \overline{x}_1 \cdot \overline{x}_3 \cdot \overline{x}_4 \cdot \overline{x}_5 \}
\end{aligned}$$

1. Stellen Sie die Primimplikantentafel PIT(f) für f auf.

2. Bestimmen Sie *alle* Minimalpolynome von f mithilfe der Methode von Petrick.

Aufgabe 7.7

Betrachten Sie die Boolesche Funktion EXOR$_n \in \mathbb{B}_n$, die genau dann den Wert 1 liefert, wenn eine ungerade Anzahl ihrer n Eingänge den Wert 1 trägt.

1. Geben Sei ein Minimalpolynom von $EXOR_4$ an.

2. Verallgemeinern Sie Ihre Antwort für beliebiges $n \in \mathbb{N}$, d. h. geben Sie ein Minimalpolynom von $EXOR_n$ an. Welche Kosten hat das von Ihnen angegebene Minimalpolynom?

3. Beweisen Sie, dass das Minimalpolynom von $EXOR_n$ eindeutig bestimmt ist.

Aufgabe 7.8

Sei $f \in \mathbb{B}_5$ die durch das Polynom $p = x_1 + \overline{x}_3 + x_4$ definierte Boolesche Funktion.

1. Beweisen Sie, dass p ein Minimalpolynom von f ist.

2. Gibt es noch weitere Minimalpolynome von f?

Aufgabe 7.9

Sei $f \in \mathbb{B}_5$ die durch das Polynom $p = x_1 \cdot x_2 + x_3 + x_4 \cdot x_5$ definierte Boolesche Funktion.

1. Beweisen Sie, dass p ein Minimalpolynom von f ist.

2. Gibt es noch weitere Minimalpolynome von f?

Aufgabe 7.10

Betrachten Sie eine Boolesche Funktion $f \in \mathbb{B}_n$, für die für alle $a := (a_1, \ldots, a_n)$ und $b := (b_1, \ldots, b_n) \in \mathbb{B}^n$

$$(\forall i \in \{1, \ldots, n\} : a_i \leq b_i) \Longrightarrow (f(a_1, \ldots, a_n) \leq f(b_1, \ldots, b_n))$$

gilt. Eine solche Funktion heißt *monoton steigend*.

Sei nun m ein Monom und x_i eine nicht in m enthaltene Variable, d.h. $x_i \notin \mathrm{supp}(\psi(m))$. Beweisen Sie

$$m \cdot \overline{x}_i \in \mathrm{Implikant}(f) \Longrightarrow m \in \mathrm{Implikant}(f).$$

Streicht man also in einem Implikanten einer monoton steigenden Booleschen Funktion f die negativen Literale, so resultiert ein Monom, das ebenfalls ein Implikant von f ist.

Aufgabe 7.11

Geben Sie ein einfaches, effizientes Verfahren an, das ausgehend von den Mintermen einer monotonen steigenden Booleschen Funktion f die Menge der Primimplikanten von f berechnet. Nutzen Sie hierbei die Aussage aus Aufgabe 7.10 aus.

Aufgabe 7.12

Betrachten Sie erneut die in Aufgabe 6.5 eingeführte Schwellenfunktion $s_k^n \in \mathbb{B}_n$ ($n, k \in \mathbb{N}$ mit $k \leq n$), die durch

$$s_k^n(x_1, \ldots, x_n) = 1 \iff \sum_{i=1}^{n} x_i \geq k$$

definiert ist.

1. Bestimmen Sie alle Primimplikanten von s_k^n.

2. Bestimmen Sie ein Minimalpolynom von s_k^n.

3. Ist das Minimalpolynom von s_k^n eindeutig bestimmt?

Aufgabe 7.13

Betrachten Sie die sogenannte *Intervallfunktion* $I_{k,j}^n \in \mathbb{B}_n$ mit $n, k, j \in \mathbb{N}$ und $k \leq j \leq n$, die durch

$$I_{k,j}^n(x_1, \ldots, x_n) = 1 \iff k \leq \sum_{i=1}^{n} x_i \leq j$$

definiert ist.

1. Bestimmen Sie alle Primimplikanten von $I_{k,j}^n$.

2. Ist das Minimalpolynom von $I_{k,j}^n$ eindeutig bestimmt?

(Hinweis: Betrachten Sie die Intervallfunktion $I_{1,2}^3 \in \mathbb{B}_3$.)

Aufgabe 7.14

In dieser Aufgabe betrachten wir partielle Boolesche Funktionen $f : D \mapsto \mathbb{B}$ mit $D \subseteq \mathbb{B}^n$ und versuchen die Begriffe Implikant und Primimplikant entsprechend zu verallgemeinern:

- Ein Monom m heißt *Implikant* von f, falls $ON(m) \subseteq (ON(f) \cup DC(f))$ und $ON(m) \cap ON(f) \neq \emptyset$.

- Ein Implikant m von f heißt *Primimplikant* von f, falls kein echtes Teilmonom des Implikanten m ebenfalls Implikant von f ist.

Beweisen oder widerlegen Sie, dass alle Monome eines Polynoms p einer partiellen Booleschen Funktion f Implikanten von f sind und dass jedes Minimalpolynom von f ausschließlich aus Primimplikanten von f besteht.

8 Entwurf mehrstufiger Logik

Während im vorangegangenen Kapitel eine spezielle Realisierung von Schaltungen gesucht wurde, werden nun „allgemeine" Schaltkreise betrachtet. Schaltkreise können mehrere Logikstufen haben und erlauben daher auch kompaktere Darstellungen als dies mit PLAs möglich ist. In diesem Sinne sind die im vorherigen Kapitel betrachteten zweistufigen Schaltungen eine spezielle Form der im Folgenden eingeführten.

Zunächst werden Hardware-Realisierungsmöglichkeiten von Schaltkreisen kurz diskutiert und im Anschluss die Struktur von kombinatorischen Schaltkreisen und ihre Semantik formal angegeben. Es wird beschrieben, wie Schaltkreise (symbolisch) simuliert werden können, und wie man durch die Verwendung von Hierarchie zu kompakten Beschreibungen gelangt.

Es werden dann prinzipielle Überlegungen angestellt, wie komplex eine „Realisierung" einer (beliebigen) Booleschen Funktion mit n Eingängen als Schaltkreis höchstens ist.

Es werden zwei Syntheseverfahren vorgestellt. Ausgehend von den in Kapitel 6 eingeführten OKFDDs wird ein einfaches Syntheseverfahren angegeben, das einen OKFDD eins zu eins in eine Schaltung transformiert. Schließlich widmen wir uns noch einem etwas komplexeren Verfahren, das durch Zerlegung der zu realisierenden Booleschen Funktion eine effiziente Realisierung zu finden versucht.

Um kompakte Schaltungen zu erhalten, können zudem Transformationen angewendet werden. Anhand verschiedener Beispiele wird gezeigt, wie man eine Schaltung bezüglich der eingeführten Kostenmaße optimieren kann.

Die Abschnitte 8.1.2 - 8.2.3, in denen eher klassische Ansätze vermittelt werden, folgen zum Teil [14, 15] und [17]. Die Abschnitte 8.2.4 - 8.2.7 führen dann in neuere Konzepte ein.

8.1 Schaltkreise

8.1.1 Realisierung

Während bei zweistufigen Schaltungen die PLAs als direkte Umsetzung angegeben wurden, gibt es bei mehrstufigen Schaltkreisen unterschiedliche Möglichkeiten der Realisierung. Diese sind im Wesentlichen

- **Gate-Array- und Sea-of-Gates-Entwurf:** Bei Gate-Arrays und Sea-of-Gates handelt es sich um Bausteine, die eine große Anzahl an sogenannten *Grundzellen* besitzen. Diese werden schon bei der Fertigung vom Hersteller fest gelegt, d. h.

die verfügbaren Grundzellen werden kundenunabhängig gefertigt. Die Grundzellen enthalten wenige Transistoren und sind in Reihen angeordnet, die bei Gate-Arrays (siehe Abbildung 8.1) durch *Verdrahtungskanäle* getrennt sind. Die Transistoren einer Grundzelle werden dann kundenspezifisch so verdrahtet, dass Logikgatter und Speicherelemente entstehen. Die Funktionsblöcke können unter sich und den Pins des Bausteins beliebig miteinander verdrahtet werden, solange genügend Platz in den Verdrahtungskanälen vorhanden ist. Die Intra- und Intergrundzellenverdrahtung erfolgt ebenfalls kundenspezifisch. Da ein Teil der Fertigung somit kundenunabhängig, ein Teil kundenabhängig erfolgt, nennt man diese Technologie *halbkundenspezifisch*. Bei der Sea-of-Gates-Realisierung werden nicht verwendete Grundzellen für die Verdrahtung genutzt.

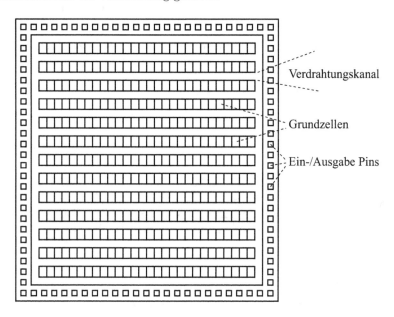

Abbildung 8.1: *Skizze eines Gate-Arrays. Die Grundzellen des Bausteins sind fest vorgegeben, ebenso Lage und Höhe der Verdrahtungskanäle. Kundenspezifisch erfolgt lediglich die Verdrahtung der Grundzellen zu Logikgattern (Intrazellenverdrahtung) und die Verdrahtung der Zellen Ein-/Ausgabepins untereinander (Interzellenverdrahtung).*

- **Field Programmable Logic Arrays (FPGA):** FPGAs sind programmierbare Bausteine. Sie bestehen aus einer Matrix von konfigurierbaren logischen Blöcken (*Configurable Logic Blocks*, CLB), die durch horizontale und vertikale Verdrahtungskanäle, in denen Signalleitungen verlegt sind, getrennt sind (siehe Abbildung 8.2). Sowohl die CLBs als auch die „Kreuzungspunkte" der Verdrahtungskanäle sind durch den Kunden programmierbar, um so die von ihm gewünschte Applikation zu realisieren. So konnten frühere auf SRAM-Speicherzellen aufbauende CLBs (nach ihrer kundenspezifischen Programmierung) zum Beispiel jeweils eine beliebige Boolesche Funktion mit bis zu sechs Eingängen oder zwei beliebige Boolesche Funktionen mit jeweils fünf Eingängen realisieren. Bei modernen FPGA-Typen sind die CLBs wesentlich komplexer.

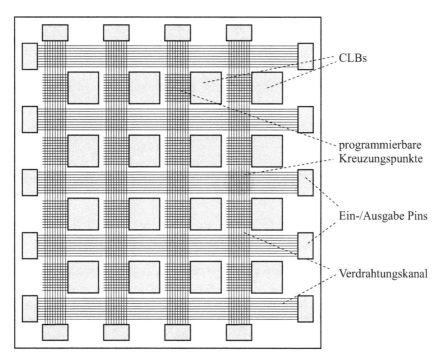

Abbildung 8.2: *Skizze eines Field-Programmable Logic Array (FPGA).*

- **Vollkundenspezifische integrierte Schaltung:** Entsprechend der Wünsche des Kunden können alle Zellen und Verdrahtungen frei angeordnet werden. Dies ermöglicht die höchste Flexibilität, ist aber auch die kostenintensivste Variante.

Welche der vorgestellten Realisierungen am geeignetsten ist, muss von Fall zu Fall in Abhängigkeit von der betrachteten Anwendung und dem Einsatzgebiet entschieden werden. Im Folgenden soll nicht weiter auf die Details der Technologien eingegangen werden. Vielmehr werden die wesentlichen Kenngrößen – in abstrakter Weise und vereinfachend – bezüglich Entwicklung, Herstellung, Komplexität[1] und Laufzeit in Tabelle 8.1 vergleichend gegenübergestellt.

Die im vorherigen Kapitel eingeführten PLAs sind nicht immer geeignet. In den Übungsaufgaben zu Kapitel 7 wurde gezeigt, dass es „einfache", häufig verwendete Boolesche Funktionen gibt, zu denen es nur sehr große DNFs gibt, d. h. wird eine solche Boolesche Funktion in einem PLA realisiert, so hat dieses eine sehr große Fläche. Vollkundenspezifische Entwürfe liefern die höchste Komplexität und geringste Signalverzögerungszeiten, allerdings ist sowohl die Entwicklung als auch die Fertigung selbst sehr kostenintensiv.

---

[1]Unter „Komplexität" versteht man in diesem Zusammenhang den Integrationsgrad, d. h. wie viele Gatter auf ein Quadratzentimeter Chip-Fläche untergebracht werden können.

Tabelle 8.1: *Vergleich der vorgestellten Realisierungsarten*

	PLA	*vollkunden-spezifisch*	*halbkunden-spezifisch*	*FPGA*
Entwicklung	billig	sehr teuer	mittel	mittel
Herstellung	mittel	teuer	mittel	sehr billig
Komplexität	schlecht	sehr hoch	mittel	mittel – schlecht
Laufzeit	schnell	sehr schnell	mittel	mittel

Eine in den vergangenen Jahren zunehmend wichtiger werdende Realisierungform sind FPGAs, da sie einen guten Kompromiss zwischen Kosten und Leistung darstellen.

8.1.2   Syntaktische Beschreibung von Schaltkreisen

Um einen Schaltkreis mithilfe eines Rechners „verarbeiten", d. h. darstellen und manipulieren zu können, muss ein abstraktes *Modell* für dieses Objekt geschaffen werden. Ein mögliches Modell, das sehr häufig im Bereich der Logiksynthese verwendet wird, wird im Folgenden vorgestellt. Die grundlegende Datenstruktur ist hierbei der (azyklische) gerichtete Graph. Um von einem Graphen zu einer Beschreibung eines Schaltkreises zu kommen, werden den Knoten und Kanten des Graphen zusätzliche *Eigenschaften* zugeordnet. Eine dieser Eigenschaften ist z. B. welche Art von Schaltfunktion (AND, OR, ...) an einem Knoten ausgeführt werden soll. Mit diesem Modell kann auf einem Rechner ein Schaltkreis in verschiedener Art und Weise bearbeitet werden. Ein bekannter Algorithmus in diesem Zusammenhang ist z. B. die Simulation eines Schaltkreises.

Für einen gerichteten Graphen $G = (V, E)$ mit der endlichen Knotenmenge V und der endlichen Kantenmenge E sind die Abbildungen $Q : E \rightarrow V$ und $Z : E \rightarrow V$ wie bisher definiert (siehe Definition 6.1 auf Seite 100). Zusätzlich sei für jedes $v \in V$ definiert:

$$\begin{aligned}
\texttt{indeg}(v) &:= |\{\, e\,;\ Z(e) = v\,\}| \\
\texttt{outdeg}(v) &:= |\{\, e\,;\ Q(e) = v\,\}| \\
\texttt{deg}(v) &:= \texttt{indeg}(v) + \texttt{outdeg}(v)
\end{aligned}$$

- $\texttt{indeg}(v)$ ist also die Anzahl der in den Knoten v eingehenden Kanten und heißt *Eingangsgrad* oder *Indegree* des Knotens v.

- $\texttt{outdeg}(v)$ gibt die Anzahl der von dem Knoten v ausgehenden Kanten an und wird *Ausgangsgrad* oder *Outdegree* des Knotens v genannt.

- $\texttt{deg}(v)$ wird als der *Grad* des Knotens v bezeichnet.

- Knoten v mit $\texttt{indeg}(v) = 0$ heißen *Quellen* von G.

- Knoten v mit $\texttt{outdeg}(v) = 0$ sind die *Senken* von G.

Wichtig in Bezug auf die Signallaufzeiten in einem Schaltkreis ist die Tiefe des dem Schaltkreis zugrunde liegenden azyklischen gerichteten Graphen.

Definition 8.1: *Tiefe eines Knoten*

Seien $G = (V, E)$ ein azyklischer gerichteter Graph und $v \in V$. Dann ist die *Tiefe* depth(v) des Knotens v durch die Länge des längsten Pfades von einer Quelle zu v definiert, falls ein solcher Pfad existiert. Ansonsten ist depth(v) nicht definiert. Die Tiefe einer Quelle ist 0.

Lemma 8.1

In einem endlichen azyklischen gerichteten Graph ist die Tiefe eines jeden Knotens definiert; sie ist kleiner als die Anzahl der im Graphen enthaltenen Knoten.

Beweis: Sei $G = (V, E)$ ein endlicher azyklischer gerichteter Graph. G habe $n \in \mathbb{N}$ Knoten, d. h. $n = |V|$.

Wir zeigen zuerst, dass es in G keinen Pfad gibt, dessen Länge größer gleich n ist. Hierzu nehmen wir an, dass es doch einen Pfad in G gibt, der n oder mehr Kanten enthält. Dann liegen auf diesem Pfad mehr als n Knoten, also mehr Knoten als im Graphen G enthalten sind. *Ein* Knoten muss demnach (mindestens) zweimal in dem besagten Pfad vorkommen. Damit hätte der Graph aber einen Zyklus, im Widerspruch zur Voraussetzung, dass G azyklisch ist. Also gibt es in G nur Pfade mit einer Länge echt kleiner n.

Da G nur endlich viele Knoten enthält und es in G keinen Pfad gibt, dessen Länge größer gleich n ist, gibt es nur endlich viele Pfade in G.

Sei nun $v \in V$. Wir unterscheiden zwei Fälle:

1. Ist v eine Quelle des Graphen, dann ist die Tiefe von v nach Definition definiert und es gilt depth(v) = 0.

2. Ist v keine Quelle, so verfolgt man „parallel" alle in v endenden Pfade rückwärts – es gibt nur endlich viele, wie wir gerade gezeigt haben. Nach spätestens $n - 1$ Schritten ist man auf jedem Pfad auf eine Quelle gestoßen. Damit existiert ein längster Pfad von einer Quelle nach v; es ist dies der, bei dem man als letzter auf eine Quelle gestoßen ist. Die Tiefe des Knotens v ist also definiert und es gilt depth(v) $\leq n - 1$. ◁

Definition 8.2: *Tiefe eines azyklischen gerichteten Graphen*

Die *Tiefe eines azyklischen gerichteten Graphen* G ist gegeben durch

$$\text{depth}(G) := max\{\, \text{depth}(v)\,;\ v \in V\,\}.$$

Im Allgemeinen kann die Länge des längsten Pfades als eine Näherung für die Laufzeiten in dem dargestellten Schaltkreis angesehen werden und hat damit Einfluss auf seine

Geschwindigkeit, d. h. auf die Zeit, in der sich Änderungen an der Belegung der Eingänge des Schaltkreises an den Ausgängen des Schaltkreises auswirken.

Um G als einen Schaltkreis auffassen zu können, müssen noch zusätzliche Eigenschaften definiert werden. Zunächst führen wir *Gatter* – die „Grundbausteine" – ein, die elementare Schaltfunktionen berechnen können. So wird in der Regel für jede der Funktionen AND, OR, EXOR, NOT, NAND und NOR ein Gatter zur Verfügung gestellt; aber auch komplexere Boolesche Funktionen können als Gatter gegeben sein. Diese Gatter werden in einer *Bibliothek* zusammengefasst. Später kann einem Knoten des Graphen ein solches Gatter zugeordnet werden.

Definition 8.3:   *Kombinatorische Bibliothek*

Eine *kombinatorische Bibliothek Bib* ist eine endliche Menge von Elementen. Diese Elemente werden auch *Gatter* genannt. Zu jedem Gatter $b \in Bib$ sind die folgenden Informationen gegeben:

- eine Abbildung $d_{in} : Bib \to \mathbb{N}$, die dem Gatter seine Anzahl an Eingängen zuordnet;

- eine Abbildung $d_{out} : Bib \to \mathbb{N}$, die dem Gatter seine Anzahl an Ausgängen zuordnet;

- eine Abbildung $g_b : \mathbb{B}^{d_{in}(b)} \to \mathbb{B}^{d_{out}(b)}$, die dem Gatter die durch ihn repräsentierte Boolesche Funktion zuordnet.

Die Bibliothek heißt *kombinatorisch*, da der Ausgabewert jeder der Booleschen Funktionen g_b *nur* von den Eingabewerten abhängt.[2]

Im Folgenden genügt es zumeist, sich auf eine spezielle Bibliothek, die *Standardbibliothek* (STD), zu beschränken. Diese ist in der Regel durch

$$STD := \{AND, OR, EXOR, NAND, NOR, NOT\}$$

gegeben; kann aber, wie oben schon angedeutet, zusätzlich auch noch komplexere Bausteine enthalten.

Es gilt

$$d_{in}(b) = \begin{cases} 2, \text{ für alle } b \in STD \setminus \{NOT\} \\ 1, \text{ falls } b = NOT \end{cases}$$

und

$$d_{out}(b) = 1$$

---

[2]Bei Speicherbausteinen hängt der Ausgabewert in der Regel auch noch von dem *inneren* Wert, d. h. dem Zustand des Bausteins, ab. Solche Bausteine bzw. Bibliotheken werden als *sequentielle* Bausteine bzw. Bibliotheken bezeichnet.

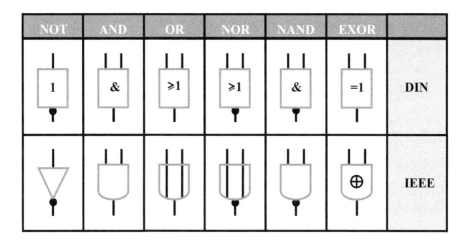

Abbildung 8.3: *Gattersymbole nach DIN und IEEE*

für alle $b \in \mathrm{STD}$.

Für eine graphische Ausgabe eines Schaltkreises muss festgelegt sein, welche Symbole für welches Gatter stehen. In Deutschland wird diese Symbolik durch die DIN (Deutsches Institut für Normung e.V.) festgelegt. International hat sich die IEEE-Norm durchgesetzt. In Abbildung 8.3 sind die jeweiligen Symbole angegeben.

Die oben aufgeführten binären Gatter sind alle in dem Sinne „kommutativ", dass die Belegung des Ausgangssignals eines Bausteines jeweils invariant gegenüber der Vertauschung seiner Eingangssignale ist. Erweitert man die Standardbibliothek um komplexere Bausteine, z. B. um einen 32-Bit Addierer, so müssen die einzelnen Eingangs- und Ausgangssignale einzeln angesprochen werden können. Hierzu muss jeweils eine Reihenfolge auf den Ein- und Ausgängen eines Gatters – die Anschlüsse eines Gatters werden auch als *Pins* bezeichnet; man spricht hierbei, in Anlehnung an die englische Notation, auch von *Input-Pins* und *Output-Pins* – definiert sein.

Die folgende Definition gibt nun eine formale Definition, was unter einem kombinatorischen Schaltkreis zu verstehen ist.

Definition 8.4: *Kombinatorischer Schaltkreis*

Ein *kombinatorischer Schaltkreis über einer Bibliothek Bib* ist ein Tupel

$$SK = (\vec{\mathbb{X}}_n, \vec{\mathbb{Y}}_m, G, \mathtt{typ}, in, out)$$

mit folgenden Eigenschaften:

1. $G = (V, E)$ ist ein azyklischer gerichteter Graph.

2. $\mathbb{X}_n := \{x_1, \ldots, x_n\}$ steht für die Menge der Eingänge (Inputs) des kombinatorischen Schaltkreises. Auf diesen ist eine Reihenfolge $\vec{\mathbb{X}}_n$ definiert. In der Regel gehen wir davon aus, dass $\vec{\mathbb{X}}_n := (x_1, \ldots, x_n)$ gilt. Die Eingänge des Schaltkreises werden auch als *primäre Eingänge* bezeichnet.

3. Entsprechend ist $\mathbb{Y}_m := \{y_1, \ldots, y_m\}$ die Menge der *primären Ausgänge* des kombinatorischen Schaltkreises. Auch auf diesen ist eine Reihenfolge $\vec{\mathbb{Y}}_m$ gegeben. Ist diese Reihenfolge nicht explizit definiert, so gelte $\vec{\mathbb{Y}}_m := (y_1, \ldots, y_m)$.

4. Außerdem gibt es zwei Knoten, die die konstanten Signale 0 und 1 zur Verfügung stellen.[3] $\mathbb{X}_n \cup \{0, 1\}$ enthält die *Quellen* und $\mathbb{Y}_m$ die *Senken* des Schaltkreises.

   Es gilt für alle i und j:

   $$\texttt{indeg}(0) = \texttt{indeg}(1) = \texttt{indeg}(x_i) = \texttt{outdeg}(y_j) = 0$$

   und

   $$\texttt{outdeg}(0) = \texttt{outdeg}(1) = \texttt{outdeg}(x_i) = \texttt{indeg}(y_j) = 1.$$

5. $V \setminus (\{0, 1\} \cup \mathbb{X}_n \cup \mathbb{Y}_m)$ ist die Menge der *inneren Knoten*. Sie zerfällt in die zueinander disjunkten Teilmengen der *Signalknoten* S und der *Modulknoten* M, d. h.

   $$S \cap M = \emptyset \text{ und } S \cup M = V \setminus (\{0, 1\} \cup \mathbb{X}_n \cup \mathbb{Y}_m).$$

   Der Eingangsgrad eines jeden Signalknotens $s \in S$ ist 1, d. h. es gilt $\texttt{indeg}(s) = 1$. Diese Eigenschaft besagt, dass die Belegung einer Signalleitung durch genau einen Vorgängerknoten bestimmt wird.

6. Durch die Abbildung $\texttt{typ} : M \to Bib$ wird jedem Modulknoten ein kombinatorisches Element der Bibliothek zugeordnet. Für jedes $m \in M$ gilt

   $$d_{in}(\texttt{typ}(m)) = \texttt{indeg}(m) \text{ und } d_{out}(\texttt{typ}(m)) = \texttt{outdeg}(m).$$

7. Für alle Kanten $e \in E$ gilt entweder $e = (m, s)$ oder $e = (s, m)$ mit $m \in M \cup \mathbb{X}_n \cup \mathbb{Y}_m \cup \{0, 1\}$, $s \in S$. Es gibt also Kanten nur von Signalknoten nach Modulknoten bzw. primären Ausgängen, oder von Modulknoten bzw. primären Eingängen zu Signalknoten.

---

[3]Wenn die Signale 0 und 1 nicht explizit verwendet werden, lässt man sie bei Zeichnungen auch häufig weg.

8. Durch die Abbildungen

$$in \ : \quad M \to S^* \text{ mit } in(m) \in S^{\text{indeg}(m)}$$

$$out \ : \quad M \to S^* \text{ mit } out(m) \in S^{\text{outdeg}(m)}$$

werden die ein- bzw. ausgehenden Kanten eines Moduls geordnet.[4] Ist $in(m) =$ $(s_1, \ldots, s_k)$, dann ist $(s_i, m) \in E$. Interpretiert wird dies später so, dass das Signal s_i als am i-ten Eingang des Moduls m anliegend angesehen wird. Wir sprechen in diesem Zusammenhang von der i-ten eingehenden Kante von m. Ist $out(m) = (t_1, \ldots, t_l)$, dann ist entsprechend (m, t_j) die j-te ausgehende Kante von m. Die Signale s_i bzw. t_j bezeichnet man auch als *Eingangs-* bzw. *Ausgangssignale*.

Beispiel 8.1

In Abbildung 8.4 ist ein kombinatorischer Schaltkreis angegeben. Dabei sind die primären Ein- und Ausgänge des Schaltkreises durch kleine Quadrate dargestellt, welche die Bezeichner x_i bzw. y tragen. Die Signalknoten sind mit s_i bezeichnet, werden in den folgenden Zeichnungen aber genauso wie die Quadrate um die primären Ein- und Ausgänge meistens weggelassen. In dem Beispiel sind die eingehenden Kanten an sich nicht zu ordnen, da alle Gatter „kommutativ" sind; die ausgehenden nicht, da alle Gatter nur einen Ausgang haben.

Abbildung 8.4: *Beispiel für einen kombinatorischen Schaltkreis*

Neben den kombinatorischen Schaltkreisen gibt es weitere Arten von Schaltkreisen. In Abbildung 8.5 ist ein Beispiel angegeben, das zwar wie ein Schaltkreis aussieht, nach unserer Definition aber keiner ist, da der zugehörige Graph nicht azyklisch ist. Ein solcher Schaltkreis hat dennoch eine praktische Anwendung. Die Abbildung stellt ein *Flipflop* dar, das zur Realisierung von Speicherbausteinen verwendet wird. Schaltkreise mit Speicherelementen werden als *sequentielle Schaltkreise* bezeichnet – sie werden ausführlich in Abschnitt 11.3.1 auf Seite 293 diskutiert.

8.1.3   Semantik von kombinatorischen Schaltkreisen

Bisher ist ein Schaltkreis nur eine Anordnung von Modul- und Signalknoten, wobei den Modulknoten eine gewisse Boolesche Funktion zugewiesen wurde. Ebenfalls ist aus der Graphstruktur bekannt, wie die Knoten miteinander in Verbindung stehen. Was noch fehlt ist die Information, was ein solches Konstrukt formal darstellt bzw. wie ein solches Konstrukt zu interpretieren ist, d. h. die *Semantik* des Schaltkreises.

---

[4]S^* bezeichnet die Menge aller beliebig langen endlichen Folgen von Elementen aus S.

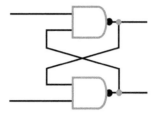

Abbildung 8.5: *Flipflop als Beispiel eines nichtkombinatorischen Schaltkreises*

Definition 8.5: *Einsetzung*

> Für $a = (a_1, \ldots, a_n) \in \mathbb{B}^n$ heißt die Abbildung $\Phi_a : \mathbb{X}_n \mapsto \{0,1\}$ mit $\Phi_a(x_i) = a_i$
> *Einsetzung* von a.

Unter einer Einsetzung von einem Booleschen Vektor $a \in \mathbb{B}^n$ versteht man also die Belegung der primären Eingänge eines Schaltkreises mit den Werten $a_1, a_2, \ldots, a_n$. Man sagt auch: Es werden die Werte $a_1, a_2, \ldots, a_n \in \{0,1\}$ an den Schaltkreis angelegt.

Im Folgenden wird beschrieben, wie Φ_a auf die Knoten eines kombinatorischen Schaltkreises fortgesetzt wird. Dadurch ergibt sich in direkter Form, welche Werte an den Senken des Schaltkreises anliegen, d. h. welche Ausgaben der Schaltkreis „berechnet". Dazu wird der Graph von den Eingängen zu den Ausgängen traversiert. Man beginnt mit:

$$\Phi_a\!\left(\boxed{0}\right) := 0$$
$$\Phi_a\!\left(\boxed{1}\right) := 1$$
$$\Phi_a(x_i) := a_i$$
$$\Phi_a(s_i) := \Phi_a(x_i), \quad \text{falls } s_i \text{ das Ausgangssignal von } x_i \text{ ist,}$$
$$\text{also } (x_i, s_i) \in E \text{ gilt}$$

Sei $\Phi_a(s)$ für alle Signalknoten der Tiefe kleiner als h, für ein $h \in \mathbb{N}$, berechnet. Betrachte nun einen Modulknoten $m \in M$ mit der Tiefe h; es seien dabei $s_1, \ldots, s_k$ die Eingangssignale und $t_1, \ldots, t_l$ die Ausgangssignale von m, d. h. er gelte $in(m) = (s_1, \ldots, s_k)$ und $out(m) = (t_1, \ldots, t_l)$. Wir setzen

$$(\Phi_a(t_1), \ldots, \Phi_a(t_l)) := g_{\text{typ}(m)}(\Phi_a(s_1), \ldots, \Phi_a(s_k)),$$

d. h. es wird die Boolesche Funktion $g_{\text{typ}(m)}$ mit den Parametern $(\Phi_a(s_1), \ldots, \Phi_a(s_k))$ ausgewertet und der Ergebnisvektor an die Signalknoten an den Ausgängen des Moduls geschrieben. Hierbei werden die durch die Abbildung *in* und *out* vorgegebenen Reihenfolgen auf den Signalknoten zu Grunde gelegt.

Für die primären Ausgänge y_j gilt insbesondere $\Phi_a(y_j) := \Phi_a(s)$, falls s das Eingangssignal von y_j ist.

Sei s ein Signalknoten im Schaltkreis, dann bezeichnet f_s die an s berechnete Boolesche Funktion. Diese ist definiert durch $f_s : \mathbb{B}^n \to \mathbb{B}$, $a \mapsto \Phi_a(s)$. Die an einem primären Ausgang y_j berechnete Funktion f_{y_j} ist durch $f_{y_j}(a) = \Phi_a(y_j)$ definiert. Die durch den Schaltkreis berechnete Funktion ergibt sich dann als

$$f_{SK} : \mathbb{B}^n \to \mathbb{B}^m \text{ mit } f_{SK} = (f_{y_1}, \ldots, f_{y_m}).$$

Eine solche Berechnung der funktionalen Werte der Ausgänge ausgehend von den Werten für die Eingangsvariablen bezeichnet man auch als *Simulation* des Schaltkreises.

Der Äquivalenzbegriff bei Schaltkreisen wird analog zur Äquivalenz Boolescher Ausdrücke definiert, d. h. zwei Schaltkreise sind genau dann *äquivalent*, wenn die von ihnen berechneten Booleschen Funktionen gleich sind.

8.1.4 Symbolische Simulation

Werden zur Simulation eines Schaltkreises keine spezifische Einsetzung betrachtet, sondern „einfach" nur mit den Booleschen Variablen x_i, respektive den Schaltfunktionen x_i gearbeitet, so spricht man von einer *symbolischen Simulation* des kombinatorischen Schaltkreises. In der Regel startet eine solche symbolische Simulation ebenfalls an den Eingängen des Schaltkreises, wie im folgenden Beispiel gezeigt wird.

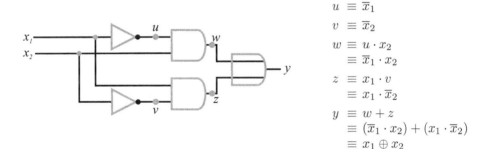

Abbildung 8.6: *Symbolische Simulation eines Schaltkreises*

Beispiel 8.2

Wir betrachten den Schaltkreis im linken Teil von Abbildung 8.6. Die zu den einzelnen Signalen korrespondierenden Booleschen Funktionen sind im rechten Teil angegeben. Hierbei bedeutet z. B. $u \equiv \overline{x}_1$, dass am Signalknoten u die Funktion $\overline{x}_1$ berechnet wird.

Im Gegensatz zur Simulation mit Booleschen Werten wird bei der symbolischen Simulation die *gesamte* Funktion f_s an einem Signalknoten s berechnet, die durch den vor ihm liegenden Teil des Schaltkreises bestimmt ist. So ergibt sich die Funktion des Signalknotens w aus der Konjunktion der Funktionen f_u und x_2, womit w die

Funktion $\overline{x}_1 \cdot x_2$ darstellt. Auf diesem Weg lässt sich zu einem gegebenen Schaltkreis ein zugehöriger Boolescher Ausdruck berechnen, wie in dem Beispiel gezeigt.

Zur Berechnung einer symbolischen Simulation können auch die in Kapitel 6 eingeführten DDs genutzt werden. In diesem Fall werden an die Eingänge des Schaltkreises die DDs der Booleschen Funktionen x_i „geschrieben". Der Ablauf ist anschließend gleich dem gerade skizzierten, mit dem Unterschied, dass den Signalknoten keine Booleschen Ausdrücke, sondern DDs zugeordnet werden. Die jeweiligen DDs an den Ausgängen der Modulknoten werden mithilfe des ITE-Operators (siehe Definition 6.9 auf Seite 118) aus den DDs der Eingangssignale des jeweiligen Modulknotens berechnet.

8.1.5   Hierarchischer Entwurf und Teilschaltkreise

Insbesondere aus Kostengründen ist es nicht effektiv, bei einem Entwurf eines neuen Schaltkreises jedes Mal solch grundlegende Bestandteile wie z. B. einen Addierer, einen Zähler oder eine ganze arithmetisch-logische Einheit (ALU) von Grund auf neu zu entwerfen. Sinnvoller ist es, diese Schaltkreise einmal, eventuell in unterschiedlichen Ausprägungen in Bezug auf Fläche, Laufzeit und Stromverbrauch, zu entwerfen und die entsprechenden Beschreibungen in einer Bibliothek (siehe Definition 8.3) zu sammeln. Falls dann beim Entwurf z. B. ein Addierer benötigt wird, so kann ein für die konkrete Aufgabe passender aus der Bibliothek ausgewählt und in den Entwurf eingesetzt werden – man spricht in diesem Zusammenhang von einem *hierarchischen Entwurf* bzw. einem *hierarchischen Schaltkreis*. Diese „neuen" Bibliothekselemente können selbst wieder hierarchisch aufgebaut sein. Eingesetzt in einem Schaltkreis, kann jede dieser Instanzen als *Teilschaltkreis* des Gesamtschaltkreis interpretiert werden.

Ein weiterer Vorteil ist folgender: Falls sich später herausstellt, dass z. B. der benutzte Addierer-Baustein durch einen anderen ersetzt werden sollte, so kann dies sehr leicht durch Austauschen mit einem anderen Addierer aus der Bibliothek erfolgen.

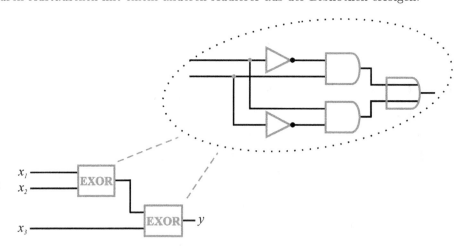

Abbildung 8.7: *Hierarchischer Schaltkreis*

Beispiel 8.3

Die Funktion $f = x_1 \oplus x_2 \oplus x_3$ kann über der Bibliothek $\{\text{AND}, \text{OR}, \text{NOT}\}$ realisiert werden, indem zunächst *eine* Realisierung für EXOR angegeben wird und dieses Gatter dann zweimal *eingesetzt* wird (siehe Abbildung 8.7).

Auf eine formale Definition eines Teilschaltkreises wollen wir an dieser Stelle verzichten, da wir eine solche im Folgenden nicht weiter benötigen.

8.2   Logiksynthese

Unter *Logiksynthese* wird die Aufgabe verstanden, zu einer gegebenen Booleschen Funktion einen Schaltkreis zu konstruieren. Im Folgenden wird zunächst einmal gezeigt, dass es zu jeder Booleschen Funktion einen kombinatorischen Schaltkreis über der Standardbibliothek STD gibt.

8.2.1   Darstellungssatz

Die Idee besteht darin, die kanonische DNF oder eine andere DNF einer Booleschen Funktion eins zu eins durch einen kombinatorischen Schaltkreis zu realisieren. Hierzu muss zuerst überlegt werden, wie ein „großes" AND (bzw. ein „großes" OR) als kombinatorischer Schaltkreis realisiert werden kann.

Hierzu betrachten wir kombinatorische Schaltkreise, deren zu Grunde liegender Graph ein Baum ist.

Definition 8.6:   *Baum*

Ein *Baum* ist ein zykelfreier gerichteter Graph $G = (V, E)$, für den gilt:

- $\texttt{outdeg}(v) \leq 1$ für alle $v \in V$

- es existiert genau ein v mit $\texttt{outdeg}(v) = 0$

Ein Beispiel ist in Abbildung 8.8 angegeben. Die Quellen eines Baumes heißen *Blätter*, die Senke *Wurzel*.

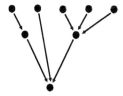

Abbildung 8.8: *Beispiel eines (nichtbinären) Baumes*

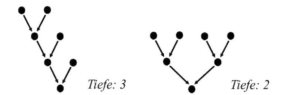

Tiefe: 3   *Tiefe: 2*

Abbildung 8.9: *Zwei binäre Bäume mit gleicher Knotenanzahl, aber unterschiedlicher Tiefe*

Der Baum heißt *binär*, falls `indeg`$(v) = 2$ für alle Knoten v gilt, die keine Blätter sind. Abbildung 8.9 zeigt zwei binäre Bäume.

Ordnet man nun jedem inneren Knoten eines binären Baumes das Gatter AND $\in$ STD zu, so berechnet der resultierende kombinatorische Schaltkreis (aufgrund der Assoziativität der Konjunktion) das logische Und seiner Blätter (siehe Abbildung 8.10 zur Illustration).

Lemma 8.2

Die Boolesche Funktion $konjunktion_n \in \mathbb{B}_n$ mit $n \geq 2$ und

$$konjunktion_n(x_1, x_2 \ldots, x_n) = x_1 \cdot x_2 \cdot \ldots \cdot x_n$$

kann durch einen kombinatorischen Schaltkreis mit $n - 1$ binären Gattern aus der Standardbibliothek STD realisiert werden.

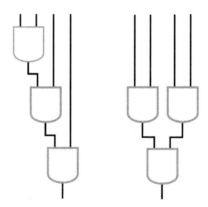

Abbildung 8.10: *Realisierung der AND-Verknüpfung von vier Booleschen Werten durch „binäre Bäume"*

Analog überlegt man sich.

Lemma 8.3

Die Boolesche Funktion $disjunktion_n \in \mathbb{B}_n$ mit $n \geq 2$ und

$$disjunktion_n(x_1, x_2 \ldots, x_n) = x_1 + x_2 + \ldots + x_n$$

kann durch einen kombinatorischen Schaltkreis mit $n-1$ binären Gattern aus der Standardbibliothek STD realisiert werden.

Wir kommen nun zum eigentlichen Darstellungssatz.

Satz 8.1

Sei $f \in \mathbb{B}_{n,m}$. Dann gibt es einen kombinatorischen Schaltkreis, der f berechnet.

Beweis: Zur Illustration der folgenden Ausführungen sei auf Abbildung 8.11 verwiesen.

- Sei $f \in \mathbb{B}_n$. Dann existiert eine DNF $e \in BE(\mathbb{X}_n)$, die f berechnet, d. h. für die $\psi(e) = f$ gilt (siehe Satz 2.2 auf Seite 35). Zu dieser DNF e konstruieren wir wie folgt einen kombinatorischen Schaltkreis SK, der vom Aufbau her Ähnlichkeit mit einem PLA hat. Wir nehmen die DNF der Funktion, bauen einen Schaltkreis für jedes Monom – dazu benötigen wir nur „große" ANDs und Inverter – und setzen diese Teilschaltkreise durch ein „großes" OR zusammen. Dann gilt $f_{SK} = f$.

- Sei $f \in \mathbb{B}_{n,m}$ für ein $m \geq 2$. Wir fassen $f : \mathbb{B}^n \to \mathbb{B}^m$ als Folge von Funktionen $(f_1, \ldots, f_m)$ mit $f_i \in \mathbb{B}_n$ auf. Dann konstruieren wir für jedes f_i wie oben angegeben einen Schaltkreis, der f_i berechnet. Die Eingänge werden wie in Abbildung 8.11 angedeutet zusammengefasst.

◁

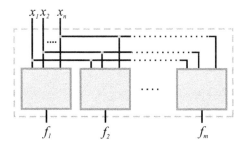

Abbildung 8.11: *Mögliche Realisierung einer Funktion $f \in \mathbb{B}_{n,m}$*

Die Schaltkreise der einzelnen f_i sind zueinander disjunkt, teilen sich bis auf die primären Eingänge keine Teilschaltkreise, realisiert man sie so wie im Beweis angegeben.

Bemerkt werden sollte zudem, dass die Darstellung einer Booleschen Funktion als kombinatorischer Schaltkreis *nicht* eindeutig ist. Als Beispiel hierfür sind zwei verschiedene Realisierungen der EXOR-Funktion in Abbildung 8.12 angegeben.

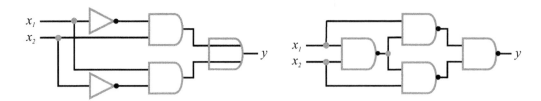

Abbildung 8.12: *Zwei Realisierungen der* EXOR-*Funktion*

8.2.2   Kostenberechnung bei Schaltkreisen

In der Praxis ist aber nicht *irgendein* Schaltkreis zu der zu realisierenden Booleschen Funktion gesucht, sondern ein möglichst kostengünstigster. Üblicherweise misst man die „Qualität" eines Schaltkreises mit zwei Kostenmaßen, die ein Maß für die „Fläche" bzw. für die „Zeit" darstellen.[5]

Wir betrachten im Folgenden nur sogenannte „flache", d. h. nichthierarchische, kombinatorische Schaltkreise über der Standardbibliothek STD.

Definition 8.7:   *Kosten und Tiefe eines Schaltkreises*

Die *Kosten* $C(SK)$ des Schaltkreises SK sind gleich der Anzahl der Modulknoten.

Die *Tiefe* $\mathtt{depth}(SK)$ des Schaltkreises SK ist gleich der Anzahl der Module auf dem längsten Pfad von einem beliebigen primären Eingang x_i zu einem beliebigen primären Ausgang y_j im Schaltkreis.

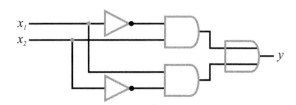

Abbildung 8.13: *Beispiel für Kosten und Tiefe*

Beispiel 8.4

Die Kosten für den in Abbildung 8.13 angegebenen Schaltkreis sind $C(SK) = 5$ und die Tiefe ist $\mathtt{depth}(SK) = 3$.

Typischerweise ist man an der Konstruktion eines „besten" Schaltkreises zu einer zu realisierenden Booleschen Funktion interessiert.

---

[5]Bei modernen Entwurfsprozessen gehen noch weitere Kriterien ein, wie z. B. die Testbarkeit oder der Leistungsverbrauch, die aber im Folgenden nicht berücksichtigt werden.

Definition 8.8

Wir definieren

$$C(f) := \min\{\, C(SK)\,;\ f_{SK} = f\,\}$$

als die *minimalen Kosten* der Darstellungen der Funktion f als Schaltkreis – man spricht in diesem Zusammenhang auch von der *Komplexität* der Booleschen Funktion f – und

$$\texttt{depth}(f) := \min\{\, \texttt{depth}(SK)\,;\ f_{SK} = f\,\}$$

als die *minimale Tiefe* der Darstellungen der Funktion f als Schaltkreis.

Trivialerweise gilt $\texttt{depth}(SK) \leq C(SK)$, womit dann auch $\texttt{depth}(f) \leq C(f)$. Weiterhin ist klar, dass man zu jedem Booleschen Ausdruck, der eine Funktion berechnet, eins zu eins einen Schaltkreis konstruieren kann. Hieraus kann man eine erste allgemeine obere Schranke für die Komplexität von Booleschen Funktionen ableiten.

Lemma 8.4

Es gilt für jede Boolesche Funktion $f \in \mathbb{B}_n$

$$C(f) \leq n \cdot 2^{n+1} - 1.$$

Beweis: Betrachte die kanonische DNF von f. Sie besteht aus einer Disjunktion von bis zu 2^n Mintermen. Zur Realisierung der Disjunktion über der Standardbibliothek STD werden bis zu $2^n - 1$ binäre OR-Gatter benötigt; zur Realisierung eines jeden Minterms $n - 1$ binäre AND-Gatter und bis zu n Inverter. Insgesamt enthält dieser kombinatorische Schaltkreis also bis zu

$$2^n - 1 + 2^n \cdot (n - 1 + n) = 2^n - 1 + 2^n \cdot (2 \cdot n - 1) = n \cdot 2^{n+1} - 1$$

Modulknoten.   ◁

8.2.3   Einfache Ansätze zur Verringerung der Kosten

Eine erste Möglichkeit, Kosten einzusparen, ist das erneute Benutzen bereits berechneter Teilschaltkreise.

Im Gegensatz zu Booleschen Ausdrücken kann man bei Schaltkreisen einen Teilschaltkreis einmal berechnen und dann an mehreren Stellen wieder verwenden. Das bedeutet, dass ein Schaltkreis billiger als ein Boolescher Ausdruck sein kann. So brauchen die Komplemente $\overline{x}_i$ der primären Eingänge nur einmal berechnet zu werden, wie dies in Abbildung 8.14 angedeutet ist. In dem speziellen Beispiel kann ein Inverter eingespart

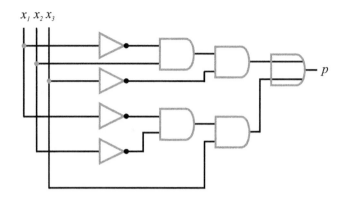

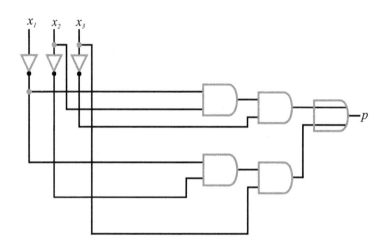

Abbildung 8.14: *Kostenreduktion durch Wiederverwertung von Teilergebnissen. In dem unteren kombinatorischen Schaltkreis werden die Komplemente der primären Eingänge vorberechnet, um dann in mehreren Teilschaltkreisen ohne Zusatzkosten verwendet werden zu können.*

werden, indem die Inverter direkt hinter die primären Eingänge des Schaltkreises gezogen werden. Dadurch wird aus dem oberen Schaltkreis der untere. Die Tiefe wird hierbei nicht verändert, jedoch konnte, wie gesagt, ein Gatter eingespart werden.

Die im letzten Abschnitt angegebene Realisierung einer (kanonischen) DNF einer Booleschen Funktion $f \in \mathbb{B}_n$ (siehe Beweis von Lemma 8.4) erhält mit dieser Transformation das Aussehen

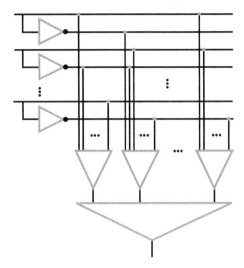

Links sind die primären Eingänge des Schaltkreises gegeben. Der Wert jedes Eingangs liegt sowohl in negierter als auch in nichtnegierter Form vor. Die mittleren Dreiecke deuten den Bereich an, in dem die Eingangswerte AND-verknüpft werden. Das abschließende OR ist durch das untere Dreieck angedeutet.[6] Schaltkreise dieser Form nennt man *zweistufige* AND-OR-*Realisierungen*.

Somit gilt:

Lemma 8.5

Es gilt für jede Boolesche Funktion $f \in \mathbb{B}_n$

$$C(f) \leq n \cdot 2^n + n - 1.$$

Zur Verringerung der Tiefe des Schaltkreises können sogenannte *balancierte binäre Bäume* verwendet werden. Wir nutzen aus, dass die Verknüpfungen $\cdot$ und $+$ assoziativ sind, d. h. dass

$$(\ldots((x_1^{\epsilon_1} \cdot x_2^{\epsilon_2}) \cdot x_3^{\epsilon_3}) \cdot \ldots) \cdot x_n^{\epsilon_n}) \equiv (((x_1^{\epsilon_1} \cdot x_2^{\epsilon_2}) \cdot (x_3^{\epsilon_3} \cdot x_4^{\epsilon_4})) \cdot \ldots))$$

$$(\ldots((x_1^{\epsilon_1} + x_2^{\epsilon_2}) + x_3^{\epsilon_3}) + \ldots) + x_n^{\epsilon_n}) \equiv (((x_1^{\epsilon_1} + x_2^{\epsilon_2}) + (x_3^{\epsilon_3} + x_4^{\epsilon_4})) + \ldots)).$$

gelten. Verschiedene binäre Bäume können daher bei gleicher Knotenanzahl unterschiedliche Tiefen haben, wie das Beispiel in den Abbildungen 8.9 und 8.10 zeigt. Um die Laufzeit einer Schaltung zu reduzieren, ist man daher an einer Konstruktion mit geringer Tiefe interessiert.

---

[6]Man beachte hierbei die Ähnlichkeit mit der PLA-Darstellung. Die AND-Bereiche konstruieren die Monome, die durch den OR-Bereich zu einer DNF zusammengefügt werden.

Lemma 8.6

Für alle $n \in \mathbb{N}$ gibt es einen binären Baum B_n mit n Blättern und Tiefe $\lceil \log n \rceil$.

Der Beweis erfolgt durch Induktion über n (siehe Aufgabe 8.3).

Ein Baum mit n Blättern und der Tiefe $\lceil \log n \rceil$ nennen wir *balanciert*. Wir benutzen dies, um die Monome und das abschließende Oder unseres Schaltkreises zu realisieren und erhalten damit

$$\mathtt{depth}(SK_f) \leq 1 + \lceil \log n \rceil + \lceil \log 2^n \rceil$$
$$= n + \lceil \log n \rceil + 1.$$

Lemma 8.7

Es gilt für jede Boolesche Funktion $f \in \mathbb{B}_n$

$$\mathtt{depth}(f) \leq n + \lceil \log n \rceil + 1.$$

8.2.4 Synthese unter Verwendung der Shannon'schen Dekomposition

Die bisherigen Überlegungen gingen alle in die Richtung, dass versucht wird, eine DNF durch einen kombinatorischen Schaltkreis zu realisieren. Dies ist jedoch eine recht eingeschränkte Betrachtungsweise der Problemstellung. In diesem Abschnitt wird gezeigt, dass durch einfache, rekursive Anwendung der Shannon'schen Dekomposition auf die zu realisierende Boolesche Funktion (siehe Seite 104) „bessere" kombinatorische Schaltkreise erzeugt werden können. Für sie kann eine allgemeine obere Schranke für die Kosten bewiesen werden, die wesentlich, d. h. asymptotisch, kleiner, wenn auch immer noch exponentiell, als die vorhin gezeigte ist. Diese Verbesserung geht ein wenig zu Lasten der Tiefe, die sich aber nur um einen kleinen konstanten Faktor erhöht.

Abbildung 8.15 illustriert, wie die Shannon'sche Dekomposition

$$f = \overline{x}_n \cdot f_{x_n=0} + x_n \cdot f_{x_n=1}$$

einer Booleschen Funktion $f \in \mathbb{B}_n$ eins zu eins in Hardware umgesetzt werden kann.

Wie vorhin können die Inverter wieder direkt hinter die primären Eingänge gezogen werden, sodass dann jeder Teilschaltkreis ohne weitere Zusatzkosten sowohl auf den Wert von x_i als auch auf den komplementierten Wert $\overline{x}_i$ zugreifen kann. Es gilt dann für $f \in \mathbb{B}_n$:

$$C(f) \leq n + C_2(f)$$

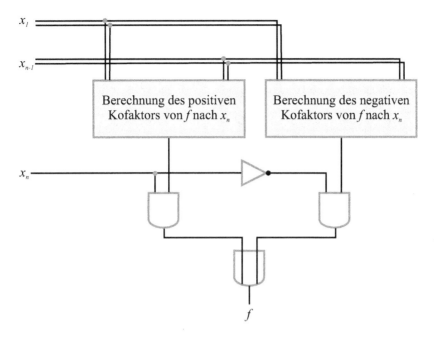

Abbildung 8.15: *Umsetzung der Shannon'schen Dekomposition einer Booleschen Funktion in einem Schaltkreis. Der Block links realisiert den positiven Kofaktor, der Block rechts den negativen Kofaktor von f nach x_n.*

wobei $C_2(f)$ für die Kosten von f ohne Berücksichtigung der Inverter steht. Wir wollen nun die Kosten $C_2(\mathbb{B}_n)$ der bzgl. dem Kostenmaß C_2 teuersten Booleschen Funktion aus $\mathbb{B}_n$ berechnen, d. h.

$$C_2(\mathbb{B}_n) := \max\{\, C_2(f)\,;\ f \in \mathbb{B}_n \,\}.$$

Es gilt

Lemma 8.8

Für alle $n \geq 2$:

$$C_2(\mathbb{B}_n) \leq 2^n - 3$$

Beweis: Die obere Schranke für $C_2(\mathbb{B}_n)$ folgt durch rekursive Anwendung der Shannon'schen Dekomposition auf die beiden in Abbildung 8.15 gezeigten Blöcke. Es gilt

$$C_2(\mathbb{B}_n) \leq \begin{cases} 2 \cdot C_2(\mathbb{B}_{n-1}) + 3, & \text{für } n \geq 3, \\ 1, & \text{für } n = 2 \end{cases}$$

Diese Rekursionsgleichung besagt, dass für die Realisierung einer Booleschen Funktion aus $\mathbb{B}_2$ als kombinatorischer Schaltkreis *ein* binärer Baustein aus der Standardbibliothek STD ausreicht. Hat die zu realisierende Boolesche Funktion f mehr als zwei Eingänge, so sind die beiden Kofaktoren $f_{x_n=1}$ und $f_{x_n=0}$ zu konstruieren und ihre Ausgänge über die drei, in Abbildung 8.15 gezeigten binären Bausteine zusammenzufügen. Die beiden Kofaktoren können als Boolesche Funktionen aus $\mathbb{B}_{n-1}$ angesehen werden – sie hängen nicht mehr von der Belegung der Variablen x_n ab –, sodass $C_2(f_{x_n=1}) \leq C_2(\mathbb{B}_{n-1})$ und $C_2(f_{x_n=0}) \leq C_2(\mathbb{B}_{n-1})$ gelten.

Wir beweisen die Aussage des Lemmas nun mit Induktion nach n.

Für $n = 2$ gilt wie oben bereits bemerkt $C_2(\mathbb{B}_2) = 1$ und wegen $2^2 - 3 = 1$ folgt die Aussage für diesen Fall.

Wir nehmen nun an, dass $C_2(\mathbb{B}_{n_0})$ für ein $n_0 \geq 2$ schon bewiesen ist. Dann gilt

$$
\begin{aligned}
C_2(\mathbb{B}_{n_0+1}) &\leq 2 \cdot C_2(\mathbb{B}_{n_0}) + 3 \\
&\leq 2 \cdot (2^{n_0} - 3) + 3, \text{ da die Aussage für } n_0 \text{ gilt} \\
&= 2^{n_0+1} - 6 + 3 \\
&= 2^{n_0+1} - 3.
\end{aligned}
$$

Damit gilt die Aussage auch für $n_0 + 1$ und somit für alle $n \geq 2$.

$\triangleleft$

Satz 8.2

Für alle $n \geq 2$ und alle $f \in \mathbb{B}_n$ gilt

$$
C(f) \leq 2^n + n - 3 \quad \text{und} \quad \mathtt{depth}(f) \leq 3 \cdot n - 5
$$

Beweis: Der erste Teil der Aussage folgt unmittelbar aus dem gerade bewiesenen Lemma:

$$
\begin{aligned}
C(f) &\leq n + C_2(f) \\
&\leq n + \mathtt{max}\{\, C_2(f)\,;\ f \in \mathbb{B}_n \,\} \\
&= n + C_2(\mathbb{B}_n) \\
&\leq n + 2^n - 3.
\end{aligned}
$$

Die obere Schranke in Bezug auf die Tiefe $\mathtt{depth}(f)$ überlegt man sich anhand der Abbildung 8.15. Wird f rekursiv nach jeder Variablen gemäß der Shannon'schen Dekomposition zerlegt, so erhält man n Stufen. Auf jeder Stufe werden die beiden Teilergebnisse der darüberliegenden Stufe mit einem Teilschaltkreis der Tiefe 3 (Inverter → AND-Gatter → OR-Gatter) zusammengefügt, sodass $C(f) \leq 3 \cdot n$ gilt. Man bemerke, dass man die Rekursion bereits abbrechen kann, wenn nach $n - 2$ Variablen zerlegt worden ist. Die Restfunktionen sind dann alle nur noch über zwei Variablen definiert, können also durch einen Schaltkreis der Tiefe 1 realisiert werden, so dass sogar $C(f) \leq 3 \cdot n - 5$ gilt.

$\triangleleft$

8.2.5   Abbildung von Decision Diagrams

Der wohl einfachste Ansatz zur Generierung eines mehrstufigen Schaltkreises ausgehend von den bisher bekannten Techniken ist die Verwendung von Entscheidungsdiagrammen. Hierbei wird jeder Knoten des DDs durch einen entsprechenden Teilschaltkreis ersetzt, der sich direkt aus der Zerlegungsfunktion, d. h. Shannon, positiv oder negativ Davio, ableitet.

Den zu einem DD gehörenden Schaltkreis erhält man, indem man den zu Grunde liegenden Graphen in topologischer Ordnung [9] traversiert und an jedem Knoten den entsprechenden Teilschaltkreis – definiert über der Standardbibliothek STD – einsetzt. Die Tiefe der Schaltung wächst im schlechtesten Fall linear mit der Anzahl der Variablen, wenn wir von geordneten DDs ausgehen. Die Größe korrespondiert eins zu eins mit der Anzahl der Knoten im Graphen des DDs.

Beispiel 8.5

Betrachte das KFDD auf der linken Seite in Abbildung 8.16. Die gewählte DTL ist $d = (\text{S},\text{pD},\text{nD},\text{S})$ und die repräsentierte Funktion ist gegeben als

$$f(x_1, x_2, x_3, x_4) = (\overline{x}_1 \cdot x_2 \cdot \overline{x}_3) \oplus (x_1 \cdot \overline{x}_2 \cdot \overline{x}_3) \oplus (\overline{x}_2 \cdot x_3 \cdot x_4) \oplus (x_1 \cdot x_2).$$

Ein Punkt auf einer Kante bedeutet, dass es sich um eine Komplementkante handelt, d. h. die Funktion muss invertiert interpretiert werden.

Der aus dem KFDD resultierende Schaltkreis ist auf der rechten Seite von Abbildung 8.16 gezeigt. Im Gegensatz zu den Graphen in Kapitel 6 steht der Schaltkreis hier „auf dem Kopf", um die strukturelle Ähnlichkeit zum KFDD zu zeigen. Die zu den einzelnen Zerlegungsfunktionen korrespondierenden Teilschaltungen sind in den gestrichelten Kästen zu sehen.

Manche der Teilschaltkreise können weiter vereinfacht werden, wenn sie mit konstanten Werten verbunden sind. So kann z. B. der mit x_4 markierte Knoten in der Abbildung durch einen einzelnen Inverter ersetzt werden.

Analoge Betrachtungen gelten auch für eingeschränkte Varianten von OKFDDs, wie z. B. BDDs.

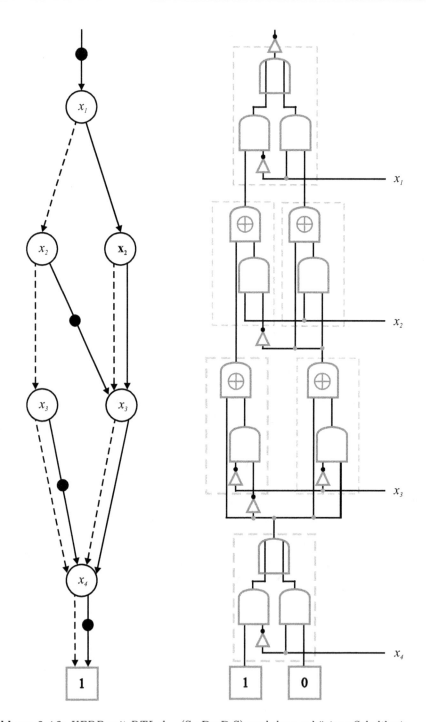

Abbildung 8.16: KFDD mit DTL d = (S,pD,nD,S) und dazu gehöriger Schaltkreis

8.2.6   Funktionale Dekomposition Boolescher Funktionen

Die in Abschnitt 8.2.4 vorgestellte Zerlegung einer Booleschen Funktion mittels Shannon'scher Dekomposition ist ein Spezialfall einer wesentlich allgemeineren Methode, der *funktionalen Dekomposition*. Abbildung 8.17 illustriert diese allgemeinere Zerlegungsmethode, die wie folgt formal definiert werden kann.

Definition 8.9

Es sei $f \in \mathbb{B}_n$ eine Boolesche Funktion über der Variablenmenge $\mathbb{X}_n$. Es sei weiter $(\mathbb{X}_1, \mathbb{X}_2)$ eine Partitition von $\mathbb{X}_n$, d. h. $\mathbb{X}_1 \cup \mathbb{X}_2 = \mathbb{X}_n$ und $\mathbb{X}_1 \cap \mathbb{X}_2 = \emptyset$, und es gelte (ohne Beschänkung der Allgemeinheit) $\mathbb{X}_1 = \{x_1, x_2, \ldots, x_p\}$ und $\mathbb{X}_2 = \{x_{p+1}, \ldots, x_{n-1}, x_n\}$ für ein $1 \leq p < n$. Dann heißt das Tripel (α, β, γ) *funktionale Dekomposition* von f bzgl. der Partition $(\mathbb{X}_1, \mathbb{X}_2)$, wenn gilt

- $\alpha \in \mathbb{B}_{p,r}$, $\beta \in \mathbb{B}_{n-p,s}$ und $\gamma \in \mathbb{B}_{r+s}$ für ein $r \geq 1$ und ein $s \geq 1$

- $f = (\alpha \times \beta) \circ \gamma$, d. h. für jede Belegung $a = (a_1, \ldots, a_n)$ der Variablen gilt

$$f(a) = \gamma(\alpha(a_1, a_2, \ldots, a_p), \beta(a_{p+1}, \ldots, a_{n-1}, a_n))$$

Die Booleschen Funktionen α und β heißen *Zerlegungsfunktionen* von f, γ heißt *Zusammensetzungsfunktion* der Zerlegung.

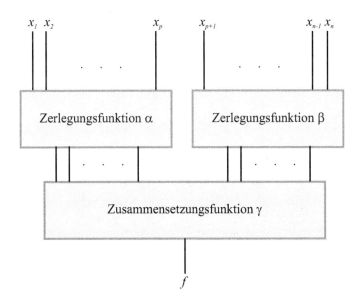

Abbildung 8.17: *Funktionale Dekomposition einer Booleschen Funktion*

Wir wollen die Idee an einem Beispiel erläutern, ohne jedoch auf algorithmische Details einzugehen. Eine detaillierte Ausarbeitung dieses Ansatzes findet man in [21].

Beispiel 8.6

Betrachte die Boolesche Funktion $s_4^6 \in \mathbb{B}_6$, die durch

$$s_4^6(x_1, \ldots, x_6) = 1 \iff \sum_{i=1}^{6} x_i \geq 4$$

definiert ist. Dieser Typ von Booleschen Funktionen – sie werden *Schwellenfunktionen* genannt – wurde bereits in den Übungsaufgaben 6.5 und 7.12 betrachtet. Um zu der Funktion s_4^6 eine funktionale Dekomposition bzgl. der Partition ($\{x_1, x_2, x_3\}$, $\{x_4, x_5, x_6\}$) konstruieren zu können, ist zu überlegen, welche Information über die Belegung der Variablen x_1, x_2, x_3 eine Zerlegungsfunktion α an eine Zusammensetzungsfunktion γ weiterleiten muss, damit diese die Funktion s_4^6 immer noch „rekonstruieren" kann. In dem vorliegenden Beispiel interessiert natürlich nur, wie viele der drei Variablen x_1, x_2, x_3 mit dem Wert 1 belegt sind. Für α kann man also einen Baustein einsetzen, der angesetzt auf drei Boolesche Werte ihre Summe als Binärdarstellung (c_α, s_α) berechnet, d. h.

$$x_1 + x_2 + x_3 = 2 \cdot c_\alpha + s_\alpha.$$

Die Symbole „$+$" und „$\cdot$" stehen an dieser Stelle für die Addition und Multiplikation ganzer Zahlen. Einen solchen Baustein werden wir in dem nächsten Kapitel (siehe Abschnitt 9.2.1 über sogenannte *Volladdierer*) noch kennenlernen. Analog kann für die Zerlegungsfunktion β ein solcher Volladdierer verwendet werden, der die Summe (c_β, s_β) der Belegungen der Variablen x_4, x_5, x_6 berechnet. Die Zusammensetzungsfunktion γ erhält diese vier Booleschen Werte $c_\alpha, s_\alpha, c_\beta, s_\beta$ als Eingabewerte. Es ist leicht nachzuprüfen, dass

$$(c_\alpha = c_\beta = 1) \text{ oder } ((s_\alpha = s_\beta = 1) \text{ und } (c_\alpha = 1 \text{ oder } c_\beta = 1))$$

genau dann wahr ist, wenn

$$\sum_{i=1}^{6} x_i \geq 4$$

gilt. Der so konstruierte kombinatorische Schaltkreis ist in Abbildung 8.18 zu sehen.

8.2.7   Schaltungstransformationen

Bisher wurden bei den betrachteten Schaltungen meist einfache Grundzellen verwendet, wie z. B. die in der Standardbiliothek STD verfügbaren. Bei der Beschreibung komplexer Schaltungen kann es jedoch gewollt sein, dass während der Optimierungsphase auch komplexere Zellen betrachtet werden, die erst in einer späteren Entwurfsphase auf eine

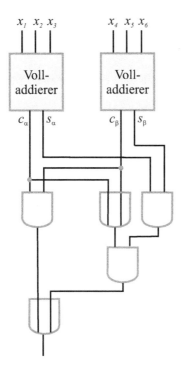

Abbildung 8.18: *Funktionale Dekomposition der Booleschen Funktion s_4^6*

technologiespezifische Zellenbibliothek abgebildet werden. Die durch die internen Knoten realisierten Booleschen Funktionen liegen in einem solchen Szenario in der Regel als DNF oder KNF vor.

Im Folgenden werden elementare Transformationen angegeben, die verwendet werden können, um die Kosten eines solch strukturierten Schaltkreises zu minimieren. Da die Knoten nicht über einer Menge von Grundgattern gegeben sind, muss man sich zunächst ein Maß für die Kosten überlegen. Wir verwenden hier, wie in der Praxis üblich (siehe z. B. [21, 37]), die *Anzahl der Literale* in der funktionalen Beschreibung des jeweiligen inneren Knotens, da dies in der Regel in nahe liegender Weise zu der Anzahl der binären Gatter korrespondiert, die benötigt wird, um die Funktion des Knotens zu realisieren. Die Kosten des Gesamtschaltkreises ergibt sich dann aus der Summe der Kosten der einzelnen inneren Knoten. Natürlich muss auch die Tiefe der Schaltkreise berücksichtigt werden. Da wir an dieser Stelle nur die Grundidee zu Schaltkreistransformationen geben wollen, lassen wir dies hier aber unberücksichtigt.

Zu den einzelnen kurzen Beschreibungen werden Beispiele angegeben, die die jeweilige Transformation verdeutlichen. Die angegebenen Transformationen bilden die Grundlage vieler heute im Einsatz befindlichen Werkzeuge zur Minimierung von Schaltkreisen. In den Werkzeugen werden Heuristiken eingesetzt, um zu bestimmen, welche Transformationen in welcher Reihenfolge angewandt werden sollen.

Exkurs: Division Boolescher Funktionen ▷ ▷ ▷

Eine Grundlage der im Folgenden vorgestellten Transformationen ist die *Division Boolescher Funktionen*. Sind e und f zwei Boolesche Funktionen, dann ist das Ziel der (Booleschen) Division, Funktionen h und r der Art zu finden, dass

$$e = f \cdot h + r$$

gilt, d. h. man will die Boolesche Funktion e unter Verwendung der Booleschen Funktion f ausdrücken bzw. realisieren.

Um den Lösungsraum der Division Boolescher Funktionen einzuschränken, genau genommen um eine wohldefinierte Operation zu erhalten, müssen noch zusätzliche Eigenschaften von h und r gefordert werden. Details zu dieser sogenannten *algebraischen Division* und ihrer Realisierung können zum Beispiel in [21] nachgelesen werden.

                                                                    ◁ ◁ ◁

Eliminierung

Bei der Eliminierung eines internen Knotens werden alle Vorkommen dieses Knotens in den Nachfolgeknoten durch die Beschreibung des Knotens ersetzt; der Knoten selbst wird gelöscht.

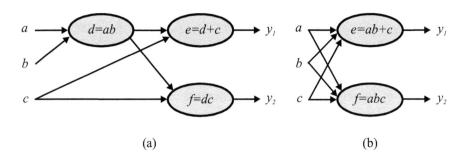

(a)   (b)

Abbildung 8.19: *Beispiel für Eliminierung*

Beispiel 8.7

Betrachte den Schaltkreis in Abbildung 8.19 (a). Wenn der Knoten d aus dem Schaltkreis eliminiert werden soll, so bedeutet dies, dass d in den Ausdrücken $e = d + c$ und $f = d \cdot c$ durch $a \cdot b$ ersetzt werden muss. Der resultierende Schaltkreis ist in Abbildung 8.19 (b) angegeben.

Dekomposition

Bei der Dekomposition eines internen Knotens wird dieser durch (mindestens) zwei Knoten ersetzt, die jeweils „Teile der Knotenfunktion" darstellen.

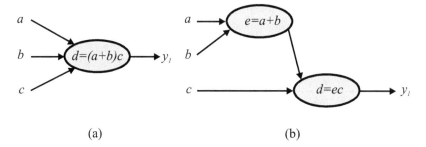

(a)   (b)

Abbildung 8.20: *Beispiel für Dekomposition*

Beispiel 8.8

Eine Möglichkeit, den Knoten d in Abbildung 8.20 (a) zu zerlegen, ist die Erzeugung eines neuen Knotens $e = a + b$. Dann kann d durch $e \cdot c$ beschrieben werden. Der nach der Aufteilung resultierende Schaltkreis ist in Abbildung 8.20 (b) gezeigt.

Extraktion

Bei der Extraktion versucht man, gemeinsame Teilausdrücke von (mindestens) zwei Knoten zu finden. Nachdem ein neuer Knoten für den Teilausdruck erzeugt wurde, können andere Knoten vereinfacht werden. Somit handelt es sich bei der Extraktion um die zur Eliminierung inversen Operation.

Beispiel 8.9

Man betrachte erneut Abbildung 8.19 (b). Ein gemeinsamer Teilausdruck von $e = a \cdot b + c$ und $f = a \cdot b \cdot c$ ist $a \cdot b$. Wenn ein neuer Knoten $d = a \cdot b$ erzeugt wird, können die Ausdrücke für e und f vereinfacht werden (siehe Abbildung 8.19 (a)).

Vereinfachung

Bei der Vereinfachung – auch *Simplifikation* genannt – wird die an einem Knoten dargestellte Funktion vereinfacht. Ist der Knoten z. B. durch eine DNF repräsentiert, können die in Kapitel 7 beschriebenen Verfahren verwendet werden. Wird der Träger der Funktion beeinflusst, so kann dies auch nichtlokale Effekte haben.

Beispiel 8.10

Betrachte Knoten $e = d \cdot b \cdot c + b \cdot c$ in Abbildung 8.21 (a). Der Ausdruck ist äquivalent zu $b \cdot c$. Daher kann der Knoten d gelöscht werden. Der resultierende Schaltkreis ist in Abbildung 8.21 (b) zu sehen. Es zeigt sich, dass die durch den Schaltkreis berechnete Funktion nicht von a abhängt.

Substitution

Durch das Hinzufügen eines Knotens kann häufig eine kompaktere Darstellung erzielt werden. Es werden Redundanzen erzeugt, die weitere Optimierungsschritte zulassen.

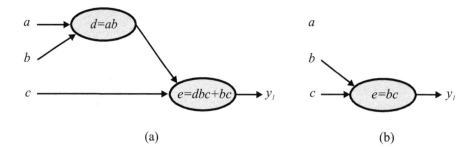

(a)   (b)

Abbildung 8.21: *Beispiel für Vereinfachung*

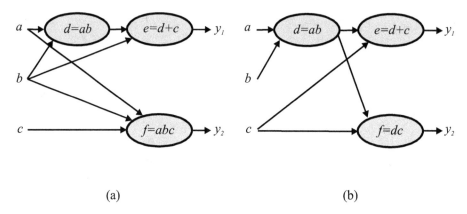

(a)   (b)

Abbildung 8.22: *Beispiel für Substitution*

Beispiel 8.11

Betrachte den Knoten $f = a \cdot b \cdot c$ in Abbildung 8.22 (a). Da der Ausdruck $a \cdot b$ schon durch den Knoten d berechnet wird, kann der Knoten für f zu $f = d \cdot c$ vereinfacht werden. Das Resultat ist in Abbildung 8.22 (b) angegeben.

8.3   Übungsaufgaben

Aufgabe 8.1

Überlegen Sie sich, welches funktionale Verhalten der in Abbildung 8.5 gezeigte nichtkombinatorische Schaltkreis besitzt.

Aufgabe 8.2

Beweisen Sie, dass der kombinatorische Schaltkreis in Abbildung 8.12 rechts die EXOR-Funktion realisiert.

Aufgabe 8.3

Beweisen Sie Lemma 8.6 durch Induktion über n.

Aufgabe 8.4

Der in Abschnitt 8.2.4 zu einer Booleschen Funktion $f \in \mathbb{B}_n$ konstruierte kombinatorische Schaltkreis kann für ausreichend großes n weiter verbessert werden, indem man *alle* Booleschen Funktionen aus $\mathbb{B}_k$ für ein spezielles $k < n$ vorberechnet. Ein solcher kombinatorischer Schaltkreis hat k Eingänge und 2^{2^k} Ausgänge.

1. Überlegen Sie sich, wie ein solcher kombinatorischer Schaltkreis, der *alle* 2^{2^k} Booleschen Funktionen aus $\mathbb{B}_k$ realisiert, rekursiv aufgebaut werden kann. (Hinweis: Verwenden Sie für jeden der Ausgänge wieder die Shannon'sche Dekomposition!)

2. $C_2(k)$ bezeichne eine obere Schranke für die Anzahl der verwendeten binären Bausteine in diesem kombinatorischen Schaltkreis. Überlegen Sie, dass für alle $k \geq 2$

$$C_2(k) \leq \begin{cases} 16, & \text{falls } k = 2 \\ C_2(k-1) + 3 \cdot 2^{2^k}, & \text{falls } k \geq 3 \end{cases}$$

gilt.

3. Schätzen Sie $C_2(k)$ möglichst gut nach oben ab, indem Sie die im Punkt 2 angegebene Rekursionsgleichung möglichst gut auflösen.

4. Überlegen Sie sich, wie der in dieser Aufgabe konstruierte kombinatorische Schaltkreis eingesetzt werden kann, um das in Abschnitt 8.2.4 vorgestellte Syntheseverfahren so zu verändern, dass kostengünstigere kombinatorische Schaltungen entstehen. Wie sollte in diesem Zusammenhang k (in Abhängigkeit von n) gewählt werden?

Aufgabe 8.5

Betrachten Sie die Boolesche Funktion $f = x_1 \cdot x_2 + x_3 \cdot x_4$.

1. Konstruieren Sie den reduzierten und geordneten BDD *ohne* Komplementkanten für diese Boolesche Funktion. Verwenden Sie dazu eine beliebige Variablenordnung.

2. Konstruieren Sie nun ausgehend von dem DD eine Schaltung über der Standardbibliothek STD.

3. Betrachten Sie anschließend den reduzierten und geordneten BDD *mit* Komplementkanten für f – mit der gleichen Variablensortierung – und konstruieren Sie erneut die entsprechende Schaltung über STD.

4. Was können Sie beobachten? Welche Größenreduktion kann maximal durch den Einsatz von Komplementkanten erreicht werden?

Aufgabe 8.6

In Abschnitt 8.2.5 wurde am Ende von Beispiel 8.5 schon darauf hingewiesen, dass die aus OKFDDs resultierenden Schaltungen oftmals noch weiter (lokal) vereinfacht werden können. Unter welchen Bedingungen kann eine Schaltung vereinfacht werden? Führen Sie die Betrachtungen für OKFDDs mit und ohne Komplementkanten durch. (*Hinweis:* Betrachten Sie Knoten, die auf konstante Werte, d.h. Terminalknoten, verweisen. Unterscheiden Sie bei OKFDDs bezüglich des verwendeten Dekompositionstyps.)

Aufgabe 8.7

Realisieren Sie die Schwellenfunktion $s_3^5 \in \mathbb{B}_5$, die durch

$$s_3^5(x_1, \ldots, x_5) = 1 \iff \sum_{i=1}^{5} x_i \geq 3$$

definiert ist, mittels funktionaler Dekomposition.

Aufgabe 8.8

Eine funktionale Dekomposition (α, β, γ) einer Booleschen Funktion $f \in \mathbb{B}_n$ mit $\alpha \in \mathbb{B}_{p,r}$ und $\beta \in \mathbb{B}_{n-p,s}$ heißt *nichttrivial*, wenn die Zusammensetzungsfunktion γ weniger Eingänge als f hat, d.h. wenn $r + s < n$ gilt.

Zeigen Sie, dass es zu jeder Booleschen Funktion $f \in \mathbb{B}_n$ mit $n \geq 4$ eine nichttriviale funktionale Dekomposition gibt.

Aufgabe 8.9

Zeigen Sie, dass die Division Boolescher Funktionen nicht wohldefiniert ist. Das heißt, überlegen Sie sich zwei Boolesche Funktionen e und f, sodass h und r mit $e = f \cdot h + r$ nicht eindeutig bestimmt sind.

Aufgabe 8.10

Betrachten Sie die Boolesche Funktion $\text{EXOR}_4 = x_1 \oplus x_2 \oplus x_3 \oplus x_4$ und die zweistufige Darstellung der Funktion – bei dieser Funktion ist das Minimalpolynom eindeutig. Wenden Sie Schaltkreistransformationen an, um die Kosten – gemessen in der Anzahl der benötigten Literale – zu reduzieren.

9 Grundlegende Schaltungen

In den vorangegangenen beiden Kapiteln wurden Verfahren vorgestellt, wie man ausgehend von einer Booleschen Funktion eine zwei- bzw. mehrstufige kombinatorische Schaltung erzeugen kann. Diese Verfahren lassen sich auf beliebige Boolesche Funktionen anwenden. Die Laufzeiten dieser Verfahren können jedoch sehr hoch sein. So hat das Verfahren von Quine/McCluskey im sogenannten „worst case" eine Laufzeit, die exponentiell in der Anzahl der Booleschen Variablen sein kann, über denen die betrachtete Boolesche Funktion definiert ist. KFDDs und BDDs können, ebenfalls im schlechtesten Fall, exponentielle Größe in der Anzahl der Variablen einer Booleschen Funktion haben. Zu Booleschen Funktionen, auf denen sich ein solches exponentielles Verhalten zeigt, können mit den vorgestellten Verfahren keine optimalen Realisierungen berechnet werden. Es gibt aber Funktionen, denen im Rahmen der Schaltungsrealisierung eine besondere Bedeutung zukommt, da sie sehr häufig verwendet werden. Für diese sollten besonders effiziente Realisierungen zur Verfügung stehen.

In diesem Kapitel werden für einige dieser speziellen Funktionen Schaltkreise angegeben. Eine besondere Rolle spielt hierbei die Addition, da aus ihr verschiedene andere Schaltungen abgeleitet werden können. Es werden alternative Realisierungsmöglichkeiten vorgestellt und deren Vor- und Nachteile, insbesondere in Bezug auf die im vorherigen Kapitel eingeführten Kostenmaße, diskutiert.

Es werden für die Beschreibung der kombinatorischen Schaltkreise zum Teil *rekursive* (graphische) Spezifikationen verwendet. Dies erlaubt insbesondere, die kombinatorischen Schaltkreise einfacher analysieren zu können. Der Ansatz geht auf frühere Arbeiten der Autoren aus dem Sonderforschungsbereich 124 „VLSI-Entwurfsmethoden und Parallelität" (siehe z. B. [2, 3]) zurück. Die entsprechenden Abschnitte folgen zum Teil [13], [18] und [17].

Vorbemerkungen

Bevor wir auf Addierer eingehen, geben wir zur Erinnerung nochmals die Notation für Zahlendarstellungen an, wie sie in Abschnitt 3.3.1 eingeführt worden sind.

Sei $a := a_n \, a_{n-1} \ldots a_0, \, a_{-1} \ldots a_{-k}$ eine mit einem Komma versehene Folge von Ziffern aus der Symbolmenge Z eines Stellenwertsystems zur Basis b. Interpretiert man a als *vorzeichenbehaftete* Festkommazahl, so hängt die durch a dargestellte Zahl nur vom Vorzeichenbit a_n und

$$\langle a \rangle_b := \sum_{i=-k}^{n-1} a_i \cdot b^i$$

ab.

Im Folgenden betrachten wir nur Binärzahlen, d. h. den Fall $a_i \in \{0, 1\}$ und $b = 2$, wobei angemerkt werden soll, dass sich viele der Resultate direkt auf den allgemeinen Fall verallgemeinern lassen. Zudem betrachten wir nur Festkommazahlen ohne Nachkommastellen, d. h. $k = 0$. Auch dies ist keine wesentliche Einschränkung. Alle folgenden Überlegungen sind leicht auf den Fall von Festkommazahlen *mit* Nachkommazahlen verallgemeinerbar. Auch schreiben wir der Übersichtlichkeit wegen die Basis nicht mehr an die Zahlendarstellung.

Für die Konstruktion eines Schaltkreises für eine arithmetische Operation ist natürlich auch die Zahlendarstellung von großer Bedeutung. Die Betrachtungen im Folgenden beziehen sich auf Zahlen in *Zweier-Komplement-Darstellung* ohne Nachkommastellen.

Es gilt für die Zweier-Komplement-Darstellung, dass $a := a_n\, a_{n-1} \ldots a_0$ die ganze Zahl

$$[a] := \langle a \rangle - a_n \cdot 2^n$$

darstellt.

Eine im Folgenden sehr nützliche Rechenregel für Zweier-Komplement-Darstellungen ist die in Lemma 3.2 vorgestellte: Sei $a := a_n \ldots a_0$, dann gilt

$$-[a] = [\overline{a}] + 1,$$

wobei $\overline{a}$ als $\overline{a} := \overline{a}_n\, \overline{a}_{n-1} \ldots \overline{a}_0$ mit $\overline{0} = 1$ und $\overline{1} = 0$ definiert ist [1]. Man erhält also die Zweier-Komplement-Darstellung der negativen Zahl $-[a]$, indem man alle Bits a_i von a invertiert und den Wert 1 zum Ergebnis hinzuaddiert.

Diese letzte Beobachtung ermöglicht es, die Subtraktion von Zahlen in Zweier-Komplement-Darstellung auf die Addition zurückzuführen. Es gilt für je zwei Darstellungen $a := a_n \ldots a_0$ und $b := b_n \ldots b_0$

$$[b] - [a] = [b] + (-[a]) = [b] + [\overline{a}] + 1,$$

unabhängig von dem Vorzeichenbit von a und b.

Die Addition ist eine sehr grundlegende Funktion, die schon – jedenfalls im Dezimalsystem – aus der Grundschule bekannt ist. Die sogenannte *Schulmethode* geht so vor, dass beginnend an der niederwertigsten Stelle, also an der 0-ten Stelle, die beiden Ziffern der Operanden aufaddiert werden. Ein eventueller Übertrag wird an die nächst höherwertige Stelle weitergegeben, an der wiederum die beiden Ziffern zusammen mit dem eingehenden Übertrag addiert werden. Dies wird fortgesetzt, bis man an der höchstwertigsten Stelle angekommen ist. Ähnlich kann im Binärsystem vorgegangen werden. Es wird die sogenannte *formale Summe* der beiden Operanden gebildet.

---

[1]Es ist zu bemerken, dass das Symbol „ + " in obiger Formel die Addition ganzer Zahlen darstellt; im Folgenden sollte jeweils aus dem Kontext ersichtlich sein, ob „ + " für die Disjunktion Boolescher Werte oder für die Addition ganzer Zahlen steht.

Definition 9.1:   *Formale Summe*

Die *formale Summe* der beiden Bitfolgen $a = a_n \ldots a_0$ und $b = b_n \ldots b_0$ ist gegeben durch die Bitfolge $s = s_n \ldots s_0$, die durch

$$s_i := (a_i + b_i + c_{i-1}) \bmod 2$$

$(i = 0, \ldots, n)$ definiert ist, mit

$$\forall i \in \{-1, 0, \ldots, n\} : \quad c_i := \begin{cases} 0, & \text{falls } i = -1 \\ (a_i + b_i + c_{i-1}) \text{ div } 2, & \text{falls } i \geq 0. \end{cases}$$

Ist $c_{-1} = 1$, so sprechen wir von der *formalen Summe plus* 1 der Bitfolgen a und b.[2]

Die Bitfolge $s_{n+1} s_n \ldots s_0$ mit

$$s_{n+1} = (a_n + b_n + c_n) \bmod 2$$

nennt man *erweiterte formale Summe* (bzw. *erweiterte formale Summe plus* 1) von a und b.

Die s_i's werden *Summenbits*, die c_j's *Übertragsbits* genannt.

Betrachtet man vorzeichenlose Binärzahlen d. h. Festkommazahlen a und b mit $a_n = b_n = 0$, so stellt die formale Summe (bzw. die formale Summe plus 1) in der Tat die Summe (bzw. die Summe plus 1) von a und b dar. Dies ist recht einfach einzusehen und wird in Lemma 9.1 formal bewiesen.

Lemma 9.1

Sei $c_{-1} \in \{0, 1\}$ beliebig. Für alle $a = a_n a_{n-1} \ldots a_0$ und $b = b_n b_{n-1} \ldots b_0$ mit $a_n = b_n = 0$ gilt für die formale Summe $s_n s_{n-1} \ldots s_0$ von a und b

$$\sum_{i=0}^{n-1} a_i \cdot 2^i + \sum_{i=0}^{n-1} b_i \cdot 2^i + c_{-1} = \sum_{i=0}^{n} s_i \cdot 2^i,$$

d. h.

$$\langle a \rangle + \langle b \rangle + c_{-1} = \sum_{i=0}^{n} s_i \cdot 2^i.$$

---

[2]Ist die Belegung von c_{-1} aus dem Kontext bekannt, so sprechen wir der Einfachheit halber auch einfach nur von der *formalen Summe* von a und b, ohne explizit anzugeben, ob es nun die formale Summe plus 1 oder die „einfache" formale Summe ist.

Beweis:

Das Lemma beweist man durch Induktion nach n. Wesentlich für den Beweis ist die Beobachtung, dass für alle $\alpha \in \{0, 1, 2, 3\}$ die Gleichung

$$(\alpha \text{ mod } 2) + 2 \cdot (\alpha \text{ div } 2) = \alpha$$

gilt, was durch Fallunterscheidung nach α leicht nachzuprüfen ist.

Zum Beweis der Aussage für $n = 1$, setzt man in der obigen Gleichung α gleich $a_0 + b_0 + c_{-1}$, so dass mit $a_1 = b_1 = 0$

$$
\begin{aligned}
s_0 + 2 \cdot s_1 &= ((a_0 + b_0 + c_{-1}) \text{ mod } 2) + 2 \cdot ((a_1 + b_1 + c_0) \text{ mod } 2) \\
&= ((a_0 + b_0 + c_{-1}) \text{ mod } 2) + 2 \cdot c_0 \\
&= ((a_0 + b_0 + c_{-1}) \text{ mod } 2) + 2 \cdot ((a_0 + b_0 + c_{-1}) \text{ div } 2) \\
&= a_0 + b_0 + c_{-1}
\end{aligned}
$$

gilt.

Nimmt man nun an, dass für ein $n \geq 2$ die Aussage des Lemmas für alle $k < n$ gilt, so folgt mit

$$
\begin{aligned}
\langle a \rangle + \langle b \rangle + c_{-1} &= \sum_{i=0}^{n-1} a_i \cdot 2^i + \sum_{i=0}^{n-1} b_i \cdot 2^i + c_{-1} \\
&= (a_{n-1} + b_{n-1}) \cdot 2^{n-1} + \left(\sum_{i=0}^{n-2} a_i \cdot 2^i + \sum_{i=0}^{n-2} b_i \cdot 2^i + c_{-1} \right) \\
&= (a_{n-1} + b_{n-1}) \cdot 2^{n-1} \\
&\quad + ((0 + 0 + c_{n-2}) \text{ mod } 2) \cdot 2^{n-1} + \sum_{i=0}^{n-2} s_i \cdot 2^i \\
&= (a_{n-1} + b_{n-1} + c_{n-2}) \cdot 2^{n-1} + \sum_{i=0}^{n-2} s_i \cdot 2^i \\
&= (s_{n-1} + 2 \cdot s_n) \cdot 2^{n-1} + \sum_{i=0}^{n-2} s_i \cdot 2^i \\
&= \sum_{i=0}^{n} s_i \cdot 2^i,
\end{aligned}
$$

dass die Aussage auch für n gilt. Die dritte Gleichung folgt mit der Induktionsvoraussetzung, die vorletzte Gleichung analog zu den obigen Überlegungen zur Induktionsverankerung. ◁

Man überlegt sich, dass die Aussage von Lemma 9.1 auch für den Fall $a_n = b_n = 1$ gültig ist, d. h. die Gleichung

$$\langle a \rangle + \langle b \rangle + c_{-1} = \sum_{i=0}^{n} s_i \cdot 2^i \tag{9.1}$$

für alle $a = a_n\, a_{n-1} \ldots a_0$ und $b = b_n\, b_{n-1} \ldots b_0$ mit $a_n = b_n$ gilt. Dies folgt analog zu dem obigen Beweis und der Beobachtung, dass die Summe der beiden Vorzeichen modulo 2 null ist, unabhängig davon ob beide null oder beide eins sind.

9.1 Addition in der Zweier-Komplement-Darstellung

Während im Dezimalsystem die Schulmethode das korrekte Ergebnis nur dann liefert, wenn beide Operanden das gleiche Vorzeichen haben, funktioniert die Schulmethode bei Verwendung der Zweier-Komplement-Darstellung unabhängig davon, welches Vorzeichen der einzelne Operand hat. Hierzu erfolgt eine Vorzeichenverdopplung, indem die erweiterte formale Summe, wie in Definition 9.1 eingeführt, berechnet wird. Der folgende Satz 9.1 besagt dann, dass das Ergebnis der Addition genau dann im darstellbaren Bereich von n-Bit Zweier-Komplement-Darstellungen liegt, wenn $s_n = s_{n+1}$ ist. Das n-Bit breite Ergebnis erhält man dann durch „Rückgängigmachen der Vorzeichenverdopplung".

Satz 9.1: *Addition in der Zweier-Komplement-Darstellung*

Seien $a = a_n \ldots a_0$ und $b = b_n \ldots b_0$ zwei Bitfolgen und $s = s_n \ldots s_0$ die formale Summe von a und b. Es gilt

$$[a] + [b] = [s] \iff -2^n \leq [a] + [b] \leq 2^n - 1 \tag{9.2}$$

und

$$-2^n \leq [a] + [b] \leq 2^n - 1 \iff s_{n+1} = s_n \tag{9.3}$$

Wir kommen nun zum Beweis dieses zentralen Satzes.

Beweis:

Wir beweisen zuerst von Gleichung (9.2) die Richtung von links nach rechts. Wir nehmen also an, dass

$$[a] + [b] = [s]$$

gilt. Aus der Definition der Zweier-Komplement-Darstellung folgt

$$-2^n \le [s] \le 2^n - 1$$

also auch

$$-2^n \le [a] + [b] \le 2^n - 1.$$

Zum Beweis der Richtung von rechts nach links von Gleichung (9.2) (und zum Beweis von Gleichung (9.3)) betrachten wir zuerst mal nur die beiden Fälle, in denen die beiden Operanden das gleiche Vorzeichen haben, also $a_n = b_n = 0$ und $a_n = b_n = 1$.

- $a_n = b_n = 0$:

  Dann gilt $c_n = 0$ und $s_{n+1} = 0$.

  Wegen $[a] = \langle a \rangle$, $[b] = \langle b \rangle$ und der Voraussetzung gilt

  $$\langle a \rangle + \langle b \rangle \le 2^n - 1$$

  und wegen Gleichung (9.1) dann auch $s_n = 0$ und damit

  $$[a] + [b] = \langle a \rangle + \langle b \rangle = \sum_{i=0}^{n} s_i \cdot 2^i = \sum_{i=0}^{n-1} s_i \cdot 2^i - 0 = \langle s \rangle - s_n \cdot 2^n = [s].$$

  Aus der gerade gemachten Überlegung, dass

  $$[a] + [b] = \langle a \rangle + \langle b \rangle = \sum_{i=0}^{n} s_i \cdot 2^i$$

  gilt, wenn beide Operanden positives Vorzeichen haben, folgt sogar

  $$[a] + [b] \le 2^n - 1 \iff s_n = 0$$

  und somit wegen $s_{n+1} = 0$ auch

  $$[a] + [b] \le 2^n - 1 \iff s_n = s_{n+1},$$

  sodass die Gleichung (9.3) für den Fall $a_n = b_n = 0$ auch bewiesen ist.

- $a_n = b_n = 1$:

  Dann gilt $c_n = 1$, $s_{n+1} = 1$ und mit Gleichung (9.1)

  $$[a] + [b] = \langle a \rangle - 2^n + \langle b \rangle - 2^n = \langle a \rangle + \langle b \rangle - 2^{n+1} = \sum_{i=0}^{n} s_i \cdot 2^i - 2^{n+1}.$$

Wegen der Voraussetzung

$$-2^n \leq [a] + [b]$$

gilt demnach $s_n = 1$, da

$$\sum_{i=0}^{n-1} s_i \cdot 2^i < 2^n,$$

und damit auch

$$[a] + [b] = \sum_{i=0}^{n-1} s_i \cdot 2^i + 2^n - 2^{n+1} = \langle s \rangle - 2^n = \langle s \rangle - s_n \cdot 2^n = [s].$$

Aus der gerade gemachten Überlegung, dass

$$[a] + [b] = \sum_{i=0}^{n} s_i \cdot 2^i - 2^{n+1}$$

gilt, wenn beide Operanden negatives Vorzeichen haben, folgt sogar

$$-2^n \leq [a] + [b] \iff s_n = 1$$

und somit wegen $s_{n+1} = 1$ auch

$$-2^n \leq [a] + [b] \iff s_n = s_{n+1},$$

sodass die Gleichung (9.3) für den Fall $a_n = b_n = 1$ auch bewiesen ist.

Bleibt nur noch den Fall zu betrachten, in dem die beiden Operanden unterschiedliche Vorzeichen haben

- $a_n \neq b_n$:

  Da die Bildung der formalen Summe genau so wie die Addition selbst eine kommutative Operation ist, können wir ohne Beschränkung der Allgemeinheit annehmen, dass $a_n = 0$ und $b_n = 1$ gilt, also:

  $$0 \leq [a] \leq 2^n - 1 \quad \text{und} \quad -2^n \leq [b] < 0$$

  und somit, unabhängig von den Beträgen von [a] und [b], immer

  $$-2^n = 0 - 2^n \leq [a] + [b] < (2^n - 1) + 0 = 2^n - 1.$$

Zu zeigen ist also, dass im Falle $a_n \neq b_n$ immer $s_{n+1} = s_n$ und $[a] + [b] = [s]$ gilt. Wegen

$$c_n = (a_n + b_n + c_{n-1}) \text{ div } 2 = (1 + c_{n-1}) \text{ div } 2 = c_{n-1}$$

folgt

$$s_{n+1} = (a_n + b_n + c_n) \bmod 2 = (a_n + b_n + c_{n-1}) \bmod 2 = s_n.$$

Mit Übungsaufgabe 9.1 folgt

$$
\begin{aligned}
[a] + [b] &= \langle a \rangle + \langle b \rangle - 2^n \\
&= \sum_{i=0}^{n-1} s_i \cdot 2^i + (1 - s_n) \cdot 2^n - 2^n \\
&= \langle s \rangle - s_n \cdot 2^n \\
&= [s]
\end{aligned}
$$

$\triangleleft$

Für die Berechnung von $[a] + [b] + 1$ gilt die zu Satz 9.1 entsprechende Aussage.

9.2   Addierer

Im Folgenden können wir uns bei unseren Überlegungen zu Addierern also darauf beschränken, einen möglichst effizienten kombinatorischen Schaltkreis zur Berechnung der (erweiterten) formalen Summe zu finden.

Definition 9.2

Ein *n-Bit Addierer* ist ein kombinatorischer Schaltkreis, der zu je zwei Bitfolgen $a = a_n \ldots a_0$ und $b = b_n \ldots b_0$ die formale Summe $s_n \ldots s_0$ berechnet und ausgibt, ob eine Bereichsüberschreitung (engl.: *overflow*) vorliegt, d. h. ob $-2^n \leq [a]+[b] \leq 2^n - 1$ gilt.

9.2.1   Halbaddierer und Volladdierer

Zentrale Teilschaltkreise bei der Berechnung der formalen Summe zweier Bitfolgen sind Bausteine, die zu zwei bzw. drei Bits die jeweilige Summe in Binärdarstellung berechnen. Schaltkreise, die dies realisieren, nennt man *Halbaddierer* oder *Half-Adder* (HA) bzw. *Volladdierer* oder *Full-Adder* (FA).

Halbaddierer

Der Halbaddierer berechnet die Funktion

$$ha : \mathbb{B}^2 \to \mathbb{B}^2,$$

die durch

$$(a_0, b_0) \mapsto (c_0, s_0) \text{ mit } 2 \cdot c_0 + s_0 = a_0 + b_0$$

definiert ist – man beachte hierbei wieder, dass $+$ und $\cdot$ die arithmetische Addition bzw. Multiplikation in $\mathbb{N}$ bezeichnen und nicht das Boolesche OR bzw. AND.

Die beiden Bits a_0 und b_0 werden so zu zwei Bits c_0 und s_0 verknüpft, die als Binärzahl betrachtet die Summe von a_0 und b_0 in $\mathbb{N}$ darstellen. Offensichtlich gilt

$$s_0 = (a_0 + b_0) \bmod 2$$

$$c_0 = (a_0 + b_0) \operatorname{div} 2,$$

sodass der Halbaddierer verwendet werden kann, um das an der Stelle 0 stehende Summenbit und das an der Stelle 0 entstehende Übertragsbit der formalen Summe von zwei Bitfolgen $a = a_n \ldots a_0$ und $b = b_n \ldots a_0$ zu berechnen.

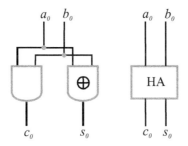

Abbildung 9.1: *Schaltbild eines Halbaddierers.*

Abbildung 9.1 zeigt eine mögliche Realisierung eines Halbaddierers durch einen kombinatorischen Schaltkreis über der Standardbibliothek STD. Die Realisierung hat die Kosten $C(\text{HA}) = 2$ und die Tiefe $\mathtt{depth}(\text{HA}) = 1$. Als Symbol verwenden wir im Folgenden das Bild auf der rechten Seite der Abbildung.

Volladdierer

Ein *Volladdierer* bzw. *Full-Adder* (FA) berechnet die Funktion

$$fa : \mathbb{B}^3 \to \mathbb{B}^2,$$

die durch

$$(a_i, b_i, c_{i-1}) \mapsto (c_i, s_i) \text{ mit } 2 \cdot c_i + s_i = a_i + b_i + c_{i-1}$$

definiert ist. Er ist also in dem Sinne allgemeiner als der Halbaddierer, dass er neben den beiden Operandenbits auch noch einen eingehenden Übertrag mitverarbeiten kann. Die Funktion berechnet zu den drei Bitwerten a_i, b_i und c_{i-1} zwei Bits c_i und s_i, die, wieder als Binärzahl betrachtet, die Summe dieser drei Werte darstellen. Es ist leicht zu überlegen, dass für die zu berechnenden Werte s_i und c_i

$$s_i = (a_i + b_i + c_{i-1}) \bmod 2$$

$$c_i = (a_i + b_i + c_{i-1}) \operatorname{div} 2$$

gelten muss, sodass der Volladdierer verwendet werden kann, um das an der Stelle i (mit $i \geq 1$) stehende Summenbit und das an der Stelle i entstehende Übertragsbit der formalen Summe von zwei Bitfolgen $a = a_n \ldots a_0$ und $b = b_n \ldots a_0$ zu berechnen.

Abbildung 9.2 zeigt eine mögliche Realisierung eines Volladdierers. Ein Volladdierer FA kann also aus zwei Halbaddierern aufgebaut werden. Der Schaltkreis berechnet

$$s_i = (a_i \oplus b_i) \oplus c_{i-1}$$

$$c_i = (a_i \cdot b_i) + ((a_i \oplus b_i) \cdot c_{i-1}).$$

(+ und · stehen hier wieder für die Disjunktion und Konjunktion Boolescher Werte und nicht für Addition und Multiplikation ganzer Zahlen.) s_i wird also genau dann auf 1 gesetzt, wenn eine ungerade Anzahl der Werte a_i, b_i und c_{i-1} gleich 1 sind; c_i wird genau dann auf 1 gesetzt, wenn die Werte a_i und b_i gleich 1 sind oder wenn entweder a_i oder b_i *und* c_{i-1} gleich 1 sind, also genau dann, wenn mindestens zwei der drei Eingangswerte 1 sind.

Die Kosten der in Abbildung 9.2 gegebenen Realisierung ergeben sich zu $C(\text{FA}) = 5$ und die Tiefe ist $\texttt{depth}(\text{FA}) = 3$.

9.2.2   Carry-Ripple-Addierer

Der *Carry-Ripple-Addierer* (CR), der auch als *Carry-Chain-Addierer* (CCA) bekannt ist, ist eine eins-zu-eins Umsetzung der Schulmethode der Addition. Ausgehend von den zwei zu addierenden Zahlen, d. h. ihrer Zweier-Komplement-Darstellungen, werden von den nieder- zu den höherwertigen Stellen die Summenbits und die Übertragsbits berechnet. Letztere werden jeweils an die nächst höhere Stelle weitergereicht. Dies kann – wie oben schon angedeutet – über $n + 1$ Volladdierer realisiert werden, wie dies in Abbildung 9.3 dargestellt ist.

Auf den formalen Beweis, dass der so konstruierte kombinatorische Schaltkreis die Addition in der Zweier-Komplement-Darstellung realisiert, können wir verzichten. Der Addierer berechnet die formale Summe und somit nach Satz 9.1 die Zweier-Komplement-Darstellung $s = s_n \ldots s_0$ der ganzen Zahl $[a] + [b]$, sofern keine Bereichsüberschreitung vorliegt. In Aufgabe 9.2 haben Sie sich zu überlegen, wie der gerade vorgestellte kombinatorische Schaltkreis zu erweitern ist, um den hierfür notwendigen Test noch mit aufzunehmen.

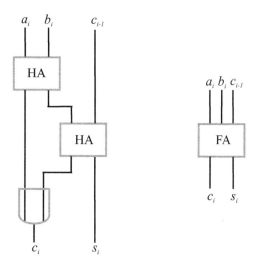

Abbildung 9.2: *Schaltbild eines Volladdierers*

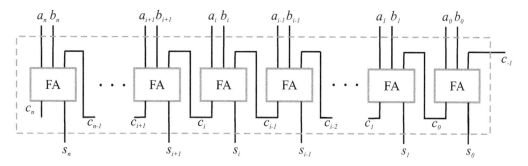

Abbildung 9.3: *Schaltbild eines Carry-Ripple-Addierers* CR_{n+1} *zur Berechnung der formalen Summe* $s = s_n \ldots s_0$ *von* $a = a_n \ldots a_0$ *und* $b = b_n \ldots b_0$.

Man überlegt sich leicht, dass man den Volladdierer an der Stelle 0 durch einen Halbaddierer ersetzen kann, da c_{-1} bei der Addition immer auf 0 gesetzt ist. Um jedoch die Subtraktion ebenfalls mit diesem kombinatorischen Schaltkreis berechnen zu können, wollen wir diese Ersetzung *nicht* durchführen. Wie in den Vorbemerkungen zu dem Kapitel schon erläutert, kann die Subtraktion $[a] - [b]$ durch $[a] + [\overline{b}] + 1$ realisiert werden. Invertiert man also alle b_i-Eingänge und legt man den eingehenden Übertrag c_{-1} auf 1, so führt der so entstehende kombinatorische Schaltkreis eine Subtraktion von den durch a und b dargestellten Zahlen durch. Abbildung 9.4 illustriert dieses Vorgehen.

Die Kosten dieses Addierers ergeben sich direkt aus Abbildung 9.3. Sie belaufen sich auf

$$C(CR_{n+1}) = (n + 1) \cdot C(FA) = 5 \cdot n + 5.$$

Um die Tiefe anzugeben, muss man den längsten Pfad finden. Hierzu müssen wir in die

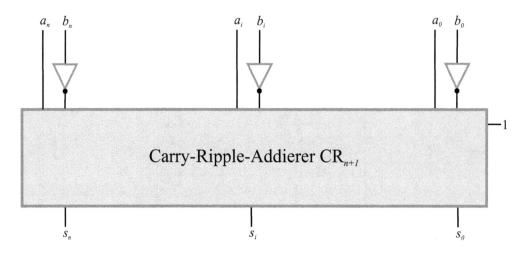

Abbildung 9.4: *Schaltbild eines auf einem Carry-Ripple-Addierer basierenden Subtrahierers.*

Volladdierer „hineinschauen". Der längste Pfad ist gegeben, wenn man an dem Eingang a_0 oder b_0 startet und dann entlang der Überträge zum Ausgang s_n läuft. Für den ersten FA ergibt sich die Tiefe 3, für die nächsten $n-1$ FA jeweils die Tiefe 2 und im vordersten FA die Tiefe 1, d.h.

$$\texttt{depth}(\text{CR}_{n+1}) = 3 + 2 \cdot (n - 1) + 1 = 2 \cdot n + 2.$$

Als Symbol für Addierer von vorzeichenbehafteten n-Bit-Zahlen wird in der Regel das Schaltbild aus Abbildung 9.5 verwendet. Die Annotationen an den Kanten geben die Anzahl der Signalleitungen an, für die die Kanten jeweils stehen. Fehlt eine solche Annotation, so steht die Kante wie bisher üblich für nur eine Signalleitung. Über den Ausgang ov kann abgefragt werden, ob ein Overflow vorliegt.

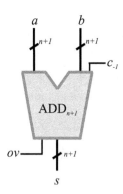

Abbildung 9.5: *Schaltbild eines Addierers*

9.2.3 Inkrementierer und Dekrementierer

Spezialfälle eines Addierers sind der *Inkrementierer*, d. h. ein Schaltkreis, der zu einer Zahl den konstanten Wert 1 hinzuaddiert, und der *Dekrementierer*, der von einer Zahl den konstanten Wert 1 abzieht.

Inkrementierer

Wegen

$$[a] + 1 = [a] + [0 \ldots 0] + 1$$

erhält man einen Inkrementierer aus einem Addierer, indem man die b_i-Eingänge alle fest auf den Wert 0 setzt und den eingehenden Übertrag c_{-1} fest auf 1.

Ist der Addierer ein Carry-Ripple-Addierer, so kann man den kombinatorischen Schaltkreis vereinfachen, indem man alle Volladdierer durch Halbaddierer ersetzt, und die b_j-Eingänge entfernt. Abbildung 9.6 zeigt den resultierenden Schaltkreis.

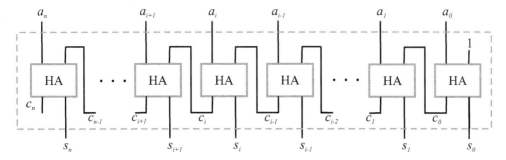

Abbildung 9.6: *Schaltbild eines Inkrementierers* INC_{n+1}.

Die Kosten und die Tiefe eines solchen Inkrementierers sind leicht aus der Abbildung 9.6 ablesbar. Es gilt

$$C(INC_{n+1}) = (n+1) \cdot C(HA) = 2 \cdot n + 2$$

und

$$\texttt{depth}(INC_{n+1}) = (n+1) \cdot \texttt{depth}(HA) = n + 1.$$

Dekrementierer

Ein Dekrementierer ist leicht aufwändiger als ein Inkrementierer. Um von einem Addierer zu einem Dekrementierer zu kommen, verwendet man die Gleichung

$$
\begin{aligned}
[a] - 1 &= [a] - [0 \ldots 0\,1] \\
&= [a] + (-[0 \ldots 0\,1]) \\
&= [a] + [1 \ldots 1\,0] + 1 \\
&= [a] + [1 \ldots 1\,1] + 0.
\end{aligned}
$$

Man legt also den eingehenden Übertrag c_{-1} des in Abbildung 9.3 gezeigten kombinatorischen Schaltkreises fest auf 0 und die b_i-Eingänge fest auf den Wert 1. Betrachtet man nun jeweils den ersten Halbaddierer im Schaltbild der Volladdierer (siehe Abbildung 9.2), so vereinfacht sich dieser wie in Abbildung 9.7 angegeben.

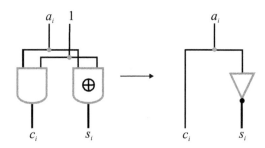

Abbildung 9.7: *Dekrementierer: Vereinfachung des jeweils ersten Halbaddierers in den Volladdierern*

9.2.4   Conditional-Sum-Addierer

Der Carry-Ripple-Addierer hat lineare Kosten in der Anzahl der Variablen, was asymptotisch optimal ist, da die Addition von allen ihren Variablen abhängt und man für jeweils zwei Variablen mindestens ein binäres Gatter spendieren muss. Allerdings war auch die Laufzeit linear in der Anzahl der Variablen. Die lineare Laufzeit rührt daher, dass der Carry-Ripple-Addierer im Wesentlichen ein „serielles" Verhalten aufweist, wie das von der Schulmethode für Addition ja auch bekannt ist.

Im Folgenden wird nun mit dem *Conditional-Sum-Addierer* (CSA) eine Additionsmethode vorgestellt, die parallele Berechnungen verwendet, um auf eine logarithmische Laufzeit zu kommen. Bevor der CSA formal eingeführt wird, soll vorab die der Verarbeitung zu Grunde liegende Idee beschrieben werden:

> Man zerlegt die beiden Eingabeworte, d. h. Operanden, in zwei Teile, in die höherwertigen Stellen der beiden Eingaben und in die niederwertigen Stellen (und den Übertrag). Dann addiert man die nieder- und die höherwertigen Stellen parallel zueinander. Da man vorab aber nicht wissen kann, welcher Übertrag von den niederwertigen Stellen berechnet und an die höherwertigen Stellen weitergereicht wird, müssen die *beiden* Möglichkeiten des Übertrages bei der Berechnung der formalen Summe an den höherwertigen Stellen in Betracht gezogen werden. Es müssen also auf den höherwertigen Stellen *zwei* Summen gebildet werden, eine für den Fall, dass der eingehende Übertrag von den niederwertigen Stellen gleich 0 ist, und eine für den Fall, dass er gleich 1 ist. Dann wird je nach dem *errechneten* Übertrag das eine oder andere Ergebnis ausgewählt, welches mit dem Resultat der niederwertigen Stellen die formale Summe der beiden Eingabeworte ergibt.

Somit gliedert sich der CSA in zwei wesentliche Komponenten: den Additionsteil und eine Einheit, die die Auswahl des korrekten Ergebnisses durchführt. Die Auswahlkomponente wird zuerst eingeführt.

Definition 9.3

Ein *n-Bit-Multiplexer* (MUX_n) ist ein Schaltkreis, der die Funktion $m : \mathbb{B}^{2n+1} \to \mathbb{B}^n$, die durch

$$m(u_{n-1}, \ldots, u_0, v_{n-1}, \ldots, v_0, select) = \begin{cases} u_{n-1} \ldots u_0 & \text{, falls } select = 1 \\ v_{n-1} \ldots v_0 & \text{, falls } select = 0 \end{cases}$$

definiert ist, berechnet.

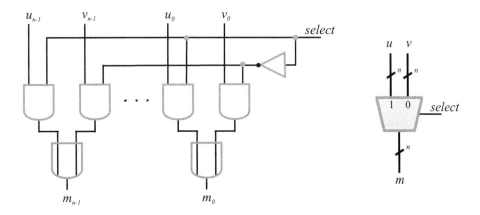

Abbildung 9.8: *Realisierung und Schaltbild eines n-Bit-Multiplexers* MUX_n

Eine mögliche Realisierung des Schaltkreises MUX_n ist in Abbildung 9.8 angegeben. Die Kosten und die Tiefe ergeben sich zu $C(\text{MUX}_n) = 3 \cdot n + 1$ und $\texttt{depth}(\text{MUX}_n) = 3$. Das symbolische Schaltbild ist in der Abbildung rechts gezeigt.

Wir wollen die Grundidee des CSA zuerst an dem Schaltkreis FA_N aus Abbildung 9.9 verdeutlichen. Der Schaltkreis FA_N besteht aus N hintereinander gehängten Volladdierern und entspricht vom Aufbau her dem kombinatorischen Schaltkreis aus Abbildung 9.3, mit dem einzigen Unterschied, dass der an der linkesten Stelle generierte Übertrag nach außen geführt wird. Kosten und Tiefe dieses Schaltkreises entsprechen denen des Carry-Ripple-Addierers. Es gilt also $C(\text{FA}_N) = 5 \cdot N$ und $\texttt{depth}(\text{FA}_N) = 2 \cdot (N-1) + 3 = 2 \cdot N + 1$ für $N \geq 2$.

Um eine Beschleunigung der Realisierung der durch FA_{n+1} realisierten Booleschen Funktion, die de facto der Addition zweier Zahlen $[a_n \ldots a_0]$ und $[b_n \ldots b_0]$ in der Zweier-Komplement-Darstellung entspricht, zu erreichen, wird die oben geschilderte Idee umgesetzt. Es werden drei $\text{FA}_{(n+1)/2}$ Bausteine eingesetzt, die wie in Abbildung 9.10 verschaltet werden – der Einfachheit halber nehmen wir an, dass $N := n + 1$ eine gerade natürliche Zahl größer gleich 4 ist. $a_{(h)}$ und $b_{(h)}$ bezeichnen im Folgenden

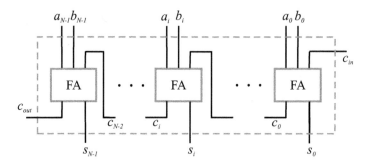

Abbildung 9.9: *Der Schaltkreis FA$_N$*

die $N/2$ höherwertigen Bitstellen $a_{N-1} \ldots a_{N/2}$ bzw. $b_{N-1} \ldots b_{N/2}$ und $a_{(l)}$ und $b_{(l)}$ die $N/2$ niederwertigen Bitstellen $a_{N/2-1} \ldots a_0$ bzw. $b_{N/2-1} \ldots b_0$ von $a = a_{N-1} \ldots a_0$ bzw. $b = b_{N-1} \ldots b_0$.

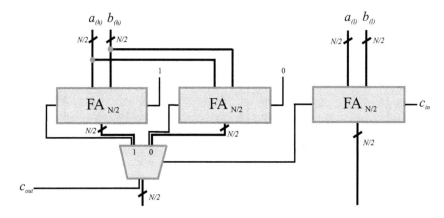

Abbildung 9.10: *Beschleunigung des FA$_N$-Bausteins durch Vorberechnung der Summe und Summe plus Eins auf den höherwertigen Stellen $a_{(h)} = a_{N-1} \ldots a_{N/2}$ und $b_{(h)} = b_{N-1} \ldots b_{N/2}$. Der resultierende Schaltkreis sei mit FA$_N^{(new)}$ bezeichnet.*

Die Tiefe der neuen Realisierung ist durch die Tiefe eines FA$_{N/2}$ und die Tiefe eines MUX$_{N/2+1}$ gegeben, also

$$
\begin{aligned}
\mathtt{depth}(\mathrm{FA}_N^{(new)}) &\leq \mathtt{depth}(\mathrm{FA}_{N/2}) + \mathtt{depth}(\mathrm{MUX}_{N/2+1}) \\
&= (2 \cdot (N/2) + 1) + 3 \\
&= N + 4 \\
&\approx \frac{1}{2} \cdot \mathtt{depth}(\mathrm{FA}_N)
\end{aligned}
$$

Die Tiefe der Realisierung konnte also fast halbiert werden. Die Kosten werden hierbei weniger als verdoppelt:

$$\begin{aligned}
C(\text{FA}_N^{(new)}) &= 3 \cdot C(\text{FA}_{N/2}) + C(\text{MUX}_{N/2+1}) \\
&= 3 \cdot 5 \cdot N/2 + 3 \cdot (N/2 + 1) + 1 \\
&= 9 \cdot N + 4 \\
&< 10 \cdot N \\
&= 2 \cdot C(\text{FA}_N).
\end{aligned}$$

Es werden also auf den höherwertigen Bits parallel die formale Summe von $a_{(h)}$ und $b_{(h)}$ als auch die formale Summe von $a_{(h)}$ und $b_{(h)}$ plus 1 gebildet. Parallel dazu wird die formale Summe von $a_{(l)}$ und $b_{(l)}$ auf den niederwertigen Bits berechnet. In Abhängigkeit des ausgehenden Übertragbits der formalen Summe von $a_{(l)}$ und $b_{(l)}$ wird die formale Summe von $a_{(h)}$ und $b_{(h)}$ oder die formale Summe von $a_{(h)}$ und $b_{(h)}$ plus 1 an die höherwertigen Ausgänge geleitet. Entsprechend wird auch der ausgehende Übertrag ausgewählt.

Wendet man diese Idee nun rekursiv auf die drei Teilschaltkreise $\text{FA}_{N/2}$ an, so erhält man den *Conditional-Sum-Addierer* CSA_N. Der CSA_1 wird durch einen Volladdierer realisiert.

Im Folgenden wollen wir den CSA_N bezüglich seiner Kosten und Tiefe näher analysieren. Hierzu nehmen wir der Einfachheit halber an, dass der CSA für eine Zweierpotenz von Stellen, d. h. $N = n + 1 = 2^k$ für ein $k \in \mathbb{N}$, konstruiert wird.

Satz 9.2

Der kombinatorische Schaltkreis CSA_N hat eine Tiefe, die proportional mit $\log N$ wächst, und Kosten, die proportional mit $N^{\log 3}$ wachsen.

Beweis:

Zum Beweis wenden wir die in [9] (Kapitel zu Wachstum von Funktionen) bewiesene „Mastermethode" zur Auflösung von Rekurrenzen an.[3]

Nach unseren bisherigen Überlegungen gilt für die Tiefe des Schaltkreises CSA_N:

$$\text{depth}(\text{CSA}_N) = \begin{cases} 3, & \text{für } N = 1 \\ \text{depth}(\text{CSA}_{N/2}) + 3, & \text{für } N \geq 2 \end{cases}$$

Es liegt Fall 2 der Mastermethode aus [9] vor, womit die Aussage zu der Tiefe von CSA_N folgt.

Für die Kosten gilt

$$C(\text{CSA}_N) = \begin{cases} 5, & \text{für } N = 1 \\ 3 \cdot C(\text{CSA}_{N/2}) + (3N/2 + 4), & \text{für } N \geq 2 \end{cases}$$

---

[3] [9] ist eines der Standardwerke in die Einführung von Algorithmen und der Analyse von Algorithmen.

Es liegt Fall 1 der Mastermethode aus [9] vor, womit die Aussage zu den Kosten von CSA_N folgt.   ◁

Natürlich kann man die Kosten und die Tiefe von CSA_N wesentlich genauer angeben – die Beweise, insbesondere der zu den *exakten* Kosten, sind aber recht aufwändig.

Satz 9.3

Es gilt

$$\texttt{depth}(\text{CSA}_N) \leq 3 \cdot \log N + 3$$

und

$$C(\text{CSA}_N) = 10 \cdot N^{\log 3} - 3 \cdot N - 2.$$

Beweis: Für den Beweis zu der Tiefe verweisen wir auf Aufgabe 9.5, für den Beweis zu den Kosten auf [17].   ◁

Im Vergleich zum Carry-Ripple-Addierer ist der Conditional-Sum-Addierer zwar weniger tief, hat aber höhere Kosten, d. h. er benötigt mehr Gatter.

9.2.5   Carry-Lookahead-Addierer

Bei den beiden bisher betrachteten Addierprinzipien konnte man also zwischen Flächeneffizienz und Geschwindigkeit wählen. Natürlich wäre es wünschenswert einen Addierer zu haben, der logarithmische Tiefe besitzt und das bei linearen Kosten. Ein solcher Addierer wird in diesem Abschnitt vorgestellt. Dazu sind aber einige Vorüberlegungen notwendig. Hierbei folgen wir den Darstellungen aus [5, 19] und [17].

Parallele Präfix-Berechnung

Sei M eine Menge und sei $\circ : M \times M \to M$ eine assoziative Abbildung. Dann ist die *parallele Präfix-Funktion* $PP^n : M^n \to M^n$ durch

$$PP^n(x_{n-1}, \ldots, x_0) = (y_{n-1}, \ldots, y_0)$$

mit

$$\forall 0 \leq i < n : \quad y_i = x_i \circ \ldots \circ x_0$$

definiert. Wir nehmen an, dass $\circ$ durch ein spezielles Gatter berechnet werden kann.

Lemma 9.2

Für alle 2-er Potenzen $n = 2^i, i \in \mathbb{N}$, kann die Funktion PP^n durch einen Schaltkreis P_n mit Kosten

$$C(P_n) \leq 2 \cdot n$$

und Tiefe

$$\texttt{depth}(P_n) \leq 2 \cdot \log n - 1$$

berechnet werden.

Beweis: Man schließt durch Induktion über i unter Ausnutzung der Eigenschaft der Assoziativität. Zur Veranschaulichung sind die Fälle für 2, 4 und n in den Abbildungen 9.11, 9.12 und 9.13 angegeben.

Für $i = 1$ ist $C(P_2) = \texttt{depth}(P_2) = 1$.

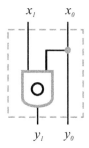

Abbildung 9.11: *Parallele Präfix-Berechnung PP^n für $n = 2$*

Für den Induktionsschluss seien $x'_{n/2-1} \ldots x'_0$ bzw. $y'_{n/2-1} \ldots y'_0$ die Eingänge bzw. die Ausgänge von $P_{n/2}$ (siehe Abbildung 9.13).

Nach Induktionsvoraussetzung gilt $y'_i = x'_i \circ \ldots \circ x'_0$ für alle $i \in [0, n/2 - 1]$. Für die Ausgänge y_i von P_n mit ungeradem i gilt für alle $i \in [0, n/2 - 1]$ somit:

$$
\begin{aligned}
y_{2i+1} &= y'_i \\
&= x'_i \circ \ldots \circ x'_0 \\
&= (x_{2i+1} \circ x_{2i}) \circ \ldots \circ (x_1 \circ x_0) \\
&= x_{2i+1} \circ x_{2i} \circ \ldots \circ x_1 \circ x_0
\end{aligned}
$$

Für die Ausgänge y_i von P_n mit geradem i gilt für alle $i \in [1, n/2 - 1]$ dann

$$
\begin{aligned}
y_{2i} &= x_{2i} \circ y'_{i-1} \\
&= x_{2i} \circ (x'_{i-1} \circ \ldots \circ x'_0) \\
&= x_{2i} \circ x_{2i-1} \circ \ldots \circ x_0
\end{aligned}
$$

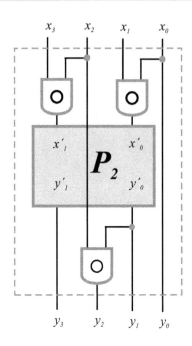

Abbildung 9.12: *Parallele Präfix-Berechnung PP^n für $n = 4$*

und $y_0 = x_0$.

Für die Kosten und Tiefe gilt (Beweis durch Induktion nach n)

$$
\begin{aligned}
C(P_n) &\leq C(P_{n/2}) + n - 1 \\
&\leq 2 \cdot (n/2) + n - 1 \qquad \text{(nach Induktionsvoraussetzung)} \\
&< 2 \cdot n
\end{aligned}
$$

und

$$
\begin{aligned}
\text{depth}(P_n) &\leq \text{depth}(P_{n/2}) + 2 \\
&\leq 2 \cdot \log{(n/2)} - 1 + 2 \qquad \text{(nach Induktionsvoraussetzung)} \\
&= 2 \cdot \log n - 1.
\end{aligned}
$$

$\triangleleft$

Mit diesem Wissen werden wir im nächsten Abschnitt einen Addierer konstruieren, der sowohl lineare Kosten als auch logarithmische Tiefe hat.

Der Addierer

Bei der Addition muss man den Eingangsübertrag c_{i-1} kennen, um das Summenbit $s_i = a_i \oplus b_i \oplus c_{i-1}$ ausrechnen zu können. Wenn die c_i's schnell berechnet werden können,

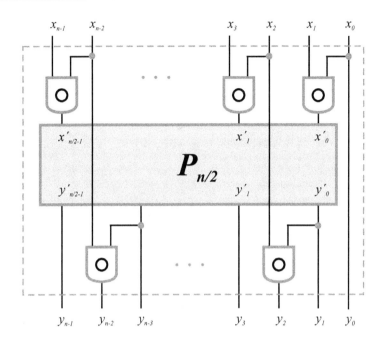

Abbildung 9.13: *Parallele Präfix-Berechnung PP^n für $n \geq 2$*

Abbildung 9.14: *Generierung und Propagierung von Überträgen*

dann auch die Summenbits. Dazu schauen wir uns zunächst an, wann ein Übertrag entstehen kann.

Für alle $0 \leq i \leq j < N$ werden zwei Fälle unterschieden (siehe Abbildung 9.14 zur Illustration):

- die *Generierung* eines Übertrages:

  Die Stellen i bis j generieren unabhängig von dem an der Stelle i eingehenden Übertragsbit c_{i-1} einen Übertrag $c_j = 1$.

- die *Propagation* des Übertrages:

  Die Stellen i bis j propagieren einen Übertrag, d. h. es gilt genau dann $c_j = 1$, wenn auch $c_{i-1} = 1$ gilt.

Um Generierung bzw. Propagation zu fassen, definieren wir die Funktionen $g_{j,i}$ (*generate*), und $p_{j,i}$ (*propagate*), mit $g_{j,i}, p_{j,i} \in \mathbb{B}_{2N}$, $0 \leq i \leq j < N$ und

$$g_{j,i}(a,b) = \begin{cases} 1, & \text{die Stellen } i \text{ bis } j \text{ von } a \text{ und } b \text{ generieren einen Übertrag} \\ 0, & \text{sonst} \end{cases}$$

$$p_{j,i}(a,b) = \begin{cases} 1, & \text{die Stellen } i \text{ bis } j \text{ von } a \text{ und } b \text{ propagieren einen Übertrag} \\ 0, & \text{sonst} \end{cases}$$

Auch wenn wir die Funktionen $g_{j,i}$ und $p_{j,i}$ über alle Eingänge definiert haben, $g_{j,i}(a,b)$ und $p_{j,i}(a,b)$ hängen nur von $a_j, \ldots, a_i$ und $b_j, \ldots, b_i$ ab. Um Schreibarbeit zu sparen, schreiben wir im Folgenden auch nur noch $g_{j,i}$ und $p_{j,i}$ anstelle von $g_{j,i}(a,b)$ bzw. $p_{j,i}(a,b)$.

Die beiden gerade definierten Booleschen Funktionen haben folgende Eigenschaften:

1. Für $0 \leq j < N$ gilt

$$c_j = g_{j,0} + p_{j,0} \cdot c_{-1},$$

   d. h. das Übertragsbit c_j an der j-ten Stelle ist genau dann 1, wenn die Stellen $[j, 0]$ generierend sind *oder* die Stellen $[j, 0]$ propagierend sind und das eingehende Übertragsbit c_{-1} gesetzt ist.

2. Für $i = j$ gilt

$$p_{i,i} = a_i \oplus b_i$$
$$g_{i,i} = a_i \cdot b_i.$$

3. Für $i \neq j$ mit $i \leq k < j$ gelten

$$g_{j,i} = g_{j,k+1} + p_{j,k+1} \cdot g_{k,i},$$
$$p_{j,i} = p_{j,k+1} \cdot p_{k,i}.$$

   Die Stellen $[j, i]$ generieren genau dann einen Übertrag, wenn $[j, k+1]$ generiert oder $[k, i]$ generiert und $[j, k+1]$ propagiert.

   Ein Übertrag von i nach j wird genau dann propagiert, wenn er von i nach k und von $k+1$ nach j weitergegeben wird.

Eigenschaft 1 besagt, dass wir mit (zusätzlichen) konstanten Kosten und (zusätzlicher) konstanter Tiefe das Übertragsbit c_j berechnen können, falls $g_{j,0}$ und $p_{j,0}$ schon berechnet sind. Wir können uns also im Folgenden auf die Berechnung der $p_{j,i}$- und $g_{j,i}$-Werte beschränken.

Die Eigenschaft 3 besagt, dass, wenn man die Information über die Generierung und die Propagation eines Übertrages von zwei nebeneinander liegenden Blöcken $[j, k+1]$ und $[k, i]$ hat, die Information über die Generierung und Propagation des Übertrages des Gesamtblockes $[j, i]$ ermittelt werden kann. Die entsprechende Operation bezeichnen wir mit $\circ$ und es gilt:

$$(g_{j,i}, p_{j,i}) = (g_{j,k+1}, p_{j,k+1}) \circ (g_{k,i}, p_{k,i}) \tag{9.4}$$

mit

$$(g_{j,k+1}, p_{j,k+1}) \circ (g_{k,i}, p_{k,i}) = (g_{j,k+1} + p_{j,k+1} \cdot g_{k,i},\ p_{j,k+1} \cdot p_{k,i}) \tag{9.5}$$

und

$$(g_{j,0}, p_{j,0}) = (g_{j,j}, p_{j,j}) \circ (g_{j-1,j-1}, p_{j-1,j-1}) \circ \ldots \circ (g_{0,0}, p_{0,0}). \tag{9.6}$$

In Aufgabe 9.6 wird gezeigt, dass der Operator $\circ$ assoziativ ist, sodass wir aufgrund von Gleichung (9.6) zur Berechnung der Werte $(g_{j,0}, p_{j,0})$ für $j = 0, \ldots, N-1$ die Parallele Präfixberechnung aus dem vorherigen Abschnitt anwenden können.

Es bleibt eine Schaltkreisrealisierung für $\circ$ anzugeben. Diese kann aber direkt aus Gleichung (9.5) abgeleitet werden und ist in Abbildung 9.15 gezeigt. Dieser kombinatorische Schaltkreis hat die Kosten $C(\circ) = 3$ und die Tiefe $\texttt{depth}(\circ) = 2$.

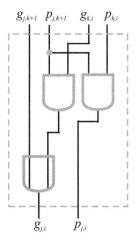

Abbildung 9.15: *Basiszelle der Operation* $\circ$

Zudem kann das j-te Summenbit effizient über $p_{j,j}$, $g_{j-1,0}$ und $p_{j-1,0}$ sowie c_{-1} ausgedrückt werden. Es gilt:

$$s_j = p_{j,j} \oplus (g_{j-1,0} + p_{j-1,0} \cdot c_{-1})$$

Es genügt also, einen Schaltkreis zu bauen, der $g_{j-1,0}$ und $p_{j-1,0}$ gemäß Gleichung (9.5) aus den $p_{i,i}$- und $g_{i,i}$-Werten ($0 \leq i \leq j$) berechnet und dann mit c_{-1} und $p_{j,j} = a_j \oplus b_j$ zum Summenbit s_j verknüpft. Ein solcher kombinatorischer Schaltkreis wird in Abbildung 9.16 gezeigt. Er verwendet die Parallel Präfixberechnung mit der in Abbildung 9.15 gezeigten Basiszelle als zu Grunde liegender Baustein für ∘. Der gezeigte Schaltkreis wird als *Carry-Lookahead-Addierer* (CLA) bezeichnet.

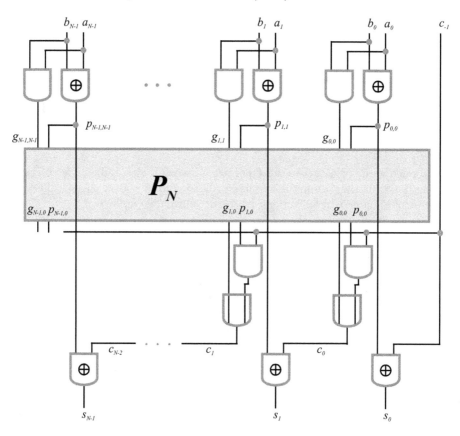

Abbildung 9.16: *Schaltbild des Carry-Lookahead-Addierers*

Satz 9.4

Der CLA hat Kosten $\leq 11 \cdot N$ und Tiefe $\leq 4 \log N + 2$ für die Addition von N Bits.

Der Beweis erfolgt durch unmittelbares Aufsummieren der zuvor analysierten Komponenten, wobei zu berücksichtigen ist, dass die Kosten des ∘-Bausteins mit 3 und die Tiefe mit 2 eingeht im Unterschied zu unseren Überlegung in Lemma 9.2, wo wir den ∘-Baustein als elementaren Baustein mit Kosten und Tiefe 1 betrachtet haben. In Aufgabe 9.7 sollen die Aussagen aus Satz 9.4 bewiesen werden.

9.3 Multiplizierer, ALU

Ausgehend von den detaillierten Betrachtungen zur Realisierung der Addition (und Subtraktion) werden nun kombinatorische Schaltungen zur Multiplikation von Zahlen eingeführt. Zum Abschluss wird die Funktionsweise einer einfachen ALU skizziert.

9.3.1 Multiplizierer

Die Multiplikation ganzer Zahlen wird über die Multiplikation der Beträge der Zahlen realisiert. Die Vorzeichenberechnung und gegebenenfalls die dann notwendige Konvertierung des Betrags des Ergebnisses in eine negative Zahl erfolgt gesondert. Aus diesem Grunde wird im Folgenden nur auf die Multiplikation von positiven Zahlen eingegangen, die als Binärzahlen $a = 0\,a_{n-1}\dots a_0$ und $b = 0\,b_{n-1}\dots b_0$ gegeben sind, wobei wir im Folgenden der Einfachheit halber die führende Null einfach weglassen. Wir betrachten zunächst eine Binärmultiplikation nach der Schulmethode:

$$
\begin{array}{l}
\underline{110 \cdot 101} \\
110 \\
\ \ 000 \\
\ \ \ \ \underline{110} \\
11110
\end{array}
$$

Eine Multiplikation von Binärzahlen kann demnach über Schiebeoperationen und Additionen realisiert werden. Allgemein gilt für $a = a_{n-1}\dots a_0$ und $b = b_{n-1}\dots b_0$

$$
\langle a \rangle \cdot \langle b \rangle = \left(\sum_{i=0}^{n-1} a_i \cdot 2^i \right) \cdot \langle b \rangle
$$
$$
= a_0 \cdot 2^0 \cdot \langle b \rangle + a_1 \cdot 2^1 \cdot \langle b \rangle + \dots + a_{n-1} \cdot 2^{n-1} \cdot \langle b \rangle.
$$

Anschaulich lässt sich das Produkt der Summen in einer Matrix analog zu der Schulmethode darstellen. Jede der Zeilen wird *Partialprodukt* (PaP) genannt. Sie hat $2 \cdot n$ Stellen. Die vorderste Stelle ist für ein mögliches Carry-Bit der Addition vorgesehen.

$$
\begin{array}{ccccccccc}
0 & a_{n-1}b_{n-1} & a_{n-1}b_{n-2} & \dots & a_{n-1}b_0 & 0 & \dots & 0 \\
\vdots & 0 & a_{n-2}b_{n-1} & \dots & a_{n-2}b_1 & a_{n-2}b_0 & 0 & \vdots \\
\vdots & 0 & \ddots & \ddots & \dots & \dots & \ddots & 0 \\
0 & \dots & & \dots & 0 & a_0b_{n-1} & \dots & \dots\ a_0b_0
\end{array}
$$

Demnach bleibt als Aufgabe die (schnelle) Addition von n Partialprodukten der Länge $2 \cdot n$. Würde man die üblichen Addierer benutzen, so wie sie in dem letzten Abschnitt vorgestellt wurden, käme man auf eine Tiefe, die proportional mit $\log^2 n$ wächst (bei baumartigem Aufsummieren der Partialprodukte). Wir wollen versuchen, einen kombinatorischen Schaltkreis für die Multiplikation von n-Bit Zahlen zu finden, dessen Tiefe logarithmisch (und nicht logarithmisch zum Quadrat) in n ist.

Um dies zu realisieren, wird ein spezieller Teilschaltkreis benötigt: der *Carry-Save-Addierer* (CSavA). Dieser „Addierer" reduziert *drei* $2n$-Bit Zahlen $\langle u \rangle$, $\langle v \rangle$, $\langle w \rangle$ zu *zwei* $2n$-Bit Zahlen $\langle s \rangle$ und $\langle c \rangle$ mit $\langle u \rangle + \langle v \rangle + \langle w \rangle = \langle s \rangle + \langle c \rangle$.

In einem gewissen Sinne realisiert der Schaltkreis also nur eine „partielle" Addition. Strukturell besteht ein CSavA_{2n} aus $2 \cdot n$ vielen Volladdierern, wobei der Carry-Ausgang eines Volladdierers *nicht* in den nachfolgenden Volladdierer eingeht – wie dies in Abbildung 9.17 angedeutet ist – und es gilt $s = s_{2n-1} s_{2n-2} \ldots s_1 s_0$ und $c = c_{2n-2} \ldots c_1 0$. Das führende Übertragsbit c_{2n-1} braucht nicht betrachtet zu werden, da es immer gleich 0 ist.

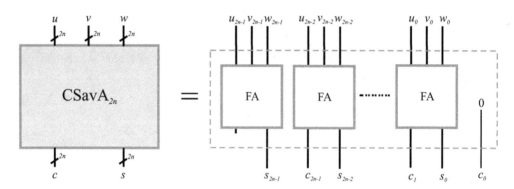

Abbildung 9.17: *Carry-Save Addierer*

Schaltet man $n - 2$ viele CSavA_{2n} hintereinander, so können wie in Abbildung 9.18 angedeutet, die n Partialprodukte PaP_0, PaP_1, ..., PaP_{n-1}, die alle von der Bitbreite $2 \cdot n$ sind, zu zwei $2n$-Bit Worten zusammengefasst werden. Schließlich müssen die beiden so entstehenden binären Zahlen durch einen (konventionellen) Addierer zum endgültigen Produkt addiert werden.

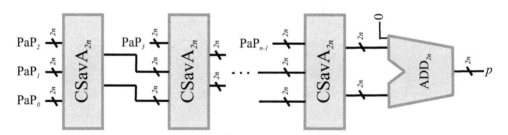

Abbildung 9.18: *Multiplikation über $n - 2$ Addiererstufen und abschließender Addition*

Der so konstruierte Multiplizierer hat wegen der parallelen Generierung der n Partialprodukte und den $n - 2$ vielen CSavA_{2n} Bausteinen quadratische Kosten.

Die Tiefe wird bestimmt durch die parallele Generierung der Partialprodukte, die Tiefe 1 hat, die Tiefe der $n-2$ hintereinander geschalteten CSavA_{2n} Bausteinen und die Tiefe des abschließenden Addierers. Somit gilt wegen

$$1 + (n-2) \cdot \mathtt{depth}(\mathrm{CSavA}_{2n}) + \mathtt{depth}(\mathrm{ADD}_{2n})$$
$$\leq (n-2) \cdot 3 + c \cdot \log(2 \cdot n)$$
$$= 3 \cdot n - 6 + c \cdot \log n + c$$

(wobei c eine kleine Konstante ist), dass die Tiefe linear in n ist.

Es lässt sich aber auch ein Multiplizierer bauen, der nur logarithmische Tiefe hat, d. h. die Multiplikation zweier n-Bit-Zahlen geht in logarithmischer Zeit. Eine Möglichkeit der Realisierung ist das Vorgehen in zwei Schritten (siehe auch die Übungen zu diesem Kapitel): Als erstes wird eine neue Grundzelle erzeugt, indem zwei CSavAs, wie in Abbildung 9.19 gezeigt, zusammengefasst werden. Die so entstandene Zelle reduziert *vier* $2n$-Bit-Zahlen zu *zwei* $2n$-Bit Zahlen. Dann werden 4-zu-2-Zellen in Form eines Baumes logarithmischer Tiefe in n zusammengeschaltet, wie dies in Abbildung 9.20 für $n = 16$ beispielhaft gezeigt wird.

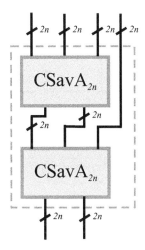

Abbildung 9.19: *4-zu-2-Reduktion*

9.3.2   Prinzipieller Aufbau einer ALU

Mit der Addition/Subtraktion und der Multiplikation haben wir zwei grundlegende Basisoperationen kennen gelernt, die in einer ALU (*Arithmetic Logic Unit*) integriert sind. Weitere Operationen werden im Rahmen der Übungsaufgaben weiter unten behandelt. Die Auswahl der jeweils durch die ALU auszuführenden Operation erfolgt über eine m-Bit breite Steuerleitung *AluOp*, über die eine Komponente der ALU ausgewählt wird und über die dafür gesorgt wird, dass das durch diese Komponente berechnete Ergebnis zu den Ausgängen der ALU durchgeschaltet wird. Stehen in der ALU k Operationen zur Verfügung, so muss $m \geq \lceil \log k \rceil$ gelten, damit jede der in der ALU verfügbaren Operationen ein eindeutiges Codewort zugeordnet werden kann. Abbildung 9.21 zeigt das Schaltbild einer ALU.

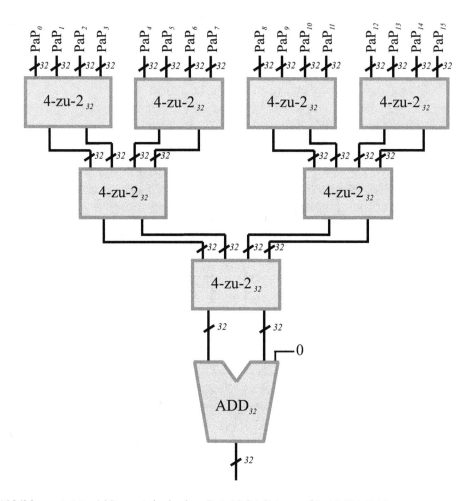

Abbildung 9.20: *Addiererstufe des* log-*Zeit-Multiplizierers für* 16-*Bit Zahlen*

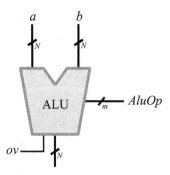

Abbildung 9.21: *Schaltzeichen einer N-Bit ALU*

Tabelle 9.1 gibt beispielhaft an, wie eine solche Kodierung der in einer ALU verfügbaren Operationen aussieht. Die Operationen sind in diesem Beispiel so gewählt, dass die ALU in dem im Kapitel 10 vorgestellten einfachen Lehrprozessor eingesetzt werden kann. Sie verfügt über zehn verschiedene Operationen, d. h. es gilt $k = 10$, sodass $m \geq 4$ gewählt werden muss.

Tabelle 9.1: *ALU-Funktionen und eine mögliche Kodierung*

$AluOp_3$	$AluOp_2$	$AluOp_1$	$AluOp_0$	**auszuführende Operation**
0	0	0	0	Linksshift von a um $\langle b \rangle \bmod N$ Stellen
0	0	0	1	Rechtsshift von a um $\langle b \rangle \bmod N$ Stellen
0	0	1	0	Linksrotation von a um $\langle b \rangle \bmod N$ Stellen
0	0	1	1	Rechtsrotation von a um $\langle b \rangle \bmod N$ Stellen
0	1	0	0	Subtraktion von $[a]$ und $[b]$
0	1	0	1	Addition von $[a]$ und $[b]$
0	1	1	0	Logisches Oder von a und b
0	1	1	1	Logisches Und von a und b
1	0	0	0	Logisches Exklusiv Oder von a und b
1	0	0	1	Logische Äquivalenz von a und b

Es wird in der ALU die Funktion f_i mit $i = \langle AluOp \rangle$ ausgewählt. Eine einfache Methode zur Realisierung dieser Funktionalität ist, wie auch in der Abbildung 9.22 angedeutet, jeden Operator durch einen eigenen Schaltkreis zu realisieren.

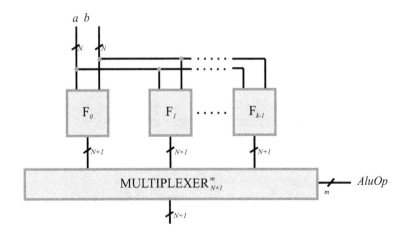

Abbildung 9.22: *Mögliche Realisierung der N-Bit-ALU*

Falls $f_0, \ldots, f_{k-1}$ die in der ALU verfügbaren Operationen sind, dann kann für jedes i mit $0 \leq i < k$ ein Schaltkreis F_i gebaut werden, der f_i berechnet. Ein „verallgemeinerter" Multiplexer leitet dann in Abhängigkeit der Belegung des m-Bit breiten Steuersignals $AluOp$ das „richtige" der k anliegenden $(N{+}1)$-Bit breiten Datenwörter an den Ausgang weiter. Zur Realisierung eines solchen verallgemeinerten Multiplexers sei auf Übungsaufgabe 9.10 verwiesen. Abbildung 9.22 illustriert das gerade beschriebene Vorgehen.

9.4   Übungsaufgaben

Aufgabe 9.1

Seien $a = a_n \ldots a_0$ und $b = b_n \ldots b_0$ zwei Bitfolgen mit $a_n \neq b_n$ und $s = s_n \ldots s_0$ die formale Summe von a und b. Beweisen Sie

$$\langle a \rangle + \langle b \rangle = \sum_{i=0}^{n-1} s_i \cdot 2^i + (1 - s_n) \cdot 2^n.$$

Aufgabe 9.2

Erweitern Sie den Carry-Ripple-Addierer CR_{n+1} (siehe Abbildung 9.3) derart, dass er ein Flag ov ausgibt, das genau dann gesetzt ist, wenn eine *Bereichsüberschreitung* (engl.: *overflow*) vorliegt. Es soll also gelten

$$ov = 0 \iff -2^n \leq [a] + [b] \leq 2^n - 1$$

Aufgabe 9.3

Erweitern Sie einen Addierer Ihrer Wahl so, dass der resultierende kombinatorische Schaltkreis bei Eingabe von zwei Darstellungen $a = a_n \ldots a_0$ und $b = b_n \ldots b_0$ im Zweier-Komplement und einer Steuerleitung sub die Addition $[a] + [b]$ ausführt, wenn $sub = 0$ gilt, und die Subtraktion $[a] - [b]$, wenn $sub = 1$ gesetzt ist. Sie dürfen höchstens n zusätzliche Gatter aus der Standardbibliothek STD benutzen.

Aufgabe 9.4

Bestimmen Sie die Kosten und die Tiefe eines Dekrementierers.

Aufgabe 9.5

Beweisen Sie formal, dass

$$\mathtt{depth}(\mathrm{CSA}_N) \leq 3 \cdot \log_2 n + 3$$

gilt (siehe Satz 9.3).

Aufgabe 9.6

Zeigen Sie, dass der auf Seite 211 definierte Operator $\circ$ assoziativ ist, d. h. dass

$$((g_1, p_1) \circ (g_2, p_2)) \circ (g_2, p_3) = (g_1, p_1) \circ ((g_2, p_2) \circ (g_2, p_3))$$

für alle $g_1, p_1, g_2, p_2, g_3, p_3 \in \{0, 1\}$ gilt.

Aufgabe 9.7

Beweisen Sie Satz 9.4, indem Sie eine detaillierte Analyse der Kosten und der Tiefe eines Carry-Lookahead-Addierers durchführen.

Aufgabe 9.8

Im alten Ägypten multiplizierten die Weisen des Landes zwei positive, von null verschiedene ganze Zahlen a und b, indem sie in einer Iteration die Zahl a mit 2 multiplizierten und die Zahl b durch 2 ganzzahlig dividierten, was sie im Kopf rechnen konnten. Dies taten sie solange, bis der Multiplikator b gleich 1 war. Da gerade Zahlen Unglück brachten, wurden die Zwischenergebnisse, in denen der Multiplikator b gerade war, gestrichen. Das Ergebnis konnte durch Aufaddieren aller nicht gestrichenen Multiplikanten a berechnet werden.

Beispiel: Multipliziere 5 und 27

a	b	streichen
5	27	nein
10	13	nein
20	6	ja
40	3	nein
80	41	nein

Es gilt $80 + 40 + 10 + 5 = 135 = 5 \cdot 27$.

Beweisen Sie, dass der vorgestellte Algorithmus korrekt arbeitet, d. h. beliebige zwei positive ganze Zahlen korrekt miteinander multipliziert.[4]

Aufgabe 9.9

Geben Sie einen kombinatorischen Schaltkreis an, der zu einer Bitfolge $a = a_n \ldots a_0$ die Bitfolge $b = b_n \ldots b_0$ mit $[b] = [a]/2$ berechnet.

Aufgabe 9.10

Geben Sie eine detaillierte Konstruktion des Teilschaltkreises $\text{MULTIPLEXER}_{N+1}^m$ ($m \geq 1$, $N \geq 1$) an, wie er in Abschnitt 9.3.2 benötigt wird.

---

[4]Urheber unbekannt

Aufgabe 9.11

Sei $m \in \mathbb{N}$ eine natürliche Zahl. Konstruieren Sie einen kombinatorischen Schaltkreis, der m Eingänge $x_{m-1}, x_{m-2}, \ldots, x_0$ und 2^m Ausgänge $y_{2^m-1}, y_{2^m-2}, \ldots y_0$ besitzt. Der j. Ausgang y_j soll genau dann auf den Wert 1 gesetzt werden, wenn $\langle s_{m-1} \ldots s_0 \rangle = j$ gilt. Ein solcher Baustein wird *Dekoder* genannt. (*Hinweis:* Wählen Sie eine rekursive Herangehensweise!)

Aufgabe 9.12

Konstruieren Sie einen Schaltkreis, der als Eingabe eine Bitfolge $a = a_n \ldots a_0$ und zwei Steuersignale ($shift_{left}, shift_{right}$) erhält. Ist die Belegung der Steuerleitungen gleich $(1, 0)$, so soll a um eine Stelle nach links geshiftet werden, wobei das niederwertigste Bit auf 0 gesetzt wird. Ist die Belegung gleich $(0, 1)$, so soll um eine Stelle nach rechts geshiftet werden, wobei die höherwertige Stelle auf 0 gesetzt wird. In den anderen beiden Fällen, soll a einfach nur an den Ausgang weitergereicht werden.

Aufgabe 9.13

Konstruieren Sie einen Schaltkreis, der als Eingabe zwei Bitfolgen $a = a_n \ldots a_0$ und $b = b_n \ldots b_0$ erhält und die um $\langle b \rangle \bmod (n + 1)$ nach links geshiftete Bitfolge a ausgibt.

Aufgabe 9.14

Konstruieren Sie einen Schaltkreis, der als Eingabe zwei Bitfolgen $a = a_n \ldots a_0$ und $b = b_n \ldots b_0$ erhält und die um $\langle b \rangle \bmod (n+1)$ nach links rotierte Bitfolge a ausgibt.

Aufgabe 9.15

Konstruieren Sie einen Schaltkreis, der als Eingabe eine Bitfolge a der Länge 16 erhält und eine Bitfolge b der Länge 32 ausgibt, für die $[a]_{BV} = [b]_{BV}$ gilt.

Aufgabe 9.16

Gleiche Aufgabe wie Aufgabe 9.15, nur dass $[a]_1 = [b]_1$ gelten soll.

Aufgabe 9.17

Gleiche Aufgabe wie Aufgabe 9.15, nur dass $[a] = [b]$ gelten soll.

Teil III

Architektur eines Prozessors

In Teil I wurden Grundlagen bereitgestellt, deren Kenntnis für den Entwurf von Rechnern unerlässlich ist. Darauf aufbauend gab Teil II Einblicke in Entwurfsaufgaben wie die Optimierung digitaler Schaltkreise. Schließlich wurden auch noch spezielle Schaltkreise exemplarisch entworfen und der Aufbau ausgewählter, als Komponenten von Rechnern benötigter Hardwarebausteine (z. B. ALU) diskutiert. Damit sind nun die Voraussetzungen geschaffen, die wir benötigen, um uns konkret dem *Entwurf von Rechnern* zuzuwenden und diesen auch durchzuführen. Diese Aufgabe nehmen wir im vorliegenden Teil III dieses Buches in Angriff.

Wir nähern uns diesem komplexen Gebiet in mehreren Schritten. Kapitel 10 beschreibt zunächst ganz allgemein den grundsätzlichen Aufbau, die „ Architektur", von Rechnern, und diskutiert anschließend detailgenau den Aufbau des Beispielprozessors OurMips. Danach werden in Kapitel 11 die RISC- und CISC-Philosophie diskutiert und vergleichend gegenübergestellt. Einige wichtige Aspekte wie Befehlspipelining, das im Rahmen von RISC eingesetzt wird, und Speicherhierarchie werden behandelt, deren Implementierung notwendig ist, um zu einem leistungsfähigen Prozessor zu kommen.

10   Ein einfacher Mikroprozessor

Im vorliegenden Kapitel soll zunächst der grundsätzliche Aufbau, die „Architektur", von Rechnern diskutiert werden – dies ist die Aufgabe von Abschnitt 10.1. Anschließend konzentrieren wir uns auf den Prozessor, das „Herz" eines jeden Rechners, und erläutern anhand eines kleinen Beispielprozessors, des Prozessors OurMips, Aufbau sowie Schnittstellen im Detail.

OurMips orientiert sich am MIPS Prozessor [22], ist aber aufgrund eines reduzierten Befehlssatzes sehr kompakt und übersichtlich. Es wird weiter eine vereinfachte Speicheranbindung vorausgesetzt, die eine Konzentration auf die prinzipielle Arbeitsweise eines Prozessors erlaubt. OurMips wurde am Institut für Informatik der Albert-Ludwigs-Universität Freiburg im Rahmen eines CAE-Praktikums entworfen und mit FPGA-Bausteinen auch realisiert. Auf die dabei notwendigen Modifikationen zur Einhaltung von technischen Randbedingungen gehen wir in Kapitel 11 ein.

Die Diskussion des Prozessors OurMips in diesem Kapitel erfolgt in zwei wesentlichen Schritten: Zunächst wird in Abschnitt 10.2 beschrieben, aus welchen Bestandteilen der Prozessor aufgebaut ist und in welcher Weise diese untereinander verbunden sind. Ist dieses Grundgerüst bekannt, so lässt sich anhand der Befehlsmenge, welche durch diesen Prozessor realisiert bzw. unterstützt werden soll, seine Arbeitsweise genauer ergründen. In Abschnitt 10.3 wird dieser sogenannte *Befehlssatz*, d. h. die Maschinensprache, angegeben. Die Befehle und die Aktivitäten bei ihrer Ausführung werden genau unter die Lupe genommen; dadurch können wir das Zusammenwirken der einzelnen Komponenten des Rechners detailliert nachvollziehen. Abschließend zeigen wir in Abschnitt 10.4, wie das Steuerwerk realisiert werden kann.

10.1   Prinzipieller Aufbau eines Rechners

Aus Kapitel 1 wissen wir bereits, wie man einen Rechner im Schichtenmodell von unterschiedlichen Abstraktionsebenen aus betrachten kann. Auf der höchsten Abstraktionsebene des Modells, d. h. beispielsweise aus der Sicht eines Java-Programmierers, ist ein Rechner einfach ein Kasten, dessen Verhalten sich wie folgt beschreiben lässt: *Bei Eingabe und Start eines korrekten Java-Programms P mit dazugehörigen Parametern und Daten tut der Rechner genau das, was durch das Java-Programm über die Semantik von Java durch den Benutzer spezifiziert wurde.*

Weiterhin ist auch bekannt, dass die Java-Befehle nicht *direkt* ausgeführt werden. Vielmehr werden diese durch Compiler in Sequenzen von Maschinenbefehlen übersetzt, und letztere werden dann ausgeführt. Insgesamt ergeben sich folgende drei Fragen:

1. Was genau müssen die Maschinenbefehle leisten können bzw. wie setzt sich die

Menge der verfügbaren Maschinenbefehle zusammen?

2. Welche Komponenten werden innerhalb eines Rechners für die Ausführung von Maschinenbefehlen benötigt?

3. Wer oder was übernimmt die Steuerung/Koordination der Programm- und speziell der Befehlsausführung?

Um einen Eindruck davon zu bekommen, welche Funktionalitäten bei dem Entwurf eines Rechners abgedeckt werden müssen, wenden wir uns zunächst der Beantwortung der Frage nach dem Leistungsumfang des *Maschinenbefehlssatzes* (Menge der zur Verfügung stehenden Maschinenbefehle) zu. Dabei geht es an dieser Stelle nur darum, eine grobe Antwort zu finden, denn wir werden in Abschnitt 10.3 noch ausreichend Gelegenheit haben, diese Thematik zu vertiefen.

Daraus, dass Sequenzen von Maschinenbefehlen die Realisierung von Befehlen höherer Programmiersprachen darstellen, folgt im Umkehrschluss, dass der Maschinenbefehlssatz so zusammengesetzt sein muss, dass durch die Ausführung der Befehle auf Maschinenebene alle gängigen Konstrukte der höheren Programmiersprachen realisiert werden können. Insgesamt müssen also in jedem Fall Befehle vorhanden sein, mit deren Hilfe man die Durchführung von

- Daten-Organisation, d. h. Zuweisen, Kopieren oder Aufbewahren von Daten,

- Rechenoperationen, d. h. arithmetische und logische Verknüpfungen von Daten,

- bedingter Befehlsausführung wie etwa bei *if*-Befehlen oder *while*-Schleifen

bewerkstelligen kann.

Dazu benötigen wir unter anderem Lade- und Speicherbefehle, arithmetische und logische Befehle sowie auch Sprungbefehle. Letztere sorgen dafür, dass Sprünge durchgeführt werden können, was beispielsweise grundlegend für die Realisierung von bedingter Befehlsausführung ist. Die arithmetischen und logischen Befehle hingegen verknüpfen Daten, die sie als Operanden erhalten, und generieren daraus ein Ergebnis. Lade- und Speicherbefehle sind dazu da, Daten, wie die Operanden, zu holen und die Ergebnisse abzulegen. Ungeklärt ist in diesem Zusammenhang bis jetzt, *woher* die Daten kommen und *wohin* Ergebnisse gespeichert werden, und das bringt uns zu der in diesem Abschnitt bereits erwähnten Frage nach den Komponenten, mit denen ein Rechner ausgestattet sein muss.

Natürlich fällt uns im Zusammenhang mit dem Ablegen von Ergebnissen sofort das Stichwort *Speicher* ein, und die verschiedenen Speichertypen[1] stellen grundlegende Komponenten eines jeden Rechners dar. Weitere unverzichtbare Bestandteile sind Ein-/Ausgabegeräte wie z. B. Tastatur, Bildschirm, Drucker, Massenspeicher und/oder Netzwerk-Schnittstellen, mithilfe derer die Kommunikation des Rechners mit dem Benutzer oder mit anderen Rechnern abgewickelt wird.

---

[1]In Kapitel 11 werden wir noch genauer darauf eingehen, warum mehrere, verschiedenartige Speicherarten in Rechnern integriert werden.

Diese Basis-Bestandteile eines Rechners müssen in der Lage sein, auch untereinander zu kommunizieren – in der Regel geschieht dies durch den Austausch von Daten (und Kommandos). Der Transport dieser Daten wird mithilfe eines oder mehrerer sogenannter *Busse* ermöglicht.

Wir haben nun alles zusammen, was benötigt wird, um ein einfaches Schema eines Rechners zu skizzieren (siehe Abbildung 10.1).

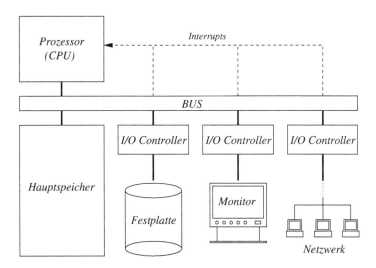

Abbildung 10.1: *Prinzipieller Aufbau eines Rechners*

Bereits in den Jahren 1945–1952 hat der Mathematiker John von Neumann erkannt, dass sich die Architektur seines IAS-Rechners (siehe Kapitel 1) in dieser Weise schematisieren lässt. Bis heute werden Rechner, die gemäß dieses Schemas aufgebaut sind, deshalb auch *von-Neumann-Rechner* genannt. Der Haupt- oder Arbeitsspeicher erlaubt es, Daten abzuspeichern und diese später wieder zu lesen und/oder zu modifizieren. Insbesondere wird hier auch das abzuarbeitende Programm abgelegt. Um die interne Organisation eines solchen Speichers brauchen wir uns an dieser Stelle keine detaillierten Gedanken zu machen, denn diese Thematik ist Gegenstand des Abschnitts 11.3.1. Es genügt, wenn wir davon ausgehen, dass der Hauptspeicher aus 2^n Speicherzellen besteht, für die das Folgende gilt:

- Der Inhalt jeder Speicherzelle besteht aus einer Folge von k Bits. Die Länge k der Bitfolgen (auch *Speicherworte* genannt) wird auch als *Wortbreite* des Speichers bezeichnet.

- Speicherzellen werden über *Speicheradressen* angesprochen, die allesamt im Bereich $0, \ldots, 2^n - 1$ liegen. Eine solche Speicheradresse besteht aus n Bits.

- Die Speicherzelle ist die kleinste adressierbare Einheit des Speichers. Wird auf den Speicher lesend oder schreibend zugegriffen, so wird also immer eine *komplette*

Speicherzelle gelesen oder geschrieben.[2]

Statt Daten und Programme in einem gemeinsamen Speicher unterzubringen, kann man auch zwei separate Speicher vorsehen, von denen einer nur Daten und der andere ausschließlich Programme enthalten darf. Ist der Speicher derart organisiert, so handelt es sich nicht um einen von-Neumann-Rechner. Man spricht stattdessen dann von der *Harvard-Architektur*[3].

Der Prozessor, für den auch die Bezeichnung *CPU* (engl.: *Central Processing Unit*) üblich ist, ist unter anderem dafür verantwortlich, den Ablauf auszuführender Programme zu steuern – womit auch die letzte Frage aus der eingangs des Abschnitts aufgeführten Liste grob beantwortet wäre. Bevor wir uns eingehender mit Aufbau und Funktionsweise eines Prozessors beschäftigen, sehen wir uns den Bus näher an, um zu verstehen, wie die Kommunikation zwischen dem Prozessor auf der einen und Speicher sowie externen Geräten auf der anderen Seite abläuft.

Den Bus kann man als Bündel von Leitungen ansehen, durch welche Daten zwischen den angeschlossenen Komponenten übertragen werden.[4] „Daten" können dabei sowohl echte Informationen als auch Adressen oder sonstige Steuersignale sein. Bei einem Hauptspeicherzugriff muss beispielsweise vor dem eigentlichen Zugriff die Speicherzelle, die neu beschrieben oder ausgelesen werden soll, selektiert werden, wozu zunächst die gewünschte Adresse übertragen werden muss. Eventuell muss auch noch ein zusätzliches Signal übertragen werden, um anzugeben, ob es sich um eine Schreib- oder Leseoperation handelt. Wichtig ist dabei vor allem, dass die Daten, die sich auf dem Bus befinden, vom richtigen Adressaten in korrekter Weise interpretiert werden und dass der Zugriff der einzelnen Komponenten auf den Bus vernünftig geregelt ist. Im Allgemeinen wird ein standardisiertes Bus-Protokoll verwendet, dessen Einsatz gewährleistet, dass die Kommunikation wie gewünscht ablaufen kann. Selbstverständlich ist ein Bus durch diese kurze Beschreibung keinesfalls vollständig spezifiziert; für den Rechnerarchitekten bleiben an dieser Stelle noch zahlreiche Optionen offen. So besteht z. B. die Option, für Adressen, Daten und Kommandos jeweils separate Leitungen vorzusehen und so die notwendigen Informationen „parallel" zu transportieren. Allgemein unterscheidet man zwischen *parallelen* und *seriellen* Bussen. Während ursprünglich serielle Busse preisgünstiger, dafür aber langsamer als parallele Busse waren, ist in den letzten Jahren die Tendenz dahingehend zu beobachten, dass bei seriellen Bussen hochwertigere Materialien (Verdrillungen, Abschirmung, usw.) verwendet werden, sodass serielle Busse zum Teil höhere Geschwindigkeiten aufweisen können als parallele. Eine weitere Option besteht in der Wahl des Protokolls – man unterscheidet hier zwischen *synchronen* und *asynchronen Protokollen*. Eine ausführliche Diskussion und weitere Details zu Rechnerkommunikation sind in Kapitel 12 zu finden.

---

[2]In vielen realen Maschinen sind die Speicher „byte-adressierbar", d.h. die kleinste les- und schreibbare Einheit ist ein Byte. Auch darauf wollen wir aus Gründen der Einfachheit und Kompaktheit der Darstellung verzichten. Konzeptuell wäre es jedoch ohne weiteres möglich, unseren in diesem Kapitel vorgestellten Prozessor entsprechend zu „erweitern".

[3]Der Name „*Harvard-Architektur*" geht auf den 1944 an der Harvard University entwickelten Mark I Rechner zurück.

[4]In realen Rechnern ist der Aufbau von Bussen um ein Vielfaches komplexer als hier angedeutet. Siehe Abschnitt 12.3.

Wir wenden uns nun aber endgültig der Schaltzentrale eines Rechners zu, dem *Prozessor*. Dieser umfasst mehrere Komponenten. Die grundlegenden Bestandteile sind neben einer *Steuereinheit*, auf die wir später noch im Detail zu sprechen kommen,

- *Arithmetisch-Logische Einheit* (ALU),

- *Datenregister*,

- *Spezialregister*,

- *interne Leitungen*,

- *Schnittstelle zum Bus / externe Verbindungen*.

In der ALU werden wie bereits besprochen die Operationen zur Verknüpfung von Daten durchgeführt. Die Operanden dazu werden abhängig davon, wo sie abgelegt sind, über den Bus aus dem Speicher oder über interne Leitungen aus den Datenregistern in die ALU übertragen. Ergebnisse der ALU-Operationen können ebenfalls wieder in den Speicher oder in Register geschrieben werden. In einigen Fällen (z. B. bei Sprungbefehle) ist das Ziel für Schreiboperationen ein Spezialregister, doch grundsätzlich sind die Spezialregister – wie ihr Name schon sagt – für spezielle Aufgaben reserviert. Eine herausragende Rolle spielen dabei die Register

- *Befehlszähler*,

- *Instruktionsregister* (auch *Befehlsregister* genannt),

- *Statusregister*.

Der Befehlszähler hat die Aufgabe, stets die Adresse zu speichern, unter der im Hauptspeicher der nächste zu bearbeitende Maschinenbefehl zu finden ist. Der Inhalt des Befehlszählers muss also in der Regel bei jeder Befehlsabarbeitung um einen konstanten Betrag inkrementiert werden. Eine Ausnahme bilden wie bereits angedeutet die Sprungbefehle, deren Ziel es ist, die Adresse, zu der gesprungen werden soll, in den Befehlszähler zu schreiben. Soll ein neuer Befehl abgearbeitet werden, so wird der Programmspeicher mithilfe des Befehlszählers adressiert und der auszuführende Befehl zur Analyse und Abarbeitung in den Prozessor geholt. Dort wird er in der Regel im Instruktionsregister „zwischengelagert".

Das Statusregister schließlich gibt Aufschluss über das Auftreten verschiedener Ereignisse während der Befehlsabarbeitung. Ein Beispiel für ein solches Ereignis ist das Auftreten eines Überlaufs bei einer arithmetischen Operation. Der Überlauf wird durch ein einzelnes Bit, das Bestandteil des Statusregisters ist, angezeigt. So kann man durch den Zugriff auf das entsprechende Statusregister-Bit jederzeit auf einfache Weise herausfinden, ob ein Überlauf stattgefunden hat oder nicht. Damit dies so sein kann, muss das Statusregister nach jeder Operation „automatisch" entsprechend aktualisiert werden.

Nachdem wir die wesentlichen Bestandteile eines Prozessors diskutiert haben, können wir nun die Abarbeitung eines Maschinenbefehls skizzieren. Ein *Befehlszyklus*, d. h. der Ablauf der Abarbeitung eines Maschinenbefehls, hat grundsätzlich das folgende Schema:

1. In einem ersten Schritt wird der nächste auszuführende Maschinenbefehl aus dem Hauptspeicher (oder dem Instruktionsspeicher) geladen. Die Adresse der Speicherzelle, in der dieser Befehl zu finden ist, ist im Befehlszähler gespeichert. Der neu geladene Maschinenbefehl wird in der Regel im Instruktionsregister abgelegt.

2. Der neu geladene Maschinenbefehl wird durch das Steuerwerk dekodiert, d. h. das Steuerwerk stellt fest, um welchen Typ von Maschinenbefehl es sich handelt, um die für die eigentliche Ausführung der Instruktion notwendigen *Steuerleitungen* setzen zu können.

3. Die für die Ausführung der Instruktion benötigten Operanden können in der Registerbank oder im Hauptspeicher (oder Datenspeicher) gespeichert oder im Befehlswort selbst fest kodiert sein. Eventuell müssen also Daten vom Hauptspeicher (oder Datenspeicher) in den Prozessor übertragen werden, sodass der Prozessor über eine entsprechenden *Bus-Schnittstelle* verfügen muss.

4. Es kann nun die eigentliche Ausführung der Instruktion erfolgen. Hierzu müssen zum Beispiel zur Durchführung einer Rechenoperation die Operanden an den Eingängen der ALU bereitgestellt werden. Das durch die ALU (die ebenfalls durch das Steuerwerk angesteuert wird) berechnete Ergebnis muss je nach Befehlstyp in eine im Befehl spezifizierte Speicherzelle des Hauptspeichers abgelegt oder in ein im Befehl spezifiziertes Register der Registerbank übertragen werden. Neben der Berechnung des eigentlichen Ergebnisses beeinflusst die ALU das Statusregister.

5. In Abhängigkeit der Belegung des Statusregisters kann je nach Maschinenbefehl ein Sprung im Maschinenprogramm erfolgen. Die Sprungadresse ist gegebenenfalls im Maschinenbefehl spezifiziert.

Natürlich ist das nur eine grobe Beschreibung von dem, was bei der Abarbeitung eines Maschinenbefehls passiert. Um in entsprechende, zum Teil recht komplexe Details gehen zu können, ist es ratsam, eine konkrete Beispiel-CPU zusammen mit ihrem Maschinenbefehlssatz zu betrachten und diese zu diskutieren. Genau das werden wir in den folgenden Abschnitten auch tun. Das betrachtete Beispiel wird dabei der Prozessor `OurMips` sein.

10.2   Aufbau des Ein-Zyklen-Prozessors `OurMips`

In diesem Abschnitt geht es darum, den Aufbau des Prozessors `OurMips` zu erläutern und anhand dieser vergleichsweise einfach strukturierten CPU zu verstehen, wie in einem Prozessor die verschiedenen Befehle erkannt und deren korrekter Ablauf gesteuert wird.

Wie oben bereits erläutert wurde, ist die Befehlsabarbeitung implizit in mehrere Phasen unterteilt:

- Holen des Befehls in das Instruktionsregister

- Dekodieren des Befehls

- Ausführen der Anweisung

Je nach Betrachtungsweise kann man auch z. B. das Bereitstellen der Operanden sowie das Speichern des Ergebnisses einer ALU-Operation als separate Phase ansehen und die Gliederung der Befehlsabarbeitung so weiter verfeinern. Man kann dann die Befehlsausführung über mehrere Takte verteilen, indem in jedem Takt genau eine Phase durchlaufen wird. Wir sprechen in diesem Fall von einer *Mehr-Zyklen-Architektur*. Im Gegensatz dazu wird bei einer *Ein-Zyklen-Architektur* jede Instruktion innerhalb *eines einzigen Taktzyklus* vollständig abgearbeitet, d. h. eine explizite Aufteilung in verschiedene Phasen findet nicht statt.

Eine Ein-Zyklen-Architektur hat den Vorteil, dass sich der Aufbau einfacher gestaltet. Es werden zur Abarbeitung intern keine zusätzlichen speichernden Elemente benötigt. Insbesondere kann auch das Instruktionsregister entfallen. Doch es gibt auch gravierende Nachteile, die für die Verwendung von Mehr-Zyklen-Architekturen sprechen. So richtet sich die Taktfrequenz des Gesamtsystems bei unterschiedlichen Ausführungszeiten der diversen Instruktionen immer nach der Zeit für den langsamsten Befehl, d. h. im Extremfall können viele schnelle Befehle durch einen langsamen „ausgebremst" werden. Dennoch betrachten wir hier eine Ein-Zyklen-Maschine, da diese auf Grund der einfacheren Struktur eine detailliertere Betrachtung erlaubt und die prinzipielle Arbeitsweise sehr gut verdeutlicht. Der Ausbau zu einer Mehr-Zyklen-Architektur wird dann in Kapitel 11 diskutiert.

10.2.1 Rahmengrößen/Eckdaten

Bei OurMips handelt es sich um einen vergleichsweise sehr einfachen Ein-Zyklen-Prozessor mit einem überschaubaren Befehlssatz. Die einzelnen Befehle bestehen aus jeweils einem Bitwort der Länge 32. Ebenso umfassen auch die zu verarbeitenden Datenworte stets 32 Bits. Insgesamt stehen 32 interne Datenregister zur Verfügung, von denen jedes ein wiederum aus 32 Bits bestehendes Datenwort speichern kann. Logische Konsequenz ist, dass auch die in OurMips integrierte ALU mit 32-Bit Daten arbeitet.

Es fällt auf, dass diese Zahlenwerte allesamt Zweierpotenzen darstellen. Das ist kein Zufall – vielmehr sind dies Werte, die sich beim Entwurfsprozess auf „natürliche Weise" als geeignet erweisen. Man kann zum Beispiel mit k Adressleitungen genau 2^k verschiedene Register adressieren, weshalb es sich aus Gründen der Ausnutzung des gesamten Adressraums und der Vermeidung von Sonderfällen anbietet, eine Anzahl von Registern vorzusehen, die einer Zweierpotenz entspricht. Wir werden dies an vielen Stellen dieses Kapitels genauer erkennen und verstehen können. Das erwähnte Beispiel der Anzahl verfügbarer Datenregister etwa wird in Abschnitt 10.2.3 detaillierter diskutiert.

Da OurMips einen Vertreter der Harvard-Architektur darstellt, gibt es zwei separate Speicher für Daten und Programme, beide mit getrennten Adress- und Datenbussen. Der Datenspeicher ist natürlich ebenfalls auf eine Wortbreite von 32 Bits ausgelegt, d. h. er ist mit einem Datenbus der Breite 32 Bits ausgestattet. Selbiges gilt auch für den Adressbus, was bedeutet, dass im Datenspeicher potentiell 2^{32} Datenworte angesprochen werden können. Insgesamt ergibt sich dadurch eine maximal nutzbare Speicherkapazität von $4 \cdot 2^{32}$ Bytes, da jeweils Datenworte von vier Bytes adressiert werden, also 16

Gibibytes – ein *Gibibyte* entspricht 2^{30} Bytes, während ein *Gigabyte* 10^9 Bytes entspricht.[5] Der Programmspeicher hingegen ist beim `OurMips` etwas kleiner. Zwar muss wegen der vorgegebenen Befehlsbreite auch er in der Lage sein, 32-Bit Datenworte zu speichern, doch die Breite des Adressbusses beträgt lediglich 16 Bits. Somit kann der Programmspeicher insgesamt (nur) $2^{16} = 65.536$ viele Befehle aufnehmen, was einer Speicherkapazität von $4 \cdot 2^{16}$ Bytes, also von 256 Kibibytes (1 Kibibyte $= 2^{10}$ Bytes) entspricht.

Auf Grund der niedrigeren Adressbusbreite des Programmspeichers umfasst auch der Befehlszähler nur 16 Bits. Ein Instruktionsregister wird wie bereits besprochen nicht benötigt, da `OurMips` ein Ein-Zyklen-Prozessor ist. Die im Statusregister des `OurMips` abgelegte Information besteht nur aus einem Bit und kann durch ein einzelnes Flipflop realisiert werden.

Im Folgenden sehen wir uns zunächst die Bestandteile des Beispielrechners `OurMips` etwas näher an, um daraufhin den Aufbau der CPU detailliert angeben und verstehen zu können. Wir beginnen dabei mit der Betrachtung des Daten- und Programmspeichers und deren Schnittstellen zum Prozessor.

10.2.2   Schnittstelle des Speichers

Aus dem vorigen Abschnitt 10.2.1 ist bekannt, dass der Rechner `OurMips` gemäß der Harvard-Architektur konzipiert ist und deshalb getrennte Speicher für Programme und Daten besitzt. Auch die Rahmendaten bezüglich der Speicherkapazität wurden bereits genannt – in Tabelle 10.1 sind sie nochmals übersichtlich zusammengefasst.

	Breite Adressbus	**Breite Datenbus**	**Anzahl Speicherworte**	**Speicher kapazität**
Datenspeicher	32	32	2^{32}	16 Gibibytes
Programmspeicher	16	32	2^{16}	256 Kibibytes

Tabelle 10.1: *Kenngrößen der Daten- und Programmspeicher von* `OurMips`

Weiterhin ist zu beachten, dass der Datenspeicher von `OurMips` nur einen Adresseingang besitzt. Als Konsequenz daraus ergibt sich, dass das gleichzeitige Lesen *und* Schreiben von Daten nicht möglich ist, da zu einem festen Zeitpunkt immer nur auf einer einzigen Adresse operiert werden kann. Dementsprechend wird `OurMips` auch nur Ladebefehle, die jeweils ein Datenwort aus dem Datenspeicher in ein Register laden, bzw. Speicherbefehle, die jeweils den Inhalt eines Registers in den Datenspeicher ablegen, erlauben. Um die konkrete technische Realisierung von Daten- und Programmspeicher kümmern wir uns an dieser Stelle nicht weiter[6]. Mehr zur technischen Realisierung von Speichern findet man in Kapitel 11, unser Augenmerk in diesem Kapitel liegt vor allem auf der CPU

---

[5]Wir adressieren hier also Datenworte von vier Bytes. Häufig findet man, wie bereits erwähnt, auch sogenannte byteweise Adressierung, in diesem Fall wären mit einem 32-Bit breiten Adressbus nur 4 GibiByte adressierbar.

[6] Zum Verständnis der Arbeitsweise genügt die Vorstellung, dass beim Schreiben von Daten in den

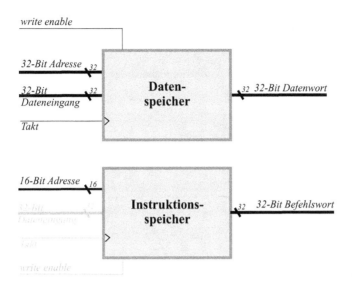

write enable

32-Bit Adresse ↘32

32-Bit Dateneingang ↘32

Datenspeicher

32↙ *32-Bit Datenwort*

Takt

16-Bit Adresse ↘16

Instruktionsspeicher

32↙ *32-Bit Befehlswort*

Abbildung 10.2: *Daten- und Programmspeicher von* `OurMips`

von `OurMips` und allenfalls auf deren Zusammenspiel mit den Speichern. Deshalb müssen wir zwar die Funktionalität der Speicher sowie deren Schnittstellen zum Prozessor kennen, können jedoch an dieser Stelle auf die Behandlung interner Details verzichten. Die Darstellung als Blockschaltsymbol auf entsprechendem Abstraktionsniveau ist sowohl für Daten- als auch für Programmspeicher in Abbildung 10.2 illustriert.

Beim Programmspeicher fällt auf, dass die Daten-Eingangsleitungen in der Abbildung fehlen bzw. nur angedeutet sind. Hierdurch soll angedeutet werden, dass wir uns keine Gedanken darüber machen wollen, wie die Programme in den Speicher „gelangen", sondern uns lediglich um ihre korrekte Abarbeitung kümmern. Dazu benötigen wir bezüglich des Programmspeichers lediglich die Möglichkeit, eine Adresse zu selektieren und den entsprechenden, unter dieser Adresse gespeicherten Befehl auszulesen.

10.2.3 Der Datenregistersatz

Beim Daten- und Programmspeicher haben wir uns jeweils damit begnügt, zu klären, wie die Anbindung der Speicher an die CPU gestaltet ist. Die Register hingegen sind selbst *Teil* der CPU. Aus diesem Grund befassen wir uns auch detaillierter mit ihrem Aufbau. In Abschnitt 10.2.1 wurde erwähnt, dass der Prozessor des `OurMips` insgesamt 32 Datenregister enthält, die jeweils ein Wort der Breite 32 Bits speichern können. Die Register sollen mit einem Eingang *write enable*, der bei entsprechend anliegendem Signal den Schreibzugriff freigibt, ausgestattet werden. Für ein einzelnes Bit lässt sich die gewünschte Funktionalität mithilfe eines Multiplexers und eines 1-Bit Speichers reali-

---

Datenspeicher die Aufnahme der Daten mit Beginn des nächsten Taktes geschieht. Eine technische Umsetzung kann z. B. mit sogenannten „*synchronous write, asynchronous read memories*" erfolgen.

sieren, so wie dies in Abbildung 10.3 dargestellt ist. Das Schreiben neuer Daten erfolgt bei steigender Taktflanke und auf 1 gesetztem *write enable*. Das Blockschaltsymbol für die sich daraus in nahe liegender Weise ergebende Verallgemeinerung auf Register mit einer Breite von 32 Bits ist in der Abbildung ebenfalls angegeben.

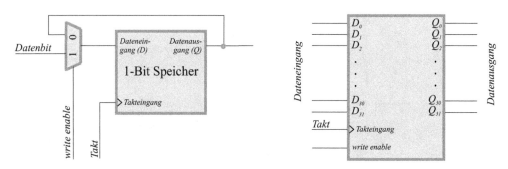

Abbildung 10.3: *Aufbau einer 1-Bit Speicherzelle; Symbol für ein 32-Bit breites Register*

Sollen nun wie im Falle von `OurMips` 32 Register zu einer *Registerbank* zusammengefasst werden, so muss man Vorkehrungen treffen, um einzelne Register selektieren, d. h. adressieren, zu können. Zur Adressierung einer Menge von 32 unterschiedlichen Objekten benötigen wir fünf Adressleitungen. Deren Belegung muss für den Schreibzugriff von einem Dekoder (siehe Übungsaufgabe 9.11) so dekodiert werden, dass das *write-enable*-Signal des zu selektierenden Registers auf eins und alle anderen *write-enable*-Signale auf null gesetzt werden. Dies gilt jedoch nur dann, wenn das übergeordnete *write-enable*-Signal *wEReg* der Registerbank gesetzt ist – andernfalls werden die *write-enable*-Signale aller Register auf null gesetzt. Analog zur Selektion des gewünschten Registers zum Schreiben muss bei lesendem Zugriff ein „verallgemeinerter" Multiplexer (siehe Übungsaufgabe 9.10) dafür sorgen, dass abhängig von den Signalen an den Adressleitungen der Ausgang des gewünschten Registers zum Lese-Ausgang der Registerbank durchgeschaltet wird.

Wie wir im Folgenden noch genauer sehen werden, kann es notwendig werden, die Inhalte zweier verschiedener Register gleichzeitig auszulesen. Dies lässt sich durch die Erweiterung der Registerbank um einen zweiten Leseport bewerkstelligen. Ein zusätzlicher Leseport kann auf einfache Weise durch das Integrieren eines weiteren verallgemeinerten Multiplexers realisiert werden. Der Schreibport wiederum muss komplett unabhängig von den beiden Leseports sein, denn es muss z. B. die Möglichkeit gegeben sein, beide Operanden einer ALU-Operation aus verschiedenen Registern zu lesen und das Ergebnis in ein drittes Register zu schreiben. Insgesamt gesehen muss also, um im gleichen Zyklus aus zwei verschiedenen Registern lesen zu können und in drittes Register schreiben zu können, ein paralleler Zugang zu drei Registern (zwei davon lesend, einer schreibend) gegeben sein. Die Registerbank wird im Folgenden durch ein Blockschaltsymbol repräsentiert, wie es in Abbildung 10.4 dargestellt ist.

Zum Abschluss dieses Abschnitts wollen wir anhand zweier kleiner Beispiele verdeutlichen, wie die Registerbank mit dem Datenspeicher interagiert und dabei Daten geschrieben und gelesen werden. Dies stellt zwar teilweise einen Vorgriff auf die in Abschnitt 10.3

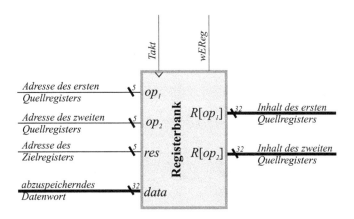

Abbildung 10.4: *Blockschaltsymbol der Registerbank von* OurMips

noch umfassender stattfindende Diskussion des Befehlssatzes von OurMips dar, doch es erscheint sinnvoll, bereits an dieser Stelle den Einsatz der bisher konstruierten Komponenten zumindest grob zu skizzieren.

Wir betrachten einen Lade- sowie einen Speicherbefehl. Dabei werden Daten zwischen Registerbank und Datenspeicher über Leitungen ausgetauscht. Die Wirkungsweise der Befehle lässt sich wie folgt beschreiben:

- *Ladebefehl*: Nimm den Inhalt von Register i und modifiziere ihn durch Addition einer Konstanten k. Interpretiere das Ergebnis als Speicheradresse und lade den Inhalt der Speicherzelle des Datenspeichers mit dieser Adresse in das Register j.

- *Speicherbefehl*: Nimm den Inhalt von Register i und modifiziere ihn durch Addition einer Konstanten k. Interpretiere das Ergebnis als Speicheradresse und lege den Inhalt von Register j im Datenspeicher unter dieser Speicheradresse ab.

Wir veranschaulichen nun den gesamten Ablauf des Ladebefehls (siehe dazu auch Abbildung 10.5): Beim Ladebefehl wird über einen der Leseports (o. B. d. A. sei dies Port $R[op_1]$) der Inhalt von Register i ausgelesen und als ein Operand der ALU zur Verfügung gestellt. Als zweiter Operand wird über *offset* die Konstante k an die ALU geleitet. Die ALU berechnet nun die Summe beider Operanden und stellt dies als Adresse für den Datenspeicherzugriff zur Verfügung. Diese Adresse wird vom Ausgang der ALU an den Adresseingang des Speichers übertragen, woraufhin das zu ladende Datenwort am Leseausgang des Datenspeichers zur Verfügung steht. Dieses Datenwort wird nun über die entsprechenden internen Leitungen zum Dateneingang für Schreibzugriffe auf die Registerbank übertragen. Die Adressleitungen (am Eingang *Adresse des Zielregisters*) sind dort bereits so eingestellt, dass die ankommenden Daten beim nächsten Taktsignal in Register j abgelegt werden. Das *write-enable*-Signal *wEReg* der Registerbank muss dazu gesetzt sein, das des Datenspeichers hingegen ist mit dem Wert 0 zu belegen.

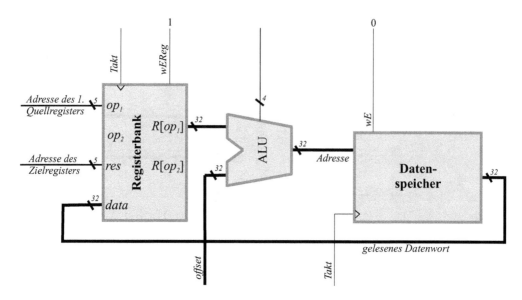

Abbildung 10.5: *Ausführen des Ladebefehls*

Die funktionale Umkehrung des Ladebefehls stellt der Speicherbefehl dar. Zu seiner Realisierung müssen die beiden *write-enable*-Signale im Vergleich zum Ladebefehl invertiert werden, da in diesem Fall nicht die Registerbank, sondern der Datenspeicher beschrieben wird. Außerdem ist es notwendig, beide Leseports der Registerbank einzusetzen, denn zur gleichen Zeit müssen sowohl das zur Adressrechnung benötigte Register als auch das zu speichernde Datenwort zur Verfügung gestellt werden. Wie dies geschieht, ist in Abbildung 10.6 skizziert.

10.2.4   Die Arithmetisch-Logische Einheit

Wie eine ALU grundsätzlich aufgebaut ist und wie man sie entwerfen kann, ist aus Kapitel 9 bekannt. In diesem Abschnitt geht es darum, zu erläutern, wie die ALU unseres Beispielrechners `OurMips` in das Entwurfskonzept des Prozessors passt und wie sie arbeitet. Wir können also darauf verzichten, den internen Aufbau der ALU zu diskutieren, und uns auf ihre Funktionalität und ihre Schnittstellen nach außen beschränken.

Die verwendete ALU kann zehn verschiedene Operationen durchführen. Es handelt sich dabei um sechs arithmetische sowie vier logische Operationen:

- *Arithmetische Operationen*: Addition, Subtraktion, Rotation nach links, Rotation nach rechts, Shift nach links, Shift nach rechts

- *Logische Operationen*: bitweise Konjunktion, bitweise Disjunktion, bitweises Exklusiv-Oder, bitweise Äquivalenz

Wir werden auf die Funktionalität der einzelnen Operationen im Rahmen der Bespre-

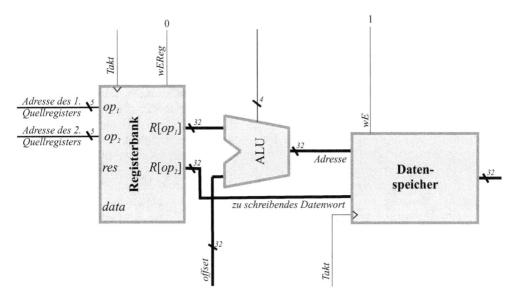

Abbildung 10.6: *Ausführen des Speicherbefehls*

chung des Befehlssatzes in den Abschnitten 10.3.5, 10.3.6 und 10.3.7 zurückkommen. Vorerst genügt es im Wesentlichen zu wissen, wie viele verschiedenartige Operationen ausgeführt werden können und wie viele Operanden welcher Form dazu benötigt werden.

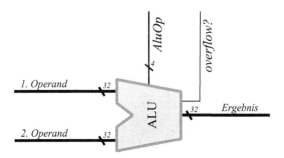

Abbildung 10.7: *Die ALU des Beispielrechners* `OurMips`

Passend zu den Datenbusbreiten der Registerbank und der Speicher verarbeitet die ALU – wie bereits zu Beginn des Abschnitts 10.2.1 erwähnt – 32-Bit breite Daten. An den Eingängen werden die zwei Operanden zur Verfügung gestellt, das Ergebnis der ALU-Operation umfasst ebenfalls 32 Bits. Die Auswahl der jeweils durchzuführenden Operation erfolgt durch das 4-Bit breite Signal *AluOp*. Je nach Wert dieser vier Steuerleitungen wird eine der zehn Operationen der ALU ausgewählt. Schließlich enthält die ALU einen Ausgang *overflow?*, der genau dann durch die ALU auf 1 gesetzt wird, wenn eine Addition oder Subtraktion zu einer Bereichsüberschreitung führt. Insgesamt ergibt sich für die ALU also das in Abbildung 10.7 angegebene Blockschaltsymbol.

Die Operanden werden ausschließlich durch die Registerbank zur Verfügung gestellt bzw. sind im Befehlswort fest kodierte Konstanten. Einen direkten Zugang vom Datenspeicher zur ALU *ohne* Umweg über die Register gibt es nicht. Analog kann auch das Ergebnis nicht direkt in den Datenspeicher, sondern zunächst nur in ein Register geschrieben werden – lediglich eine von der ALU berechnete Adresse kann, wie wir in Abschnitt 10.2.3 gesehen haben, an den Datenspeicher angelegt werden. Wird eine ALU-Operation mit zwei Operanden ausgeführt, bei der das Ergebnis wieder in ein Register gespeichert werden soll, so werden folglich alle drei Ports der Registerbank benötigt, und das *write-enable*-Signal *wEReg* muss auf eins gesetzt werden. Ein entsprechendes Szenario ist mit den dafür benötigten Verbindungen in Abbildung 10.8 dargestellt. Dort werden die Inhalte der zwei Register (1. und 2. Quellregister) durch die ALU miteinander verknüpft, das Resultat der Operation wird in einem Zielregister abgelegt.

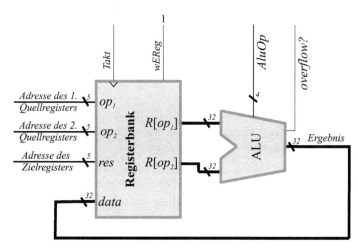

Abbildung 10.8: *Durchführung einer ALU-Operation*

10.2.5   Der Befehlszähler und das Statusregister

Von den für den Aufbau der CPU von OurMips unbedingt benötigten Komponenten fehlen uns nun neben dem Steuerwerk, dessen genauere Untersuchung wir in Abschnitt 10.4 vornehmen wollen, nur noch der Befehlszähler und das Statusregister StatusR. Dies sind die einzigen Spezialregister, die für den Entwurf von OurMips gebraucht werden. Da es sich bei OurMips um eine Ein-Zyklen-Architektur handelt, wird kein Instruktionsregister benötigt. Das Statusregister StatusR ist lediglich ein 1-Bit Register, in dem das Signal *overflow?* gespeichert wird.

Wir schauen uns nun den Befehlszähler (engl.: *program counter*, *PC*) und seine Aufgaben genauer an. Da Adressen des Programmspeichers 16 Bits umfassen, ist auch für den

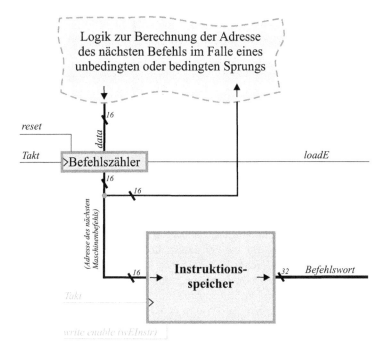

Abbildung 10.9: *Der Befehlszähler des Rechners* OurMips

Befehlszähler eine Breite von 16 Bits ausreichend. Abgesehen von Sprungbefehlen erfolgt der Programmablauf sequentiell, d. h. der Inhalt des Befehlszählers muss außer bei Sprüngen jedes Mal, wenn ein Befehl vollständig abgearbeitet ist, inkrementiert werden. Deshalb ist es sinnvoll, den Befehlszähler nicht in derselben Weise wie die Datenregister zu realisieren, sondern einen 16-Bit-Zähler als Befehlszähler zu verwenden. Dieser muss aber zusätzlich über folgende Funktionalitäten verfügen:

- Einen *reset*-Eingang, der den Zähler auf den Wert 0 (oder einen anderen ausgezeichneten Wert) zurücksetzt. Er wird benötigt, um z. B. bei einem Systemstart den Befehlszähler mit null initialisieren zu können, damit die Programmabarbeitung an der richtigen Stelle beginnt.

- Einen *data*-Eingang, über den bei Sprungbefehlen beliebige Werte in den Befehlszähler geladen werden können.

- Einen *load-enable*-Eingang *loadE*, über den der Ladevorgang des Registers über den zusätzlichen Dateneingang gesteuert wird. Bei der Ausführung von Sprungbefehlen sorgt dieses Signal dafür, dass der neue Wert des Befehlszählers über den Dateneingang geladen wird. Bei allen anderen Befehlen wird der Dateneingang blockiert und der neue Wert des Befehlszählers ergibt sich durch Inkrementieren des Zählers.

Das Blockschaltsymbol für den Befehlszähler und die Anbindung an den Programmspeicher sind in Abbildung 10.9 zu sehen.

Die Ansteuerung des Signals *loadE*, also die Entscheidung, ob ein Sprung bzw. Verzwei-
gung stattfindet oder der Wert des Zählers einfach nur inkrementiert wird, obliegt dem
Steuerwerk.

10.2.6   Der Gesamtrechner

Wir sind nun in der Lage, die ausführlich besprochenen Komponenten zum Gesamtsystem des Rechners OurMips zusammenzusetzen. Das Steuerwerk wird dabei zunächst
durch eine *Black Box* ersetzt, d. h. wir unterstellen, dass es ein solches gibt, das korrekt funktioniert, und kümmern uns erst später (in Abschnitt 10.4) um seinen Entwurf
und Aufbau. Abbildung 10.10 stellt das Gesamtsystem, die Architektur, des Rechners
OurMips in Form eines Blockschaltbildes dar. Die Menge der abgebildeten Komponenten
entspricht bis auf das Steuerwerk, einigen zusätzlichen Multiplexern und den Bautei-
nen ADD_{16}, AluTest und VorzeichenErweiterung [7] genau den in den vorigen Abschnitten besprochenen Bestandteilen von OurMips, nämlich Daten- und Programmspeicher,
Registerbank [8], ALU und Befehlszähler. Zusätzlich sind hier noch die Verbindungen
zwischen den einzelnen Blöcken mitangegeben. Erst daraus wird das Zusammenspiel
der Komponenten ersichtlich.

Zu beachten ist zunächst, dass alle Takteingänge der speichernden Elemente allesamt
durch denselben globalen Takt angesteuert werden – in der Abbildung wurde aus Gründen der Übersichtlichkeit darauf verzichtet, die entsprechenden Leitungen einzuzeich-
nen. Auch die *reset*-Leitungen für den Befehlszähler und die Datenregister sind nicht
eingezeichnet. Im Gegensatz dazu sind die Steuersignale (Ausgänge aus dem Steuerwerk), die das Zusammenspiel der Komponenten regeln, explizit angegeben. Es sind
dies

- *write-enable*-Signale für Daten- und Registerspeicher: *wE* und *wEReg*

- *load-enable*-Signal des Befehlszählers: *loadE*

- *select*-Signale für die Multiplexer: *selJmp, selRD, selDest, selRegdata*. Diese steuern abhängig vom jeweiligen Befehl die Auswahl zwischen den verschiedenen Alternativen, z. B. wird über *selDest* bestimmt, welche Bits des Befehlswortes die
  Adresse des Zielregisters enthalten.

- *AluOp*: dieses Signal wählt die geeignete ALU-Operation aus.

---

[7]Die Aufgabe des Bausteins VorzeichenErweiterung geht aus dem Namen unmittelbar hervor; er transformiert eine 16-Bit Darstellung im Zweier-Komplement in eine (äquivalente) 32-Bit Darstellung (siehe
Übungsaufgabe 9.17). ADD_{16} bezeichnet einen 16-Bit Addierer, den wir zur Berechnung der Sprung-
adressen benutzen werden. Auf die Bedeutung des (kombinatorischen) Bausteins AluTest gehen wir im
Text und in den Übungsaufgaben ausführlich ein.
[8]Die Registerbank wollen wir im Folgenden mit R bezeichnen, den Inhalt von Register i mit $R[i]$.
Entsprechend bezeichnen wir den Datenspeicher mit DSp und den Inhalt der Speicherzelle des Datenspeichers mit Adresse j mit $DSp[j]$.

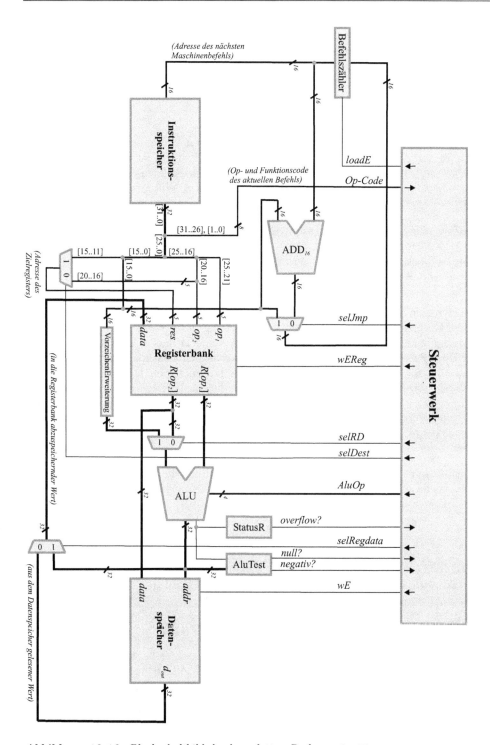

Abbildung 10.10: *Blockschaltbild des kompletten Rechners* OurMips

Die notwendigen Informationen für die Generierung der Steuersignale erhält das Steuerwerk durch folgende Eingangssignale:

- Bits 1 und 0 und Bits $31, \ldots, 26$ des 32-Bit Befehlswortes am Ausgang des Instruktionsspeichers: sie kodieren, wie wir im nächsten Abschnitt sehen werden, eindeutig den auszuführenden Befehl.

- *overflow?*: wie bereits erwähnt wird *overflow?* genau dann auf 1 gesetzt, wenn eine in der ALU ausgeführte Addition oder Subtraktion zu einer Bereichsüberschreitung führt. Zu berücksichtigen ist, dass diese Information erst zu Beginn des nächsten Taktes in das Statusregister StatusR übernommen wird, dem Steuerwerk also auch erst dann zur Verfügung steht.

- *null?* und *negativ?*: in AluTest wird überprüft, ob das Ergebnis der durch die ALU ausgeführten Operation gleich 0 bzw. ein negativer Wert ist. Entsprechend werden die Signale *null?* und *negativ?* noch im gleichen Takt[9] gesetzt und an das Steuerwerk weitergeleitet.

Welche Leitungen bei der Ausführung welcher Befehle zu welchem Zweck verwendet werden, ist Gegenstand der detaillierten Untersuchung der einzelnen Maschinenbefehle in den Abschnitten 10.3.4 – 10.3.8. Es soll aber bereits jetzt darauf hingewiesen werden, dass die Bits $25, \ldots, 0$ am Ausgang des Instruktionsspeichers die notwendigen Informationen über die bei der Ausführung des Befehls benötigten Daten enthalten. Die Registerbank selbst wird über diese Bits des Instruktionswortes mit Adressinformationen versorgt. Die Register sind während der Programmabarbeitung sozusagen der Dreh- und Angelpunkt bezüglich der Zwischenspeicherung von Daten. Sowohl aus dem Datenspeicher als auch aus der ALU können Daten ohne Umweg in die Register kopiert werden.

Exemplarisch kann bereits nun überprüft werden, dass sich die in den Abbildungen 10.5 und 10.6 angegebenen Verbindungen, die zur Abarbeitung des Lade- und Speicherbefehls verwendet werden, im Schaltbild aus Abbildung 10.10 direkt wiederfinden lassen.

10.3 Befehlssatz von `OurMips`

Beim Entwurf eines Rechners müssen Ausstattung und struktureller Aufbau, also die verwendeten Komponenten und Verbindungen, auf der einen Seite und gewünschter Befehlssatz der Maschine auf der anderen Seite zueinander „passen". Sie hängen stark voneinander ab und bilden idealerweise eine homogene Einheit.

Wenn diese beiden Charakteristika nicht zusammenpassen, geht dies stark zu Lasten der Effizienz des Rechners. Wird beispielsweise die ALU mit Operationen ausgestattet, die durch keinen der Maschinenbefehle benötigt wird, so wird dadurch Platz auf dem Chip verschwendet, eventuell sogar die Leistung des Prozessors reduziert, wenn man mit einer schlankeren ALU zu einer höheren Taktrate hätte kommen können.

---

[9] AluTest ist ein kombinatorischer Schaltkreis

Nachdem wir den Aufbau der CPU von `OurMips` diskutiert haben, geht es nun darum, uns auch einen möglichst vollständigen Einblick in die internen Abläufe während der Befehlsabarbeitung zu verschaffen und dabei zu verstehen, dass Ausstattung, struktureller Aufbau und Befehlssatz „zueinander passen". Wir wollen erfahren, welchem Zweck die einzelnen Leitungen dienen und wie die Interaktion der verschiedenen Komponenten sowie die Steuerung dieser Interaktion vonstatten gehen. Dazu müssen wir uns mit dem konkreten Befehlssatz von `OurMips` zu befassen.

Bevor wir aber wirklich beginnen, Zusammensetzung und Wirkungsweise der einzelnen Maschinenbefehle zu analysieren, beschäftigen wir uns kurz mit der Initialisierung von `OurMips` beim Einschalten, die ja stets erfolgen muss, bevor der Rechner damit beginnen kann, Programme abzuarbeiten und in diesem Zusammenhang Maschinenbefehle auszuführen. Anschließend können wir dann den Befehlssatz vorstellen, gliedern und die Befehle anhand dieser Gliederung nacheinander untersuchen und diskutieren.

10.3.1 Initialisierung

Bevor Programme und in diesem Zusammenhang auch einzelne Befehle ausgeführt werden können, muss der Rechner eingeschaltet werden. Eigentlich ist das eine Selbstverständlichkeit – aber dennoch macht es Sinn, sich mit diesem Vorgang auseinander zu setzen, denn beim Einschalten erhalten die speichernden Elemente initiale Werte.

Die initiale Belegung des Datenspeichers spielt in der Regel keine Rolle. Ein lesender Zugriff auf diesen Speicher macht üblicherweise erst dann Sinn, wenn die entsprechenden Zellen zuvor gezielt beschrieben wurden. In diesem Sinne betrachten wir alle anfangs im Datenspeicher gespeicherten Datenworte als „ungültig". Wir wollen annehmen, dass der Datenspeicher bei Bedarf (wie auch immer) mit entsprechenden Daten vorab belegt worden ist. Mit der Initialisierung des Programmspeichers wollen wir uns an dieser Stelle auch nicht näher befassen. Der Programmspeicher soll beim Systemstart das auszuführende Programm beinhalten, die Anweisungen sollen dabei, beginnend bei der Adresse 0, sequentiell in diesem Speicher abgelegt sein.[10]

Neben den Speichern müssen auch die Register initialisiert werden. Der Befehlszähler und das Statusregister werden mit null initialisiert. Die Initialisierung des Befehlszählers mit null hängt mit der oben erwähnten Konvention zusammen, dass der erste Befehl des abzuarbeitenden Programms im Instruktionsspeicher an der Adresse 0 abzulegen ist. Bei den anderen Registern, mit Ausnahme von Register 0, wollen wir generell nicht annehmen, dass sie mit einem festen Wert initialisiert sind. Das Register 0 spielt eine Sonderrolle. Die einfache Verfügbarkeit des konstanten Wertes 0 ist, wie wir später z. B. bei der Realisierung von Pipelining in Kapitel 11 und der Einführung sogenannter Pseudoinstruktionen sehen werden, wichtig. Aus diesem Grunde vereinbaren wir, dass über Register 0 immer der konstante Wert 0 zur Verfügung steht, d. h. jederzeit $R[0] = 0$ gilt. Ein Schreiben des Registers 0 ist zwar prinzipiell durch entsprechende Befehle möglich, führt aber nicht zu einer Änderung des Wertes.

---

[10]Der Programm- und Datenspeicher könnte z. B. mithilfe einer externen Schnittstelle in einem dann noch zu definierenden „Offline-Modus" beschrieben werden.

10.3.2   Der Befehlssatz im Überblick

Im Folgenden wird nun die Menge aller Maschinenbefehle des Rechners `OurMips` aufgelistet. Dies geschieht in den Tabellen 10.2 und 10.3.

In der ersten Spalte sind die Maschinenrepräsentationen der einzelnen Befehle in Form von Bitfolgen aufgeführt. Alle Befehle umfassen 32 Bits, doch die Art des Befehls wird bereits durch die sechs höchstwertigen Bits $31, \ldots, 26$ angegeben bzw. festgelegt. Die restlichen Bits sind für die Beschreibung von Operanden reserviert. Einzige Ausnahme bildet die Gruppe der logischen Befehle. Hier ist der Typ des logischen Befehls durch die sechs höchstwertigen Bits nicht eindeutig festgelegt, dazu werden zusätzlich die zwei niederwertigen Bits 1 und 0 genutzt. Man spricht in diesem Fall auch von *Funktionsbits*. In den Tabellen sind in der ersten Spalte ausschließlich die signifikanten Bitstellen, der sogenannte *Op-Code*, also die Bits $31, \ldots, 26$, ergänzt um die Funktionsbits 1 und 0 im Fall der logischen Befehle angegeben. Die zweite Spalte stellt die Befehle zusammen mit ihren Operanden in der besser lesbaren und dadurch sehr viel verständlicheren Assembler-Schreibweise dar. Die Wirkungsweise der Befehle ist in Spalte 3 erläutert, wobei sich die Beschreibung hier auf die wesentlichen Aspekte der Ausführung des jeweiligen Befehls beschränkt. Das Inkrementieren des Befehlszählers, das ja bei der Ausführung der meisten Befehle erfolgt, wird beispielsweise nicht erwähnt – so auch nicht bei den Sprungbefehlen, wenn die Sprungbedingung nicht erfüllt ist. Eine detaillierte Beschreibung jedes einzelnen Befehls inklusive aller auftretenden Seiteneffekte erfolgt in den Abschnitten 10.3.4 bis 10.3.8. An dieser Stelle hingegen wird darauf bewusst verzichtet, da die Tabellen 10.2 und 10.3 in erster Linie eine übersichtliche Darstellung des kompletten Befehlssatzes bieten und zum späteren Nachschlagen geeignet sein sollen.

10.3.3   Befehlsaufbau und Befehlsklassen

Die Maschinenbefehle unseres Beispielrechners `OurMips` bestehen bekanntlich aus Bitfolgen m der Länge 32, was auch der Breite der im Programmspeicher vorhandenen Speicherzellen entspricht. Diese Bits werden von rechts nach links durchnummeriert, es ist also

$$m := m_{31} \, m_{30} \, \ldots \, m_0.$$

Wie oben bereits angedeutet, lassen sich grundsätzlich innerhalb eines Befehlswortes zwei Bereiche unterscheiden (siehe Abbildung 10.11). In den sechs höchstwertigen Bits $m_{31} \ldots m_{26}$ des Befehls ist kodiert, um welchen Befehl es sich handelt. Die aus diesen sechs Bits bestehende Teilfolge eines Befehlswortes bildet den Op-Code desselben. Die niederwertigen Bits $m_{25} \ldots m_0$ liefern hingegen die Befehlsparameter, die je nach Befehl von unterschiedlicher Anzahl, Breite und Bedeutung sein können. Auf diese Parameter gehen wir bei der detaillierten Beschreibung der einzelnen Befehle in den Abschnitten 10.3.4 bis 10.3.8 genauer ein.

Aus der Eigenschaft, dass zur Beschreibung des Op-Codes sechs Bits zur Verfügung stehen, könnte gefolgert werden, dass es maximal $2^6 = 64$ verschiedene Befehle geben kann. Wie bereits in Tabelle 10.2 sichtbar, wird bei `OurMips` als Ausnahmefall der Op-Code `010111` vierfach belegt. Dieser Op-Code repräsentiert zwar vier ähnliche, aber

Tabelle 10.2: *Der Maschinenbefehlssatz des Rechners* OurMips. *Ausführliche Erläuterungen zu jedem der Befehle und den verwendeten Schreibweisen sind auf den folgenden Seiten zu finden.*

Op-Code	Assemblercode	Beschreibung/Funktionsweise

Lade- und Speicherbefehle

111000	LDD $R[i]$, $R[j]$, k	Lade Speicherinhalt: $R[j] := DSp[R[i] + k]$
111001	STO $R[i]$, $R[j]$, k	Speichere in Datenspeicher: $DSp[R[i] + k] := R[j]$

Arithmetische Befehle vom Register-Typ

010000	SHL $R[i]$, $R[j]$, $R[k]$	Logischer Linksshift: $R[k] := r_{i,31-\Delta(j)} \cdots r_{i,0} \underbrace{0 \quad \cdots \quad 0}_{\Delta(j)\text{-mal}}$ mit $\Delta(j) := R[j] \bmod 32$
010001	SHR $R[i]$, $R[j]$, $R[k]$	Logischer Rechtsshift: $R[k] := \underbrace{0 \quad \cdots \quad 0}_{\Delta(j)\text{-mal}} r_{i,31} \cdots r_{i,\Delta(j)}$ mit $\Delta(j) := R[j] \bmod 32$
010010	ROL $R[i]$, $R[j]$, $R[k]$	Logische Linksrotation: $R[k] := r_{i,31-\Delta(j)} \cdots r_{i,0}\, r_{i,31} \cdots r_{i,32-\Delta(j)}$ mit $\Delta(j) := R[j] \bmod 32$
010011	ROR $R[i]$, $R[j]$, $R[k]$	Logische Rechtsrotation: $R[k] := r_{i,\Delta(j)-1} \cdots r_{i,0}\, r_{i,31} \cdots r_{i,\Delta(j)}$ mit $\Delta(j) := R[j] \bmod 32$
010100	SUB $R[i]$, $R[j]$, $R[k]$	Subtraktion: $R[k] := R[i] - R[j]$
010101	ADD $R[i]$, $R[j]$, $R[k]$	Addition: $R[k] := R[i] + R[j]$

Tabelle 10.3: *Der Maschinenbefehlssatz des Rechners* OurMips *(Fortsetzung)*

Op-Code	Assemblercode		Beschreibung/Funktionsweise

Arithmetische Befehle vom Immediate-Typ

| 011000 | SHLI | $R[i], R[j], k$ | Logischer Linksshift: |

$$R[j] := r_{i,31-k} \ldots r_{i,0} \underbrace{0 \; \cdot \; \cdot \; \cdot \; 0}_{k\text{-mal}}$$

| 011001 | SHRI | $R[i], R[j], k$ | Logischer Rechtsshift: |

$$R[j] := \underbrace{0 \; \cdot \; \cdot \; \cdot \; 0}_{k\text{-mal}} r_{i,31} \ldots r_{i,k}$$

| 011010 | ROLI | $R[i], R[j], k$ | Logische Linksrotation: |

$$R[j] := r_{i,31-k} \ldots r_{i,0} \, r_{i,31} \ldots r_{i,32-k}$$

| 011011 | RORI | $R[i], R[j], k$ | Logische Rechtsrotation: |

$$R[j] := r_{i,k-1} \ldots r_{i,0} \, r_{i,31} \ldots r_{i,k}$$

| 011100 | SUBI | $R[i], R[j], k$ | Subtraktion: |

$$R[j] := R[i] - k$$

| 011101 | ADDI | $R[i], R[j], k$ | Addition: |

$$R[j] := R[i] + k$$

Logische Befehle

| 010111...00 | OR | $R[i], R[j], R[k]$ | Bitweise Disjunktion: |

$$R[k] := r_{i,31} + r_{j,31} \ldots r_{i,0} + r_{j,0}$$

| 010111...01 | AND | $R[i], R[j], R[k]$ | Bitweise Konjunktion: |

$$R[k] := r_{i,31} \cdot r_{j,31} \ldots r_{i,0} \cdot r_{j,0}$$

| 010111...10 | XOR | $R[i], R[j], R[k]$ | Bitweises Exklusiv-Oder: |

$$R[k] := r_{i,31} \oplus r_{j,31} \ldots r_{i,0} \oplus r_{j,0}$$

| 010111...11 | XNOR | $R[i], R[j], R[k]$ | Bitweise Äquivalenz: |

$$R[k] := r_{i,31} \equiv r_{j,31} \ldots r_{i,0} \equiv r_{j,0}$$

Sprungbefehle

| 100000 | JMP | k | Unbedingter Sprung: |

$$PC := k$$

| 100010 | BEQ | $R[i], R[j], k$ | Sprung bei Gleichheit: |

$$PC := PC + k, \text{ falls } R[i] = R[j]$$

| 100011 | BNEQ | $R[i], R[j], k$ | Sprung bei Ungleichheit: |

$$PC := PC + k, \text{ falls } R[i] \neq R[j]$$

| 100100 | BGT | $R[i], R[j], k$ | Sprung bei „echt größer": |

$$PC := PC + k, \text{ falls } R[i] > R[j]$$

| 100101 | BO | k | Sprung bei Overflow: |

$$PC := PC + k, \text{ falls } \textit{overflow?} = 1$$

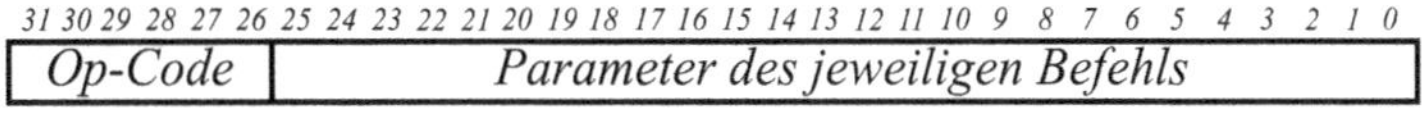

31 30 29 28 27 26 25 24 23 22 21 20 19 18 17 16 15 14 13 12 11 10 9 8 7 6 5 4 3 2 1 0

Op-Code	Parameter des jeweiligen Befehls

Abbildung 10.11: *Struktur der Maschinenbefehle*

dennoch verschiedene Befehle. Sie werden anhand der Bits $m_1\, m_0$ unterschieden. Dieser „Trick" ermöglicht in unserem Fall eine einfachere Ansteuerung der ALU, wie wir später noch sehen werden. Die Belegung eines Op-Codes mit verschiedenen Maschinenbefehlen, die dann auf anderweitigen, bei diesen Befehlen nicht benötigten Bitpositionen im Befehlsparameter-Bereich unterschieden werden, ist zudem eine häufig genutzte Möglichkeit, die Zahl der möglichen Befehle zu erweitern und dabei die Länge des Op-Codes konstant zu halten.

Der Befehlssatz von `OurMips` enthält 23 unterschiedliche Befehle, es werden also nicht alle möglichen Kodierungen ausgenutzt, sondern das Hauptaugenmerk liegt eher darauf, eine relativ kleine Teilmenge von einfachen, aber notwendigen Befehlen definiert zu haben, deren Kodierung für eine Hardware-Realisierung „gut" geeignet ist. Die 23 Befehle lassen sich gemäß ihrer Funktionalität in fünf verschiedene *Befehlsklassen* gliedern:

1. Lade- und Speicherbefehle

2. Arithmetische Befehle vom Register-Typ

3. Arithmetische Befehle vom Immediate-Typ

4. Logische Befehle

5. Sprungbefehle

Die Befehlsklasse eines Maschinenbefehls lässt sich bei `OurMips` folgendermaßen am Op-Code feststellen: Logische Befehle sind die einzigen Befehle mit $m_{28}\, m_{27}\, m_{26} = 111$. Die restlichen Befehlsklassen können folgendermaßen erkannt werden: m_{31} unterscheidet zwischen arithmetischen Befehlen auf der einen Seite ($m_{31} = 0$) und Sprung-, Lade- und Speicherbefehlen auf der anderen Seite ($m_{31} = 1$). Sprungbefehle kann man nun von Lade- und Speicherbefehlen durch Analyse des Bits m_{30} trennen: Bei $m_{31}\, m_{30} = 10$ handelt es sich um Sprungbefehle, bei $m_{31}\, m_{30} = 11$ um Lade- und Speicherbefehle. Arithmetische Befehle vom Register-Typ und arithmetische Befehle vom Immediate-Typ werden durch Bit m_{29} getrennt: $m_{31}\, m_{29} = 00$ steht für arithmetische Befehle vom Register-Typ, während $m_{31}\, m_{29} = 01$ arithmetische Befehle vom Immediate-Typ kennzeichnet.

Wir werden später sehen, wie oben geschilderte Eigenschaften bei der Konstruktion des Steuerwerks zum Tragen kommen. Zunächst behandeln wir nacheinander alle Befehlsklassen und gehen dabei auf jeden einzelnen Befehl detailliert ein. Wir geben jeweils Befehlsnamen samt Funktion, Assembler-Notation, Befehlsformat sowie die Wirkung des Befehls an.

Zunächst einigen wir uns noch auf einige weitere Schreibkonventionen:

1. Der Registerinhalt $R[i]$ wird im Folgenden je nach Kontext als Bitfolge $r_{i,31} \ldots r_{i,0}$ oder als Dezimalwert $[r_{i,31} \ldots r_{i,0}]$ (unter Verwendung des Zweier-Komplements) interpretiert. Der Ausdruck $[r_{i,31} \ldots r_{i,0}]$ wird dabei jedoch in der Regel abkürzend ebenfalls durch $R[i]$ bezeichnet. Welche Bedeutung jeweils gemeint ist, geht aus dem Kontext hervor. Bei Mehrdeutigkeiten weisen wir explizit auf die Bedeutung hin.

2. Soll der Index i eines Registers bzw. eine Konstante k als 5-stellige bzw. 16- oder 32-stellige Binärdarstellung gesehen werden, so geschieht dies durch die Bezeichnung $bin(i)$ bzw. $bin(k)$. Einzelne Bits einer Binärdarstellung $bin(j)$ werden wie üblich mit dem Index ihrer Position versehen; $bin_3(j)$ bezeichnet so z. B. das vierte Bit von rechts in der Binärdarstellung von j. Entsprechendes gilt für ganzzahlige Konstanten: $bin_{twocomp}(k)$ bezeichnet die Zweier-Komplement-Darstellung der Konstante k.

Wir kommen nun zu den Details der einzelnen Maschinenbefehle und gehen diese Befehlsklasse für Befehlsklasse durch.

10.3.4   Lade- und Speicherbefehle

Lade- und Speicherbefehle haben die Aufgabe, Daten zwischen Registerbank und Datenspeicher zu transportieren bzw. zu kopieren. Die beiden Befehle dieser Klasse unterscheiden sich durch die Quelle und das Ziel des jeweiligen Datentransfers. Das Befehlsformat beider Befehle ist folgendermaßen gegeben: 6 Bits für den Op-Code, je 5 Bits zur Benennung der beiden Register i und j und 16 Bits zur Spezifikation der Konstanten k.

Es folgen die Beschreibungen der beiden Maschinenbefehle:

Befehlsname:	Lade Speicherinhalt
Funktion:	kopiert den Inhalt der durch $R[i]+k$ adressierten Datenspeicherzelle in Register j.
Assemblernotation:	LDD $R[i]$, $R[j]$, k

Befehlsformat:

31	...	26	25	...	21	20	...	16	15	...	0
1	1	1	0	0	0	$bin(i)$			$bin(j)$	$bin_{twocomp}(k)$	

Wirkung:[11]

$$R[j] := DSp[R[i]+k]$$
$$PC := PC+1 \bmod 2^{16}$$

---

[11] Der Einfachheit halber schreiben wir bei den folgenden Befehlen $PC := PC+1$ anstatt $PC := PC+1 \bmod 2^{16}$. Die Verwendung eines 16-Bit-Zählers gewährleistet die korrekte Durchführung der Operation.

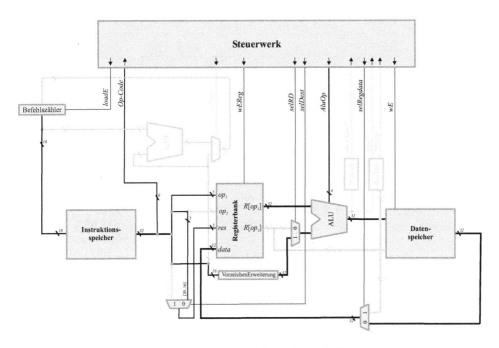

Abbildung 10.12: *Aktive Leitungen beim Ausführen des Befehls* LDD

Beschreibung: An die Registerbank wird über op_1 die Adresse i angelegt, dann über den Leseport $R[op_1]$ der Inhalt $R[i]$ von Register i ausgelesen und als ein Operand der ALU zur Verfügung gestellt. Als zweiter Operand wird über VorzeichenErweiterung die Konstante k an die ALU geleitet. Die ALU berechnet nun die Summe beider Operanden und stellt diese als Adresse für den Datenspeicherzugriff am Adresseingang des Datenspeichers zur Verfügung. Das zu ladende Datenwort $DSp[R[i]+k]$ wird dann am Leseausgang des Datenspeichers zur Verfügung gestellt. Das aus dem Datenspeicher gelesene Datenwort wird nun über die entsprechenden internen Leitungen zum Dateneingang der Registerbank übertragen. Die Adressleitungen sind dort bereits so eingestellt, dass die ankommenden Daten beim nächsten Taktsignal in Register j abgelegt werden. Die Steuersignale müssen zur Durchführung des Befehls folgendermaßen gesetzt werden: *wEReg* und *selRD* müssen auf 1 gesetzt sein. Bei der ALU muss über *AluOp* „Addition“ eingestellt werden. Schließlich müssen *wE* und *selRegdata* auf 0 gesetzt werden. Die Adresse des Zielregisters wird durch Setzen von *selDest* auf 0 korrekt eingestellt. *loadE* muss auf 0 gesetzt werden. Dadurch ist gewährleistet, dass der 16-Bit Befehlszähler um 1 inkrementiert wird.

In Abbildung 10.12 sind die Leitungen, die bei der Abarbeitung dieses Befehls aktiv sind, besonders hervorgehoben.

Befehlsname:	Speichere in Datenspeicher

Funktion: kopiert den Inhalt $R[j]$ von Register j in die durch $R[i] + k$ adressierte Datenspeicherzelle.

Assemblernotation: STO $R[i]$, $R[j]$, k

Befehlsformat:

31 ... 26	25 ... 21	20 ... 16	15 ... 0
1 1 1 0 0 1	$bin(i)$	$bin(j)$	$bin_{twocomp}(k)$

Wirkung:

$DSp[R[i] + k] := R[j]$

$PC := PC{+}1$

Beschreibung: Wie beim Ladebefehl wird die Adresse $R[i] + k$ am Adresseingang des Datenspeichers zur Verfügung gestellt. Weiter wird über op_2 die Adresse j an die Registerbank angelegt, dann über den Leseport $R[op_2]$ der Inhalt $R[j]$ von Register j ausgelesen, als Datum dem Datenspeicher zur Verfügung gestellt und schließlich beim nächsten Taktsignal in den Datenspeicher übernommen. Die Steuersignale müssen geeignet gesetzt werden, insbesondere $wEReg$ auf 0, wE auf 1 und $loadE$ auf 0.

Zum Abschluss dieses Abschnitts soll die Arbeitsweise anhand eines kleinen Programms verdeutlicht werden. Aufgabe des Programms ist es, die Inhalte $DSp[4]$ und $DSp[5]$ der beiden Datenspeicherzellen mit Adresse 4 und 5 zu vertauschen. Dazu dürfen ausschließlich die in diesem Abschnitt eingeführten Lade- und Speicherbefehle eingesetzt werden. Ein Programm, das die Vertauschung vornimmt, ist das folgende:

Adresse	Befehl		Kommentar
0	LDD	$R[0]$, $R[1]$, 4 ;	$R[1] := DSp[0 + 4]$
1	LDD	$R[0]$, $R[2]$, 5 ;	$R[2] := DSp[0 + 5]$
2	STO	$R[0]$, $R[2]$, 4 ;	$DSp[0 + 4] := R[2]$
3	STO	$R[0]$, $R[1]$, 5 ;	$DSp[0 + 5] := R[1]$

Mithilfe der ersten beiden Befehle wird $x := DSp[4]$ und $y := DSp[5]$ in Register 1 und 2 geschrieben. Dabei wird ausgenutzt, dass in Register 0 der konstante Wert 0 gespeichert ist. Durch die beiden folgenden Befehle wird x in Speicherzelle 5 und y in Speicherzelle 4 des Datenspeichers zurückgeschrieben.

Wenn Speicherzellen mit Adressen, die mit 16 Bits nicht mehr darstellbar sind, vertauscht werden sollen, ist die oben beschriebene Vorgehensweise nicht mehr möglich. Wir benötigen dann Befehle, wie sie in den folgenden Abschnitten noch vorgestellt werden.

10.3.5 Arithmetische Befehle vom Register-Typ

Im Gegensatz zu den im vorigen Abschnitt diskutierten Lade- und Speicherbefehlen benötigen arithmetische Befehle die ALU in ihren verschiedenen Funktionen. Pro Befehl muss diese eine der Operationen Bitshift, Bitrotation, Subtraktion oder Addition durchführen. Da Shifts sowie Rotationen nach links oder nach rechts möglich sind, ergeben sich insgesamt sechs verschiedene Befehle, die nun einzeln vorgestellt werden. Der Datenfluss sowie das Setzen der Steuersignale ist bei diesen Befehlen nahezu identisch, sie unterscheiden sich im Wesentlichen nur durch die selektierte ALU-Operation. Aus diesem Grund werden die Leitungen für den Transport der Daten sowie die Steuersignale nur beim ersten der besprochenen Befehle eingehender betrachtet. Hier nun die Beschreibung der einzelnen Befehle dieser Klasse.

Befehlsname:	Logischer Linksshift
Funktion:	schiebt die Bits $R[i]$ aus Register i um $R[j]$ mod 32 Stellen nach links, füllt rechts mit null auf und schreibt das Ergebnis in Register k.
Assemblernotation:	SHL $R[i]$, $R[j]$, $R[k]$

Befehlsformat:

31 ... 26	25 ... 21	20 ... 16	15 ... 11	10 ... 0
0 1 0 0 0 0	$bin(i)$	$bin(j)$	$bin(k)$	- ... -

Wirkung:[12]

$$R[k] := r_{i,31-(R[j] \bmod 32)} \cdots r_{i,0} \underbrace{0 \; \cdot \; \cdot \; \cdot \; 0}_{(R[j] \bmod 32)\text{-mal}}$$

$$PC := PC+1$$

Beschreibung: Über op_1 und op_2 werden die Adressen i und j an die Registerbank angelegt, dann über die Leseports $R[op_1]$ und $R[op_2]$ die Inhalte $R[i]$ und $R[j]$ der Register i und j an die ALU angelegt. Die ALU berechnet nun den gewünschten Shift. Dabei wird der Inhalt $R[j]$ des Registers j als vorzeichenlose Binärdarstellung interpretiert und von der ALU auf die fünf niederwertigsten Bits „gekürzt". Das Ergebnis wird über den Dateneingang der Registerbank in Register k abgelegt. Die Steuersignale müssen zur Durchführung des Befehls folgendermaßen gesetzt werden: Zunächst muss *selRD* auf 0 gesetzt werden. Bei der ALU muss über *AluOp* „logischer Linksshift" eingestellt werden. *selRegdata* und *selDest* müssen auf 1 gesetzt werden, *wERey* muss ebenfalls auf 1 gesetzt sein, um das Schreiben des Ergebnisses in die Registerbank sicherzustellen. Zum Inkrementieren des Befehlszählers muss *loadE* auf 0 gesetzt werden. Abbildung 10.13 illustriert diesen Sachverhalt.

---

[12]Die Schreibweise $r_{i,s} \ldots r_{i,t}$ ist derart zu verstehen, dass sie die leere Folge beschreibt, wenn $s < t$ gilt, ansonsten eine Teilfolge der Länge $s - t + 1$. Insbesondere steht $r_{i,0} \ldots r_{i,0}$ für die einelementige

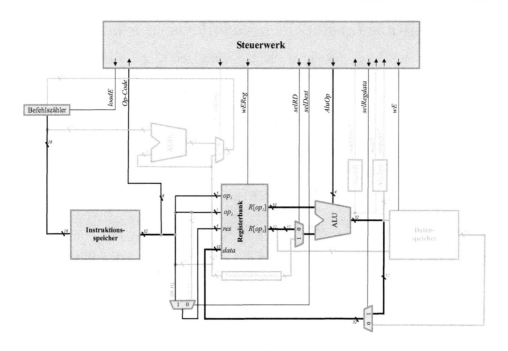

Abbildung 10.13: *Aktive Leitungen beim Ausführen des Befehls* SHL

Befehlsname: Logischer Rechtsshift[13]

Funktion: schiebt die Bits $R[i]$ aus Register i um $R[j]$ mod 32 Stellen nach rechts, füllt links mit null auf und schreibt das Ergebnis in Register k.

Assemblernotation: SHR $R[i]$, $R[j]$, $R[k]$

Befehlsformat:

31	...	26	25 ... 21	20 ... 16	15 ... 11	10 ... 0
0 1 0 0 0		1	$bin(i)$	$bin(j)$	$bin(k)$	- ... -

Wirkung:[12]

$$R[k] := \overbrace{0 \quad \cdots \quad 0}^{(R[j] \bmod 32)\text{-mal}} r_{i,31} \cdots r_{i,(R[j] \bmod 32)}$$

$$PC := PC{+}1$$

Beschreibung: analog zu SHL, statt „logischer Linkshift" muss in der ALU „logischer Rechtsshift" ausgewählt werden.

Teilfolge $r_{i,0}$ und $r_{i,31} \cdots r_{i,31}$ für die einelementige Teilfolge $r_{i,31}$.

[13] Außer logischen Shifts nach rechts sind auch arithmetische Shifts nach rechts bekannt. Bei einem *arithmetischen Shift* nach rechts wird immer das Vorzeichen nachgeschoben, dagegen wird bei logischem

Befehlsname:	Logische Linksrotation

Funktion:	schiebt die Bits $R[i]$ aus Register i um $R[j]$ mod 32 Stellen nach links, füllt rechts mit den $R[j]$ mod 32 Stellen von $R[i]$, die links rausgeschoben wurden, auf und schreibt das Ergebnis in Register k.

Assemblernotation:	ROL $R[i]$, $R[j]$, $R[k]$

Befehlsformat:

31 ... 26	25 ... 21	20 ... 16	15 ... 11	10 ... 0
0 1 0 0 1 0	$bin(i)$	$bin(j)$	$bin(k)$	- ... -

Wirkung:[12]

$$R[k] := r_{i,31-(R[j] \bmod 32)} \cdots r_{i,0}\, r_{i,31} \cdots r_{i,32-(R[j] \bmod 32)}$$
$$PC := PC+1$$

Beschreibung:	analog zu SHL, statt „logischer Linkshift" muss in der ALU „logische Linksrotation" ausgewählt werden.

Befehlsname:	Logische Rechtsrotation

Funktion:	schiebt die Bits $R[i]$ aus Register i um $R[j]$ mod 32 Stellen nach rechts, füllt links mit den $R[j]$ mod 32 Stellen von $R[i]$, die rechts rausgeschoben wurden, auf und schreibt das Ergebnis in Register k.

Assemblernotation:	ROR $R[i]$, $R[j]$, $R[k]$

Befehlsformat:

31 ... 26	25 ... 21	20 ... 16	15 ... 11	10 ... 0
0 1 0 0 1 1	$bin(i)$	$bin(j)$	$bin(k)$	- ... -

Wirkung:[12]

$$R[k] := r_{i,(R[j] \bmod 32)-1} \cdots r_{i,0}\, r_{i,31} \cdots r_{i,(R[j] \bmod 32)}$$
$$PC := PC+1$$

Beschreibung:	analog zu ROL, statt „logische Linksrotation" muss in der ALU „logische Rechtsrotation" ausgewählt werden.

Shift nach rechts immer die Null nachgeschoben. Arithmetische Shifts werden beim OurMips nicht als eigenständiger Befehl zur Verfügung gestellt.

Befehlsname: Subtraktion

Funktion: berechnet die Differenz der in Register i und Register j gespeicherten Dezimalzahlen $R[i]$ und $R[j]$ und schreibt das Ergebnis in Register k; bei Überlauf wird das *overflow?*-Bit gesetzt.

Assemblernotation: SUB $R[i]$, $R[j]$, $R[k]$

Befehlsformat:

31 ... 26	25 ... 21	20 ... 16	15 ... 11	10 ... 0
0 1 0 1 0 0	$bin(i)$	$bin(j)$	$bin(k)$	- ... -

Wirkung: $R[k] := R[i] - R[j]$

$overflow? := 1$, falls $R[i] - R[j] \notin [-2^{31}, 2^{31})$

$PC := PC{+}1$

Beschreibung: analog zu den Shiftoperationen, in der ALU muss „Subtraktion" ausgewählt werden.

Befehlsname: Addition

Funktion: berechnet die Summe der in Register i und Register j gespeicherten Dezimalzahlen $R[i]$ und $R[j]$ und schreibt das Ergebnis in Register k; bei Überlauf wird das *overflow?*-Bit gesetzt.

Assemblernotation: ADD $R[i]$, $R[j]$, $R[k]$

Befehlsformat:

31 ... 26	25 ... 21	20 ... 16	15 ... 11	10 ... 0
0 1 0 1 0 1	$bin(i)$	$bin(j)$	$bin(k)$	- ... -

Wirkung: $R[k] := R[i] + R[j]$

$overflow? := 1$, falls $R[i] + R[j] \notin [-2^{31}, 2^{31})$

$PC := PC{+}1$

Beschreibung: analog zu SUB, in der ALU muss „Addition" ausgewählt werden.

10.3.6   Arithmetische Befehle vom Immediate-Typ

Arithmetische Befehle vom Immediate-Typ unterscheiden sich von den im letzten Abschnitt behandelten Befehlen dadurch, dass der dritte Operand eine 16-Bit Konstante darstellt. Ansonsten ist die Funktionsweise identisch.

Befehlsname:	Logischer Linksshift
Funktion:	schiebt die Bits $R[i]$ aus Register i um $\langle bin_4(k) \dots bin_0(k)\rangle$ Stellen nach links, füllt rechts mit null auf und schreibt das Ergebnis in Register j.
Assemblernotation:	SHLI $R[i]$, $R[j]$, k

Befehlsformat:

31 ... 26	25 ... 21	20 ... 16	15 ... 0
0 1 1 0 0 0	$bin(i)$	$bin(j)$	$bin(k)$

Wirkung:[12]

$$R[j] := r_{i,31-(k \bmod 32)} \cdots r_{i,0} \underbrace{0 \; \cdot \; \cdot \; \cdot \; 0}_{(k \bmod 32)\text{-mal}}$$

$$PC := PC+1$$

Beschreibung: Über op_1 wird die Adresse an die Registerbank angelegt und dann über den Leseport $R[op_1]$ der Inhalt $R[i]$ des Registers i an die ALU angelegt. Parallel dazu wird k über Vorzeichen-Erweiterung an die ALU angelegt. Die ALU interpretiert die fünf niederwertigen Bits von k als „shift amount" und berechnet nun den gewünschten Shift. Das Ergebnis wird über den Dateneingang der Registerbank in Register j abgelegt. Die Steuersignale werden zur Durchführung des Befehls genau so wie bei SHL gesetzt mit folgenden Ausnahmen: *selRD* muss auf 1 gesetzt werden, damit die Konstante k an die ALU angelegt wird und *selRDest* muss auf 0 gesetzt werden, damit das Ergebnis in Register j abgespeichert wird. Siehe Abbildung 10.14.

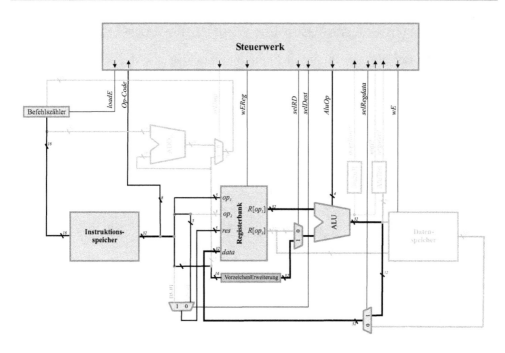

Abbildung 10.14: *Aktive Leitungen beim Ausführen des Befehls* SHLI

Befehlsname:	Logischer Rechtsshift
Funktion:	schiebt die Bits $R[i]$ aus Register i um $\langle bin_4(k) \ldots bin_0(k)\rangle$ Stellen nach rechts, füllt links mit null auf und schreibt das Ergebnis in Register j.
Assemblernotation:	SHRI $R[i]$, $R[j]$, k

Befehlsformat:

31	...	26	25 ... 21	20 ... 16	15 ... 0
0	1 1 0 0	1	$bin(i)$	$bin(j)$	$bin(k)$

Wirkung:[12]

$$R[j] := \overbrace{0 \;\cdot\;\cdot\;\cdot\; 0}^{(k \bmod 32)\text{-mal}} r_{i,31} \ldots r_{i,(k \bmod 32)}$$
$$PC := PC{+}1$$

Beschreibung:	analog zu SHLI, statt „logischer Linkshift" muss in der ALU „logischer Rechtsshift" ausgewählt werden.

Befehlsname:	Logische Linksrotation

Funktion: schiebt die Bits $R[i]$ aus Register i um $\langle bin_4(k) \ldots bin_0(k)\rangle$ Stellen nach links, füllt rechts mit den $\langle bin_4(k) \ldots bin_0(k)\rangle$ Stellen, die links rausgeschoben wurden, auf und schreibt das Ergebnis in Register j.

Assemblernotation: ROLI $R[i]$, $R[j]$, k

Befehlsformat:

31	...	26	25 ... 21	20 ... 16	15 ... 0
0	1 1 0 1	0	$bin(i)$	$bin(j)$	$bin(k)$

Wirkung:[12]

$$R[j] := r_{i,31-(k \bmod 32)} \cdots r_{i,0}\, r_{i,31} \cdots r_{i,32-(k \bmod 32)}$$
$$PC := PC+1$$

Beschreibung: analog zu SHLI, statt „logischer Linkshift" muss in der ALU „logische Linksrotation" ausgewählt werden.

Befehlsname:	Logische Rechtsrotation

Funktion: schiebt die Bits $R[i]$ aus Register i um $\langle bin_4(k) \ldots bin_0(k)\rangle$ Stellen nach rechts, füllt links mit den $\langle bin_4(k) \ldots bin_0(k)\rangle$ Stellen, die rechts rausgeschoben wurden, auf und schreibt das Ergebnis in Register j.

Assemblernotation: RORI $R[i]$, $R[j]$, k

Befehlsformat:

31	...	26	25 ... 21	20 ... 16	15 ... 0
0	1 1 0 1	1	$bin(i)$	$bin(j)$	$bin(k)$

Wirkung:[12]

$$R[j] := r_{i,(k \bmod 32)-1} \cdots r_{i,0}\, r_{i,31} \cdots r_{i,(k \bmod 32)}$$
$$PC := PC+1$$

Beschreibung: analog zu ROLI, statt „logische Linksrotation" muss in der ALU „logische Rechtsrotation" ausgewählt werden.

Befehlsname:	Subtraktion
Funktion:	berechnet die Differenz der Dezimalzahlen $R[i]$ und k und schreibt das Ergebnis in Register j; bei Überlauf wird das *overflow?*-Bit gesetzt.
Assemblernotation:	SUBI $R[i]$, $R[j]$, k

Befehlsformat:

31	...	26	25 ... 21	20 ... 16	15 ... 0
0	1 1 1 0	0	$bin(i)$	$bin(j)$	$bin_{twocomp}(k)$

Wirkung:	$R[j] := R[i] - k$
	$overflow? := 1$, falls $R[i] - k \notin [-2^{31}, 2^{31})$
	$PC := PC+1$
Beschreibung:	analog zu den Shiftoperationen vom Immediate-Typ, in der ALU muss „Subtraktion" ausgewählt werden.

Befehlsname:	Addition
Funktion:	berechnet die Summe der Dezimalzahlen $R[i]$ und k und schreibt das Ergebnis in Register j; bei Überlauf wird das *overflow?*-Bit gesetzt.
Assemblernotation:	ADDI $R[i]$, $R[j]$, k

Befehlsformat:

31	...	26	25 ... 21	20 ... 16	15 ... 0
0	1 1 1 0	1	$bin(i)$	$bin(j)$	$bin_{twocomp}(k)$

Wirkung:	$R[j] := R[i] + k$
	$overflow? := 1$, falls $R[i] + k \notin [-2^{31}, 2^{31})$
	$PC := PC+1$
Beschreibung:	analog zu SUBI, in der ALU muss „Addition" ausgewählt werden.

10.3.7 Logische Befehle

Die ALU wird nicht nur für die Abarbeitung arithmetischer Befehle benötigt, sondern auch die Logik-Operationen werden mithilfe der ALU durchgeführt. Wir betrachten vier verschiedene logische Befehle, von denen jeder genau eine Logik-Operation realisiert. Weil die Operanden wiederum aus der Registerbank bereitgestellt werden und das Resultat auch dorthin zurückgeschrieben wird, ist der Datenfluss bei diesen Instruktionen identisch mit demjenigen der arithmetischen Befehle vom Register-Typ.

Befehlsname:	Bitweise Disjunktion
Funktion:	führt eine bitweise OR-Verknüpfung der Registerinhalte $R[i]$ und $R[j]$ durch und schreibt das Ergebnis in Register k.
Assemblernotation:	OR $R[i]$, $R[j]$, $R[k]$

Befehlsformat:

31	...	26	25 ... 21	20 ... 16	15 ... 11	10 ... 2	1	0
0	1 0 1 1	1	$bin(i)$	$bin(j)$	$bin(k)$	- ... -	0	0

Wirkung: $R[k] := r_{i,31} + r_{j,31} \ldots r_{i,0} + r_{j,0}$, d. h. $r_{k,t} := r_{i,t} + r_{j,t}$ $(\forall t)$
$PC := PC+1$

Beschreibung: analog zu SHL, lediglich die ALU wird auf „bitweise Disjunktion" eingestellt.

Befehlsname:	Bitweise Konjunktion
Funktion:	führt eine bitweise AND-Verknüpfung der Registerinhalte $R[i]$ und $R[j]$ durch und schreibt das Ergebnis in Register k.
Assemblernotation:	AND $R[i]$, $R[j]$, $R[k]$

Befehlsformat:

31	...	26	25 ... 21	20 ... 16	15 ... 11	10 ... 2	1	0
0	1 0 1 1	1	$bin(i)$	$bin(j)$	$bin(k)$	- ... -	0	1

Wirkung: $R[k] := r_{i,31} \cdot r_{j,31} \ldots r_{i,0} \cdot r_{j,0}$, d. h. $r_{k,t} := r_{i,t} \cdot r_{j,t}$ $(\forall t)$
$PC := PC+1$

Beschreibung: analog zu OR, lediglich die ALU wird auf „bitweise Konjunktion" eingestellt.

Befehlsname:	Bitweises Exklusiv-Oder

Funktion: führt eine bitweise XOR-Verknüpfung der Registerinhalte $R[i]$ und $R[j]$ durch und schreibt das Ergebnis in Register k.

Assemblernotation: XOR $R[i]$, $R[j]$, $R[k]$

Befehlsformat:

31	...	26	25 ... 21	20 ... 16	15 ... 11	10 ... 2	1	0
0 1 0 1 1		1	$bin(i)$	$bin(j)$	$bin(k)$	- ... -	1	0

Wirkung: $R[k] := r_{i,31} \oplus r_{j,31} \ldots r_{i,0} \oplus r_{j,0}$, d. h. $r_{k,t} := r_{i,t} \oplus r_{j,t}$ $(\forall t)$

$PC := PC{+}1$

Beschreibung: analog zu OR, lediglich die ALU wird auf „bitweises Exklusiv-Oder" eingestellt.

Befehlsname:	Bitweise Äquivalenz

Funktion: führt eine bitweise XNOR-Verknüpfung der Registerinhalte $R[i]$ und $R[j]$ durch und schreibt das Ergebnis in Register k.

Assemblernotation: XNOR $R[i]$, $R[j]$, $R[k]$

Befehlsformat:

31	...	26	25 ... 21	20 ... 16	15 ... 11	10 ... 2	1	0
0 1 0 1 1		1	$bin(i)$	$bin(j)$	$bin(k)$	- ... -	1	1

Wirkung: $R[k] := r_{i,31} \equiv r_{j,31} \ldots r_{i,0} \equiv r_{j,0}$, d. h. $r_{k,t} := r_{i,t} \equiv r_{j,t}$ $(\forall t)$

$PC := PC{+}1$

Beschreibung: analog zu OR, lediglich die ALU wird auf „bitweise Äquivalenz" eingestellt.

10.3.8 Sprungbefehle

Wir haben in den vorangegangenen Abschnitten alle Befehle bis auf die Sprungbefehle realisiert. Ohne Sprungbefehle ist ausschließlich eine *sequentielle* Befehlsabarbeitung möglich: Bei allen bisherigen Befehlen endete der mit „Wirkung" bezeichnete Block in allen Fällen mit der Zuweisung „$PC := PC{+}1$". Der Befehlszähler wird bei Lade-, Speicher-, arithmetischen und logischen Befehlen also jeweils nach der Abarbeitung der eigentlichen Instruktion inkrementiert, sodass direkt danach der im Programmspeicher unmittelbar folgende Befehl zur Ausführung kommt.

Bei den nun zu untersuchenden Sprungbefehlen ist dies anders. Hier fallen die beiden Teile „auszuführende Aktion" und „Anpassung des Befehlszählers" zusammen, d. h. Sinn und Zweck dieser Befehle besteht gerade darin, den neuen Wert des Befehlszählers festzulegen. Dies hat offensichtlich direkten Einfluss auf den weiteren Programmablauf, denn der Wert des Befehlszählers entscheidet darüber, welcher Befehl im Programmspeicher als nächster ausgelesen, vom Steuerwerk analysiert und schließlich auch ausgeführt wird. Somit kann durch die Modifikation des Befehlszählers auf einfache Weise ein Sprung im Programmablauf realisiert werden.

Insgesamt gibt es fünf verschiedene Sprungbefehle: ein unbedingter Sprung zu einer im Befehl enthaltenen absoluten Adresse und vier bedingte Sprünge. Bei bedingten Sprüngen wird in Abhängigkeit vom Erfülltsein der Sprungbedingung ein relativer Sprung (Veränderung des Befehlszählers um einen (positiven oder negativen) Wert k) bzw. ein Inkrementieren des Befehlszählers vorgenommen. Die Sprungadresse für den relativen Sprung wird durch einen eigenen 16-Bit-Addierer ADD_{16} berechnet, der die formale Summe der Operanden (ohne Berücksichtigung eines potentiellen Überlaufs) bildet. Die Befehle werden nun in der bereits aus den Abschnitten 10.3.4 bis 10.3.7 bekannten Weise nacheinander vorgestellt.

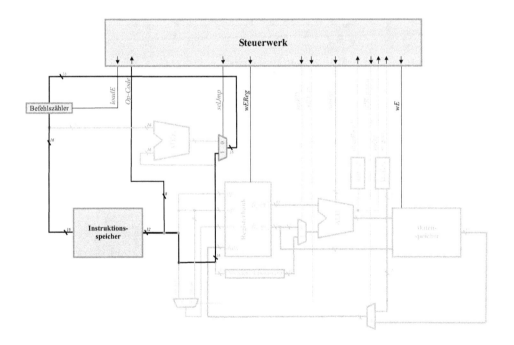

Abbildung 10.15: *Aktive Leitungen beim Ausführen des Befehls* JMP

Befehlsname: Unbedingter Sprung

Funktion: setzt den Befehlszähler auf den absoluten Wert k.

Assemblernotation: JMP k

Befehlsformat:

31	...	26	25	...	16	15	...	0
1	0	0	0	0	0	-	...	-	$bin(k)$

Wirkung: $PC := k$

Beschreibung: Speicher, Registerbank und ALU bleiben bei der Abarbeitung
                           dieses Befehls unangetastet, d. h. die Signale *wEReg* und *wE*
                           sind vom Steuerwerk auf 0 zu setzen. Stattdessen wird die
                           Konstante k, die in den niederwertigen 16 Bits des Befehls-
                           wortes kodiert ist, vom Steuerwerk über die entsprechenden
                           Leitungen direkt in den Befehlszähler geschrieben. Dazu muss
                           vom Steuerwerk sowohl *selJmp* als auch das Signal *loadE* auf
                           1 gesetzt werden. Dementsprechend werden bei Ausführung
                           dieses Befehls die Leitungen zwischen Steuerwerk und Be-
                           fehlszähler aktiv, die in der folgenden Abbildung 10.15 her-
                           vorgehoben sind.

Befehlsname: Sprung bei Gleichheit

Funktion: erhöht den Befehlszähler um den Wert k, falls $R[i] = R[j]$.

Assemblernotation: BEQ $R[i]$, $R[j]$, k

Befehlsformat:

31	...	26	25	...	21	20	...	16	15	...	0
1	0	0	0	1	0	$bin(i)$		$bin(j)$		$bin_{twocomp}(k)$	

Wirkung:

$$PC := \begin{cases} PC + k, & \text{falls } R[i] = R[j] \\ PC + 1, & \text{sonst} \end{cases}$$

Beschreibung: Über op_1 und op_2 werden die Adressen i und j an die Register-
                           bank angelegt, dann über die Leseports $R[op_1]$ und $R[op_2]$ die
                           Inhalte $R[i]$ und $R[j]$ der Register i und j an die ALU ange-
                           legt. Die ALU berechnet die Differenz der beiden Werte. Das
                           Ergebnis wird in AluTest auf 0 getestet. Geht der Test positiv
                           aus und liegt kein Überlauf vor, so setzt AluTest die Status-
                           leitung *null?* auf 1 und *selJmp* wird durch das Steuerwerk auf
                           0 und *loadE* auf 1 gesetzt; damit wird der Befehlszähler um k
                           erhöht. Andernfalls bleibt *loadE* auf 0 und der Befehlszähler
                           wird wie üblich inkrementiert. Die entsprechenden Datenwege
                           sind in Abbildung 10.16 gekennzeichnet.

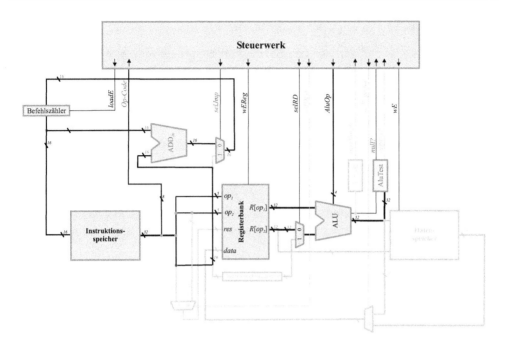

Abbildung 10.16: *Aktive Leitungen beim Ausführen des Befehls* BEQ

Befehlsname:	Sprung bei Ungleichheit
Funktion:	erhöht den Befehlszähler um den Wert k, falls $R[i] \neq R[j]$.
Assemblernotation:	BNEQ $R[i]$, $R[j]$, k

Befehlsformat:

31 ... 26	25 ... 21	20 ... 16	15 ... 0
1 0 0 0 1 1	$bin(i)$	$bin(j)$	$bin_{twocomp}(k)$

Wirkung:

$$PC := \begin{cases} PC + k, & \text{falls } R[i] \neq R[j] \\ PC + 1, & \text{sonst} \end{cases}$$

Beschreibung: analog zu BEQ, es wird lediglich auf *null?* $= 0$ und nicht auf *null?* $= 1$ getestet.

Befehlsname:	Sprung bei „echt größer"
Funktion:	erhöht den Befehlszähler um den Wert k, falls $R[i] > R[j]$.
Assemblernotation:	BGT $R[i]$, $R[j]$, k

Befehlsformat:

31	...	26	25 ... 21	20 ... 16	15 ...	0
1	0 0 1 0	0	$bin(i)$	$bin(j)$	$bin_{twocomp}(k)$	

Wirkung:

$$PC := \begin{cases} PC + k, & \text{falls } R[i] > R[j] \\ PC + 1, & \text{sonst} \end{cases}$$

Beschreibung:	analog zu BEQ, mit dem einzigen Unterschied, dass das Setzen von *selJmp* auf 0 und von *loadE* auf 1 genau dann vorgenommen wird, wenn sowohl *null?* als auch *negativ?* den Wert 0 liefern.

Befehlsname:	Sprung bei Overflow
Funktion:	erhöht den Befehlszähler um den Wert k, falls *overflow?* $= 1$, d.h. wenn in StatusR durch den vorhergehenden Befehl eine 1 geschrieben wurde.
Assemblernotation:	BO k

Befehlsformat:

31	...	26	25 ... 16	15 ...	0
1	0 0 1 0	1	- ... -	$bin_{twocomp}(k)$	

Wirkung:

$$PC := \begin{cases} PC + k, & \text{falls } \textit{overflow?} = 1 \\ PC + 1, & \text{sonst} \end{cases}$$

Beschreibung:	Speicher, Registerbank und ALU bleiben bei der Abarbeitung dieses Befehls unangetastet. Stattdessen wird überprüft, ob *overflow?* $= 1$ ist. Ist dies der Fall wird die Konstante k, die in den niederwertigen 16 Bits des Befehlswortes kodiert ist, zu dem aktuellen Wert des Befehlszählers hinzu addiert und in den Befehlszähler übernommen. Dazu muss vom Steuerwerk sowohl *selJmp* auf 0 als auch das Signal *loadE* auf 1 gesetzt werden.

Die Sprungbefehle unterscheiden sich ganz wesentlich von den anderen, zuvor vorgestellten Befehlsklassen, weil sie, wie bereits angedeutet, Einfluss auf den Kontrollfluss des auszuführenden Programms nehmen.

Die Inhalte des Statusregisters und die Ausgaben von AluTest werden hier nicht wie bei den arithmetischen und logischen Befehlen einfach nur aktualisiert bzw. überschrieben, sondern sie steuern die bedingten Sprungbefehle. Bedingte Sprünge sind zentrale Bestandteile sowohl von bedingter Kommandoausführung als auch von Schleifenkonstrukten. Ohne bedingte Sprünge wären weder *if-then-else*-Anweisungen noch *while*- oder sonstige Schleifen realisierbar; und diese Art von Befehlen sind ja sozusagen das „Salz in der Suppe" der höheren Programmiersprachen.

Zum Abschluss dieses Abschnitts soll die Arbeitsweise wieder anhand eines kleinen Programms verdeutlicht werden. Aufgabe des Programms ist es, den *ggT* (größten gemeinsamen Teiler) zweier positiver natürlicher Zahlen A und B zu berechnen. Bekanntlich gilt:

$$ggT(A, B) := \begin{cases} A, & \text{falls } A = B \\ ggT(A - B, B), & \text{falls } A > B \\ ggT(A, B - A), & \text{sonst} \end{cases}$$

Es bietet sich also folgendes Verfahren an

$ggT(A, B)$
begin
    while $(A \neq B)$
    begin
        commentary: größere Zahl nach A, kleinere nach B
        if $B > A$ **then** $H := A; A := B; B := H;$
        $A := A - B;$
    end;
    return A;
end

Wir wollen nun dieses Verfahren auf dem OurMips umsetzen. Wir nehmen dazu an, dass die beiden positiven natürlichen Zahlen A und B in den ersten beiden Datenspeicherzellen stehen, d. h. $DSp[0] := A$ und $DSp[1] := B$. Der ggT soll nach Ausführung des Programms in $DSp[0]$ stehen, d. h. es soll dann $DSp[0] = ggT(A, B)$ gelten. Ein Programm, das den ggT entsprechend berechnet, ist das folgende:

Adresse	Befehl	Kommentar
0	LDD $R[0]$, $R[1]$, 0 ;	$R[1] := DSp[0]$
1	LDD $R[0]$, $R[2]$, 1 ;	$R[2] := DSp[1]$
2	BEQ $R[1]$, $R[2]$, 6 ;	falls $R[1] = R[2]$, springe nach Zeile 8
3	BGT $R[1]$, $R[2]$, 3 ;	falls $R[1] > R[2]$, springe 3 Zeilen weiter
4	SUB $R[2]$, $R[1]$, $R[2]$;	Fall $R[2] > R[1]$: $R[2] := R[2] - R[1]$
5	JMP 2 ;	springe zur nächsten Iteration
6	SUB $R[1]$, $R[2]$, $R[1]$;	Fall $R[1] > R[2]$: $R[1] := R[1] - R[2]$
7	JMP 2 ;	springe zur nächsten Iteration
8	STO $R[0]$, $R[1]$, 0 ;	$DSp[0] := R[1]$, ggT berechnet

Mithilfe der ersten beiden Befehle werden die Werte A und B, die im Datenspeicher an der Adresse 0 bzw. 1 gespeichert sind, in Register 1 und 2 geladen. Dabei wird ausgenutzt, dass in Register 0 der konstante Wert 0 gespeichert ist. Im folgenden Befehl wird getestet, ob $A = B$ gilt. Ist dies der Fall, ist der ggT berechnet, das Programm springt nach Zeile 8 und speichert den ggT in Speicherzelle 0 des Datenspeichers. In Zeile 3 wird getestet, welches der Register 1 und 2 die größere Zahl enthält: Enthält Register 2 die größere Zahl, dann wird in Zeile 4 die Differenz der Registerwerte aus Register 2 und 1 gebildet und in Register 2 abgespeichert. In Zeile 5 springt das Programm dann zur nächsten Iteration des Verfahrens zurück nach Zeile 2. Analoges passiert in den Zeilen 6 und 7 für den Fall, dass Register 1 die größere Zahl enthält.

10.4   Das Steuerwerk

Bei den bisherigen Entwurfsschritten von OurMips hatten wir den internen Aufbau der Steuereinheit stets aus unseren Betrachtungen ausgeklammert. Dafür gab es auch gute Gründe, denn, wie in Abschnitt 10.3 erwähnt, hat der zu realisierende Befehlssatz großen Einfluss auf die Architektur des Prozessors – insbesondere auf die Beschaffenheit des Steuerwerks.

Nachdem wir nun alle Befehle detailliert beschrieben und analysiert haben, sind die Voraussetzungen erfüllt und wir können uns dem Entwurf des Steuerwerks zuwenden.

Abbildung 10.17 zeigt das Steuerwerk, wie es in Abbildung 10.10 auf Seite 241 enthalten ist. Dem Steuerwerk obliegt die Generierung der Steuersignale:

- *loadE*, das genau dann durch das Steuerwerk gesetzt werden muss, wenn ein Sprung durchzuführen ist. In diesem Fall wird der Befehlszähler auf die an seinem Dateneingang anliegende Adresse gesetzt. Ist *loadE* nicht gesetzt, d. h. gleich 0, so inkrementiert der Befehlszähler die (intern gespeicherte) Adresse einfach nur um eins.

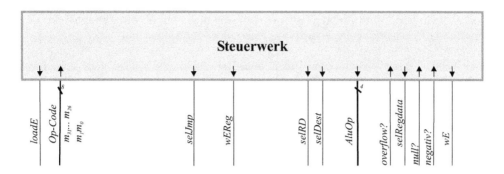

Abbildung 10.17: *Steuerwerk des Rechners* `OurMips`

- *selJmp*, das gesetzt werden muss, wenn ein JMP-Befehl anliegt; es steuert den Multiplexer, der den Dateneingang des Befehlszählers treibt.

- *wEReg* für die Registerbank, das gesetzt werden muss, wenn das Ergebnis der ALU bzw. der aus dem Datenspeicher gelesene Wert in die Registerbank zurückgeschrieben werden muss.

- *selRD* zur alternativen Auswahl, ob der aus der Registerbank ausgelesene Wert oder die im Maschinenbefehl kodierte (auf 32 Bit erweiterte) 16-Bit Konstante an den zweiten Eingang der ALU gelegt werden muss.

- *selDest* für den Multiplexer, der die Adresse des Zielregisters festlegt. Dieser Multiplexer ist nötig, da die Maschinenbefehle die Adresse des Zielregisters zum Teil an unterschiedlichen Positionen kodiert haben – so z. B. die arithmetischen Befehle vom Immediate-Typ an den Stellen $m_{20} \ldots m_{16}$ und die arithmetischen Befehle vom Registertyp an den Stellen $m_{15} \ldots m_{11}$.

- *AluOp* zur Auswahl der in der ALU auszuführenden Operation.

- *selRegdata* für den Multiplexer, der festlegt, ob das Ergebnis der ALU oder, wenn ein Ladebefehl anliegt, der aus dem Datenspeicher gelesene Wert in die Registerbank zurückgeschrieben werden muss.

- *wE*, welches gesetzt werden muss, wenn der am Dateneingang des Datenspeichers anliegende 32-Bit Wert im Datenspeicher abgespeichert werden muss.

Die dem Steuerwerk hierfür zur Verfügung stehenden Daten sind:

- Op-Code $m_{31} \ldots m_{26}$ und Funktionsbits $m_1 m_0$ des anliegenden Befehlsworts m, die spezifizieren, um welchen Maschinenbefehl es sich bei m handelt.

- Overflow-Bit *overflow?* (Ausgang des Statusregisters), das angibt, ob bei der Ausführung des vorherigen Befehls eine Bereichsüberschreitung an der ALU erfolgt ist.

- Null-Bit *null?* und Negativ-Bit *negativ?*, die angeben, ob das Ergebnis der durch die ALU ausgeführten Operation gleich oder echt kleiner null ist.

Da es sich bei `OurMips` um einen Ein-Zyklen-Rechner handelt, lässt sich jede einzelne der gerade genannten Steueraufgaben durch einen kombinatorischen Schaltkreis lösen. In der Tat wird das Steuerwerk dann auch durch eine Menge separater Schaltkreise realisiert, von denen jeder einzelne eine Aufgabe der oben angegebenen Aufzählung übernimmt.

Wir gehen dabei in zwei Schritten vor: zuerst wird zu dem Op-Code eines Befehlswortes die Befehlsklasse (siehe Abschnitt 10.3.3) berechnet. Erst dann werden Schaltkreise für die einzelnen Ausgabesignale des Steuerwerks vorgestellt.

10.4.1 Berechnung der Befehlsklasse

Abbildung 10.18 zeigt das Schaltbild des kombinatorischen Schaltkreises, der für die Berechnung der jeweiligen Befehlsklasse zuständig ist. Es handelt sich de facto um eine eins zu eins Realisierung der in Abschnitt 10.3.3 gemachten Ausführungen. Hierbei wurde zwischen den folgenden Befehlsklassen unterschieden:

- *type1*: Lade- und Speicherbefehle,
  die durch $m_{31} m_{30} = 11$ kodiert sind.

- *type2*: Arithmetische Befehle vom Register-Typ,
  kodiert durch $m_{31} m_{29} = 00$ und $m_{28} m_{27} m_{26} \neq 111$.

- *type3*: Arithmetische Befehle vom Immediate-Typ,
  kodiert durch $m_{31} m_{29} = 01$.

- *type4*: Logische Befehle,
  kodiert durch $m_{28} m_{27} m_{26} = 111$.

- *type5*: Sprungbefehle,
  kodiert durch $m_{31} m_{30} = 10$.

Mittels der Befehlsklasse können die meisten der benötigten Steuersignale effizient berechnet werden.

10.4.2 Berechnung der Steuersignale

Die Steuersignale *setJmp*, *wEReg*, *selRD*, *selDest*, *selRegdata* und *wE* sind recht einfach zu generieren. Es gilt:

- *setJmp* muss genau dann durch das Steuerwerk auf den Wert 1 gesetzt werden, wenn der JMP-Befehl anliegt. Dies ist genau dann der Fall, wenn

$$setJmp = type5 \cdot \overline{m}_{28} \cdot \overline{m}_{27} \cdot \overline{m}_{26}$$

wahr ist.

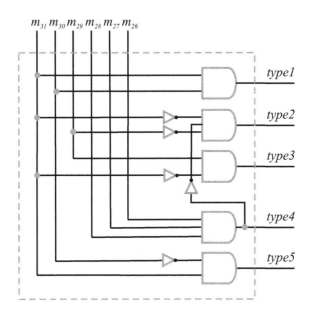

$m_{31}\ m_{30}\ m_{29}\ m_{28}\ m_{27}\ m_{26}$

type1

type2

type3

type4

type5

Abbildung 10.18: *Berechnung der jeweiligen Befehlsklasse im Steuerwerk des Rechners* OurMips.

- *wEReg* muss genau dann durch das Steuerwerk auf 1 gesetzt werden, wenn der anliegende Befehl ein Ergebnis in die Registerbank zurückschreibt. Dies sind alle Befehle mit Ausnahme der Sprungbefehle und dem Speicherbefehl STO. Es gilt also

$$wEReg = \overline{type5 + type1 \cdot m_{26}}.$$

- *selRD* muss genau dann durch das Steuerwerk auf 1 gesetzt werden, wenn der im Befehlswort kodierte Immediate-Wert an die ALU angelegt werden soll. Dies ist genau dann der Fall, wenn es sich um einen arithmetischen Befehl vom Immediate-Typ oder einen Lade-/Speicherbefehl handelt. Es gilt also

$$selRD = type3 + type1.$$

- *selDest* ist durch das Steuerwerk auf den Wert 1 zu setzen, wenn die Adresse des Zielregisters *nicht* auf den Positionen $m_{20} \ldots m_{16}$ des Befehlswortes (sondern auf den Positionen $m_{15} \ldots m_{11}$) kodiert sind. Dies ist der Fall nur bei den arithmetischen Befehlen vom Immediate-Typ und beim Ladebefehl LDD, so dass

$$selDest = \overline{type3 + type1 \cdot \overline{m}_{26}}$$

gilt. Man kann sich leicht überlegen, dass $\overline{m}_{26}$ auch ohne Schaden in dem Ausdruck weggelassen werden kann, da das Signal *wEReg* bei einem Speicherbefehl STO durch das Steuerwerk auf null gesetzt wird.

- *selRegdata* ist durch das Steuerwerk auf 1 zu setzen, wenn der am Datenausgang der ALU liegende Wert an den Dateneingang der Registerbank angelegt werden kann. Nur beim Ladebefehl LDD ist dies nicht der Fall. Es gilt demnach

$$selRegdata = \overline{type1 \cdot \overline{m}_{26}}.$$

- *wE* ist durch das Steuerwerk auf 1 zu setzen, wenn der Speicherbefehl STO anliegt:

$$wE = type1 \cdot m_{26}$$

Abbildung 10.19 zeigt eine entsprechende Realisierung der gerade besprochenen Steuersignale.

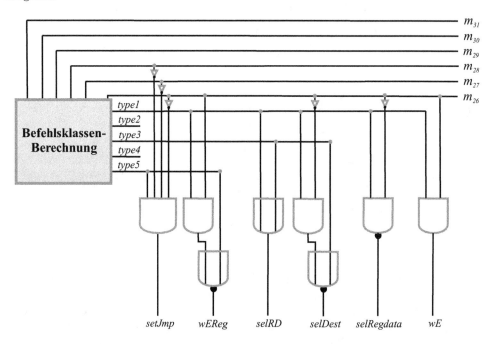

Abbildung 10.19: *Berechnung der Steuersignale (mit Ausnahme der Ansteuerung der ALU und der Berechnung des* loadE-*Signals der Befehlszählers) in* OurMips.

10.4.3   Berechnung des Load-Enable-Signals

Das *load-enable*-Signal des Befehlszählers muss genau dann auf den Wert 1 gesetzt werden, wenn ein Sprung zu erfolgen hat. Dies ist dann der Fall, wenn der Befehl JMP anliegt oder ein Branchbefehl, dessen Bedingung erfüllt ist. Wir wollen an dieser Stelle auf ein Schaltbild verzichten und geben nur den entsprechenden Booleschen Ausdruck von *loadE* an.

Die Branch-Befehle BEQ, BNEQ und BGT werden jeweils über eine Subtraktion der beiden zu vergleichenden Register realisiert. In AluTest wird das Ergebnis der Subtraktion analysiert: Sind die Operanden identisch so ist die Statusleitung *null?* gesetzt; ist weder die Statusleitung *null?* noch die Statusleitung *negativ?* gesetzt, so ist der Wert an dem Ausgangsport $R[op_1]$ echt größer als der an dem Ausgangsport $R[op_2]$ liegende. Liegt der BO-Befehl an, so wird das *Overflow*-Bit des zuletzt ausgeführten Maschinenbefehls überprüft, das in dem Register *StatusR* zwischengespeichert ist. Es gilt somit

$$loadE = \underbrace{type5}_{\text{Sprungbefehl}} \cdot \; (\; \underbrace{\overline{m}_{28} \cdot \overline{m}_{27} \cdot \overline{m}_{26}}_{\text{JMP-Befehl}} + \underbrace{m_{27} \cdot \overline{m}_{26} \cdot null?}_{\text{BEQ-Befehl}}$$

$$+ \underbrace{m_{27} \cdot m_{26} \cdot \overline{null?}}_{\text{BNEQ-Befehl}} + \underbrace{m_{28} \cdot \overline{m}_{26} \cdot \overline{null?} \cdot \overline{negativ?}}_{\text{BGT-Befehl}}$$

$$+ \underbrace{m_{28} \cdot m_{26} \cdot overflow?}_{\text{BO-Befehl}} \;)$$

In Übungsaufgabe 10.8 werden wir uns überlegen, wie man durch Abändern des Op-Codes einiger Befehle die Ansteuerung des Signals *loadE* vereinfachen kann.

10.4.4 ALU-Ansteuerung

Es muss noch angegeben werden, wie die ALU angesteuert wird. Wir verwenden die bereits in Abschnitt 9.3.2 vorgestellte ALU, deren Funktionalität nochmals in Tabelle 10.4 zu finden ist.

Tabelle 10.4: *ALU-Funktionen und ihre Kodierung*

$AluOp_3$	$AluOp_2$	$AluOp_1$	$AluOp_0$	**auszuführende Operation**
0	0	0	0	Linksshift von a um $\langle b \rangle \bmod 32$ Stellen
0	0	0	1	Rechtsshift von a um $\langle b \rangle \bmod 32$ Stellen
0	0	1	0	Linksrotation von a um $\langle b \rangle \bmod 32$ Stellen
0	0	1	1	Rechtsrotation von a um $\langle b \rangle \bmod 32$ Stellen
0	1	0	0	Subtraktion von $[a]$ und $[b]$
0	1	0	1	Addition von $[a]$ und $[b]$
0	1	1	0	Logisches Oder von a und b
0	1	1	1	Logisches Und von a und b
1	0	0	0	Logisches Exklusiv Oder von a und b
1	0	0	1	Logische Äquivalenz von a und b

Ist durch die ALU also z. B. eine Linksrotation auszuführen, so muss *AluOp* auf den Wert 0 0 1 0 gesetzt werden. Dies ist genau dann der Fall, wenn der Befehl aus der

Befehlsklasse *type2* oder *type3* ist und die beiden hinteren Bitstellen $m_{27}\,m_{26}$ des Op-Codes des anliegenden Befehlswortes den Wert $1\,0$ haben. Es muss demnach gelten

$$AluOp = 0\,0\,1\,1 \iff (type2 + type3) \cdot m_{27} \cdot \overline{m}_{26} \text{ ist wahr}$$

Die Subtraktion ist durch die ALU auszuführen, wenn einer der beiden Befehle SUB oder SUBI oder aber ein Sprungbefehl anliegt – bei den Sprungbefehlen JMP und BO ist eine Subtraktion an sich nicht notwendig; sie „schadet" aber auch nicht, da bei Sprungbefehlen weder in die Registerbank noch in den Datenspeicher geschrieben wird. Es muss also gelten

$$AluOp = 0\,1\,0\,0 \iff type5 + (type2 + type3) \cdot m_{28} \cdot \overline{m}_{26} \text{ ist wahr}.$$

Die Addition ist durch die ALU auszuführen, wenn einer der Befehle ADD, ADDI, LDD oder STO anliegt:

$$AluOp = 0\,1\,0\,1 \iff type1 + (type2 + type3) \cdot m_{28} \cdot m_{26} \text{ ist wahr}.$$

Das bitweise Logische Und ist durch die ALU auszuführen, wenn der Befehl AND anliegt, also wenn $type4 \cdot \overline{m_1} \cdot m_0$ zu 1 auswertet.

Die restlichen Fälle sind analog zu behandeln. Wir verweisen auf Übungsaufgabe 10.9, in der ein kombinatorischer Schaltkreis konstruiert werden soll, der in Abhängigkeit der Signale *type1*, *type2*, *type3*, *type4*, *type5*, des Op-Codes $m_{31} \ldots m_{26}$ und der Funktionsbitstellen $m_1\,m_0$ die vier Signale $AluOp_3$, $AluOp_2$, $AluOp_1$ und $AluOp_0$ berechnet.

10.5   Übungsaufgaben

Aufgabe 10.1

Unter einer *Pseudoinstruktion* versteht man einen Befehl, der *nicht* als Maschinenbefehl des jeweiligen Prozessors zur Verfügung steht, der aber mit wenigen Maschinenbefehlen (ohne Nebeneffekte) realisiert werden kann. Als Beispiel sei der Befehl

LI $R[j]$, k

genannt, der die 16-Bit Konstante k in das Register j schreiben soll. Dieser Befehl ist *kein* Maschinenbefehl des in diesem Kapitel vorgestellten Prozessors OurMips, kann aber durch den Maschinenbefehl

ADDI $R[0]$, $R[j]$, k

realisiert werden, da nach Vereinbarung in Register $R[0]$ der Wert 0 fest abgespeichert ist.

Eine mit Pseudoinstruktionen angereicherte Maschinensprache wird *Assembler* genannt. Assemblerprogramme müssen durch einen (einfachen) Übersetzer, dem sogenannten *Assemblierer*, in Maschinensprache übersetzt werden, bevor sie ausgeführt werden können.

Es sollen folgende Pseudoinstruktionen in dem Assembler des OurMips bereitgestellt werden:

- MOVE $R[i]$, $R[k]$

  Dieser Befehl soll den Inhalt $R[i]$ des Registers i in das Register k kopieren.

- NOP

  Dieser Befehl soll „nichts tun".

- BLT $R[i]$, $R[j]$, k

  Dieser Sprungbefehl soll überprüfen, ob $R[i] < R[j]$ gilt, und, falls ja, den Befehlszähler um den Wert k „erhöhen".

Es ist jeweils eine Realisierung der aufgezählten Instruktionen in der Maschinensprache von OurMips anzugeben.

Aufgabe 10.2

Implementieren Sie die Pseudoinstruktion

- NOT $R[i]$, $R[k]$

  Dieser Befehl soll den Inhalt $R[i]$ des Registers i bitweise invertieren und das Ergebnis in das Register k kopieren.

Überlegen Sie sich eine Realisierung dieser Pseudoinstruktion, die mit nur einem Maschinenbefehl auskommt.

Aufgabe 10.3

Es ist ein Maschinenprogramm für den OurMips zu schreiben, das den Inhalt $R[1]$ von Register 1 mit dem Inhalt $R[2]$ von Register 2 multipliziert und das Ergebnis in das Register 3 schreibt. Es ist *nicht* auf Bereichsüberschreitungen bei Zwischenergebnissen zu achten. Zudem können die in Register 1 und Register 2 gespeicherten Werte durch das Maschinenprogramm überschrieben werden.

Aufgabe 10.4

Gleiche Aufgabenstellung wie in Aufgabe 10.3 mit dem Unterschied, dass das Maschinenprogramm die größte darstellbare Zahl ins Register 3 schreiben soll, wenn es eine Bereichsüberschreitung bei einem der Zwischenergebnisse gibt.

Aufgabe 10.5

Es ist ein Maschinenprogramm für den OurMips zu schreiben, das die Summe der im Datenspeicher an den Adressen 10 bis 20 gespeicherten Werte berechnet und in der Datenspeicherzelle mit Adresse 20 ablegt. Das Programm ist mittels einer Schleife zu realisieren.

Aufgabe 10.6

Es ist ein Maschinenprogramm für den OurMips zu schreiben, das die Inhalte der beiden Datenspeicherzellen mit Adresse 131072 und 131073 vertauscht.

Aufgabe 10.7

Realisieren Sie den Baustein AluTest (siehe Abbildung 10.10 und die Erläuterungen zu AluTest auf Seite 242) durch einen kombinatorischen Schaltkreis über der Standardbibliothek STD.

Aufgabe 10.8

Überlegen Sie sich, wie man die Op-Codes der Befehle BEQ, BNEQ, BGT und BO abändern müsste, um eine Realisierung der Ansteuerung des Signals *loadE* zu erhalten, die mit weniger binären Bausteinen auskommt als die auf Seite 271 angegebene.

Aufgabe 10.9

Es soll die in Abschnitt 10.4.4 angesprochene Ansteuerung der ALU fertiggestellt werden. Entwerfen Sie einen kombinatorischen Schaltkreis, der in Abhängigkeit der Signale *type1*, *type2*, *type3*, *type4*, *type5*, des Op-Codes $m_{31} \ldots m_{26}$ und der Funktionsbitstellen $m_1 m_0$ des anliegenden Maschinenbefehls die vier Signale $AluOp_3$, $AluOp_2$, $AluOp_1$ und $AluOp_0$ berechnet.

Versuchen Sie nun die ALU-Ansteuerung dadurch einfacher zu gestalten, dass Sie die Kodierung der ALU-Funktionen modifizieren.

Aufgabe 10.10

Der Datenspeicher eines Prozessors ist in der Regel in unterschiedliche Bereiche logisch unterteilt. Einer dieser Bereiche ist der sogenannte *Stapel* oder *Stapelspeicher* (engl.: *stack*), der benötigt wird, um effizient Unterprogrammaufrufe behandeln zu können. Dieser logische Speicher ist dadurch gekennzeichnet, dass die Daten immer an direkt aufeinanderfolgende Adressen abgelegt werden. Zudem kann (streng genommen) immer nur auf die größte gültige Adresse des Stapels zugegriffen werden – es kann etwas oben auf den Stapel gelegt oder etwas oben vom Stapel weggenommen werden. Diese Adresse wird in einem Register der Registerbank gespeichert, das ausschließlich für diesen Zweck genutzt werden sollte. Man spricht in diesem Zusammenhang vom *Stapelzeiger* oder *Stackpointer*. Wir sehen in dem Prozessor OurMips hierfür das Register 30 vor.

Wir wollen im Folgenden den Stapelzeiger so realisieren, dass er nicht auf die größte gültige Adresse des Stapels zeigt, sondern auf die Zelle unmittelbar darüber – der Stapel wächst also von unten, beginnend bei Adresse 0, nach oben.

Realisieren Sie die *Pseudoinstruktionen* (siehe Aufgabe 10.1)

- BES k

  Es soll getestet werden, ob der Stapel leer ist. Falls dies der Fall ist, soll der Befehlszähler um den Wert k erhöht werden.

- PUSH $R[j]$

  Dieser Befehl soll den Stapelzeiger um eins inkrementieren und den Inhalt $R[j]$ des Registers j auf den Stapel schreiben.

- POP $R[j]$

  Dieser Befehl schreibt das oberste Datenwort des Stapels in das Register j und dekrementiert anschließend den Stapelzeiger.

in der Maschinensprache von OurMips.

Überlegen Sie sich, warum es besser ist, den Stapelzeiger auf die erste freie Datenspeicherzelle oberhalb des Stapels zeigen zu lassen und *nicht* auf die größte gültige Adresse des Stapels.

Aufgabe 10.11

Der OurMips soll um die Möglichkeit von Unterprogrammaufrufen erweitert werden. Hierzu bedarf es der Möglichkeit, dass der Inhalt des Befehlszählers in ein Register der Registerbank kopiert werden kann, um dort manipuliert oder auf den Stapelspeicher gerettet werden zu können (Stichwort: *Rücksprungadresse*), bzw. der Befehlszähler explizit neu belegt werden kann.

1. Erweitern Sie den OurMips Prozessor, speziell den in Abbildung 10.10 gegebenen Aufbau des Prozessors, sodass die Maschinensprache um die beiden folgenden Maschinenbefehle erweitert werden kann:

   - LDPC $R[k]$

     Dieser Befehl soll den Inhalt des Befehlszählers in das Register k laden. Hierbei ist die in dem Befehlszähler gespeicherte 16-Bit vorzeichenlose Adresse in eine vorzeichenbehaftete 32-Bit Zahl (Zweier-Komplement-Darstellung) zu transformieren.

   - STPC $R[i]$

     Dieser Befehl soll den Inhalt $R[i]$ des Registers i, genauer die 16 niederwertigsten Bits des Registers i, in den Befehlszähler kopieren.

2. Überlegen Sie sich für die beiden neuen Maschinenbefehle **LDPC** und **STPC** Op-Codes, die mit denen der restlichen, schon vorhandenen Maschinenbefehlen in dem Sinne kompatibel sind, dass es möglich wird, neben den bereits fünf existierenden Befehlsklassen (siehe Abschnitt 10.4) eine sechste zu bekommen, die die beiden neuen Maschinenbefehle enthält.

3. Welche zusätzlichen Steuersignale werden benötigt, damit die Hardware korrekt gesteuert werden kann? Wie sind diese durch das Steuerwerk zu belegen? Wie ist die Ansteuerung der bisherigen Steuersignale abzuändern?

4. Für den so erweiterten Prozessor soll die Pseudoinstruktion

   - **JAL** k
     Dieser Befehl soll zu der an Adresse k des Instruktionsspeichers liegenden Instruktion (die als Startpunkt eines „Unterprogramms" angesehen werden kann) springen, nachdem die *Rücksprungadresse*, d. h. die Adresse des hinter der Pseudoinstruktion liegenden Maschinenbefehls, in das Register 31 gerettet wurde.

   definiert werden. Überlegen Sie sich, wie diese Pseudoinstruktion in der durch die Befehle **LDPC** und **STPC** erweiterten Maschinensprache realisiert werden kann. Achten Sie bitte drauf, dass in das Register 31 der richtige Wert geschrieben wird.

5. Überlegen Sie sich, wie die Pseudoinstruktion

   - **RET**
     Mit diesem Befehl kehrt man aus einem Unterprogramm zurück.

   realisiert werden kann.

11 Weitergehende Architekturkonzepte

Die bisherige Beschreibung eines Rechners hat die wesentlichen Komponenten aufgeführt, aber auch an vielen Stellen – der vereinfachten Darstellung wegen – von zahlreichen Details abstrahiert. In der Praxis gibt es eine Vielzahl verschiedener Architekturansätze. Diese können bezüglich unterschiedlicher Kriterien klassifiziert werden, wie z. B. bezüglich der Mächtigkeit der den Prozessoren zu Grunde liegenden Befehlssätzen, was zu den beiden Klassen CISC und RISC führt:

1. CISC (*Complex Instruction Set Computer*):
   Prozessoren mit einer großen Menge an Maschinensprache-Befehlen.

2. RISC (*Reduced Instruction Set Computer*):
   Prozessoren mit einer kleinen Menge an Maschinensprache-Befehlen.

In Abschnitt 11.1 werden wir diese beiden Klassen anhand einer Diskussion von Vor- und Nachteilen näher untersuchen.

Daran schließt sich die Beschreibung von zwei weitergehenden Architekturkonzepten: *Pipelining* und *Speicherhierarchie*.

Pipelining ist eine Methode zur Beschleunigung der Befehlsabarbeitung in modernen Prozessoren, die auf dem Prinzip der Fließbandverarbeitung beruht. Es wird anhand theoretischer Überlegungen gezeigt, welche Beschleunigungen im besten Fall erreicht werden können. Weiterhin wird auf Probleme, sogenannte *Hazards*, eingegangen, die die Verarbeitungsgeschwindigkeit reduzieren können. Im Anschluss daran werden Lösungsvorschläge zur Vermeidung bzw. Verringerung der Probleme angegeben. Einige dieser Ansätze sind Teil moderner Architekturen, d. h. in Hardware realisiert, wobei eine gewisse Voroptimierung der Maschinenprogramme softwareseitig durch Programmübersetzer und Codeoptimierer durchgeführt wird.

In Abschnitt 11.3 gehen wir auf das Konzept der *Speicherhierarchie* ein. Die in einem Rechner vorhandenen Speicher werden detailliert vorgestellt. Dabei werden zunächst Grundbausteine wie SRAM- und DRAM-Speicherzellen eingeführt. Darauf aufbauend werden Register und der Hauptspeicher vorgestellt, doch auch weitere wichtige Speichertypen wie Festplatte, CD, DVD oder Magnetband werden beschrieben. Wichtig für die Leistungsfähigkeit eines Rechners sind jedoch nicht nur die Speicher selbst. Auch deren Zusammenspiel in einer sogenannten Speicherhierarchie ist von großer Bedeutung. Besondere Aufmerksamkeit schenken wir in unseren Ausführungen dem Cache-Speicher sowie dem Konzept der virtuellen Speicherverwaltung.

11.1   CISC und RISC

Für CISC und RISC gibt es keine formale Definition, die in eindeutiger Weise Kriterien festlegt, wann ein Prozessor der einen oder anderen Klasse zuzuordnen ist. Dies zeigt sich schon in der vagen Beschreibung von *großen* und *kleinen* Befehlssätzen, die oben angegeben wurde. Man kann sich hier leicht fragen: Wie groß ist denn „groß" bzw. wie klein darf denn „groß" sein, um nicht als „klein" zu gelten?

In diesem Sinne ist die Einordnung im Folgenden nicht als eine Einteilung, die harten Kriterien folgt, zu sehen. Vielmehr stellen die Beschreibungen „reiner" CISC- und RISC-Prozessor theoretische Extreme dar. Die in der Praxis vorkommenden Prozessoren verwenden üblicherweise Aspekte beider Ansätze und eine Zuordnung in eine der beiden Klassen geschieht – wenn überhaupt – gemäß einer Abwägung der umgesetzten Konzepte.

Zunächst werden in aufzählender Form Kriterien für CISC und RISC angegeben und erläutert. Anschließend werden Vor- und Nachteile vergleichend gegenübergestellt und daraus Entwurfsprinzipien moderner Prozessoren abgeleitet.

Eigenschaften von CISC-Rechnern

- Der Befehlssatz des Prozessors, d. h. die Menge der Maschinenbefehle, die dem Prozessor zur Verfügung steht, ist (sehr) groß – daher auch die Namensgebung *Complex Instruction Set Computer.*

- Die dem Prozessor zur Verfügung stehenden Befehle selbst können oftmals auch sehr komplexe Operationen ausführen, wie z. B. das Kopieren des Inhalts mehrerer Speicherzellen des Hauptspeichers in einen anderen Bereich des Hauptspeichers.

- Da CISC-Prozessoren aber auch über einfache Befehle verfügen, kommt es in natürlicher Weise zu unterschiedlichen Ausführungszeiten bei der Abarbeitung der Befehle – ein Punkt, der im folgenden Abschnitt über *Pipelining* noch besondere Bedeutung erhält.

- In der Regel werden die einzelnen Befehle durch ein *Mikroprogramm* interpretiert (siehe *Exkurs: Mikroprogramm*).

- Es wird eine große Anzahl an unterschiedlichen Adressierungsarten unterstützt, durch die die Befehle auf den Hauptspeicher zugreifen können. Wenn alle Befehle ohne Einschränkung alle Adressierungsarten verwenden können, so bezeichnet man den Befehlssatz auch als *orthogonal.*

- Durch die Hardware werden mehrere Datentypen direkt unterstützt.

- Der Prozessor verfügt typischerweise nur über eine kleine Anzahl an Registern, die zu großen Teilen spezialisiert sind, d. h. hauptsächlich für eine vorbestimmte Aufgabe eingesetzt werden können bzw. sollen.

- Die ersten modernen Rechner, wie z. B. der *IBM 360* [1] aus dem Jahre 1964, sind der CISC-Klasse zuzurechnen. Aber auch moderne Prozessoren, wie die der *Pentium*-Reihe von *Intel*, zeigen viele CISC-Merkmale.

Exkurs: Mikroprogramm ▷ ▷ ▷

Erfolgt die Befehlsabarbeitung durch ein *Mikroprogramm*, so werden die Befehle der Maschinensprache-Ebene nicht direkt in Hardware ausgeführt. Statt dessen werden die einzelnen Befehle in noch kleinere Befehlsfolgen zerlegt – in sogenannte *Elementarbefehle* oder *Mikrobefehle* –, die dann schließlich durch die Hardware interpretiert und ausgeführt werden. Das Mikroprogramm, das diesen Vorgang steuert (und selbst aus einer Folge von Mikrobefehlen besteht), wird in einem Nurlesespeicher (*Read Only Memory*, ROM) auf dem Prozessor abgelegt. Dieses ROM wird typischerweise nicht vom Anwender, sondern schon direkt vom Hersteller der Schaltung programmiert.

◁ ◁ ◁

Eigenschaften von RISC-Rechnern

- Der Befehlssatz des Prozessors ist klein und umfasst nur elementare Befehle und Operationen, die dafür allerdings sehr schnell ausgeführt werden können. Der Befehlssatz umfasst typischerweise weniger als 100 Befehle. Bei manchen RISC-Prozessoren kommen sogar nur bis zu 20 Befehle zum Einsatz. Diese Prozessoren werden auch als *low RISC* bezeichnet.

- Es werden nur einfache Befehle realisiert, die (nach Möglichkeit) in einem Verarbeitungsschritt ausführbar sind. Hierbei ist ein erklärtes Ziel, dass alle Befehle (mehr oder weniger) das gleiche Befehlsformat haben sollen, um eine homogene Verarbeitung der Befehle zu ermöglichen. Diese Vereinheitlichung ist eine wesentliche Voraussetzung für den Einsatz von *Pipelining* (siehe nächsten Abschnitt).

- Die Befehle werden direkt durch die Hardware interpretiert. An dieser Stelle wird der Mikrobefehlssatz – und somit auch eine Interpretationsebene – eingespart. Das Steuerwerk wird *fest verdrahtet* realisiert, was zu einer Beschleunigung bei der Befehlsverarbeitung führt.

- Es gibt nur wenige Adressierungsarten und auch nur wenige Befehle, durch die auf den Speicher zugegriffen werden kann. Ist der Zugriff auf den Speicher nur über spezielle Lade- und Speicherbefehle möglich, so spricht man auch von einer LOAD/STORE-Architektur.

- Da die Befehle schnell abgearbeitet werden können, ist es wesentlich, dass die jeweils nächsten Befehle und die zugehörigen Daten dem Prozessor ausreichend schnell zur Verfügung gestellt werden. RISC-Prozessoren verfügen daher häufig über einen mehr oder weniger großen internen Registersatz. Weiterhin sind sie auf eine leistungsfähige Speicherhierarchie angewiesen – dies wird in den hinteren Abschnitten dieses Kapitels noch detaillierter erläutert.

- In den 80er Jahren wurde der *MIPS*-Prozessor [32] in Stanford nach den Grundregeln der RISC-Philosophie entwickelt, aber auch moderne Prozessoren, wie z. B. *PowerPC* und *ARM*, *StrongARM* bzw. *XScale*, die aufgrund ihrer geringen Leistungsaufnahme in Smartphones, PDAs, iPOD usw. zum Einsatz kommen, haben klare RISC-Merkmale.

CISC versus RISC

Nachdem nun die wesentlichen Merkmale von CISC- und RISC-Prozessoren aufgezählt wurden, sollen diese nun vergleichend gegenübergestellt werden. Dabei werden jeweils die Vor- und Nachteile gegeneinander abgewogen. Es zeigt sich, dass es nicht etwa ein Prinzip gibt, das dem anderen an allen Stellen überlegen ist, und so finden sich in modernen Prozessoren – auch wenn sie mehr der einen oder anderen Gruppe zugeordnet werden können – auch jeweils klassische Prinzipien des anderen Typs wieder.

Größe des Befehlssatzes

Das erste Merkmal, an dem sich CISC- und RISC-Prozessoren offensichtlich unterscheiden, ist die Anzahl der zur Verfügung stehenden Befehle. Von Seiten des Anwenders ist es wünschenswert, eine möglichst große Anzahl an Befehlen zu haben, da dadurch die *semantische Lücke* zwischen Hochsprachen und der „einfachen" Maschinensprache geschlossen werden kann. Während in Hochsprachen, wie C++ oder JAVA, sehr komplexe Datenstrukturen und Kontrollkonstrukte (z. B. verschiedene Arten von Schleifen) verwendet werden können, müssen diese auf einfache Überprüfungen und Sprünge abgebildet werden. Diese Abbildung geschieht üblicherweise in automatischer Form durch einen Compiler oder Interpreter. Je größer der Maschinenbefehlssatz ist, desto leichter ist es für das Übersetzungsprogramm, ein Äquivalent in Assembler bzw. Maschinensprache zu finden. In diesem Sinne vereinfachen CISC-Prozessoren die Compiler.

Speicherbedarf der Befehle

Durch die einem CISC-Prozessor zur Verfügung stehenden komplexen Befehle ist der Hauptspeicherbedarf von CISC-Programmen in der Regel geringer als der von RISC-Programmen. Dies war insbesondere in den frühen Jahren des Rechnerbaus ein wesentliches Argument für CISC, da durch kurze Maschinenprogramme weniger auf den Hauptspeicher zugegriffen werden musste, was die Abarbeitung beschleunigte. In den vergangenen 15 Jahren ist dieses Argument aber klar entkräftet worden, da durch Verbesserungen der Speicherhierarchie und die Verwendung von Cache-Speichern (siehe Abschnitt 11.4) die mittlere Zugriffszeit auf den Hauptspeicher drastisch reduziert werden konnte.

Geschwindigkeit der Befehlsausführung

Eine hohe Geschwindigkeit bei der Ausführung der Befehle kann erzielt werden, wenn a) die Befehle leicht (und somit schnell) zu dekodieren sind, b) jeweils ein Datenpfadzyklus ausreicht, um einen Befehl auszuführen, und c) Pipelining möglich ist.

Bei RISC sind die Voraussetzungen für diese Punkte günstiger als bei CISC, da bei RISC-Prozessoren die Befehle alle einfach sind, also jeweils in einem Datenpfadzyklus ausgeführt werden können, und noch dazu über eine homogene Struktur verfügen. Weiterhin gibt es nur wenige Befehle, sodass auch bei der Dekodierung nur wenige zu unterscheiden sind. Bei CISC-Prozessoren ist es auf Grund der unterschiedlichen Befehlsformate und der unterschiedlich komplexen Befehle kaum möglich, in jedem Datenpfadzyklus einen Befehl abzuschließen.

Experimentelle Analysen an kommerziellen Programmen zeigen, dass im Mittel über 90 % der ausgeführten Befehle als „einfach" einzustufen sind. Es sind dies Befehle, die insbesondere sowohl bei RISC- als auch bei CISC-Prozessoren zu finden sind. Es stellt sich aus Sicht der Gesamteffizienz somit die Frage, ob es gerechtfertigt ist, die Ausführung der 90 % zu Gunsten der anderen, wenig eingesetzten, komplexeren Befehle zu verlangsamen. Dies ist ein starkes Argument für RISC und gegen CISC.

Komplexität des Entwurfes

In den Anfängen des Rechnerbaus wurde häufig angenommen, dass Hardware zuverlässiger als Software ist. Dies resultierte aus schlechten Erfahrungen mit fehlerhaften Programmen, wohingegen die Rechner korrekt implementiert wurden. Daher gab es den Wunsch, mehr und mehr Funktionalität unterhalb der Maschinensprache zu erhalten. In der Zwischenzeit sind die Hardware-Entwürfe jedoch sehr komplex geworden. So besteht z. B. der *Intel Itanium 2* Prozessor aus mehr als 1,7 Milliarden Transistoren. Es ist leicht einzusehen, dass ein solcher Entwurf nicht als 100 % funktional korrekt nachgewiesen werden kann, und bei nahezu allen existierenden Schaltungen dieser Größe von Fehlern auszugehen ist. Erschwerend kommt hinzu, dass Fehler in der Hardware im Gegensatz zu Fehlern in der Software deutlich schwerer zu korrigieren sind.

Betrachtet man den Entwurfsprozess an sich, so sind auch hier RISC-Prozessoren im Vorteil, da die Hardware einfacher ist. Diese Einfachheit, die sich auch in kleinerer Chip-Fläche niederschlägt, lässt dann auch mehr Platz für Register oder Cache-Speicher. Die Einfachheit schlägt sich desweiteren in einer geringeren Leistungsaufnahme nieder, sodass RISC-Prozessoren in der Regel besser für eingebettete Systeme geeignet sind als CISC-Prozessoren.

Auch das Steuerwerk kann leichter in automatischer Weise entworfen und generiert werden, wenn auf die zusätzliche Interpretationsebene des Mikrocodes verzichtet wird. Neben der Verkürzung der Entwurfszeit, was direkten Einfluss auf die Kosten eines Entwurfes hat, ist ergänzend zu erwähnen, dass ein fest verdrahtetes Steuerwerk eine höhere Ausführungsgeschwindigkeit erzielt.

	RISC	*CISC*
Ausführungszeit	1 Datenpfadzyklus	≥ 1 Datenpfadzyklen
Instruktionsanzahl	klein	groß
Instruktionsformat	einfach/einheitlich	variabel
Steuerung über	Hardware	Mikroprogramm
Hauptspeicherzugriffe	LOAD/STORE	keine Einschränkungen
Pipelining	einfach möglich	aufwändig
Verlagerung d. Komplexität	Compiler	Hardware

Tabelle 11.1: *Vergleich von RISC und CISC*

Wesentliche Eigenschaften sind nochmals abschließend in Tabelle 11.1 angegeben. Zusammenfassend lässt sich sagen, dass es bei beiden Konzepten Vor- und Nachteile gibt – auch wenn die Vorteile bei RISC überwiegen. So erklärt sich auch, dass man in aktuellen Prozessoren Merkmale beider Ansätze wiederfindet. Dies führt in nahe liegender Weise zu *Prinzipien zum Entwurf schneller Prozessoren*. Zunächst wird hierfür die zentrale Frage nach den Schlüsseloperationen der ins Auge gefassten Anwendungen gestellt. Im Anschluss wird der Prozessor (inklusive Datenpfad, Rechenwerk und den zugehörigen Verbindungsstrukturen) für diese Schlüsseloperationen entworfen. Auch der Maschinenbefehlssatz wird mit dem Ziel entwickelt, möglichst jeden Befehl in einem Datenpfadzyklus (*Fetch-Decode-Execute*-Phase) auszuführen. Um dies zu erreichen, wird typischerweise auf ein Mikroprogramm verzichtet. Eine Erweiterung des Befehlssatzes wird nur dann durchgeführt, wenn dadurch die Maschine nicht langsamer wird.

11.2 Pipelining

In diesem Abschnitt wird das Prinzip des *Pipelining* vorgestellt, dessen Ziel es ist, die Performanz eines Rechners zu steigern. Dies wird erreicht, indem man verschiedene Phasen der Befehlsabarbeitung parallelisiert und in diesem Sinne die Bearbeitung wie „am Fließband" durchführt.

Dieses Vorgehen soll zunächst anhand eines einfachen Beispiels, dem Waschen von Autos, illustriert werden.

Beispiel 11.1

Wir betrachten eine Autowaschstraße, wie man sie vielerorts in der Gegend großer Einkaufszentren findet. Eine solche Autowaschstraße ist in der Regel in mehrere Abschnitte unterteilt:

1. Einfahrportal mit Hochdruck-Vorreinigung

2. Rad- und Seitenbürsten

3. Dachbürsten

4. Klarspül- mit anschließendem Polish- und Endspülbogen

5. Turbotrockner

6. Ausfahrportal

Die Abschnitte sind so eingerichtet, dass die Autos, die über eine Schleppvorrichtung durch die Waschstraße gezogen werden, sich jeweils die gleiche Zeit in den unterschiedlichen Bereichen aufhalten. Nehmen wir an, dies wären jeweils zwei Minuten pro Station. Somit braucht ein Wagen 12 Minuten, um die sechs Bereiche vom Einfahr- zum Ausfahrportal zu durchlaufen.

Würde man das nächste Auto erst in die Waschstraße schicken, wenn das vorherige Auto sie verlassen hat, oder würde nur eine Waschanlage, wie man sie z. B. an

Tankstellen findet, zur Verfügung stehen, so bräuchte man zum Waschen von $p \geq 1$ Autos insgesamt $12 \cdot p$ Minuten.

Es gibt offensichtlich eine schnellere Möglichkeit, wie die p Autos gewaschen werden können. Es kann das zweite Auto in das Einfahrportal eingelassen werden, wenn das erste dieses verlassen hat und in den Bereich der Rad- und Seitenbürsten eingetreten ist. Nach erneuten zwei Minuten, kann das dritte Auto in das Einfahrportal eingelassen werden, das zweite befindet sich zu diesem Moment im Bereich der Rad- und Seitenbürsten, das erste im Bereich der Dachbürsten. Zu Beginn der elften Minute befindet sich dann in jedem Bereich ein Auto (falls mehr als fünf Autos zu waschen sind). Alle zwei Minuten verlässt nun ein frisch gewaschenes Auto die Autowaschstraße, so dass sich die Gesamtzeit zum Waschen aller p Autos auf $12 + 2 \cdot (p - 1)$ beläuft. Durch das geschilderte Vorgehen ist also eine Beschleunigung von

$$\text{speedup}_{\text{Autowaschstraße}}(p) = \frac{12 \cdot p}{12 + 2 \cdot (p - 1)}$$

erreicht worden. Ist p sehr groß, so liegt die Beschleunigung wegen

$$\lim_{p \to +\infty} \frac{12 \cdot p}{12 + 2 \cdot (p - 1)} = 6$$

bei ungefähr 6, ist also ungefähr genau so hoch wie die Anzahl der Phasen, in die wir das Autowaschen in der Autowaschstraße sinnvoll unterteilen konnten.

11.2.1 Pipelining bei der Befehlsausführung

Im Folgenden soll dieses Prinzip der Fließbandverarbeitung auch bei der Abarbeitung von Befehlen im Rechner verwendet werden. Wir folgen hierbei zum Teil den Ausführungen aus [22]. Abbildung 11.1 zeigt die Phasen, in welche wir die Befehlsabarbeitung unterteilen wollen. Es sind dies:

Phase 1: *Befehl holen (BH)*
Das nächste Befehlswort wird aus dem Instruktionsspeicher gelesen.

Phase 2: *Lesen der Register (LR)*
Das Steuerwerk setzt in Abhängigkeit des gelesenen Befehlswortes die Steuerleitungen und es werden die Operanden aus den Registern gelesen.

Phase 3: *Adress- bzw. Ergebnisberechnung (AEB)*
Die durch den Befehl definierte Operation wird in der ALU ausgeführt bzw. es wird im Falle eines Lade-/Speicherbefehls die Adresse berechnet, auf die in der nächsten Phase im Datenspeicher (lesend oder schreibend) zugegriffen werden soll.

Phase 4: *Datenspeicherzugriff (DSZ)*
Im Falle eines Lade-/Speicherbefehls wird auf den Datenspeicher zugegriffen.

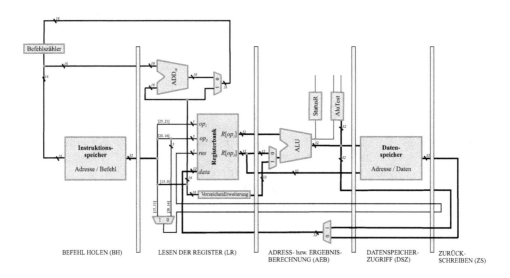

BEFEHL HOLEN (BH)   LESEN DER REGISTER (LR)   ADRESS- bzw. ERGEBNIS-   DATENSPEICHER-   ZURÜCK-
                                                           BERECHNUNG (AEB)   ZUGRIFF (DSZ)   SCHREIBEN (ZS)

Abbildung 11.1: OurMips-*Prozessor mit Pipelining. Die einzelnen Phasen werden durch Spei-cherelemente voneinander getrennt, die synchron getaktet werden. Ist eine Leitung so einge-zeichnet, dass sie über ein Speicherelement hinwegläuft, so bedeutet dies, dass das Signal an dieser Stelle nicht zwischengespeichert wird. Das (nun sequentielle) Steuerwerk und die Steu-erleitungen sind der Übersichtlichkeit wegen nicht eingezeichnet.*

Phase 5: *Zurückschreiben (ZS)*
   Das Ergebnis des Befehls wird gegebenenfalls in die Registerbank zurückgeschrie-ben.

Wir beschränken uns auf die gerade aufgezählten fünf Phasen[1], auch wenn moderne Prozessoren mit sehr viel feineren Unterteilungen arbeiten. Dies ermöglicht uns eine einfache Darstellung, aber die wesentlichen Probleme, die in einer Pipeline auftreten, können auch in diesem Modell gezeigt werden.

Wesentlich für einen erfolgreichen Einsatz einer Pipeline ist die Unterteilung eines Be-fehls in Phasen „gleicher Länge". Auch im obigen Beispiel der Autowaschstraße wurde davon ausgegangen, dass alle Arbeitsgänge die gleiche zeitliche Dauer von zwei Mi-nuten haben. Man kann sich leicht überlegen, dass bei ungleichen Phasen die längste die Abarbeitung hemmt. Exemplarisch kann man das obige Beispiel nochmals durch-gehen, aber mit der Annahme, dass die Arbeiten am Einfahrtportal statt zwei jetzt drei Minuten benötigen. Da die Dauer der Dekodier- und der Ausführungsphase bei den verschiedenen Maschinenbefehlen eines CISC-Prozessors sehr unterschiedlich sein kann, insbesondere eine unterschiedliche Anzahl auszuführender Mikrobefehle erfordern kann, ist Pipelining bei CISC schwierig. Für die folgenden Betrachtungen machen wir die idealisierte Annahme, dass alle Phasen die gleiche Länge haben.

---

[1] Es ist an dieser Stelle auch wichtig zu beobachten, dass je nach Befehl nicht alle Stufen der Pipeline verwendet werden. Generiert ein Befehl z. B. kein Ergebnis, so entfällt die letzte Phase.

Abbildung 11.2: *Abarbeitung von Instruktionen in der Pipeline aus Abbildung 11.1*

Befehl B_1	BH	LR	AEB	DSZ	ZS						
Befehl B_2		BH	LR	AEB	DSZ	ZS					
Befehl B_3			BH	LR	AEB	DSZ	ZS				
Befehl B_4				BH	LR	AEB	DSZ	ZS			
Befehl B_5					BH	LR	AEB	DSZ	ZS		
Befehl B_6						BH	LR	AEB	DSZ	ZS	
Befehl B_7							BH	LR	AEB	DSZ	ZS
Zeitschritt	1	2	3	4	5	6	7	8	9	10	11

Da die einzelnen Funktionseinheiten bzw. Phasen unabhängig voneinander arbeiten und nach unserer idealisierten Annahme gleich lang in ihrer Ausführungszeit sind, ist es analog zu dem Beispiel der Autowaschstraße möglich, sie parallel, also gleichzeitig, abzuarbeiten.

Hierzu betrachten wir eine Folge von Befehlen B_i ($i = 1, 2, ...$). Zunächst kommt B_1 in die Phase 1 (BH). Sobald B_1 diese Phase beendet hat, d. h. der Befehl B_1 wurde geladen, kommt er in die Phase 2 (LR) zur Dekodierung durch das Steuerwerk und zum Lesen der Operanden aus der Registerbank. Nun wird aber zeitgleich schon der Befehl B_2 in die Phase 1 geladen. Führt man dies fort, so kann, während die Phase 3 (AEB) mit der Instruktion B_1 beschäftigt ist, die Instruktion B_2 schon von Phase 2 und die Instruktion B_3 schon von Phase 1 bearbeitet werden. Diese parallele Abarbeitung der Instruktionen wird *Befehlspipelining* genannt und kann wie in Abbildung 11.2 gezeigt veranschaulicht werden.

11.2.2 Maximale Beschleunigung

Wie zu Beginn des Abschnitts erwähnt, ist das Ziel des Einsatzes einer Pipeline, die Abarbeitungsgeschwindigkeit zu erhöhen. Im Folgenden soll nun detaillierter untersucht werden, um wie viel eine Befehlspipeline die Abarbeitung eines Befehls beschleunigen kann. Bevor eine genaue Betrachtung folgt, kann man sich sehr einfach eine obere Schranke für die maximale Beschleunigung überlegen: Besteht die Pipeline aus k Stufen, können maximal k Befehle gleichzeitig verarbeitet werden. Somit ist die *maximale Beschleunigung* einer k-stufigen Pipeline gleich k.

Um einen genaueren Eindruck von der zu erwartenden „realen" Beschleunigung zu erhalten, werden folgende Voraussetzungen gemacht:

- Die Pipeline besitzt k Stufen.

- Die Bearbeitungszeit jeder Instruktion B_i ohne Pipelining beträgt genau Zeit t_b.

- Die Zeit zum Abspeichern der Zwischenergebnisse einer Phase in die jeweiligen Speicherelemente beträgt Zeit t_r

Darauf aufsetzend ergeben sich unmittelbar folgende Beobachtungen in Bezug auf die Befehlspipeline:

- Die Ausführungszeit einer Phase der Pipeline ist $t_b/k + t_r$. (Wir gehen wie oben bereits gesagt von Phasen gleicher Länge aus.)

- Die erste Instruktion B_1 ist nach Zeit $t_b + (k-1) \cdot t_r$ abgearbeitet; danach ist jeweils nach Zeit $t_b/k + t_r$ eine weitere Instruktion beendet.

- Geht man davon aus, dass m Instruktionen in Folge abgearbeitet werden sollen, so ergibt sich eine Zeit von

$$(t_b + (k-1) \cdot t_r) + (m-1) \cdot (\frac{t_b}{k} + t_r).$$

Der Term $t_b + (k-1) \cdot t_r$ resultiert aus dem ersten Befehl B_1, wohingegen für jeden weiteren der Befehle $B_2, \ldots, B_m$ ein Faktor $t_b/k + t_r$ hinzukommt. Ohne Verwendung einer Pipeline würde für jeden Befehl die Zeit t_b benötigt und man erhielte für die Gesamtausführung die Zeit $m \cdot t_b$.

Vernachlässigt man die Zeit zum Abspeichern der Zwischenergebnisse in die hierfür vorgesehenen Speicherelemente, d. h. nimmt man $t_r = 0$ an, so erhält man als maximal möglichen Geschwindigkeitsgewinn – auch *Speedup* genannt – einer k-stufigen Pipeline:

$$\text{speedup}_{k\text{-stufige Pipeline}} = \frac{m \cdot t_b}{t_b + (m-1) \cdot \frac{t_b}{k}}$$

$$= \frac{k \cdot m \cdot t_b}{k \cdot t_b + (m-1) \cdot t_b}$$

$$= \frac{k \cdot m}{k + (m-1)}$$

Für $m \gg k$, d. h. falls die Anzahl der Befehle sehr groß ist, nähert sich der Speedup der Anzahl k der Stufen der Pipeline an – was mit der obigen Anmerkung zur maximalen Beschleunigung übereinstimmt. Für die genaue Berechnung des Geschwindigkeitsgewinns unter Berücksichtigung von t_r verweisen wir auf Aufgabe 11.2.

11.2.3   Pipeline-Konflikte

Bisher wurde in unseren Überlegungen immer vorausgesetzt, dass sich die Ausführung der Befehle ohne weiteres „verzahnen" lässt. Dies ist aber in der Praxis leider nicht immer der Fall. Insbesondere können folgende Probleme in der Praxis auftreten:

- Die Überlegungen gingen davon aus, dass ein Befehl B_i immer unmittelbar nach dem vorangehenden Befehl B_{i-1} in die Pipeline geschoben werden kann. Der Zugriff auf einen dynamischen Hauptspeicher ist aber wesentlich langsamer als ein Zugriff auf ein Register bzw. die Berechnung einer Operation durch die ALU. Insofern kann es vorkommen, dass der nächste Befehl B_i *nicht* schnell genug dem Prozessor zur Verfügung gestellt werden kann. Das Problem wird größtenteils durch die Einführung einer Speicherhierarchie (siehe Abschnitt 11.3.2), speziell durch die Einführung eines Befehlscache (siehe Abschnitt 11.4) gelöst. Falls doch ein Befehl nicht rechtzeitig aus dem Instruktionsspeicher gelesen werden kann, so muss die Befehlspipeline gestoppt oder durch das Steuerwerk ein NOP-Befehl (siehe Aufgabe 10.1) in die Pipeline geschoben werden.

- Bei Verzweigungen, die von einer Bedingung abhängen, muss zunächst die Bedingung ausgewertet werden, um zu entscheiden, an welcher Stelle die Bearbeitung fortgesetzt wird. Diese Auswertung geschieht aber erst in einer späteren Pipeline-Stufe, sodass es nicht möglich ist, unmittelbar den nächsten Befehl zu laden. Man spricht von einem sogenannten *Control Hazard*.

- Es können Datenabhängigkeiten, sogenannte *Data Hazards* zwischen aufeinanderfolgenden Instruktionen bestehen, d. h. der Befehl B_i hat auf Daten zuzugreifen, die erst durch Befehl B_{i-1} berechnet werden. Das Problem besteht darin, dass die durch B_{i-1} berechneten Daten bei Benutzung einer Befehlspipeline später in die Registerbank geschrieben werden, als B_i sie lesen will.

Wir wollen die beiden letztgenannten Probleme genauer betrachten. Wir benutzen die in Abbildung 11.1 vorgestellte Befehlspipeline mit den fünf Stufen BH, LR, AEB, DSZ und ZS.

- **Data Hazards**

  Wir betrachten folgendes Beispielprogramm

  B_1:   LDD $R[1]$, $R[2]$, 0;   Lade aus dem Datenspeicher den Inhalt der
                                             Speicherzelle mit Adresse $R[1]$ in das Register 2

  B_2:   ADD $R[2]$, $R[3]$, $R[4]$;   Addiere Registerinhalte $R[2]$ und $R[3]$,
                                             speichere Ergebnis in Register 4

  B_3:   SUB $R[6]$, $R[5]$, $R[7]$;   Subtrahiere Registerinhalt $R[5]$
                                             von $R[6]$, speichere Ergebnis in Register 7

  B_4:   XOR $R[8]$, $R[9]$, $R[10]$;   Bitweises Exklusiv-Oder von $R[8]$ und
                                             $R[9]$, speichere Ergebnis in Register 10

Das bei der Abarbeitung entstehende Problem ist, dass der neue Wert von Register 2 dem ADD-Befehl (Befehl B_2) *nicht* rechtzeitig zur Verfügung steht. Dies wird in Abbildung 11.3 verdeutlicht. Sie zeigt in welcher Phase sich die einzelnen Instruktionen des Beispielprogramms in welchem Takt befinden. Man erkennt leicht, dass das Register 2 in Takt 3 noch nicht durch den LDD-Befehl (Befehl B_1) mit dem richtigen Wert belegt wurde – dies erfolgt erst in Takt 5. Somit würde der ADD-Befehl in Takt 4 mit einem veralteten Wert arbeiten, was zu einem falschen Ergebnis führen würde.

Takt	BH	LR	AER	DSZ	ZR
1	LDD				
2	ADD	LDD			
3	SUB	ADD	LDD		
4	XOR	SUB	ADD	LDD	
5		XOR	SUB	ADD	LDD
6			XOR	SUB	ADD
7				XOR	SUB
8					XOR

Abbildung 11.3: *Beispiel eines Data Hazards*

Die Situation kann sich in der Praxis noch prekärer gestalten, da der Zugriff auf den Datenspeicher entgegen unserer Annahme nicht immer in einem Takt realisiert werden kann.

Data Hazards treten also dadurch auf, dass die nächste Instruktion auf das Ergebnis der vorherigen *warten* muss. Um das Problem der Data Hazards zu vermeiden bzw. zu reduzieren, stehen verschiedene Methoden zur Verfügung. Während einige durch Software, d. h. durch den Compiler, umgesetzt werden können, erfordern andere Lösungen Modifikationen an der Hardware.

Das wesentliche Problem bei Data Hazards ist das zu dichte Aufeinanderfolgen von Befehlen. Daher muss entweder

1. mehr „Platz" zwischen den jeweiligen Befehlen geschaffen werden, oder

2. die benötigten Daten müssen schneller zur Verfügung gestellt werden.

Im Folgenden diskutieren wir drei verschiedenen Ansätze, das Einfügen von NOPs, das Umsortieren der Maschinenbefehle und das sogenannte Forwarding.

Einfügen von NOPs

Eine Möglichkeit besteht darin, den Folgebefehl durch Einschieben der Pseudoinstrukion NOP (siehe Aufgabe 10.1) so lange zu verzögern, bis die benötigten Daten zur Verfügung stehen. NOP steht für „no operation". Die Pseudoinstruktion „tut nichts", verändert also insbesondere weder die Registerbank noch den Datenspeicher. Für das obige Beispiel ist eine entsprechende Lösung in Abbildung 11.4 gezeigt. Der ADD-Befehl wird durch Einschieben von zwei NOP-Befehlen um zwei Takte verzögert, sodass das dazugehörige Lesen des Inhalts von Register 2 erst in

Takt 5 erfolgt. Da das Register 2 in Takt 5 durch den LDD-Befehl korrekt belegt wird, wir zudem davon ausgehen, dass die Registerbank Änderungen ihrer Belegung direkt an ihre Ausgänge weiterleitet, wird in Takt 5 der richtige Operand aus Register 2 geladen.

Takt	BH	LR	AER	DSZ	ZR
1	LDD				
2	*NOP*	LDD			
3	*NOP*	*NOP*	LDD		
4	ADD	*NOP*	*NOP*	LDD	
5	SUB	ADD	*NOP*	*NOP*	LDD
6	XOR	SUB	ADD	*NOP*	*NOP*
7		XOR	SUB	ADD	*NOP*
8			XOR	SUB	ADD
9				XOR	SUB
10					XOR

Abbildung 11.4: *Beseitigung eines Data Hazards durch Einfügen von NOPs*

Bei dieser Lösung ist allerdings negativ anzumerken, dass nun zwei weitere Befehle auszuführen sind und sich – für dieses Programm – die Abarbeitung um 25 % verlangsamt, da nun zehn statt ursprünglich acht Takte zur Abarbeitung des Programms benötigt werden.

Umsortieren des Programmcodes

Häufig ist es auch möglich, durch das Umsortieren der Befehle die Datenabhängigkeiten aufzulösen. Diese Aufgabe wird typischerweise nicht vom Programmierer, sondern vom Compiler übernommen.[2] Für das obige Programm ist eine mögliche neue Reihenfolge der Instruktionen, bei der keine Probleme entstehen, gegeben durch:

B_1: LDD $R[1]$, $R[2]$, 0;   Lade aus dem Datenspeicher den Inhalt der Speicherzelle mit Adresse $R[1]$ in das Register 2

B_2: SUB $R[6]$, $R[5]$, $R[7]$;   Subtrahiere Registerinhalt $R[5]$ von $R[6]$, speichere Ergebnis in Register 7

---

[2] Es ist natürlich wichtig zu beachten, dass bei dem Umsortieren die Korrektheit des Programms erhalten bleibt. Daher muss der Compiler die Datenabhängigkeiten analysieren und bei der Umsortierung beachten.

B_3: XOR $R[8]$, $R[9]$, $R[10]$;   Bitweises Exklusiv-Oder von $R[8]$ und
                                           $R[9]$, speichere Ergebnis in Register 10

B_4: ADD $R[2]$, $R[3]$, $R[4]$;   Addiere Registerinhalte $R[2]$ und $R[3]$,
                                           speichere Ergebnis in Register 4

Takt	BH	LR	AER	DSZ	ZR
1	LDD				
2	SUB	LDD			
3	XOR	SUB	LDD		
4	ADD	XOR	SUB	LDD	
5		AND	XOR	SUB	LDD
6			AND	XOR	SUB
7				AND	XOR
8					AND

Abbildung 11.5: *Umsortieren von Programmcode*

Wie man in Abbildung 11.5 erkennt, ist die Abarbeitung jetzt korrekt. In Takt 5 wird Register 2 durch den LDD-Befehl korrekt belegt und somit vom AND-Befehl der richtige Operand aus Register 2 geladen.

Einsatz einer Forwarding Unit

Wir betrachten ein leicht abgeändertes Beispielprogramm, in dem die erste Instruktion, B_1, kein lesender Zugriff auf den Datenspeicher ist, sondern eine arithmetische (oder logische) Operation, die ihr Ergebnis nach Register 2 schreibt:

B_1: AND $R[1]$, $R[10]$, $R[2]$;   Bitweises logisches Und von $R[1]$ und
                                           $R[10]$, speichere Ergebnis in Register 2

B_2: ADD $R[2]$, $R[3]$, $R[4]$;   Addiere Registerinhalte $R[2]$ und $R[3]$,
                                           speichere Ergebnis in Register 4

B_3: SUB $R[6]$, $R[5]$, $R[7]$;   Subtrahiere Registerinhalt $R[5]$
                                           von $R[6]$, speichere Ergebnis in Register 7

B_4: XOR $R[8]$, $R[9]$, $R[10]$;   Bitweises Exklusiv-Oder von $R[8]$ und
                                           $R[9]$, speichere Ergebnis in Register 10

Die AND-Operation wird in Takt 3 in der ALU ausgeführt (siehe Abbildung 11.6), der neue Wert des Registers 2 ist also bereits berechnet und „im Prozessor enthalten", bevor der ADD-Befehl ihn in Takt 4 wirklich benötigt. Er liegt am Ausgang der ALU an! Würde dieser Wert (über einen Multiplexer) an den Eingang der ALU direkt zurückgeführt werden, so könnte der ADD-Befehl im Takt 4 mit dem korrekten Wert arbeiten, ohne dass NOP-Befehle eingefügt oder Befehle umsortiert werden müssten.

Takt	BH	LR	AER	DSZ	ZR
1	AND				
2	ADD	AND			
3	SUB	ADD	AND		
4	XOR	SUB	ADD	AND	
5		XOR	SUB	ADD	AND
6			XOR	SUB	ADD
7				XOR	SUB
8					XOR

Abbildung 11.6: *Illustration von Forwarding*

Durch Erweiterung des Steuerwerks kann überprüft werden, ob der Inhalt eines Registers, der zwar schon berechnet, aber noch nicht in der Registerbank abgelegt worden ist, an einen der Eingänge der ALU gelegt werden muss. Ist dies der Fall, so wird über einen Multiplexer der richtige Wert an den ansprechenden ALU-Eingang gelegt. Abbildung 11.7 skizziert die notwendige Erweiterung in der Architektur des OurMips-Prozessors. Es ist wichtig zu bemerken, dass durch diese Erweiterung die Kontrolllogik des Prozessors etwas komplexer wird.

- **Control Hazards**

Die Schwierigkeit bei Control Hazards besteht hingegen in dem Problem, dass nicht klar ist, welcher Befehl als nächster in die Pipeline geladen werden soll. Dies wird am Beispiel der folgenden Befehle verdeutlicht:

B_1: ADD $R[1], R[2], R[3]$; Addiere Registerinhalte $R[1]$ und $R[2]$, speichere Ergebnis in Register 3

B_2: BEQ $R[4], R[5], 100$, Springe zu Adresse $PC + 100$, falls $R[4] = R[5]$ gilt

B_3: SUB $R[4], R[5], R[6]$; Subtrahiere Registerinhalt $R[5]$ von $R[4]$, speichere Ergebnis in Register 6

Würde man nun, nachdem der Sprungbefehl BEQ die erste Phase (BH) verlassen hat, unmittelbar den Subtraktionsbefehl SUB in die Pipeline laden, so hätte man

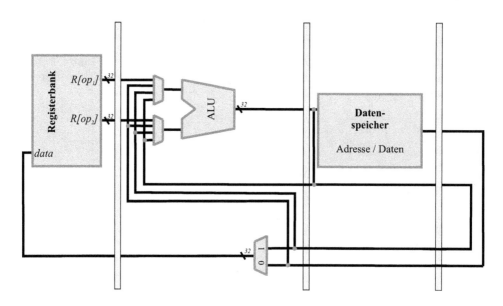

Abbildung 11.7: *Hardware-Erweiterung des* OurMips*-Prozessors zur Ermöglichung von Forwarding. Die beiden Multiplexer, die die Belegung der ALU-Eingänge regeln, werden durch das Steuerwerk angesteuert.*

etwas „Falsches" getan, falls der Sprung genommen wird. Offensichtlich kann das Problem in trivialer Weise durch das Einfügen von NOPs vermieden werden. Allerdings wird auch hier – genau wie dies bereits beim Einfügen von NOPs im Falle von Data Hazards der Fall war – dadurch die Leistung des Rechners reduziert. In modernen Prozessoren wird häufig eine Hardware-Realisierung verwendet, die eine Sprungvorhersage macht, die sogenannte *Branch Prediction* Einheit. Hierbei wird versucht, durch „intelligentes Raten" der nächsten Instruktion, z. B. durch Analysen der Häufigkeit des einen oder anderen Ausgangs einer Abfrage, das wahrscheinlich nächste Sprungziel in die Pipeline zu laden. Sollte eine falsche Entscheidung getroffen worden sein, so muss die Pipeline anschließend „geleert" und gegebenenfalls falsch berechnete Werte müssen zurückgesetzt werden.

Zusammenfassend lässt sich feststellen, dass das Prinzip der Pipeline signifikante Beschleunigungen der Berechnung ermöglicht. Diese Beschleunigung ist durch die Anzahl der Pipeline-Stufen begrenzt und kann durch Pipeline-Konflikte reduziert sein. Alle modernen Prozessoren, wie z. B. *Pentium* von *Intel* oder *Athlon* von *AMD*, verwenden das Konzept der Abarbeitung in Phasen intensiv und setzen Pipelines mit bis zu 20 Stufen ein.

11.3 Speicherhierarchie

Nachdem wir mit dem Pipelining-Konzept einen ersten Ansatz gesehen haben, wie der in Kapitel 10 vorgestellte einfache Prozessor beschleunigt werden kann, wollen wir in diesem Abschnitt eine zweite Idee vorstellen, nämlich wie der Speicher in einem Rechner zu organisieren ist, um mit minimalen Kosten optimale Performanz zu erhalten.

Bevor wir uns aber mit der Organisation des Speichers in einem Rechner beschäftigen, wollen wir uns die verschiedenen Speichertypen kurz anschauen.

11.3.1 Die wichtigsten Speichertypen

Bei jedem der hier vorgestellten Speichertypen – es sind dies

- SRAM- und DRAM-Speicherzellen,

- Hauptspeicher,

- Festplatte,

- CD und DVD,

- Magnetband

– wollen wir kurz auf den jeweiligen Aufbau und die wichtigsten Eigenschaften eingehen. Kosten und Zugriffszeiten spielen eine zentrale Rolle im Rahmen der Speicherhierarchie.

SRAM- und DRAM-Speicherzellen, Latches und Flipflops

Zum Zwischenspeichern der Daten, die vom eigentlichen Prozessor verarbeitet werden, und der Ergebnisse, die vom Prozessor berechnet wurden, werden Speicherzellen verwendet. Man unterscheidet in diesem Zusammenhang zwischen *statischen Speicherzellen*, sogenannte SRAM-Speicherzellen, und *dynamischen Speicherzellen*, sogenannte DRAM-Speicherzellen.

Von den Eigenschaften her unterscheiden sich SRAM-Speicherzellen von DRAM-Speicherzellen dadurch, dass SRAM-Speicherzellen mit ihren Zugriffszeiten im Nanosekundenbereich (von bis zu $0,5\,ns$ im Jahre 2007) um einen Faktor von bis zu 80 schneller als (normale) DRAM-Speicherzellen sind. Dagegen ist der Aufbau von SRAM-Speicherzellen komplexer als der von DRAM-Speicherzellen. So baut sich eine SRAM-Speicherzelle in der Regel aus vier bis acht oder zehn Transistoren auf, eine DRAM-Speicherzelle aus einem oder zwei Transistoren und einem Kondensator. Abbildung 11.8 zeigt unter (a) und (b) zwei Realisierungen von SRAM-Speicherzellen und unter (c) eine Realisierung einer DRAM-Speicherzelle.

SRAM-Speicherzellen werden aus diesem Grunde immer nur dort eingesetzt, wo die Zugriffszeiten eine zentrale Rolle spielen, wie zum Beispiel zur Realisierung von Registern und Level-1-Caches (siehe Abschnitt 11.4) auf dem Chip. So ist der Hauptspeicher in der Regel nicht mit SRAMs aufgebaut, sondern als Array von DRAMs. Auf die Organisation eines Hauptspeichers werden wir im nächsten Abschnitt zu sprechen kommen.

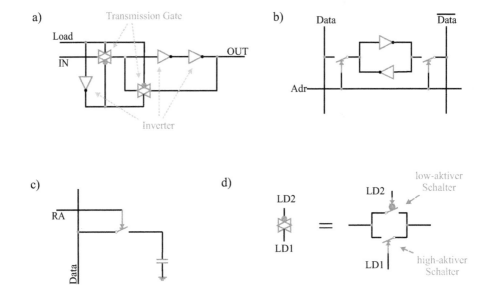

Abbildung 11.8: *Speicherzellen. a) eine SRAM-Speicherzelle, die aus zwei Transmission-Gates und drei Invertern besteht. b) eine SRAM-Speicherzelle, die aus zwei Schaltern und zwei Invertern besteht. c) DRAM-Speicherzelle bestehend aus einem Schalter und einem Kondensator. d) Aufbau eines Transmission-Gates.*

Abbildung 11.8 zeigt den Aufbau von SRAM- und DRAM-Speicherzellen. Die SRAM-Zelle in Abbildung 11.8(a) verwendet in der CMOS-Technologie (*Complementary Metal Oxide Semiconductor*) in der Regel sogenannte *Transmission-Gates*.

Exkurs: CMOS-Transmission-Gate ▷ ▷ ▷

Ein CMOS-Transmission-Gate, dessen Aufbau in Abbildung 11.8(d) skizziert ist, ist von der Funktionalität her ein Pass-Transistor. In der Regel ist LD2 das invertierte Signal LD1, sodass das Transmission-Gate nur durch ein Signal, LD1, gesteuert wird. Das Steuersignal LD1 wird an den high-aktiven Schalter angelegt, der in CMOS durch einen n-Kanal-Transistor realisiert wird, das invertierte Signal LD2 an den low-aktiven Schalter, der in CMOS als p-Kanal-Transistor realisiert wird.

Bei der angedeuteten CMOS-Realisierung gilt nun folgendes: Trägt das Signal LD1 den Wert 1, d. h. liegt hohes Potential an LD1, so sind die beiden Transistoren, d. h. die beiden Schalter, geschlossen und der Dateneingang ist mit dem Datenausgang (fast) verlustfrei verbunden. Im Unterschied zu einem (einfachen) Pass-Transistor, der nur aus einem einzelnen Schalter, d. h. einem einzelnen n-Kanal-Transistor oder einem einzelnen p-Kanal-Transistor besteht, liegt, idealisiert gesehen, der Datenausgang eines Transmission-Gates auf dem gleichen Potential wie sein Dateneingang, falls das Transmission-Gate geschlossen ist. Ein n-Kanal-Transistor überträgt den Wert 0 ideal,

d. h. verlustfrei, nicht aber den Wert 1. Ein p-Kanal-Transistor überträgt den Wert 1 ideal, nicht aber den Wert 0. Trägt das Steuersignal den Wert 0, so sind beide Transistoren des Transmission-Gates offen und der Datenausgang ist vom Dateneingang entkoppelt. Weiterführende Informationen zu CMOS findet man in [8].

◁ ◁ ◁

Die *SRAM-Speicherzelle* aus Abbildung 11.8(a) übernimmt den Wert am Dateneingang, wenn das Steuersignal Load den Wert 1 trägt. In diesem Falle sind beide Transistoren des oberen Transmission-Gates geschlossen, d. h. leitend. Das untere Transmission-Gate ist offen. Hierdurch ist der Dateneingang IN mit dem Datenausgang OUT direkt verbunden. Ist der Wert des Steuersignals Load gleich 0, so ist das obere Transmission-Gate offen und das untere ist geschlossen. Es gibt also eine Rückkopplung in der Speicherzelle, jedoch keine elektrische Verbindung zum Dateneingang. Über die beiden Inverter, die einen *nichtinvertierenden Buffer* realisieren, wird der in der SRAM-Speicherzelle gespeicherte Zustand laufend verstärkt.

Bei SRAM-Speicherzellen unterscheidet man zwischen *phasengesteuerten Speicherzellen* und *taktgesteuerten Speicherzellen*. In der Literatur nennt man eine phasengesteuerte Speicherzelle *Latch* und eine taktgesteuerte Speicherzelle *Flipflop*.

Die eben besprochene, in Abbildung 11.8(a) gezeigte SRAM-Speicherzelle ist eine phasengesteuerte Speicherzelle, also ein Latch. Die Zelle ist, solange das Steuersignal Load auf dem Wert 1 liegt, transparent, d. h. in der gesamten Zeitdauer, in der das Steuersignal Pegel 1 hat, sieht man die Belegung des Dateneingangs IN am Datenausgang OUT.

Dagegen wird bei einem Flipflop der Dateneingang nur bei der steigenden (oder fallenden) Flanke des Steuersignals Load übertragen. Ein solches Flipflop erhält man zum Beispiel dadurch, dass man zwei SRAM-Speicherzellen der Art wie in Abbildung 11.8 gezeigt in Serie hintereinander schaltet und als Steuersignal für die zweite Speicherzelle, den *Slave*, das invertierte Steuersignal der ersten Speicherzelle, des *Masters*, nimmt. Abbildung 11.9 zeigt die Konstruktion. Das so entstehende Flipflop ist als *Master-Slave-Flipflop* bekannt. Bei dem in der Abbildung gezeigten Flipflop ist der Master während der 1-Phase des Steuersignals Load transparent. Der Wert, der am Ende dieser 1-Phase am Dateneingang anliegt, also kurz vor der fallenden Flanke des Steuersignals – in Wirklichkeit muss das Signal am Dateneingang für eine gewisse Zeit vor und nach der fallenden Flanke des Steuersignals stabil sein –, wird während der 0-Phase des Steuersignals als Zustand des Slaves übernommen und ist am Datenausgang OUT des Master-Slave-Flipflops ablesbar.

Die *DRAM-Speicherzelle* (siehe Abbildung 11.8(c)) ist wesentlich einfacher aufgebaut. Sie besteht aus einem Schalter und einem Kondensator. Der Schalter steuert, wann der Kondensator entladen bzw. geladen wird. Trägt das Steuersignal RA (*Row Address*) den Wert 1, d. h., liegt an RA ein hohes Potential an, so ist der Schalter geschlossen, d. h. leitend, und der Kondensator kann in Abhängigkeit der Belegung der Datenleitung Data geladen oder entladen werden. Ist der Wert des Steuersignals RA gleich 0, so ist der Schalter offen und, abgesehen von Leckströmen, bleibt die Ladung am Kondensator erhalten. Wegen der auftretenden Leckströme muss die Belegung einer DRAM-Speicherzelle bis zu 100-mal pro Sekunde aufgefrischt werden. Speziell erfolgt

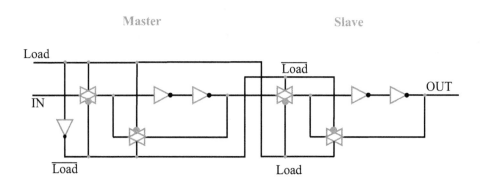

Abbildung 11.9: *Ein Master-Slave-Flipflop besteht aus zwei seriell hintereinander geschal-*
teten SRAM-Speicherzellen. Als Steuersignal der zweiten Speicherzelle, dem Slave, wird das
invertierte Steuersignal der ersten SRAM-Speicherzelle, dem Master, genommen. Bei dem hier
gezeigten Master-Slave-Flipflop wird der Wert des Dateneingangs bei der fallenden Flanke des
Steuersignals Load als Zustand übernommen.

das Beschreiben und das Auslesen einer DRAM-Speicherzelle wie folgt:

- Zum Schreiben wird die Datenleitung Data auf den Wert gesetzt, der in der
  DRAM-Speicherzelle abgespeichert werden soll. Anschließend wird die Steuerleitung RA auf 1 gelegt, sodass der Schalter geschlossen ist, d. h. leitet. Liegt die
  Datenleitung Data auf dem Wert 1, d. h. auf hohem Potential, so wird der Kondensator aufgeladen. Liegt an der Datenleitung Masse an, d. h. Data = 0, so wird
  der Kondensator entladen.

- Zum Auslesen einer DRAM-Speicherzelle wird die Datenleitung auf den Wert 0
  und die Steuerleitung RA auf den Wert 1 gesetzt. Falls der Kondensator geladen
  war, wird auf Grund des leitenden Schalters ein kurzer Impuls auf der Datenleitung erzeugt, der durch einen Leseverstärker erkannt wird, der in diesem Fall an
  seinem Ausgang den stabilen Wert 1 erzeugt (siehe Abbildung 11.10). Da beim
  Auslesen der Kondensator entladen wird, muss die DRAM-Speicherzelle nach dem
  Lesen wieder mit dem zuvor ausgelesenen Wert beschrieben werden.

Hauptspeicher

Wie oben schon angedeutet, werden im Hauptspeicher (engl.: *Random Access Memory*
(RAM)) in der Regel DRAM-Speicherzellen, oder Erweiterungen von diesen, eingesetzt.
Diese sind, wie in Abbildung 11.11 skizzenhaft gezeigt, matrixförmig angeordnet.

Soll eine DRAM-Speicherzelle des Hauptspeichers angesprochen werden, so wird zuerst
die Zeilenadresse durch Aktivierung des RAS-Steuersignals (*Row Address Strobe*) in
den Zeilenadress-Puffer gelegt. In einem zweiten Schritt wird die Spaltenadresse durch
Aktivierung von CAS (*Column Address Strobe*) in den Spaltenadress-Puffer eingele-
sen. Durch diese zweigeteilte Adressierung kann effizient auf weitere Bits der gleichen

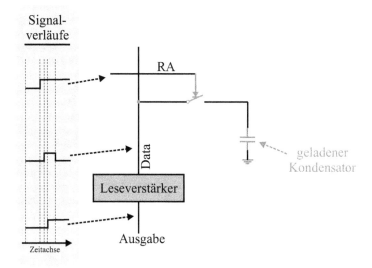

Abbildung 11.10: *Auslesen des Wertes 1 aus einer DRAM-Speicherzelle*

Zeile zugegriffen werden, da dann nur noch die Belegung des Spaltenadress-Puffers aktualisiert werden braucht. Über das Signal WE wird festgelegt, ob die adressierte DRAM-Speicherzelle gelesen oder beschrieben werden soll.

- *Lesen eines Wertes aus dem DRAM-Baustein*: Durch Aktivierung des Steuersignals RAS werden alle 2^k Bits der adressierten Zeile von den Leseverstärkern ausgelesen. Die dann folgende Aktivierung des Signals CAS wählt das gewünschte Bit aus, das über die Ausgabeleitung Data ausgegeben wird. Hierzu dient der Spalten-Multiplexer. Man sieht auch, dass das Lesen eines weiteren Bits der gleichen Zeile nun schneller vonstatten geht. Alle 2^k Bits der Zeile liegen schon an den Ausgängen der Leseverstärker. Es muss nur noch das gewünschte Bit ausgewählt werden. Diese Technologie wird in der Literatur mit *(Fast) Page Mode* bezeichnet. Ist der Lesevorgang abgeschlossen, so wird die Zeile über die Schreiblogik zurückgeschrieben, da nach dem eigentlichen Lesevorgang die entsprechenden Kondensatoren auf jeden Fall entladen sind.

- *Schreiben eines Wertes in den DRAM-Baustein*: Nachdem die Zeile, in der sich die zu verändernde DRAM-Speicherzelle befindet, durch Aktivierung des Signals RAS von den Leseverstärkern ausgelesen wurde, wird über den Spalten-Demultiplexer (und die Aktivierung von CAS) die entsprechende Bitstelle durch den auf der Datenleitung Data gelegten Wert überschrieben. Nach der Deaktivierung der beiden Steuersignalen RAS und CAS wird die Zeile durch die Schreiblogik in den DRAM-Baustein zurückgeschrieben.

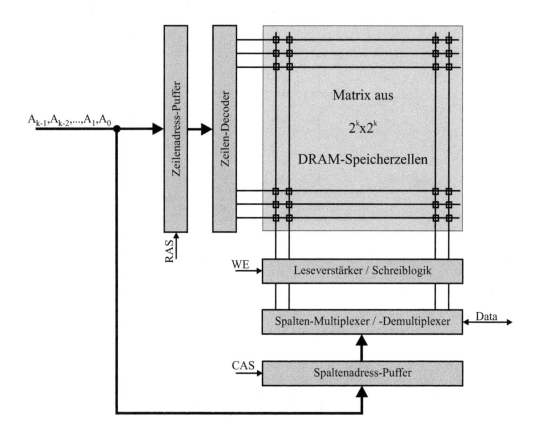

Abbildung 11.11: *Organisation eines $(2^{2k} \times 1)$-DRAM-Bausteins, der aus 2^{2k} DRAM-Speicherzellen besteht*

DRAM-Bausteine können zusammengeschaltet werden, zum Einen zum Vergrößern der Wortbreite, zum Anderen zum Vergrößern des Adressraumes. Die beiden Abbildungen 11.12 und 11.13 zeigen skizzenhaft, wie dies erfolgen kann.

In Abbildung 11.12 ist angedeutet, wie die Wortbreite vergrößert werden kann. Es werden n – in dem gezeigten Beispiel vier – $(2^k \times m)$-DRAM-Bausteine über die gleichen Adress- und Steuerleitungen zusammengeschaltet. Jeder der DRAM-Bausteine hat dabei seine eigenen Datenleitungen. Der resultierende DRAM-Baustein besteht demnach aus 2^k Worten der Bitbreite $n \cdot m$.

Abbildung 11.13 zeigt, wie der Adressraum von 2^k auf 2^{k+h} Worte – in dem gezeigten Szenario ist h gleich 2 – vergrößert werden kann: Alle 2^h DRAM-Bausteine greifen auf die Datenleitungen $D_{m-1}, \ldots, D_0$ zu und werden über die niederwertigen Adressleitungen $A_{k-1}, \ldots, A_0$ angesteuert. Die höherwertigen Adressleitungen $A_{k+h-1}, \ldots, A_k$

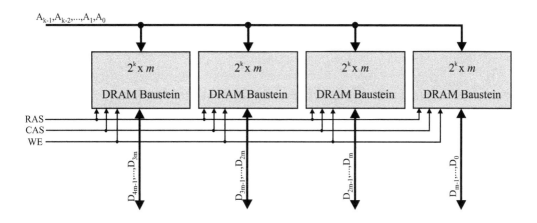

Abbildung 11.12: *Zusammenschalten von DRAM-Bausteinen: Vergrößerung der Wortbreite*

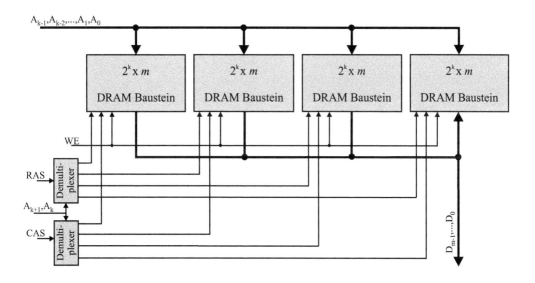

Abbildung 11.13: *Vergrößerung des Adressraums*

dienen zur Auswahl des DRAM-Bausteins, der das Datum enthält, auf das zugegriffen werden soll.

Exkurs: Spezielle Arten von RAM-Bausteinen ▷ ▷ ▷

RAM (Random Access Memory)
Speicher mit wahlfreiem lesenden und schreibenden Zugriff auf beliebige Adressen

ROM (Read Only Memory)
Speicher mit ausschließlich (in der Regel wahlfreiem) lesendem Zugriff auf beliebige
Adressen

SRAM (Static RAM)
Statisches RAM

DRAM (Dynamic RAM)
Dynamisches RAM

SDRAM (Synchronous DRAM)
Synchrones dynamisches RAM, der mit einem Taktgeber mit dem CPU-Takt koordi-
niert ist, sodass der Zeitablauf des Speicherbausteins und der Zeitablauf des Prozessors
synchronisiert sind

DDR-SDRAM (Double Data Rate SDRAM)
Synchrones dynamisches RAM mit doppelter Datenrate, die dadurch erreicht wird, dass
sowohl bei der fallenden als auch bei der steigenden Flanke des Taktes auf Speicherzellen
zugegriffen werden kann

◁ ◁ ◁

Festplatte

Die *Festplatte* (engl.: *Harddisc*) ist ein Speicher, der zu den externen Speichermedien
gezählt wird. Die Speicherung der Daten erfolgt nach dem Prinzip der magnetischen
Speicherung.

Eine Festplatte besteht aus einer oder mehreren um eine Achse rotierenden Platte(n)
aus Metall, zumeist Aluminium oder einer Legierung davon. Über (bzw. unter) jeder
Seite einer Platte schwebt ein Lese-/Schreibkopf auf einem Luftpolster. Abbildung
11.15 zeigt den schematischen Aufbau einer Festplatte.

Man erkennt, dass die Lese-/Schreibköpfe der einzelnen Plattenoberflächen über einen
einzigen Arm gesteuert werden, sodass alle Lese-/Schreibköpfe zu jedem Zeitpunkt die
gleiche Position einnehmen. Die Lese-/Schreibköpfe „fliegen" in einer Höhe von circa
150 Angstroms (10 Angstroms = 1 nm) über der Plattenoberfläche. Abbildung 11.16
soll eine Idee von diesen Dimensionen geben, über die wir hier sprechen. Ein Haar
zum Beispiel hat eine Breite von circa 3 µm und ist somit viel größer als die 15 nm.
Die Verunreinigung einer Plattenoberfläche durch ein Haar würde zu einem Ausfall
der Festplatte führen. Festplatten sind insbesondere aus diesem Grunde in hermetisch
versiegelten Kammern eingeschlossen.

Abbildung 11.14: *Geöffnete Festplatte von der Firma* Seagate Technology LLC
[Quelle: http://www.seagate.com/, 2004]

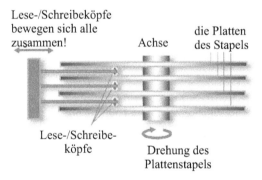

Abbildung 11.15: *Schematische Seitenansicht einer Festplatte. Zu sehen ist der Plattenstapel mit den verschiedenen Platten und ihren Lese-/Schreibeköpfen.*
[Quelle: http://www.colchsfc.ac.uk/ict/ICTASCourse/ict2/ict2-07/Harddisc-1.jpg, 2004]

Jede der Plattenoberflächen besteht aus konzentrischen *Spuren* (Kreisen). Je näher die Spuren an der Achse liegen, desto kürzer sind sie. Die Spuren selbst sind in *Sektoren* eingeteilt, in denen eine feste Anzahl von Bytes gespeichert werden kann – die Sektoren sind bei PCs zumeist 512 Bytes groß. Wegen den unterschiedlichen Längen der Spuren befinden sich auf den längeren, äußeren Spuren mehr Sektoren als auf den inneren. So entstehen *Zonen* mit jeweils gleich vielen Sektoren je Spur. Eine neue Zone kann frühestens dann eingerichtet werden, wenn eine Spur mindestens so viel länger ist,

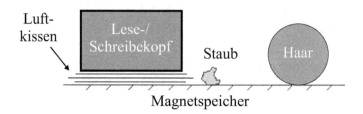

Abbildung 11.16: *Flughöhe des Lese-/Schreibekopfes einer Festplatte.*
[Quelle: http://www.elektronik-kompendium.de/sites/com/0610291.htm, 2004]

dass ein weiterer kompletter Sektor Platz findet. In der Regel besteht heutzutage eine Plattenoberfläche aus 15 bis 25 Zonen.

Dateien werden in untereinander verketteten Sektoren abgelegt, sodass zu jedem Sektor die Information abgespeichert sein muss, ob es sich um den letzten Sektor einer Datei handelt. Falls noch weitere Sektoren folgen, so muss die Zylindernummer (Position der Lese-/Schreibköpfe), die Seitennummer (Nummer der Plattenoberfläche) und die Sektornummer des nächsten Sektors abgespeichert sein. In einem Inhaltsverzeichnis oder einer Datenzuordnungstabelle (engl.: *File Allocation Table*) wird für das Betriebssystem der erste Sektor einer jeden Datei vermerkt.

Was muss bei der Auswahl einer Festplatte beachtet werden? Grundsätzlich sind folgende Kriterien bei der Auswahl entscheidend:

- Die *Speicherkapazität* gibt an, wie viele Daten auf die Festplatte passen. Sie wird im Unterschied zu anderen Bereichen der Informationstechnologie, in denen mit „Zweierpotenzen" gearbeitet wird [3], in Milliarden-Byte angegeben, d. h. in „Zehnerpotenzen", was in der Regel mit Gigabyte, GByte oder GB abgekürzt wird. Die Speicherkapazitäten heutiger Festplatten liegen in der Regel zwischen 160 und 500 GByte, bei Speicherdichten von 5 und 15 GBit pro Quadratzoll. Neuere Entwicklungen (Stand 2007) gehen in Richtung von 200 GBit/Quadratzoll – bis 2010 sollen 500 GBit/Quadratzoll erreicht werden –, sodass Festplatten mit Speicherkapazitäten von mehreren Terabytes auf dem Markt sein werden.

- Die *Größe des Zwischenspeichers*, über den die Festplatte verfügt, ist verantwortlich für einen kontinuierlicheren Datenfluss zwischen Festplatte und Hauptspeicher. Näheres zu der Grundidee eines solchen Zwischenspeichers ist in Abschnitt 11.4 zu finden. Die Größe des *Festplattenzwischenspeichers* (auch *Festplattencache* genannt) wird heute typischerweise in Megabyte angegeben.

- Die *Positionierungszeit* gibt die Zeit an, um die Lese-/Schreibeköpfe auf den richtigen Zylinder zu „fahren". Die Positionierungszeit liegt im Bereich von einigen Millisekunden.

---

[3] 1 Kibibyte $= 2^{10}$ Bytes, 1 Mebibyte $= 2^{20}$ Bytes, 1 Gibibyte $= 2^{30}$ Bytes

Tabelle 11.2: Die wichtigsten Kenndaten einer Standard-CD und einer DVD

	CD	**DVD**
Durchmesser der Scheibe	120 mm	120 mm
Wellenlänge des Lasers	$0,78\,\mu$m	$0,65\,\mu$m
Spurabstand	$1,60\,\mu$m	$0,74\,\mu$m
Größe der Gruben	$0,80\,\mu$m	$0,40\,\mu$m
Speicherkapazität	≤ 700 MByte	≤ 17 GByte

- Die *Umdrehungsgeschwindigkeit*, die in *Umdrehungen pro Minute* (UPM) ausgedrückt wird, hat entscheidenden Einfluss auf die Dauer einer Lese- und Schreibeoperation. Im Mittel kommt der gesuchte Sektor, nachdem der Lese-/Schreibekopf auf dem richtigen Zylinder positioniert worden ist, nach einer halben Umdrehung unter dem Lese-/Schreibekopf vorbei. Diese mittlere Dauer bewegt sich heute (im Jahre 2007) im Bereich von zwei Millisekunden (bei 15.000 UPM) bis hin zu $5,77$ Millisekunden (bei 5.200 UPM). Zusammen mit den Zeiten zur Positionierung der Lese-/Schreibeköpfe erhält man Zugriffszeiten von circa $3,5$ bis 10 ms.

CDROM und DVD

CD (engl.: *Compact Disc*) und DVD (engl.: *Digital Versatile Disc*) sind preiswerte externe Speichermedien, wobei letztere eine konsequente Weiterentwicklung der CD ist. Die Speicherkapazität einer DVD, die sich je nach eingesetzter Technologie zwischen $4,7$ und 17 GByte bewegt, liegt um ein Vielfaches über der einer CD, die bei circa 700 MByte liegt. Ermöglicht wird dies durch eine höhere Datendichte. Die Abmessungen der CD und der DVD sind gleich. So wiegt eine Standard-CD wie auch eine DVD 18 Gramm und hat einen Durchmesser von 120 mm.

Bei beiden Speicherarten handelt es sich um optische Speichermedien. Die digitalen Daten sind auf einer spiralförmigen Spur abgespeichert. Bei einer Standard-CDROM (*CD Read Only Memory*) zum Beispiel beträgt der Spurabstand $1,60\,\mu$m; die Spur selbst ist mit circa 22.000 Windungen einige Kilometer lang. Die Speicherung der digitalen Daten erfolgt über Vertiefungen, auch *Gruben* (engl.: *Pit*) genannt, die 120 nm tief und $0,5\,\mu$m breit sind, und Zwischenräume, auch *Böden* (engl.: *Land*) genannt. In Abbildung 11.17 ist eine CDROM unter einem Mikroskop zu sehen und zeigt Gruben und Böden. Tabelle 11.2 fasst die wichtigsten Kenndaten von CDs und DVDs zusammen.

Die Spur wird durch einen Laser abgetastet. Übergänge von einer Grube zu einem Boden oder umgekehrt stehen jeweils für den Wert 1. Die übrigen „Stellen" werden als Wert 0 interpretiert. Hintergrund dieser „Kodierung" ist, dass Übergänge relativ einfach erkannt werden können, da der von der CD reflektierte Strahl bei einem Übergang

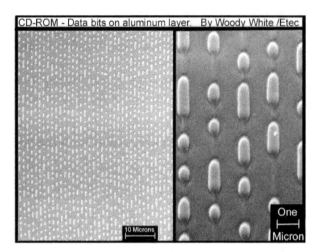

Abbildung 11.17: *CDROM unter einem Mikroskop. Auf der rechten Seite sieht man die Gruben und Böden. [Quelle: http://home.att.net/ woody.white/cdrom.jpg, 2004]*

auf Grund der unterschiedlichen Wegstrecken, die das Laserlicht bei Gruben und Böden zurückzulegen hat, deutlich schwächer ist, als wenn kein Übergang vorhanden ist. Dies ist dadurch bedingt, dass die Differenz der beiden Wegstrecken etwa einer halben Wellenlänge des Laserlichts entspricht und sich somit die durch eine Grube und einen Boden reflektierten Strahlen teilweise auslöschen.

Die Daten werden kodiert auf der Spur abgelegt. Jedes Byte wird in 14 sogenannte *Channel-Bits* unter Verwendung von EFM (*Eight to Fourteen Modulation*) umgewandelt. Dies ist notwendig, da die Gruben und die Böden mindestens Länge 3 haben müssen und höchstens Länge 10 haben dürfen, um Signalstörungen (engl.: *Jitter*) zu vermeiden. Um nicht erlaubte Channel-Bit-Folgen ausschließen zu können, wenn man zwei kodierte Byte hintereinander auf der CD-Spur abspeichert, werden diese durch drei Channel-Bits vom Wert 0 – die sogenannten *Merge-Channel-Bits* – getrennt, sodass sich der Platzbedarf für ein Byte Information auf 17 Channel-Bits erhöht. Diese Merge-Channel-Bits werden zudem zur Synchronisierung herangezogen.

Man kann sich überlegen, dass von den 16.384 Bitfolgen der Länge 14 genau 267 Folgen die geforderten Eigenschaften erfüllen. Den 256 verschiedenen Bytes können somit eindeutige 14-Bit-Folgen mit der geforderten Eigenschaft als Codewörter zugeordnet werden. Welche der 267 Bitfolgen benutzt werden, wurde in dem 1980 von Philips und Sony herausgegebenen „Red Book", durch das die Audio-CDs standardisiert wurden, festgelegt. Beispielsweise werden die Bytes 00000000, 00000001, 00000010, 00110010 und 10000000 wie folgt kodiert:

$$
\begin{array}{ccl}
00000000 & \rightarrow & 01001000100000 \\
00000001 & \rightarrow & 10000100000000 \\
00000010 & \rightarrow & 10010000100000 \\
00110010 & \rightarrow & 10010010001000 \\
10000000 & \rightarrow & 01001000100001
\end{array}
$$

Man sieht hier nun auch, dass, würde man ohne Merge-Channel-Bits arbeiten, das Abspeichern der Bytes 10000000 und 00000000 zu dem Muster

$$01001000100001\mathbf{01}001000100000$$

führt, das nicht der Forderung, dass Böden und Gruben jeweils mindestens Länge drei haben müssen, genügt.

Die Daten sind in größeren Einheiten, sogenannten *Frames*, zusammengefasst, um sie effektiver speichern zu können. Ein Frame besteht aus 27 Channel-Bits zur Synchronisation, über die das CD-Laufwerk den Anfang eines Frames erkennt, 24 Byte Nutzdaten, die $24 \times 17 = 408$ Channel-Bits belegen, und weiteren 153 Channel-Bits zu Kontrollzwecken und zur Fehlerkorrektur. Jeweils 98 Frames sind zu einem *Sektor* zusammengefasst.

Die Zugriffszeit bei CDs und DVDs ist mit mehreren hundert Millisekunden Positionierungszeit um eine bis zwei Ordnungen größer als bei Festplatten.

Magnetband

Als letztes externes Speichermedium wollen wir noch kurz auf *Magnetbänder* eingehen, die in der Rechentechnik fast von Beginn an zur Speicherung von Information eingesetzt wurden. Abbildung 11.18 zeigt ein Bild der UNIVAC aus dem Jahre 1951, der der erste Rechner war, der Magnetbänder im großen Stil eingesetzt hat.

Die in der Rechentechnik eingesetzten Magnetbändern haben in der Regel eine Länge bis zu 1.000 Metern und weisen eine Schreib-/Lesedichte zwischen 1.600 bis 6.250 bpi (*byte per inch*) auf. Die Speicherworte werden in *Frames* abgespeichert, die jeweils aus acht Datenbits und einem Parity-Bit (Überprüfungsbit) bestehen – Parity-Bits werden zusammen mit fehlertoleranten Kodierungen in Kapitel 13 eingeführt und detailliert diskutiert. Die Daten werden byteseriell gelesen beziehungsweise geschrieben, wobei die Aufzeichnung blockweise (bei fest vorgegebener Blockgröße) erfolgt.

Wichtig zu bemerken ist in diesem Zusammenhang, dass kein direkter Datenzugriff bei Magnetbändern möglich ist. Der Zugriff auf die auf dem Magnetband gespeicherten Daten dauert sehr lange im Vergleich zu dem Lesen eines Datums von der Festplatte, einer CD oder einer DVD, da zur Positionierung des Lesekopfes das Magnetband an die richtige Stelle gespult werden muss.

Abbildung 11.18: *Einsatz von Magnetbändern bei der UNIVAC*
[Quelle: http://www.llnl.gov/50science/, 2007]

11.3.2   Die Idee der Speicherhierarchie

In den vorigen Abschnitten sowie auch bei der Betrachtung des `OurMips` in Kapitel 10 konnten wir sehen, dass es eine Vielfalt verschiedener Speichertypen gibt – sowohl in technischer Hinsicht (z. B. SRAM/DRAM) als auch hinsichtlich der *Speicherorganisation* (z. B. Hauptspeicher/Registerspeicher). Mit dem Wissen, dass üblicherweise in jedem Rechner mehrere verschiedene Speicherarten zum Einsatz kommen, fragen wir uns:

> Wieso entscheidet man sich beim Rechnerentwurf nicht einfach für einen der zur Verfügung stehenden Speichertypen und spart dadurch den mit der Verwendung verschiedener Speicher sicherlich verbundenen zusätzlichen Organisationsaufwand einfach ein?

Davon ausgehend, dass es auf diese Frage eine vernünftige Antwort gibt, stellt sich gleich noch eine weitere:

> Wie ist die Aufgabenverteilung für die verschiedenen Speicher zu wählen, und wie kann man beim Entwurf dafür sorgen, dass diese sinnvoll ineinander greifen?

Wir wenden uns der Beantwortung *beider* Fragen zu und beginnen mit der ersten. Den Schlüssel zur Antwort bildet dabei die Tatsache, dass man hinsichtlich der Speicherauswahl stets mit einem Trade-Off konfrontiert ist. Beispielsweise sind schnelle SRAM-Bausteine, wie wir ja bereits gesehen haben, um ein Vielfaches größer als die langsameren DRAM-Speicher. Insgesamt lässt sich ein Speicher mit großer Kapazität, der gleichzeitig auch noch besonders schnell ist, mit dem heutigen Stand der Technik nicht kostengünstig realisieren. Es gilt also immer, hohe Speicherkapazität und kleine/günstige Speicherbausteine gegen kurze Zugriffszeiten abzuwägen.

Üblicherweise wird man für den Betrieb eines Rechners sowohl sehr schnellen Speicher (z. B. für die CPU-nahen Berechnungen auf der Maschinenebene) als auch sehr großen Speicher (z. B. für die Speicherung von sehr umfangreichen Bilddaten) unbedingt benötigen – es muss sich dabei aber nicht notwendigerweise um denselben Speicher handeln. Genau mit dieser Überlegung findet man einen sinnvollen Ausweg aus dem Dilemma, keinen einzelnen Speicher realisieren zu können, der allen Ansprüchen genügt. Dieser Ausweg besteht in der Verwendung mehrerer, verschiedenartiger Speicher und wird *Speicherhierarchie* genannt.

Abbildung 11.19 skizziert ein modernes, hierarchisches Speicherkonzept, das insgesamt fünf verschiedene funktionale Speichertypen umfasst:

- Registerspeicher

- Cache-Speicher

- Hauptspeicher

- Festplatten-Speicher

- Magnetband-Speicher

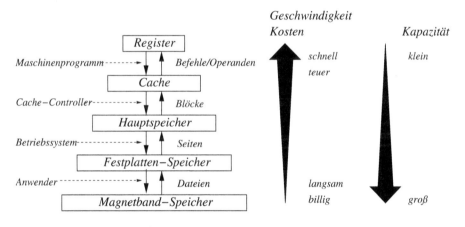

Abbildung 11.19: *Mehrstufige Speicherhierarchie*

Die Größe der Rechtecke, welche die einzelnen Speicher symbolisieren, deuten in der Abbildung die Relationen der Kapazitäten der einzelnen Speicher ebenso an wie der dick gezeichnete Pfeil ganz rechts. Gemeinsam mit dem zweiten dicken Pfeil wird der angesprochene Trade-Off verdeutlicht. Register sind, wie bereits in Kapitel 10 am Beispiel des Rechners OurMips erörtert, innerhalb der CPU angesiedelt. Sie werden dort für die internen Berechnungen sowie für die Beschaffung der Operanden und das Abspeichern der Ergebnisse dieser Berechnungen verwendet. Deshalb müssen sie in einer besonders schnellen Technologie realisiert sein, denn diese Dinge ausschließlich mit

Hauptspeicherzellen zu bewerkstelligen, würde die Abarbeitung der entsprechenden Maschinenprogramme enorm verzögern. Auf der anderen Seite erlaubt der Hauptspeicher sehr viel schnelleren Zugriff auf die in ihm abgespeicherten Daten, als dies bei einer Festplatte der Fall ist. Deshalb wird stets versucht, einen möglichst hohen Anteil der benötigten Daten im Hauptspeicher zu halten, um so die Anzahl der Festplattenzugriffe zu verringern. Mechanismen hierzu werden in Abschnitt 11.5 genauer betrachtet. Doch auch die Festplatte bildet noch nicht das Ende der Hierarchie. Wenn ihre Kapazität, etwa zum Archivieren von Daten, nicht ausreicht, dann können beispielsweise Bandlaufwerke eingesetzt werden, um diese Massen von Daten auf externen Magnetbändern abzulegen.

Je größer der eingesetzte Speicher ist, desto „grober" gestaltet sich auch der Zugriff. Während zwischen Festplatte und Massenspeichern stets ganze Dateien ausgetauscht werden, werden auf der Registerebene auch einzelne Maschinenbefehle oder Operanden hin- und hertransportiert. Die Steuerung übernimmt dabei das Maschinenprogramm, wohingegen der Transfer von Daten zwischen Hauptspeicher und Festplatte vom Betriebssystem geregelt wird. Auf der niedrigsten Ebene obliegt es üblicherweise dem Anwender bzw. dem technischen Support in Rechenzentren, Bandsicherungen zu initiieren.

Ganz ausgeklammert haben wir in der Diskussion von Abbildung 11.19 bisher den Cache-Speicher, der sich zwischen den Registern und dem Hauptspeicher befindet, um die dort klaffende, (zu) große Lücke zu schließen. Auf diesen Speichertyp, seine Schnittstellen zum Hauptspeicher sowie seine Steuerung durch den Cache-Controller gehen wir im Rahmen des nächsten Abschnitts gesondert und etwas detaillierter ein.

11.4   Caches

Der Cache-Speicher ist – wie in Abbildung 11.20 dargestellt – in der Speicherhierarchie zwischen den CPU-internen Registern und dem Hauptspeicher angesiedelt [4]. Caches, die selbst wieder hierarchisch angelegt sein können, können sich dabei sowohl innerhalb (*on-chip cache*) als auch außerhalb (*second level cache*) der CPU befinden. Der Name dieses Speichertyps stammt vom französischen Begriff „cacher", der übersetzt „verstecken" bedeutet. Versteckt ist der Cache-Speicher hinsichtlich seiner Sichtbarkeit für den Anwender. Dieser bekommt von der Wirkung des Caches nur die Beschleunigung der Programmausführung mit.[5] Den Cache durch ein Anwenderprogramm explizit zu adressieren, ist hingegen nicht möglich. Er ist also *software-transparent*.

Wenn der Cache von außen nicht zugänglich ist, stellt sich die Frage nach der internen Organisation: Nach welchen Ideen und Konzepten arbeitet ein Cache-Speicher? Welche Daten werden dort gespeichert? Wer oder was übernimmt die Steuerung? Wann, wie und durch wen oder was erfolgen Schreib- und Lesezugriffe?

Diesen und weiteren Fragen, die das Zusammenspiel zwischen dem Cache und den in der

---

[4] Zwischenspeicher gibt es auch zwischen Festplatte und Hauptspeicher. Sie verfolgen einen ähnlichen Zweck wie die hier beschriebenen Caches, nämlich den Datenfluss zwischen zwei Speichermedien zu verbessern.

[5] Diese Beschleunigung kann üblicherweise mangels Vergleichsmöglichkeiten nicht verifiziert werden.

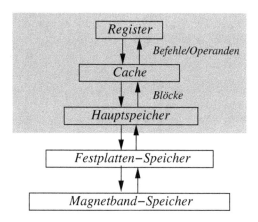

Abbildung 11.20: *Der Cache-Speicher in der Speicherhierarchie*

Hierarchie benachbarten Speichertypen (Register, Hauptspeicher) betreffen, wenden wir uns in den folgenden Abschnitten 11.4.1 – 11.4.4 zu. Es geht also nun um die Abläufe, die in dem in Abbildung 11.20 grau unterlegten Bereich vonstatten gehen.

11.4.1 Ideen, Konzepte, Eigenschaften

Sinn und Zweck – das war schon zuvor in Abschnitt 11.3.2 angeklungen – des Einsatzes eines Cache-Speichers ist es, die große, zwischen Register und Hauptspeicher klaffende Performanzlücke bestmöglich zu schließen. Der Cache ist deshalb ein im Vergleich zum Hauptspeicher recht kleiner Speicher, der dafür aber sehr schnellen Zugriff erlaubt. Die grundlegende Idee ist nun, im Cache eine geeignete Auswahl an Kopien der Hauptspeicherdaten zu halten. Genauer: Wenn im Cache stets diejenigen Hauptspeicherdaten abgelegt sind, die von der CPU als Nächstes angefordert werden, so können zum Zeitpunkt der Anforderung die Hauptspeicherzugriffe umgangen bzw. durch sehr viel schnellere Zugriffe auf den Cache ersetzt werden.

Beim Versuch, diese Ideen umzusetzen, sehen wir uns zunächst mit zwei Schwierigkeiten konfrontiert:

- Um eine geeignete Auswahl derjenigen Hauptspeicherdaten, die zusätzlich als Kopie im Cache zu speichern sind, treffen zu können, muss man schon vorab wissen, welche Daten als Nächstes gebraucht werden. In der Praxis ist dies nicht immer möglich, sodass man sich in der Regel darauf beschränken muss, zu versuchen, diesbezüglich *so oft wie möglich* eine richtige Vorhersage zu treffen.

- *Wenn* die von der CPU benötigten Daten jedes Mal vom Hauptspeicher in den Cache kopiert werden müssten, um den schnellen Zugriff über den Cache zu ermöglichen, dann wäre in jedem Fall die Notwendigkeit des zeitaufwändigen Hauptspeicherzugriffs gegeben. Da eine solche Operation den Bus blockiert, d. h. die CPU sich in dieser Zeit nicht mit anderweitigen Aufgaben beschäftigen kann, wäre es dann unerheblich, ob der Kopiervorgang zum Zeitpunkt der Anforderung oder schon vorab geschieht – entscheidend wäre dabei nur, dass er *in jedem Fall* erfolgen muss.

Das üblicherweise verwendete Konzept, mithilfe dessen diese Hindernisse umgangen werden sollen, beruht auf dem *Lokalitätsprinzip*. Letzteres besagt, dass zu jedem Zeitpunkt des Programmablaufs ein eingeschränkter Adressbereich existiert, auf den bevorzugt und wiederholt zugegriffen wird. Mit anderen Worten: Mit hoher Wahrscheinlichkeit werden als Nächstes Hauptspeicherzellen angesprochen, die im Hauptspeicher „nahe" der Adresse der zuletzt verwendeten Daten abgelegt sind. Denkt man an Schleifen oder den Umgang mit Arrays, so wird deutlich, dass das Lokalitätsprinzip durchaus eine realistische Annahme darstellt.

Als Konsequenz dieser Überlegungen konzipiert man einen Cache-Speicher so, dass während des Programmablaufs nicht *einzelne*, gerade benötigte Hauptspeicherzellen in den Cache kopiert werden; stattdessen überträgt man ganze Blöcke, die neben der benötigten Zelle auch noch die Daten benachbarter Adressen enthalten. Werden diese Nachbaradressen dann angefordert, so befinden sie sich bereits im Cache, und ein zusätzlicher Zugriff auf den Hauptspeicher ist nicht nötig. Dasselbe gilt natürlich, wenn auf eine Zelle innerhalb kurzer Zeit mehrfach zugegriffen wird – spätestens ab dem zweiten Zugriff ist die Zelle im Cache vorhanden und deshalb schnell verfügbar.

Offensichtlich bringt diese Vorgehensweise einen gewissen Verwaltungsaufwand mit sich – wir werden dies in den folgenden Abschnitten noch sehen. Ein Cache enthält deshalb einen eigenen Controller, der für einen im Sinne des vorgestellten Konzepts geregelten Datenaustausch mit Prozessor und Hauptspeicher sorgt.

Auch wenn ein Rechner in der Regel getrennte Caches für Befehle (*Instruktionscache*) und Daten (*Datencache*) besitzt, werden wir im Weiteren diese Unterscheidung nicht beachten und einfach von Cache-Speichern sprechen, da die Funktionsweisen weitgehend identisch sind.

11.4.2   Der Lesezugriff

Wegen seiner Software-Transparenz kann der Cache-Speicher durch Programme nicht explizit adressiert werden (vgl. Abschnitt 11.4). Jeder Speicherzugriff, insbesondere also jeder Lesezugriff, stellt deshalb aus Sicht des Programms bzw. des Anwenders zunächst einen Hauptspeicherzugriff dar. Intern wird jedoch beim Versuch, die im Hauptspeicher unter der Adresse a abgelegte Zelle zu lesen, die Anfrage nicht nur an den Hauptspeicher geschickt – vielmehr wird gleichzeitig auch überprüft, ob sich eine Kopie des angeforderten Datums bereits im Cache-Speicher befindet. Zu diesem Zweck wird die Adresse sowohl an den Hauptspeicher als auch an den Cache übermittelt. Natürlich gibt es je nach Ergebnis der Prüfung zwei Möglichkeiten auftretender Ereignisse, und diese werden mit gesonderten Namen versehen:

- *cache hit*: eine Kopie der zu lesenden Hauptspeicherzelle befindet sich im Cache.

- *cache miss*: die zu lesenden Daten befinden sich ausschließlich im Hauptspeicher.

Liegt ein *cache hit* vor, so wird das Datum aus dem Cache geholt und der CPU zur Verfügung gestellt. Die Rechner verfügen heutzutage in der Regel über *on-chip Caches*, die im Prozessortakt arbeiten und dem Prozessor bei einem *cache hit* die Daten jeweils zur Verfügung stellen, ohne über den Bus gehen zu müssen.

Etwas aufwändiger gestaltet sich der Fall eines *cache misses*. Befinden sich die angeforderten Daten nicht im Cache, so muss der durch das ausgeführte Programm in Gang gesetzte Hauptspeicherzugriff tatsächlich durchgeführt werden. Dazu erhält die CPU vom Cache-Controller die Antwort, dass das Datum nicht gefunden werden konnte. Anschließend sorgt sie dann dafür, dass das Datum durch den Hauptspeicher auf dem Datenbus bereitgestellt wird. Es wird dann nicht nur in die CPU, sondern – in der Erwartung, dass das Datum zeitnah nochmals gebraucht werden wird – auch in den Cache übertragen. Insgesamt dauert eine solche Aktion wesentlich länger als das Transportieren der Daten bei einem *cache hit*.

Üblicherweise werden – insbesondere bei Großrechnern – niemals einzelne Speicherzellen, sondern stets ganze *Blöcke* von Zellen mit benachbarten Adressen vom Hauptspeicher in den Cache übertragen. Dies ist einmal mehr mit der Annahme bzw. Erwartung verbunden, dass gemäß des Lokalitätsprinzips nach dem Zugriff auf ein bestimmtes Datum mit hoher Wahrscheinlichkeit Daten in unmittelbarer Umgebung ebenfalls gebraucht werden. Auch wenn sich im günstigen Fall, dass sich die Annahme als korrekt erweist, dadurch die Performanz des Gesamtsystems weiter steigern lässt, hat dieses Vorgehen, also das Transferieren von ganzen *Blöcken* anstelle *einzelner Speicherzellen*, keinerlei Auswirkungen auf die *prinzipielle* Arbeitsweise eines Cache-Speichers. Wir brauchen diesen Aspekt deshalb nicht unbedingt zu berücksichtigen und werden davon auch absehen, um die weitere Diskussion über Caches einfacher und verständlicher zu halten.

Die Zeit für den lesenden Speicherzugriff lässt sich bei Berücksichtigung der Verwendung eines Cache-Speichers nicht als fester Zahlenwert angeben, weil diese Zugriffszeit abhängig davon ist, ob ein *cache hit* oder ein *cache miss* vorliegt. Stattdessen kann man unter Verwendung der *Trefferrate* die mittlere Zugriffszeit berechnen. Die Trefferrate h ist folgendermaßen definiert:

$$h := \frac{\#\ cache\ hits}{\#\ cache\ hits\ +\ \#\ cache\ misses}$$

Bezeichnen wir die Zeit für einen Zugriff auf den Cache mit c und die Zugriffszeit des Hauptspeichers mit m, so ergibt sich für die mittlere Speicherzugriffszeit t:

$$t := c + (1 - h) \cdot m$$

Die Korrektheit dieser Formel kann man leicht einsehen. Der Zugriff auf den Cache muss in jedem Fall durchgeführt werden, wodurch der Summand c erklärt ist. Ein zusätzlicher Hauptspeicherzugriff muss allerdings nur dann erfolgen, wenn ein *cache miss* vorliegt. Dies ist durchschnittlich in $1 - h$ (siehe Fußnote [6]) aller Fälle gegeben. Anhand der in Beispiel 11.2 aufgeführten Werte kann man sehr gut erkennen, dass eine hohe Trefferrate im Mittel zu einer drastischen Reduktion der Speicherzugriffszeiten führt.

---

[6]Anmerkung: es ist $0 \leq 1 - h \leq 1$.

Beispiel 11.2

Bei Verwendung eines Caches mit hypothetischer Zugriffszeit $c = 2\,ns$ treten abhängig von der Trefferrate h die folgenden durchschnittlichen Speicherzugriffszeiten auf, wenn der Zugriff auf den Hauptspeicher $m = 40\,ns$ dauert:

Trefferrate h [%]	50	60	70	80	90	95
Zugriffszeit t [ns]	22	18	14	10	6	4

11.4.3   Interne Organisation

Cache-Speicher sind schnell, insbesondere Lesezugriffe können sehr rasch, in wesentlich kürzerer Zeit als beim Hauptspeicher, durchgeführt werden. Erklärt haben wir das bisher grob damit, dass der Cache, weil er wesentlich kleiner als der Hauptspeicher ist, in einer Technologie realisiert werden kann, die schnellere Lesezugriffe erlaubt.

Nun ist aber zusätzlich zu beachten, dass ein Lesezugriff auf den Cache-Speicher grundsätzlich, wie in Abschnitt 11.4.2 erörtert, anders abläuft als bei dem Hauptspeicher. Der Zugriff besteht nicht nur einfach darin, die gewünschte, speicherspezifische Adresse anzulegen und darauf zu warten, dass der Inhalt der entsprechenden Speicherzelle vom Speicher zur Verfügung gestellt wird. Vielmehr muss zuvor untersucht werden, ob und gegebenenfalls wo sich die Kopie dieser Speicherzelle im Cache-Speicher befindet. Diese Suche bzw. Lokalisierung kostet zusätzlich Zeit. Würde als Extremfall die Performanz so sehr sinken, dass in der Summe der Cache-Zugriff nicht mehr wesentlich schneller als der Hauptspeicherzugriff ist, dann hätte das ganze Konzept der Cache-Speicher seinen Zweck verfehlt. Damit also der Einsatz von Caches nicht wirkungslos bleibt, müssen wir nun noch für die Aufgabe der Suche/Lokalisierung angeforderter Daten, die wir bisher noch nicht betrachtet hatten, eine Lösung finden.

Wir stellen hierzu nacheinander zwei unterschiedliche Typen von Cache-Speichern vor, und gehen dabei auf ihre charakteristischen Merkmale sowie die damit verbundenen Vor- und Nachteile ein. Bei diesen beiden Speichertypen handelt es sich um

- den vollassoziativen Cache-Speicher,

- den direktabgebildeten Cache-Speicher.

Beide Varianten weisen im Zusammenhang mit dem Auffinden der Daten eine grundlegende Gemeinsamkeit auf: Sie bestehen aus zwei Speichereinheiten, die wortweise einander fest zugeordnet sind. Eine dieser beiden Einheiten (der Adressspeicher des Caches) speichert die Hauptspeicheradressen der Datenzellen, von deren Inhalt eine Kopie im Cache abgelegt ist, die andere (der Datenspeicher des Caches) enthält diese Kopien selbst. Insgesamt gestaltet sich der Aufbau dementsprechend so, wie es in Abbildung 11.21 dargestellt ist.

Vollassoziative Cache-Speicher

Eine Möglichkeit, die adressierten Daten im Cache zu lokalisieren, besteht darin, die

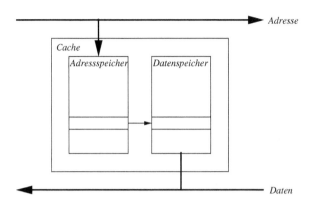

Abbildung 11.21: *Interner Aufbau eines Cache-Speichers*

entsprechende Adresse mit sämtlichen Einträgen des Cache-internen Adressspeichers zu vergleichen. Dies ist zwar vermutlich die intuitivste Vorgehensweise, aber sie ist auch mit erheblichem Aufwand verbunden. Die gesuchte Adresse muss *parallel* bzw. *simultan* mit allen Einträgen des Adressspeichers verglichen werden, weil ein sequentieller Vergleich zu lange dauern würde. Für den parallelen Vergleich werden zusätzlich aufwändige Logikschaltungen benötigt, deren Größen/Kosten wiederum von der Größe des Caches abhängen. Aus diesem Grund sind vollassoziative Cache-Speicher ab einer gewissen Größe nicht mehr praktikabel.

Verwendet man einen vollassoziativen Cache, so können die dort abgelegten Daten innerhalb der geforderten Zeit der CPU zur Verfügung gestellt werden. Solange der Cache nicht voll belegt ist, kann auch – wegen der limitierten Geschwindigkeit allerdings mit einer gewissen Verzögerung – die Übernahme von Daten aus dem Hauptspeicher problemlos vonstatten gehen. Dazu ist lediglich ein beliebiger unbenutzter Eintrag auszuwählen, der dann über Adress- und Datenbus mit den entsprechenden Inhalten gefüllt wird.

Komplizierter wird es bei dem weitaus häufiger auftretenden Fall, dass der Cache zum Zeitpunkt des Auftretens eines *cache misses* schon voll belegt ist. In diesem Fall muss eine der im Cache abgelegten Hauptspeicherzellen entfernt werden, um Platz für das einzufügende Datum zu schaffen. Man spricht davon, dass das Datum, welches den *cache miss* verursacht, die im Cache zu löschende Zelle *verdrängt*. Der Auswahl der zu verdrängenden Zelle kommt eine große Bedeutung zu, denn natürlich soll keine Zelle verdrängt werden, die in naher Zukunft wieder benötigt wird, weil dies zu einem weiteren *cache miss* führen würde. Von der Entscheidung, welches Datum verdrängt werden soll, hängt also die Anzahl der *cache misses* und somit auch die Trefferrate sowie letztendlich die Performanz des Caches ab.

Es ist also in diesem Zusammenhang sinnvoll, sich beim Entwurf Gedanken um geeignete *Verdrängungsstrategien* zu machen. Wir nennen drei denkbare Beispiele:

- *least recently used* (LRU): Verdränge das Datum, dessen letzter Zugriff am längsten zurückliegt.

- *least frequently used* (LFU): Verdränge das Datum, auf das in der Vergangenheit am seltensten zugegriffen wurde.

- *first in, first out* (FIFO): Verdränge das Datum, das bereits am längsten im Cache liegt.

Jede dieser drei Verdrängungsstrategien orientiert sich an der durchaus stichhaltigen These, dass auf Daten, die in der Vergangenheit nicht/kaum verwendet wurden, auch in der Zukunft nicht oder zumindest mit geringerer Wahrscheinlichkeit zugegriffen werden wird. Dabei berücksichtigen die Strategien LRU und LFU das Geschehen in der Vergangenheit etwas genauer (z. B. durch den Einsatz von Zugriffszählern) und lassen deshalb etwas höhere Trefferraten erwarten. Der wesentliche Vorteil der FIFO-Strategie hingegen besteht darin, dass sie einfach zu realisieren ist.

Direktabgebildete Cache-Speicher

Der parallele Vergleich der benötigten Adresse mit allen im Cache vorhandenen Einträgen ist nicht der einzige mögliche Lösungsansatz zum raschen Auffinden von Daten im Cache-Speicher. Vielmehr kann man durch eine *Direktabbildung* der Hauptspeicher-Adressen auf die Cache-Adressen schon a priori dafür sorgen, dass die Cache-Inhalte leicht zu lokalisieren sind. Dadurch ist man dann auch in der Lage, die zusätzlichen Schaltungen für den parallelen Adressvergleich einzusparen.

Dazu wird eine Abbildung *dmc* benötigt, welche einer jeden Hauptspeicheradresse genau eine interne Cache-Adresse zuweist. Letztere legt genau fest, an welcher Stelle im Cache die entsprechende Hauptspeicherzelle gegebenenfalls abgelegt wird. Das bedeutet, dass die Hauptspeicherzelle d im Cache entweder an der Stelle $dmc(d)$ zu finden oder aber gar nicht vorhanden ist. Dieses Wissen vereinfacht die Suche natürlich stark. Da die Position schon vorab bekannt ist, muss nur noch *ein einziger* Vergleich durchgeführt werden, um festzustellen, ob die gesuchte Hauptspeicherzelle überhaupt schon im Cache abgelegt ist, d. h., ob ein *cache hit* oder ein *cache miss* vorliegt.

Der auf diese Weise arbeitende Cache-Speicher wird als *direktabgebildeter Cache*[7] bezeichnet. Die Abbildung *dmc* wird dabei wie folgt gewählt:

$$dmc : A_{Hauptspeicher} \to A_{Cache}$$
$$a_{n-1} \ldots a_i a_{i-1} \ldots a_0 \mapsto a_{i-1} \ldots a_0$$

Die von der CPU angelegte Adresse wird also in zwei Teile gespalten. Die i niederwertigen Bits legen die Position innerhalb des Caches fest, an der die Zelle mit der Hauptspeicheradresse $a_{n-1} \ldots a_0$ gespeichert wird. Die restlichen Bits, d. h. $a_{n-1} \ldots a_i$, bilden den sogenannten *Adress-TAG*.

Der Lesezugriff kann somit beim direktabgebildeten Cache in der in Abbildung 11.22 angedeuteten Art und Weise erfolgen. Der Adressspeicher wird dabei in zwei Teile gesplittet, den Dekoder und den TAG-Bereich. Der Dekoder erhält als Eingänge die i

---

[7]Gebräuchlich ist auch der englische Begriff *direct mapped cache* (DMC).

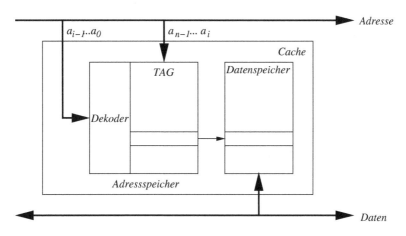

Abbildung 11.22: *Interner Aufbau eines direktabgebildeten Cache-Speichers*

niederwertigen Bits der Hauptspeicheradresse, also genau den Teil, durch den die Lage der gesuchten Daten innerhalb des Caches festgelegt ist. Somit kann durch den Dekoder die Position im Cache ermittelt werden, an der – sofern überhaupt vorhanden – die Kopie der gesuchten Hauptspeicherzelle liegt. Der TAG-Bereich enthält ausschließlich die Adress-TAGs der aktuell im Cache verfügbaren Speicherzellen. Beim Lesevorgang muss der Adress-Tag, der an der durch den Dekoder ermittelten Stelle vorliegt, mit dem TAG der angeforderten Adresse, d. h. mit $a_n \ldots a_i$, verglichen werden. Wenn die beiden Bitfolgen identisch sind, wird mithilfe eines *valid bit* überprüft, ob der Inhalt des Caches an dieser Stelle überhaupt gültig ist. Ist auch dies der Fall, so liegt ein *cache hit* vor und das entsprechende Datum muss über den Datenbus zur CPU übertragen werden. Andernfalls, bei einem *cache miss*, muss wie üblich ein echter Hauptspeicherzugriff erfolgen. Beim Übernehmen des benötigten Datums in den Cache wird die durch die Abbildung *dmc* vorgegebene Position ebenfalls durch den Dekoder bestimmt, der Adress-TAG wird über die entsprechenden Leitungen vom Adressbus in den TAG-Bereich des Cache-internen Adressspeichers übertragen.

Das Verwenden der niederwertigen Bits zur Dekodierung hat den Vorteil, dass Adressen, die im Adressraum des Hauptspeichers nahe beieinander liegen, nicht auf dieselbe Position im Cache abgebildet werden. So kann verhindert werden, dass sich die Speicherzellen einer bestimmten Umgebung des Hauptspeicher-Adressraums im Cache gegenseitig verdrängen. Grundsätzlich werden natürlich auch beim direktabgebildeten Cache Daten verdrängt, wenn Platz für neu zu ladende Inhalte geschaffen werden muss. Da aber durch die Abbildung *dmc* stets festgelegt ist, wohin ein aufzunehmendes Datum innerhalb des Caches geschrieben wird, steht automatisch auch schon fest, welche Speicherzelle verdrängt wird – nämlich diejenige, die bisher an der ausgewählten Position abgelegt war. Verdrängungsstrategien, wie sie beim vollassoziativen Speicher Anwendung finden, sind hier also nicht nötig. Das ist hinsichtlich des Realisierungsaufwands ein Vorteil, doch andererseits hat man auf diese Weise auch keine Möglichkeit, die Trefferrate durch geschickte Auswahl der zu verdrängenden Daten zu erhöhen.

Tabelle 11.3: *Vollassoziativer versus direktabgebildeter Cache*

	vollassoziativ	direktabgebildet
Speicherort im Cache für Hauptspeicherzellen	frei wählbar	durch Abbildung *dmc* fest vorgegeben
Verdrängungsstrategien	ja	nicht benötigt
Lokalisierung von Daten	paralleler Vergleich mit *allen* im Cache gespeicherten Adressen	Dekodierung und *ein einziger* Vergleich von zwei Adress-TAGs

In Tabelle 11.3 haben wir die charakteristischen Eigenschaften von vollassoziativen und direktabgebildeten Cache-Speichern nochmals direkt gegenübergestellt. Zusammenfassend lässt sich festhalten, dass der vollassoziative Speicher eine höhere Performanz aufweist, aber auch wesentlich aufwändiger zu realisieren ist, was in erster Linie am parallelen Adressvergleich liegt. Der direktabgebildete Cache-Speicher hingegen kann wesentlich einfacher und kostengünstiger realisiert werden, weist jedoch tendenziell eine niedrigere Trefferrate auf. Bei den heute üblichen Cache-Größen sind aber auch im Falle eines direktabgebildeten Caches bei geeigneter Skalierung Trefferraten von über 90% erreichbar [22].

Erwähnt werden soll auch noch, dass Kompromisse zwischen den beiden detailliert vorgestellten Varianten ebenfalls denkbar sind. Bei einem n-fach satz-assoziativen Cache-Speicher wird durch die Direktabbildung *dmc* nicht *eine* Cache-Adresse, sondern ein Block n solcher Adressen spezifiziert. Die Blöcke sind dann intern als vollassoziative Speicher organisiert.

11.4.4 Der Schreibzugriff

Auf Grund der speziellen Verwendung bzw. Einbettung des Caches in das Gesamtkonzept der Speicherhierarchie ergeben sich im Vergleich zu anderen Speichertypen wie z. B. dem Hauptspeicher einige Aspekte, auf die im Umgang mit Caches gesondert geachtet werden muss. Für den Fall der Lesezugriffe haben wir das bereits in den Abschnitten 11.4.2 und 11.4.3 gesehen, und bei Schreibzugriffen verhält es sich nicht anders. Deshalb wollen wir uns im Folgenden mit dem Problem auseinandersetzen, das beim Schreiben in den Cache und/oder in den Hauptspeicher entsteht, und Lösungen dafür erarbeiten.

Dazu müssen wir uns einmal mehr in Erinnerung rufen, dass der Cache keine „eigenen" Daten speichert, sondern lediglich *Kopien* der Inhalte ausgewählter Hauptspeicherzellen. Die Originaldaten sind natürlich zu jeder Zeit auch im Hauptspeicher vorhanden. Wenn aber dieselben Daten zum gleichen Zeitpunkt sowohl im Cache als auch im Hauptspeicher abgelegt sind, so muss darauf geachtet werden, dass die Inhalte der beiden Speicher konsistent bleiben. Diese Problematik bzw. genauer die angestrebte Gewährleistung konsistenter Daten in diesen beiden Speichertypen bezeichnet man als *Cache-Kohärenz*.

Geht man davon aus, dass die Kohärenz zu einem Startzeitpunkt gegeben ist, so ist die Erhaltung der Datenkonsistenz unproblematisch, solange nur lesend auf die Speicher zugegriffen wird. Beim Schreibzugriff werden jedoch die Dateninhalte verändert, weswegen dieser Thematik dann Beachtung geschenkt werden muss. Die einfachste und naheliegendste Methode, dafür zu sorgen, dass Hauptspeicher- und Cache-Inhalte stets identisch bleiben, besteht darin, bei jedem Schreibzugriff simultan Cache *und* Hauptspeicher zu aktualisieren. Dies ist jedoch nicht die einzige Möglichkeit, und sie wirkt auch der grundsätzlichen Idee entgegen, durch den Cache einen möglichst großen Teil der Hauptspeicherzugriffe einzusparen. Wir stellen nun drei verschiedene Ansätze vor und vergleichen diese anschließend. Es handelt sich um die folgenden drei Techniken:

- *write-through*

- *write-back*

- *write-allocation*

Wie schon bei der Diskussion der lesenden Zugriffe müssen wir auch beim Schreiben unterscheiden, ob es sich um einen *cache hit* oder einen *cache miss* handelt, d. h. ob die Zelle, die beschrieben werden soll, schon im Cache abgelegt ist oder nicht. Wenn wir davon ausgehen, dass die Anforderung darin besteht, ein gegebenes Datum in die Hauptspeicherzelle mit der ebenfalls vorgegebenen Adresse a zu schreiben, dann wird dieser Vorgang in Abhängigkeit von der verwendeten Methode folgendermaßen durchgeführt:

- **write-through:**
  - *cache hit:* Sowohl die Hauptspeicherzelle unter der Adresse a als auch deren Kopie im Cache werden sofort aktualisiert.
  - *cache miss:* Die Hauptspeicherzelle unter der Adresse a wird aktualisiert, der Inhalt des Cache-Speichers bleibt unverändert.

- **write-back:**
  - *cache hit:* Nur die Kopie im Cache wird aktualisiert, die Hauptspeicherzelle unter der Adresse a hingegen bleibt zunächst unverändert. Durch das sogenannte *dirty bit* wird die entsprechende Zelle im Cache als „modifiziert" markiert. Findet später eine Verdrängung dieser Zelle aus dem Cache statt, so wird deren Inhalt vor dem Entfernen aus dem Cache noch in die Hauptspeicherzelle mit der Adresse a zurückgeschrieben.
  - *cache miss:* Die Hauptspeicherzelle unter der Adresse a wird aktualisiert, der Inhalt des Cache-Speichers bleibt unverändert.

- **write-allocation:**

  - *cache hit:* Nur die Kopie im Cache wird aktualisiert und mithilfe des *dirty bit* markiert. Die Hauptspeicherzelle unter der Adresse *a* hingegen bleibt zunächst unverändert und wird bei einer späteren Verdrängung der entsprechenden Zelle aus dem Cache aktualisiert.

  - *cache miss:* Das zu schreibende Datum wird nicht in den Hauptspeicher, sondern in den Cache geschrieben und sofort mithilfe des *dirty bits* als „modifiziert" markiert. Bei diesem Vorgang findet außerdem automatisch eine Verdrängung bisheriger Cache-Inhalte statt. Der Hauptspeicher bleibt zunächst unverändert – die Zelle mit der Adresse *a* wird erst dann aktualisiert, wenn die Kopie aus dem Cache verdrängt wird.

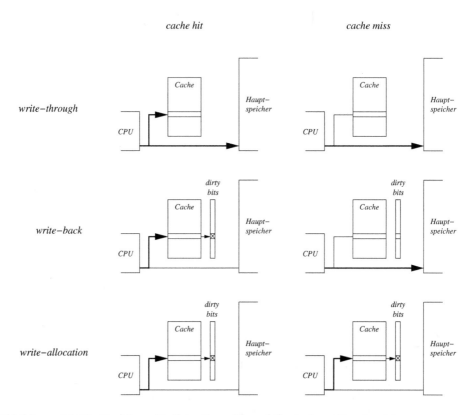

Abbildung 11.23: *Verfahren für Schreibzugriffe auf Cache bzw. Hauptspeicher*

In Abbildung 11.23 sind die Vorgehensweisen der drei Verfahren nochmals grafisch gegenübergestellt. Wir erkennen, dass das *write-through*-Verfahren diejenige Variante realisiert, die wir bereits eingangs als nächstliegend bezeichnet hatten. Die Daten werden stets überall aktualisiert, wo sie gerade abgelegt sind. Dadurch werden Konsistenzprobleme schon in ihrer Entstehung verhindert, jedoch ist diese Methode sehr zeitaufwändig, da in jedem Fall auf den Hauptspeicher zugegriffen werden muss. Bei den anderen beiden Techniken ist dies, wie man in Abbildung 11.23 sehen kann, nicht notwendigerweise der Fall. Während das Verhalten bei Verwendung des *write-back*-Verfahrens im Fall eines *cache misses* identisch mit demjenigen des *write-through*-Ansatzes ist, kommt der Schreibzugriff beim *write-allocation*-Verfahren auch bei *cache misses* vordergründig ohne Hauptspeicherzugriff aus. Natürlich muss auch bei dieser Methode früher oder später der Hauptspeicher aktualisiert werden, jedoch wird dies konsequent so weit wie möglich hinausgezögert und erst dann erledigt, wenn als modifiziert markierte Daten aus dem Cache verdrängt werden.

Welches Verfahren ist nun am geeignetsten? Wie so oft lässt sich die Frage nicht eindeutig beantworten, denn alle Ansätze weisen sowohl Vor- als auch Nachteile auf. Bei *write-back* und *write-allocation* können die Schreibzugriffe dadurch, dass der Hauptspeicher seltener miteinbezogen werden muss und somit Wartezyklen eingespart werden, im Mittel wesentlich schneller durchgeführt werden. Weil das Rückschreiben in den Hauptspeicher meist erst nach mehreren Schreibvorgängen erfolgen muss, wird gegenüber dem Einsatz von *write-through* außerdem auch die Belastung der systemweiten Busse vermindert.

Demgegenüber steht, dass im Falle der Verwendung von *write-back* oder *write-allocation* die Inhalte von Cache- und Hauptspeicher im Allgemeinen nicht zu 100 % übereinstimmen, d. h. in einem gewissen Maße inkonsistent sind. Um die Cache-Kohärenz gewährleisten zu können, muss dann zusätzlicher Aufwand betrieben werden. Ein Teil dieses Zusatzaufwands ist bereits in die betreffenden Verfahren integriert. Die Verwaltung der *dirty bits* sowie das Zurückschreiben in den Hauptspeicher bei Verdrängungsvorgängen sorgen zumindest dafür, dass die Sicht der CPU auf die Speicherdaten konsistent ist. Die Kohärenz ist also gewahrt, solange nur die direkt beteiligte CPU auf den Speicher zugreift. Sind jedoch weitere Komponenten des Rechners wie z. B. ein DMA[8]-Controller oder ein zweiter Prozessor dazu berechtigt, auf den Speicher zuzugreifen, so ergeben sich neue Probleme, welche die Aufgabe der Gewährleistung der Cache-Kohärenz nochmals weitaus komplizierter werden lässt. Wir begnügen uns hier jedoch damit, mithilfe der bisher vorgestellten Konzepte ein Gefühl für die Thematik und die grundlegenden Lösungsansätze vermittelt zu haben, und verweisen auf [22].

11.5 Der virtuelle Speicher

Zum Abschluss der Diskussion der Speicherhierarchie entfernen wir uns nochmals ein Stück von der CPU und betrachten wie in Abbildung 11.24 angedeutet das Zusammenwirken von Hauptspeicher und Festplatte. Wir steigen dabei nicht so tief ein, wie wir das hinsichtlich der Cache-Speicher in Abschnitt 11.4 getan haben, sondern geben einen groben Überblick. Dabei wird erkennbar sein, dass einige der Ideen und Methoden schon bekannt sind, weil sie im Zusammenhang mit Cache-Speichern ebenfalls eingesetzt werden und deshalb bereits im vorigen Abschnitt behandelt worden sind. Die Sichtweise ist jedoch eine andere. War man bislang stets bestrebt, Hauptspeicherzugriffe zu vermeiden, weil man sie als langsam angesehen hat, so sind diese nun plötzlich erwünscht.

---

[8]Direct Memory Access

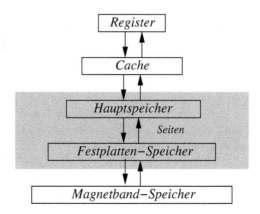

Abbildung 11.24: *Anordnung der Thematik „virtueller Speicher" in der Speicherhierarchie*

Der Grund dafür besteht darin, dass bei dem nun betrachteten Ausschnitt der Speicherhierarchie die Alternative nicht durch die schnelleren Zugriffe auf den Cache, sondern durch Festplatten-Zugriffe gegeben ist. Da letztere noch mehr Zeit benötigen als das Lesen oder Schreiben vom bzw. auf den Hauptspeicher, wird dieser (in Relation zur Festplatte) im vorliegenden Abschnitt als „schnell" bezeichnet.

Das Problem, auf Grund dessen wir uns überhaupt gesondert mit dem Zusammenwirken von Hauptspeicher und Festplatte befassen, besteht in der Größe des Hauptspeichers. Da die Busse in heutigen Rechnern sehr breit sind, ergibt sich theoretisch ein sehr großer Adressraum. Umfasst der Adressbus n Leitungen, so lässt sich damit bekanntlich ein Adressraum von 2^n verschiedenen Adressen verwalten. So große Hauptspeicher kann man aber schon allein aus preislichen Gründen nicht bereitstellen, wie Tabelle 11.4 verdeutlicht.[9] Natürlich variieren die Preise ständig und verhalten sich auch nicht notwendigerweise absolut linear zur Speichergröße. Die Tabelle wollen wir jedoch auch nicht als Grundlage für die Preisberechnung beim nächsten Speicherkauf verstanden wissen; vielmehr soll sie verdeutlichen, wie explosionsartig die Preise ansteigen, wenn man den kompletten theoretisch verfügbaren Adressraum mit physikalisch tatsächlich vorhandenem Speicher ausschöpfen möchte.

Auch wenn wir uns also mit weniger physikalisch vorhandenem Speicher zufrieden geben als theoretisch adressierbar wäre, können wir es uns nicht erlauben, die nicht abgedeckten Adressbereiche einfach brachliegen zu lassen. Würden wir so vorgehen, dann wären Programme, welche auf einem gegebenen Rechner den kompletten vorhandenen Hauptspeicher nutzen, auf Rechnern mit kleinerem Hauptspeicher nicht mehr lauffähig, weil die Adressierungen teilweise ins Leere greifen würde.

Diese Lücke zwischen den Anforderungen seitens des Anwenders auf der einen und den Kapazitätsgrenzen auf der anderen Seite wird durch das Konzept des *virtuellen Speichers* geschlossen. Dem Benutzer wird die Sicht vermittelt, dass er Daten und Pro-

---

[9] Als Berechnungsgrundlage für die in der Tabelle angegebenen Werte wird davon ausgegangen, dass der Speicher mit Byte-Adressierung arbeitet, d. h. dass eine Speicherzelle genau ein Byte umfasst.

Tabelle 11.4: Hauptspeicher: Kosten bei verschiedenen Speichergrößen (Stand: 2007)

Busbreite	adressierbare Speicherzellen	Kosten bei 40,-€ für 1 Gibibyte
32	$4,3 \cdot 10^9$	160 €
64	$1,8 \cdot 10^{19}$	687 Mrd. €

gramme im Hauptspeicher ablegen kann, solange der Adressraum nicht erschöpft ist. Insbesondere kann der Anwender also davon ausgehen, dass er den Hauptspeicher für sich allein in Anspruch nehmen kann[10] und dass dieser den kompletten Adressraum umfasst. Dieser „Hauptspeicher aus Anwendersicht" wird als virtueller Speicher bezeichnet, weil er physikalisch in dieser Art gar nicht existiert. Der physikalische Hauptspeicher ist in der Regel wesentlich kleiner, kann also gar nicht den kompletten Inhalt des virtuellen Speichers aufnehmen. Deshalb wird der Festplattenspeicher dazu eingesetzt, diejenigen Hauptspeicherdaten zu speichern, die aus Kapazitätsgründen im tatsächlich vorhandenen Hauptspeicher keinen Platz finden. Abbildung 11.25 veranschaulicht dieses Szenario.

Das Betriebssystem übernimmt in diesem Zusammenhang die Steuerungsaufgaben, d. h. die Organisation des realen Datenaustauschs zwischen Haupt- und Festplattenspeicher sowie des Auffindens von Dateninhalten des virtuellen Speichers. Diese Suche ist nicht trivial, denn die Anforderung enthält lediglich die Adressierung des virtuellen Speichers, in dem die Daten ja gar nicht real abgelegt sind. Stattdessen müssen die Stellen gefunden werden, an denen die gesuchten Daten tatsächlich physikalisch gespeichert sind. Für die Behandlung des virtuellen Speichers gibt es mehrere verschiedene Organisationsformen, die zwei bekanntesten sind das *Paging* sowie die *Segmentierung*. Wir werden das Konzept des Pagings etwas näher betrachten und uns hinsichtlich der Segmentierung damit begnügen, deren Funktionsweise mit einigen Bemerkungen grob einzuordnen.

Folgende Ideen liegen dem Paging zu Grunde:

- Der Inhalt des virtuellen Speichers wird komplett auf dem Sekundärspeicher abgelegt.

- Der virtuelle Speicher wird in *Seiten* fester Größe unterteilt.

- Der Hauptspeicher besteht aus *Seitenrahmen* (engl.: *Page Frames*), die jeweils eine Seite aufnehmen können.

- Es wird eine *Seitentabelle* geführt, die angibt, welche Seitenrahmen durch welche Seiten belegt sind.

---

[10]Bei Mehrbenutzersystemen ist diese Voraussetzung keinesfalls gegeben: Die verschiedenen Benutzer müssen sich den Hauptspeicher teilen.

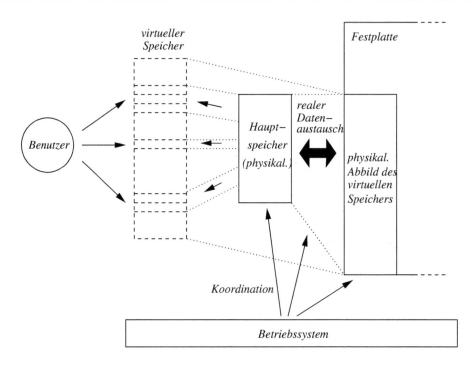

Abbildung 11.25: *Konzept des virtuellen Speichers*

Die Parallelen der virtuellen Speicherverwaltung und des Cache-Konzeptes sind hier besonders offensichtlich: In beiden Fällen arbeitet ein großer, langsamerer Speicher mit einem kleineren, schnelleren zusammen. Im größeren Speicher ist die Gesamtmenge D aller betrachteten Daten abgelegt, der kleinere Speicher hingegen enthält Kopien einer ausgewählten Teilmenge von D. Gemeinsam ist beiden Konzepten außerdem, dass ihre Performanz maßgeblich davon abhängt, inwiefern es gelingt, die jeweils gerade benötigten Teile der Daten im schnelleren Speicher verfügbar zu halten.

Die Sicht des Anwenders hingegen ist, verglichen mit den Cache-Speichern, beim Umgang mit dem virtuellen Speicher eine andere. Während der Benutzer im Zusammenhang mit Caches stets davon ausgeht, dass er immer auf den größeren Speicher zugreift, und von der Existenz des schnelleren Speichers gar nichts weiß, nimmt er bei der virtuellen Speicherverwaltung an, dass alle Daten im schnelleren Speicher liegen. In diesem Sinne ist hier also das Einbeziehen bzw. Mitwirken des größeren, langsameren Speichers zur Aufnahme der Hauptspeicherdaten benutzertransparent.

Weiterhin gibt es auch hinsichtlich der internen Organisation eine Reihe von Unterschieden, wie z. B. die Verwendung der Seitentabelle. Diese ist im Hauptspeicher abgelegt und enthält pro verfügbarem Seitenrahmen eine Zeile mit drei Einträgen. Der erste gibt an, ob der Seitenrahmen *gültig*, d. h. mit einer Seite des virtuellen Speichers belegt ist. Der zweite Eintrag enthält die Festplatten-Adresse, unter der diese Seite abgelegt ist, und der dritte die Adresse der Seite im virtuellen Speicher. So können wir mithilfe der

Seitentabelle zu jedem physikalischen Seitenrahmen des Hauptspeichers leicht die korrespondierenden Positionen im virtuellen Speicher sowie auf der Festplatte ermitteln. In Beispiel 11.3 werden diese Korrespondenzen noch etwas deutlicher bzw. anschaulicher zum Ausdruck gebracht.

Beispiel 11.3

Gegeben seien ein virtueller Adressraum mit acht Seiten sowie ein Hauptspeicher mit vier Seitenrahmen. Werden nun Seite 2 im Rahmen 0 und Seite 4 im Rahmen 3 abgelegt und bleiben die restlichen beiden Seitenrahmen unbelegt, so ergibt sich die in Abbildung 11.26 skizzierte Situation.

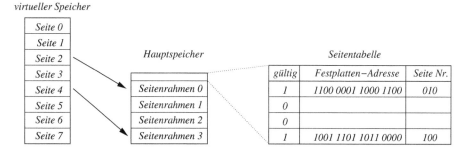

Abbildung 11.26: *Seitentabelle in der virtuellen Speicherverwaltung*

Das Betriebssystem hat nun also dafür zu sorgen, dass im laufenden Betrieb die Zuordnungen zwischen Haupt-, Festplatten- und virtuellem Speicher stets korrekt sind. Außerdem muss die Seitentabelle stets auf dem aktuellen Stand gehalten werden.

Sofern die Seite i im Hauptspeicher abgelegt ist, kann direkt auf sie zugegriffen werden – es ist dann weiter nichts zu tun. Tritt jedoch ein sogenannter Seitenfehler auf, so muss die Seite i von der Festplatte in den Hauptspeicher übertragen werden, damit der Zugriff auf die Daten ermöglicht wird. Sollten zu diesem Zeitpunkt bereits alle Seitenrahmen mit gültigen Seiten belegt sein, so muss eine dieser bisher im Hauptspeicher verfügbaren Seiten verdrängt werden. „Verdrängen" bedeutet hierbei, dass die Kopie der entsprechenden Seite im Hauptspeicher ausgelagert und durch die Seite i ersetzt wird. Dies ist eine weitere Parallele zum Caching, und so verwundert es nicht, dass wir bei der Frage nach geeigneten Strategien zur Auswahl der zu verdrängenden Seite wieder auf die bereits aus Abschnitt 11.4.3 bekannten Kandidaten stoßen:

- *least recently used* (LRU): Verdränge die Seite, deren letzter Zugriff am längsten zurückliegt.

- *least frequently used* (LFU): Verdränge die Seite, auf die in der Vergangenheit am seltensten zugegriffen wurde.

- *first in, first out* (FIFO): Verdränge die Seite, die bereits am längsten im Hauptspeicher liegt.

Die FIFO-Strategie ist dabei mit dem geringsten Verwaltungsaufwand verbunden, denn es muss nur bei Auftreten eines Seitenfehlers etwas getan werden. Bei den Strategien LRU und LFU hingegen ist eine Zugriffsstatistik zu führen, die bei jedem Zugriff aktualisiert werden muss. Bei der virtuellen Speicherverwaltung ist es aber auch denkbar, qualitativ bessere, aber rechenaufwändigere Auslagerungsstrategien einzusetzen – im Gegensatz zum Caching, wo dies mangels verfügbarer Zeit praktisch kaum möglich ist.

Bei der Segmentierung wird anders als beim Paging der virtuelle Speicher in *Segmente* unterteilt, die in der Regel *verschieden* groß und zudem verschiedenen Zwecken zugeordnet sind. So kann es beispielsweise unter anderem jeweils ein eigenes Segment für Programmcode, Stack und statische Variablen geben. Das Programmierern vermutlich bekannteste Phänomen in diesem Zusammenhang tritt dann auf, wenn ein angefordertes Segment nicht im Hauptspeicher abgelegt ist: der „*Segment fault*". Das Betriebssystem kann dafür Sorge tragen, dass bestimmte Segmente dauerhaft im Hauptspeicher liegen und nicht verdrängt werden können. Um genauer in die Thematik der Segmentierung einzusteigen, wäre es notwendig, detailliertere Grundlagen über Prozesse und Betriebssysteme bereitzustellen. Da dies hier den Rahmen sprengen würde, begnügen wir uns mit diesen wenigen Bemerkungen und verweisen auf die weiterführende Literatur [34].

11.6   Übungsaufgaben

Aufgabe 11.1

Wie hoch ist die Beschleunigung im Beispiel der Autowaschanlage (siehe Beispiel 11.1 auf Seite 282), falls die Arbeiten am Einfahrtportal statt zwei jetzt drei Minuten benötigen, die anderen Phasen aber weiterhin in zwei Minuten durchlaufen werden könnten?

Aufgabe 11.2

Berechnen Sie den maximal erreichbaren Speedup einer k-stufigen Befehlspipeline unter Berücksichtigung der Zeit t_r, die jeweils benötigt wird, um die am Ende einer jeden Phase berechneten Zwischenergebnisse in die dafür vorgesehenen Speicherelemente zu speichern. Gehen Sie davon aus, dass m Befehle, mit m sehr groß, auszuführen sind und dass keine Hazards während der Abarbeitung dieser Befehle auftreten. Diskutieren Sie in diesem Zusammenhang das Verhältnis t_b zu t_r.

Aufgabe 11.3

Überlegen Sie sich, wie man mit zwei Transmission-Gates einen 2-zu-1-Multiplexer realisieren kann?

Aufgabe 11.4

Diskutieren sie die in Abbildung 11.8 (b) gezeigte SRAM-Speicherzelle.

Aufgabe 11.5

Im Jahre 1996 hat die Firma Seagate mit der Cheetah-Serie erste Festplatten mit 10.000 UPM präsentiert. Welche Zeit benötigen diese Festplatten für eine Umdrehung? Wie hoch ist bei diesen Festplatten die mittlere Wartezeit, bis ein bestimmter Sektor des Zylinders, auf dem die Lese-/Schreibeköpfe positioniert sind, unter dem Lese-/Schreibekopf erscheint?

Aufgabe 11.6

Beim Entwurf eines Rechners ist man sich unklar darüber, ob man ihn mit einem direktabgebildeten Cache (DMC), einem zweifach satz-assoziativen Cache (2AC) oder einem vollassoziativen Cache (VAC) ausstatten soll.

Die geschätzten technischen Daten für die zur Verfügung stehenden Caches:

Cache	Trefferrate	Zugriffszeit des Cache	Zugriffszeit des Hauptspeichers
DMC	$97,1\%$	$23,9\,\text{ns}$	$196\,\text{ns}$
2AC	$96,2\%$	$21,6\,\text{ns}$	$200\,\text{ns}$
VAC	$96,9\%$	$22,1\,\text{ns}$	$198\,\text{ns}$

Berechnen Sie die durchschnittlichen Zugriffszeiten beim Lesen für die zur Verfügung stehenden Caches. Für welchen Cache sollte man sich demnach entscheiden, wenn keine weiteren Kriterien berücksichtigt werden müssen?

Aufgabe 11.7

Beim Entwurf eines Rechners wird als Cache-Speicher ein direktabgebildeter Cache vorgesehen.

Beim endgültigen Entwurf werden aus Versehen statt der i niederwertigsten die i höchstwertigen Bits in den Dekoder geschoben, während die restlichen Bits als Adress-TAG verwendet werden. Bei nachfolgenden Messungen stellt man fest, dass die Trefferrate nicht wie erwartet bei $96,1\,\%$, sondern deutlich unter $60\,\%$ liegt. Wie ist dies zu erklären?

Aufgabe 11.8

Es sei C ein vollassoziativer Cachespeicher mit sechs Cache-Blöcken $C[0], \ldots, C[5]$. Verdrängung wird durch die FIFO-Strategie geregelt, für Schreibzugriffe wird das *write-allocation*-Verfahren verwendet. In den beiden folgenden Tabellen werden die aktuellen Inhalte des Caches sowie der Hauptspeicherzellen mit den Adressen 10, 20, ..., 90 angegeben. Der Cache wurde dabei „von links nach rechts" gefüllt, d. h., $C[i]$ ist länger im Cache als $C[j]$ für $i < j$.

Cache

Nr. des Cache-Blocks:	0	1	2	3	4	5
Cache-Adressspeicher:	10	20	30	50	70	80
Cache-Datenspeicher:	100	300	5000	800	12	500

Hauptspeicher

Adresse:	10	20	30	40	50	60	70	80	90
Dateninhalt:	200	300	400	600	800	150	900	500	700

Es werden nun nacheinander die folgenden Operationen durchgeführt:

- Schreiben des Wertes 25 nach Adresse 50
- Lesen des Inhalts der Hauptspeicherzelle mit Adresse 60
- Schreiben des Wertes 10 nach Adresse 30
- Schreiben des Wertes 20 nach Adresse 10
- Lesen des Inhalts der Hauptspeicherzelle mit Adresse 90

1. Geben Sie an, welche Hauptspeicheradressen nach Ausführung obiger Operationen in den einzelnen Cache-Blöcken abgelegt sind und für welche Blöcke das *dirty bit* gesetzt ist.

2. Geben Sie nach jedem Schritt den Inhalt der Cache-Blöcke $C[0], \ldots, C[5]$ sowie den Inhalt der Hauptspeicherzellen $10, 20, \ldots, 90$ an.

Aufgabe 11.9

Gegeben sei ein Rechner mit virtueller Speicherverwaltung durch Paging. Der Hauptspeicher enthält vier Seitenrahmen. In einem Testlauf wird nacheinander auf die Seiten

    0x100, 0x0FF, 0x113, 0x10A, 0x113, 0x10B,
    0x10B, 0x100, 0x0FF, 0x10C, 0x114, 0x100

zugegriffen. Wie sieht die Seitentabelle nach den einzelnen Zugriffen aus, wenn als Verdrängungsstrategie

1. Least-Recently-Used (LRU)

2. Least-Frequently-Used (*LFU*)

verwendet wird?

Teil IV

Kommunikation

Nachdem bisher im Wesentlichen der Aufbau und die Funktionsweise einzelner Hardwarekomponenten im Fokus der Betrachtungen standen, wollen wir nun näher darauf eingehen, wie Informationen und Daten zwischen Komponenten wie zum Beispiel Prozessor und Hauptspeicher übertragen werden können.

In Kapitel 12 werden wir, ohne auf physikalische Grundlagen einzugehen, die Grundlagen der Kommunikation zwischen Hardwarekomponenten von einem logischen Standpunkt aus erklären. Wir setzen uns mit seriellen und parallelen Bussystemen und dazugehörigen Protokollen, insbesondere mit Bus-Arbitrierung auseinander.

Da bei dem Übertragen von Daten Fehler auftreten können, ist es zum Teil wichtig, Codes zu benutzen, die fehlertolerant sind. Fehlertolerante Codes sind Codes, die es einem Empfänger erlauben, zu erkennen, ob ein Fehler bei der Übertragung erfolgt ist, beziehungsweise Fehler zu erkennen *und* zu korrigieren. Dieser Thematik ist das Kapitel 13 gewidmet.

Neben fehlertoleranten Codes sind sogenannte Häufigkeitscodes ebenfalls von zentraler Bedeutung. Das Ziel dieser Codes besteht darin, die Zeichen eines Codes so zu kodieren, dass die Übertragung einer Sequenz von Zeichen möglichst wenig Aufwand zur Folge hat. Neben einer kurzen Einführung in die Informationstheorie, die die mathematischen Grundlagen längenoptimaler Codes bildet, stellt Kapitel 14 drei Kodierungen vor, die versuchen, die mittlere Codewortlänge zu minimieren, die Shannon-Fano-Kodierung, die Huffman-Kodierung und die sogenannte arithmetische Kodierung.

12 Kommunikation innerhalb eines Rechners

In den vorherigen Kapiteln haben wir zumeist einzelne Hardwarekomponenten, wie zum Beispiel den eigentlichen Prozessor, der im Wesentlichen aus einer Steuereinheit und einer arithmetisch-logischen Einheit besteht, den Hauptspeicher oder die Festplatte, kennen gelernt. Wir haben auch verstanden, dass diese Hardwarekomponenten „miteinander reden" müssen. So „greift" der Prozessor bei der Abarbeitung eines Ladebefehls auf den Hauptspeicher zu. Oder besser formuliert, er fordert den Hauptspeicher auf, ihm ein unter einer bestimmten Adresse abgelegtes Datum (oder einen Datenblock) zukommen zu lassen. Wie erfolgt nun dieses „Reden" zwischen verschiedenen Hardwarekomponenten?

Ohne auf die physikalischen Grundlagen, sprich die Signaltheorie einzugehen, wollen wir in diesem Kapitel die Grundlagen der Kommunikation zwischen Hardwarekomponenten von einem logischen Standpunkt aus erklären. Für weitergehende Ausführungen zu diesem Thema verweisen wir auf [26].

Wir wollen uns zuerst mit *Bussystemen* und dazugehörigen Protokollen auseinander setzen. Ganz einfach ausgedrückt, ist ein Bussystem (oder vereinfacht: ein *Bus*) eine Ansammlung von Leitungen in einem Rechner, über die Befehle, Statusmeldungen und Daten zwischen unterschiedlichen Hardwarekomponenten, wie zum Beispiel Prozessor und Hauptspeicher oder Hauptspeicher und Drucker, übertragen werden können. Jede Leitung erfüllt eine spezielle Aufgabe. So unterscheidet man zum Beispiel bei einem parallelen Bus zwischen Daten- und Befehlsleitungen, Synchronisationsleitungen und Versorgungsleitungen. Die Hardware-Komponenten, im Folgenden die *Teilnehmer* genannt, greifen auf diese Leitungen über eine normierte Schnittstelle zu, die insbesondere vorgibt, wie die Hardwarekomponenten physikalisch mit dem Bus verbunden werden müssen.

12.1 Parallele und serielle Busse, Protokolle

Man unterscheidet zwischen seriellen und parallelen Bussen. Wie die Namen suggerieren, setzt sich ein paralleler Bus aus mehreren Leitungen zusammen, während ein serieller Bus in der Regel nur über eine oder zwei Übertragungsleitungen verfügt (siehe Abbildung 12.1).

a)

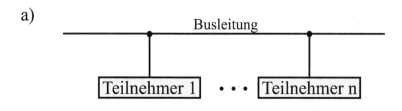

b)

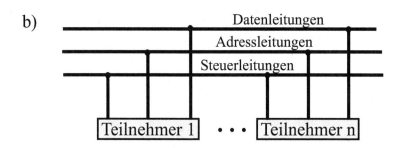

Abbildung 12.1: *a) Serieller Bus. In dieser Skizze besteht der serielle Bus nur aus einer Leitung. Er kann jedoch – wie zum Beispiel beim I^2C-Bus – aus zwei oder mehreren Leitungen bestehen. b) Paralleler Bus. Daten-, Adress- und Steuerbus bestehen jeweils aus einem Bündel von Leitungen.*

12.1.1   Serielle Busse

Bei einem seriellen Bus stehen in der Regel bis zu zwei Leitungen zur Verfügung, sieht man von den Leitungen für Masse und Spannungsversorgung ab. Die wohl bekanntesten Vertreter serieller Busse sind Ethernet und I^2C (*Inter Integrated Circuit*). Da wir uns in diesem Kapitel mit der Kommunikation innerhalb von Rechnern beschäftigen wollen und Ethernet ein Bussystem zur Interkommunikation zwischen Rechnern ist, wollen wir hier nur den I^2C-Bus ausführlich behandeln – wir folgen hierbei [20]. Ethernet stellen wir anschließend in einem kurzen Exkurs vor.

Der I^2C-Bus wurde von *Philips Semiconductors Inc.* vor circa 15 Jahren zur Kommunikation zwischen integrierten Schaltungen entwickelt. Er erlaubt Übertragungsraten von bis zu $3,4$ MBit pro Sekunde. Er besitzt zwei Leitungen, die SDA- (Datenleitung) und die SCL-Leitung (Taktleitung). Jede der beiden Leitungen ist über einen Pull-up-Widerstand mit der Versorgungsspannung verbunden.

Ein Datentransfer kann nur durch den Master initiiert werden, der zu diesem Zweck eine sogenannte Startbedingung generiert. Danach legt er seriell, beim höchstwertigen Bit beginnend, eine 7-Bit-Adresse $(a7, a6, a5, a4, a3, a2, a1)$ auf die SDA-Leitung, gefolgt von einem weiteren Bit rw, das angibt, ob eine Lese- beziehungsweise eine Schreibeoperation vom Master gefordert wird. Abbildung 12.2 zeigt den Signalverlauf der beiden Leitungen.

Abbildung 12.2: *I^2C: Beginn einer Datenübertragung durch Generierung einer Startbedingung S, Selektion eines Gerätes mit Adresse ($a7, a6, a5, a4, a3, a2, a1$), Anforderung einer Schreibe- oder Leseoperation über rw, positive Rückmeldung durch das adressierte Gerät über ack.*

Wir sehen, dass das Setzen der Startbedingung, die im Diagramm in Abbildung 12.2 mit S gekennzeichnet ist, dadurch erfolgt, dass die SDA-Leitung auf den Wert 0 gezogen wird, während die SCL-Leitung auf 1 liegt. Kurz darauf wird die Taktleitung SCL ebenfalls (durch den Master) auf den Wert 0 gezogen. Dann beginnt die eigentliche Übertragung der Adresse. Parallel zum Anlegen der einzelnen Bits der Adresse (beginnend bei dem höchstwertigen Bit) erzeugt der Master auf der Taktleitung die zur Synchronisation notwendigen Taktzyklen. Auf die Geräteadresse, die sieben Bit lang ist, folgt ein weiteres Bit namens rw, das angibt, ob von dem adressierten Gerät gelesen oder zu diesem Gerät geschrieben werden soll. Gilt $rw = 0$, so soll ein Datenwort an das adressierte Gerät geschrieben werden (Schreibeoperation). Ist der Pegel auf 1, so soll ein Datenwort vom adressierten Gerät gelesen werden. Im neunten Taktzyklus lässt der Master „los", d. h., er schaltet seinen Treiber der SDA-Leitung auf hochohmig, sodass diese Leitung durch den Pull-up-Widerstand wieder auf den Wert 1 gezogen werden würde, wenn das adressierte Gerät nicht dafür Sorge trägt, die Datenleitungen weiter zu treiben.

Alle angeschlossenen Geräte lesen die angegebene Adresse und vergleichen diese mit ihrer eigenen, festen Geräteadresse. Stimmt diese nicht überein, bleibt das Gerät in seiner Ruheposition und wartet auf die nächste Startbedingung und die darauf folgende Adresse des Masters. Stimmt die Adresse überein, sendet das Gerät, welches wir in diesem Zusammenhang mit *Slave* bezeichnen, ein „acknowledge", um dem Master zu signalisieren, dass nun die gewünschte Lese- oder Schreibeoperation durchgeführt werden kann. Dies erfolgt dadurch, dass der adressierte Slave die SDA-Leitung im neunten Taktzyklus auf 0 zieht. Damit weiß der Master, dass der Slave seine Anforderung verarbeitet hat, und die eigentliche Lese- oder Schreibeoperation kann erfolgen. Abbildung 12.3 zeigt den Signalverlauf bei einer Datenübertragung.

Abbildung 12.3: *I^2C: Fortsetzung des Signalverlaufs aus Abbildung 12.2. Übertragung eines Datenwortes d(7 downto 0) und Setzen der Stoppbedingung P.*

Bei einer Schreibeoperation erfolgt die Datenübertragung genau wie die Übermittlung

einer Adresse. Bei einer Leseoperation werden die Datenbits durch den Slave auf die
SDA-Leitung gelegt, während die notwendigen Taktzyklen auf der SCL-Leitung weiterhin durch den Master erzeugt werden. Der Slave legt in diesem Fall nach dem
Anlegen des „acknowledge"-Tokens im nächsten Takt das höchstwertige Bit auf die
SDA-Leitung. Bei jeder der folgenden fallenden Flanken des Taktes legt er das nächste Bit an. Im neunten Takt setzt der Empfänger, also in diesem Fall der Master, das
„acknowledge"-Token und es können weitere Datenworte übertragen werden. Ist die
Datenübertragung zu Ende, so setzt der Master die Stoppbedingung, die im Diagramm
von Abbildung 12.3 mit P gekennzeichnet ist. Dazu wird zunächst die Taktleitung, dann
die Datenleitung freigegeben, sodass beide Leitungen über die Pull-up-Widerstände auf
den Wert 1 gezogen werden. Eine Stoppbedingung ist genau dann gegeben, wenn die
SCL-Leitung auf 1 liegt und die SDA-Leitung von 0 auf 1 gezogen wird.

Start- und Stoppbedingung können nur durch den Master erzeugt werden. In dem Zeit-
intervall zwischen Startbedingung und Stoppbedingung wird der I^2C-Bus als *belegt*
(engl.: *busy*) bezeichnet.

Exkurs: Ethernet und Manchester-Leitungskodierung ▷ ▷ ▷

Ethernet ist momentan das wohl am weitesten verbreitete Bussystem im *Local-Area-
Network-* (LAN-) Bereich. Der Ethernet-Standard spezifiziert alle Details einer Übertragung, insbesondere das Format der Datenpakete, die mit diesem Protokoll versendet
werden.

Die von Ethernet verwendete Übertragungstechnologie ist eine Übertragung über Ko-
axialkabel mit Manchester-Leitungskodierung. Sie erlaubt eine Taktrückgewinnung aus
dem Datenstrom auf Empfängerseite. Man beachte, dass Sender und Empfänger über
keinen gemeinsamen Takt verfügen und sich so nicht in einfacher Art und Weise synchronisieren können.

Der Signalverlauf

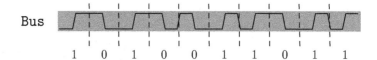

zeigt die Übertragung der Bitfolge 1010011011 mit Manchester-Leitungskodierung. Die
Zeit ist in Zeitfenster eingeteilt, die im Bild durch die gestrichelten vertikalen Linien
gekennzeichnet sind. In jedem Zeitfenster wird genau ein Bit kodiert und zwar über
die Flanke, die genau in der Mitte des Zeitfensters erfolgt. In jedem Zeitfenster erfolgt
genau ein Phasenwechsel. Eine steigende Flanke steht für den Wert 1, eine fallende
Flanke für den Wert 0. Hierzu muss man wissen, dass Hardware eine Spannungsände-
rung besser als einen festen Pegel erkennen kann. Zu Beginn einer Übertragung werden
in einer Präampel 64 abwechselnde Einsen und Nullen gesendet, mit der der Empfänger
eine Synchronisation vornehmen kann und somit im Folgenden genau weiß, wann ein
Zeitfenster beginnt und endet.

◁ ◁ ◁

12.1.2 Parallele Busse

Während beim seriellen Bus alle Informationen, d. h. die Steuerinformationen, die Adressen und die eigentlichen Nutzdaten, über die eine zur Verfügung stehende Übertragungsleitung übertragen werden müssen, stehen bei einem parallelen Bus mehrere Busleitungen zur Verfügung. In der Regel gibt es bei einem parallelen Bus Leitungen zur Übermittlung von Steuerinformationen, d. h. zur Realisierung des Busprotokolls, die als *Steuerleitungen* bezeichnet werden, Leitungen zur Übermittlung von Adressen, sogenannte *Adressleitungen*, und Leitungen zur Übertragung der eigentlichen Daten, die *Datenleitungen*.

Parallele Busse lassen sich insbesondere dadurch einteilen, ob sie eine Taktleitung, über die sich alle Teilnehmer synchronisieren, zur Verfügung stellen oder nicht. Im ersten Fall sprechen wir von *synchronen Bussen*, im zweiten Fall von *asynchronen Bussen*.

Synchrone parallele Busse
Bei der synchronen Übertragung erfolgt die Übertragung der Daten nur zu festen Zeitpunkten, die in der Regel über ein gemeinsames Taktsignal definiert sind. Jede Busoperation dauert exakt einen Takt lang, sodass sich die Periode des Taktes nach dem langsamsten Teilnehmer richten muss. In dem Beispiel in Abbildung 12.4 beginnt eine Busoperation jeweils mit der steigenden Flanke des Taktsignals clock. Wir wollen uns diesen Signalverlauf eines synchronen Busses – das hier gezeigte Protokoll hat nur exemplarischen Charakter und entspricht keinem speziellen Standard – näher anschauen:

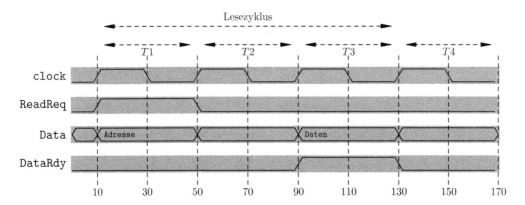

Abbildung 12.4: *Synchrones Protokoll am Beispiel einer Leseoperation eines Wortes aus dem Hauptspeicher in den Prozessor. Wir sehen den Signalverlauf von 35 Leitungen: den Takt clock, die Steuerleitung ReadReq, über die der Prozessor festlegt, dass eine Leseoperation auszuführen ist, die Steuerleitung DataRdy, über die der Hauptspeicher anzeigt, dass gültige Daten auf dem Daten-/Adressbus Data liegen, und der eigentliche 32-Bit-Daten-/Adressbus, auf dem (sequentiell) sowohl die Adresse der Hauptspeicherzelle, aus der gelesen werden soll, als auch das Wort, das vom Hauptspeicher zum Prozessor übertragen wird, angelegt wird.*

1. Zu Beginn des „ersten" Taktes, den wir in Abbildung 12.4 mit $T1$ gekennzeichnet haben, legt der Prozessor die Adresse auf die 32-Bit-Daten-/Adressleitungen

Data (auch *Daten-/Adressbus* genannt) und legt gleichzeitig an die Steuerleitung ReadReq (was eine Abkürzung für „**Read Req**uest" ist) den Wert 1 an, um anzuzeigen, dass eine gültige Adresse auf dem Bus liegt und dass eine Leseoperation auszuführen ist.

2. Der Hauptspeicher greift zum Zeitpunkt der fallenden Flanke des Taktes $T1$ auf die Leitungen des Busses zu, liest die Adresse und erkennt, dass eine Leseoperation im Folgenden auszuführen ist.

3. Der Prozessor nimmt zu Beginn der zweiten Taktphase $T2$ die von ihm gesetzten Werte zurück.

4. Mit der steigenden Flanke des dritten Taktes $T3$ legt der Hauptspeicher das zu lesende Wort auf den Daten-/Adressbus und zeigt durch Setzen des Steuersignals DataRdy („**Data Ready**") an, dass ein gültiges Datum auf dem Bus liegt. Diesmal geht der Hauptspeicher davon aus, dass der Prozessor bei der fallenden Flanke des Taktes die Daten vom Bus abholt, sodass er zu Beginn des vierten Taktes $T4$ die Daten vom Bus nehmen kann.

Asynchrone parallele Busse

Im Unterschied zu einem synchronen parallelen Bus, bei dem in der Regel die Synchronisation über ein gemeinsames Taktsignal erfolgt, arbeitet ein *asynchroner* paralleler Bus ohne gemeinsamen Takt. Vielmehr erfolgt die Synchronisation über sogenanntes *Handshaking*. Bei einem solchen Handshake-Verfahren werden Synchronisationsleitungen eingesetzt, die man als „Signalfahnen" ansehen kann, um den verschiedenen Teilnehmern mitzuteilen, dass gültige Daten auf dem Bus liegen. Abbildung 12.5 zeigt exemplarisch das Vorgehen. Wir erklären die Idee des Handshakings an diesem Beispiel, das zeigt, wie eine Leseoperation eines Wortes aus dem Hauptspeicher durch den Prozessor über Handshaking erfolgen könnte.

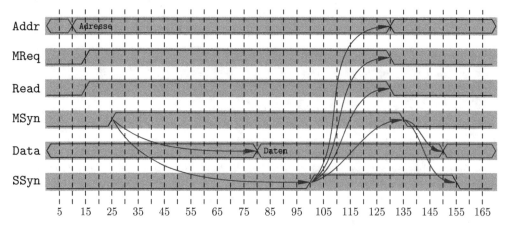

Abbildung 12.5: *Asynchrones Protokoll am Beispiel einer Leseoperation eines Wortes aus dem Hauptspeicher in den Prozessor*

Der Prozessor, der hier als Master auftritt, d. h. als der Teilnehmer, dem der Bus zugeordnet wurde, ist verantwortlich für die Belegung des Leitungsbündels Addr, der in der Regel aus bis zu 32 Leitungen besteht und auf dem eine Adresse hinterlegt werden kann, den Steuerleitungen MReq („Memory Request") und Read, über die durch den Master angezeigt wird, dass ein lesender Zugriff auf den Hauptspeicher erfolgen soll, und der Synchronisationsleitung MSyn. Die Synchronisationsleitung MSyn, die wir als high-aktiv[1] annehmen wollen, wird vom Master (zum Zeitpunkt 25) auf aktiv, d. h. auf den Wert 1, gesetzt, nachdem eine Adresse auf den Adressbus Addr (hier zum Zeitpunkt 10) gelegt wurde und die Steuerleitungen auf die gewünschten Werte gesetzt sind (hier zum Zeitpunkt 15). Erst wenn diese Signale stabil sind, darf der Master über die Synchronisationsleitung MSyn dem Hauptspeicher mitteilen, dass alle notwendigen Daten auf dem Bus liegen. Nachdem der Hauptspeicher, der hier als Slave arbeitet, sieht, dass die Synchronisationsleitung MSyn gesetzt ist, liest er die Pegel der Steuerleitungen und des Adressbusses. Der Slave erkennt, dass das Wort unter der auf den Adressleitungen abgelegten Adresse zu lesen ist, und legt nach einer gewissen Zeit (siehe Zeitpunkt 80) dieses Wort auf den Datenbus Data. Nachdem die Daten auf dem Datenbus stabil anliegen, setzt der Slave seine Synchronisationsleitung SSyn, die wir ebenfalls als high-aktiv annehmen wollen, auf den Wert 1 (Zeitpunkt 100), um dem Master anzuzeigen, dass das von ihm verlangte Wort auf dem Datenbus liegt. Der Master kann nunmehr das Wort vom Datenbus lesen. Nachdem er dies erfolgreich getan hat, nimmt er die Adresse vom Adressbus (Zeitpunkt 130), gibt die von ihm gesetzten Steuersignale frei (ebenfalls Zeitpunkt 130) und teilt dem Slave mit, dass die Leseoperation von seiner Seite aus erfolgreich abgelaufen ist, indem er sein Synchronisationssignal MSyn zurücknimmt (Zeitpunkt 135). Sobald der Slave bemerkt, dass die Synchronisationsleitung MSyn wieder den Wert 0 hat, also nicht mehr aktiv ist, gibt er den Datenbus frei (Zeitpunkt 150) und deaktiviert ebenfalls sein Synchronisationssignal SSyn (Zeitpunkt 155). Damit ist die Busoperation abgeschlossen und eine nächste Operation kann über den Bus realisiert werden.

Ein typischer Vertreter der Klasse der asynchronen Busse ist der SCSI-Bus (engl.: *Small Computer System Interface*). Wir wollen auf den SCSI-Bus näher eingehen.

Exkurs: Geschichte des SCSI-Busses ▷ ▷ ▷

Der Grundstein für den SCSI-Bus wurde 1979 mit dem SASI (*Shugart Associates System Interface*) des amerikanischen Magnetplattenherstellers *Shugart* (heute: *Seagate*) gelegt.

Der erste SCSI-Standard wurde für sieben Geräte und einen Controller ausgelegt. Ein Teil der „Intelligenz" wurde vom Prozessor in den Controller und etliche Funktionen, wie zum Beispiel das Fehlermanagement, in die Geräte selber verlagert. So verwendet die Schnittstelle der Festplatte für die Adressierung keine Adressierung über Zylinder, Kopf und Sektor. Vielmehr erfolgt die Adressierung über logische Blöcke. Der Festplatte obliegt es, die logischen Adressen in physikalische Adressen umzurechnen. Die Nutzdaten werden byteweise und nicht, wie damals üblich, seriell übertragen.

1986 verabschiedete ANSI (*American National Standards Institute*) SCSI-1. SCSI stellt genormte Befehlssätze zur Verfügung. So bestehen für die meisten Geräteklassen, in die

---

[1]Ein Signal heißt *high-aktiv*, wenn die Leitung als „aktiviert" gilt, wenn sie den Wert 1 trägt. Ansonsten spricht man von einem *low-aktiven* Signal.

Anschluss	Signalname	Bedeutung
$2, 4, \ldots, 16$	$DB(0), DB(1), \ldots, DB(7)$	8-Bit breiter **D**atenbus
18	$DB(P)$	**P**arity-Bit des Datenbusses
32	ATN	**at**tention: Prozessor hat Nachricht zu verschicken
36	BSY	**b**usy: Bus ist belegt
38	ACK	**ack**nowledge: Nachricht bzw. Daten erhalten!
40	RST	**r**eset
42	MSG	**m**essage: Nachricht an den Prozessor
44	SEL	**sel**ect: Verbindung wird hergestellt
46	$C/\neg D$	**c**ontrol/**d**ata
48	REQ	**req**uest: Anforderung von Daten
50	$I/\neg O$	**i**nput/**o**utput

Tabelle 12.1: *Die wichtigsten Anschlussbelegungen von SCSI-1. Der Bus hat eine Datenüber-*
tragungsrate von 5 MByte/s bei einem 50-poligen Bus mit 8 Bit Datenbreite. Der Bus arbeitet
mit einer Taktrate von 5 MHz. Eine Besonderheit stellen die Anschlüsse $C/\neg D$ und $I/\neg O$ dar:
Liegt das Signal $C/\neg D$ auf dem Pegel 1 (bzw. 0), so wird das Wort auf dem Datenbus als
Kommando (bzw. Datum) interpretiert. Analog verhält es sich mit dem Steuersignal $I/\neg O$. Ist
der Pegel der Leitung auf 1 (bzw. 0), so will der Master lesen bzw. schreiben.

die einzelnen Geräte eingeteilt sind, einheitliche Befehlssequenzen, die von den Herstel-
lern einzuhalten sind.

Der SCSI-Bus besteht je nach Art und Ausbau aus einem 50- bzw. 68-poligen Kabel.
Die Datenbreite liegt bei 8, 16 bzw. 32 Bit. Die Übertragungsgeschwindigkeit beläuft
sich auf 5 (SCSI-1), 10 (SCSI-2) bzw. bis zu 640 (SCSI-3) MByte pro Sekunde. Das
Kabel muss von Gerät zu Gerät geführt werden und darf keine Abzweigungen besitzen.
Es können maximal 8 (SCSI-1), 16 (SCSI-2) bzw. 64 (SCSI-3) Geräte an dem SCSI-Bus
betrieben werden. Jedes an den Bus angeschlossene Gerät muss eine andere SCSI-ID
besitzen, die meist über einen sogenannten „Jumper"[2] einstellbar ist.

Der SCSI-Bus ist wie die meisten Bussysteme terminiert. Das heißt, die Leitungen
werden entweder passiv mit Widerständen entsprechend dem Leitungswiderstand oder
aktiv mit einer Konstantstromquelle mit Vorwiderstand abgeschlossen.

◁ ◁ ◁

---

[2]Jumper sind kleine Steckbrücken, mit denen man auf Leiterplatten Verbindungen variabel gestalten
kann.

Wie sieht nun das Busprotokoll bei SCSI aus? Wieder wollen wir uns beispielhaft eine Leseoperation anschauen.

Da bei SCSI alle Geräte den Bus anfordern können, muss in einem ersten Schritt entschieden werden, welcher der den Bus anfordernden Geräte den Bus zugeteilt bekommt. Hierzu ist jedem am SCSI-Bus hängenden Gerät eine eindeutige Priorität – bei SCSI-1 zum Beispiel sind die Prioritäten aus dem Bereich von 0 bis 7 – zugeordnet, d. h. es gibt keine zwei Geräte mit der gleichen Priorität. Dem anfordernden Teilnehmer mit der höchsten Priorität wird dann der Bus zugeordnet.

Im Wesentlichen sind folgende Einzelschritte auf einem SCSI-Bus auszuführen, um eine Leseoperation zu realisieren. Wir wollen annehmen, dass der Bus „unserem" Master im zweiten Schritt des nun folgenden Protokolls zugeordnet wird.

Warten auf die Freigabe des Busses

- Der Master wartet bis $SEL = 0$ und $BSY = 0$ gilt.

Zuteilung des Busses

1. Der Master setzt $BSY = 1$ und $DB(i) = 1$, wobei i die ihm zugeordnete Priorität ist.
2. Der Master überprüft, ob es ein $j > i$ mit $DB(j) = 1$ gibt. Falls es eine solche gesetzte Datenbusleitung gibt, so gibt es ein Gerät mit höherer Priorität, die ebenfalls den Bus angefordert hat. Gibt es eine solche Datenbusleitung, so verbleibt der Master in seiner Ruheposition. Ist dies nicht der Fall, so betrachtet der Master den Bus als ihm zugeteilt.

Auswahl des Kommunikationspartners

1. Der Master

   - setzt $SEL = 1$, um anzuzeigen, dass eine Verbindung aufzubauen ist,
   - legt die Adresse des gewünschten Kommunikationspartners, den wir im Folgenden Slave nennen wollen, auf den Datenbus, und
   - setzt $BSY = 0$, um den anderen am Bus hängenden Geräten anzuzeigen, dass die Adresse des Gerätes, mit welchem der Master eine Kommunikation aufbauen will, auf dem Datenbus zu finden ist. Das Signal BSY wird hier also als Synchronisationssignal verwendet.

2. Nachdem das angesprochene Gerät, der Slave, seine Adresse auf dem Adressbus erkannt hat und kommunikationsbereit ist, setzt er $BSY = 1$.

Übertragung des Befehls

1. Der Master

   - setzt $C/\neg D = 1$, um dem Slave mitzuteilen, dass ein Kommando übertragen wird,
   - legt das Kommandobyte auf den Datenbus und

- setzt $REQ = 1$, um dem Slave anzuzeigen, dass alle Steuerinformationen auf dem Bus angelegt sind und er die Daten lesen darf. Diesmal wird also der Anschluss REQ als Synchronisationsleitung benutzt.

2. Der Slave

   - liest das Wort vom Datenbus und erkennt aus der Belegung der Steuerleitung $C/\neg D$, dass das Wort als Kommando zu interpretieren ist,
   - setzt $ACK = 1$, um dem Master zu signalisieren, dass er das Kommando erfolgreich gelesen hat.

3. Der Master zieht die Steuerleitung REQ wieder zurück auf den Wert 0, nachdem er auf dem Bus gesehen hat, dass der Slave sein an ihn gerichtetes Kommando erfolgreich gelesen hat.

4. Das Zurücksetzen der REQ-Leitung bedingt, dass der Slave ebenfalls das ACK-Signal deaktiviert, d. h. auf den Wert 0 setzt.

Übertragung des ersten Datenwortes

1. Der Slave

   - setzt $C/\neg D = 0$ und $I/\neg O = 1$, um dem Master mitzuteilen, dass nun ein Datenwort zu dem Master übertragen wird,
   - legt das erste zu übertragene Datenwort auf den Datenbus und
   - setzt das Steuersignal REQ auf den Wert 1, um dem Master mitzuteilen, dass die von ihm auf den Bus gelegten Daten und Steuerinformationen stabil auf dem Bus liegen.

2. Der Master

   - liest die Daten und
   - setzt $ACK = 1$, um dem Slave zu signalisieren, dass er das Datenwort erfolgreich gelesen hat.

3. Der Slave setzt REQ wieder zurück auf 0, nachdem er auf dem Bus gesehen hat, dass der Master das erste Datenwort erfolgreich gelesen hat.

4. Das Zurücksetzen der REQ-Leitung bedingt, dass der Master das ACK-Signal ebenfalls deaktiviert, d. h. auf den Wert 0 setzt.

Übertragung weiterer Datenworte

Das eben geschilderte Vorgehen wird wiederholt, bis alle Datenworte übertragen sind.

Freigabe des Busses

1. Slave setzt $BSY = 0$.

2. Master setzt $SEL = 0$.

12.2 Zuteilung des Busses an einen Master

Gibt es mehrere Teilnehmer des Busses, die den Bus zu dem gleichen Zeitpunkt anfordern, so muss entschieden werden, welchem der Teilnehmer der Bus zugeordnet wird. Wir sprechen in diesem Zusammenhang von einem *Buskonflikt*. Die Auflösung eines Buskonfliktes erfolgt in der Regel über *Prioritäten*. Es soll dem Teilnehmer der Bus zugeordnet werden, der die höchste Priorität hat. In diesem Zusammenhang können Bausteine zum Einsatz kommen, die verantwortlich für die Auflösung der Buskonflikte sind, sogenannte *Bus-Arbiter*.

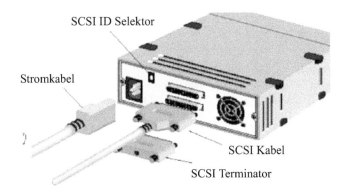

SCSI ID Selektor

Stromkabel

SCSI Kabel

SCSI Terminator

Abbildung 12.6: *SCSI-Schnittstelle eines externen Gerätes mit Einstellungsmöglichkeit der SCSI-ID. Der SCSI-Terminator wird nur dann benutzt, wenn hinter diesem Gerät kein weiteres Gerät mehr an den SCSI-Bus angeschlossen werden soll, ansonsten wird ein normales SCSI-Kabel benutzt. (Quelle: Internet)*

Bei SCSI ist es relativ einfach, da die Prioritäten durch einen Host-Adapter[3], der als eigenständiges SCSI-Gerät am SCSI-Bus hängt, vergeben werden. Hierzu dienen die SCSI-Kennungen (SCSI-IDs). Die SCSI-Kennungen werden bei jedem Gerät manuell eingestellt (siehe Abbildung 12.6). Bei dem sogenannten *narrow*-SCSI liegt diese Kennung im Bereich 0 bis 7, bei *wide*-SCSI im Bereich von 0 bis 15. Beim Start fragt der Host-Adapter alle Kennungen von 0 bis 7 bzw. 15 ab (*scan device on boot*). Meldet sich ein Gerät unter einer SCSI-Kennung, so teilt das Gerät dem Host-Adapter über ein Kommandobyte mit, zu welcher Geräteklasse es gehört. Meldet sich kein Gerät in einem gewissen Zeitrahmen, so geht der Host-Adapter davon aus, dass es kein Gerät mit dieser SCSI-Kennung gibt.[4] Nachdem der Host-Adapter alle Geräte abgefragt hat, vergibt er, unter Verwendung der ihm bekannten Geräteklassen, die Prioritäten an die Geräte.

Wie bei dem SCSI-Bus muss bei jedem anderen Bus bei Vorliegen einer Mehrfach-Anforderung die Zuteilung des Busses an einen seiner Teilnehmer nach festen Regeln

---

[3]Ein *SCSI-Host-Adapter* ist ein Mikrocontroller, der die Schnittstelle zwischen dem SCSI-Bus und dem Rechner bereitstellt.

[4]Haben zwei Geräte am SCSI-Bus die gleiche SCSI-Kennung, so erkennt der Host-Adapter in der Regel keines der beiden Geräte.

oder nach dem Zufallsprinzip ebenfalls erfolgen. Im Wesentlichen kennt man die folgenden Arbitrierungsverfahren, die eingesetzt werden können, sollten die Prioritäten der Teilnehmer nicht, wie bei SCSI, paarweise verschieden sein:

- Stichleitungen

- Daisy-Chaining

- Polling

- „Carrier Sense Multiple Access"

12.2.1 Stichleitungen

Bei diesem Ansatz gibt es einen zentralen Bus-Arbiter, der zu jedem Teilnehmer des Busses zwei gesonderte Leitungen hat, eine *request*- und eine *grant*-Leitung. Abbildung 12.7 (a) zeigt den Aufbau. Über die *request*-Leitung teilt ein Teilnehmer dem Bus-Arbiter mit, ob er den Bus anfordert. Erhält der Bus-Arbiter zu einem Zeitpunkt, an dem der Bus nicht belegt ist, Anfragen von mehreren Teilnehmern, so erhält der Teilnehmer den Zuschlag, der nach Meinung des Bus-Arbiters die höchste Priorität hat. Dies kann nach einem Zufallsprinzip oder aber nach festgelegten Regeln unter Berücksichtigung des Fairness-Prinzips erfolgen. *Fairness* bedeutet in diesem Zusammenhang, dass jeder Teilnehmer, der den Bus anfordert, irgendwann auch mal den Bus zugeordnet bekommt.

Der Nachteil des Ansatzes über Stichleitungen ist, dass für jeden Teilnehmer eigene Steuerleitungen zur Verfügung gestellt werden müssen, und somit der Ansatz aus technischen Gründen nicht auf beliebig viele Teilnehmer erweiterbar ist.

12.2.2 Daisy-Chaining

Daisy-Chaining ist ein oft angewendetes Verfahren zur Bus-Arbitrierung. In der Praxis unterscheidet man zwischen zentralem und dezentralem Daisy-Chaining.

Zentrales Daisy-Chaining

Bei dem Ansatz des zentralen Daisy-Chaining gibt es einen expliziten Bus-Arbiter. Zur Illustration verweisen wir auf Abbildung 12.7 (b). Alle Teilnehmer des Busses sind über eine gemeinsame *request*-Leitung mit dem Bus-Arbiter verbunden. Fordert ein Teilnehmer den Bus an, so aktiviert er diese *request*-Leitung. Verschiedene Teilnehmer dürfen und können zum gleichen Zeitpunkt den Bus anfordern. Da alle diese Teilnehmer über die gleiche *request*-Leitung ihre Anforderung an den Bus-Arbiter schicken, sieht der Bus-Arbiter zwar anhand des Pegels der Leitung, dass (wenigstens) einer der Teilnehmer den Bus anfordert, weiß aber nicht, welcher der Teilnehmer es ist. Ist der Bus nicht belegt, d. h. ist die *busy*-Leitung nicht aktiviert, so aktiviert der Bus-Arbiter in diesem Falle seinen *grant*-Ausgang. (Im Folgenden wollen wir davon ausgehen, dass die *grant*-Leitung ein high-aktives Signal ist, d. h. der Bus-Arbiter hat die *grant*-Leitung auf den Wert 1 gesetzt.) Die *grant*-Leitung wird durch alle Teilnehmer in der Reihenfolge, in der die Teilnehmer am Systembus hängen, durchgeschleift. Hier sind nun zwei Fälle zu unterscheiden:

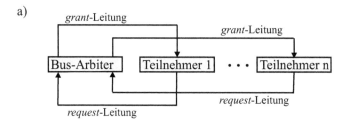

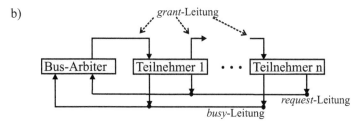

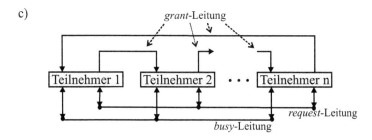

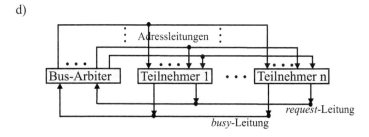

Abbildung 12.7: *Ansätze zur Zuteilung eines Busses an einen Teilnehmer. a) Arbitrierung durch Stichleitungen. Ein zentraler Bus-Arbiter entscheidet über die Zuteilung des Busses. b) Arbitrierung durch zentrales Daisy-Chaining. Die Reihenfolge, in der die Geräte des Busses auf der grant-Leitung angeordnet sind, bestimmt die Zuteilung des Busses. c) Arbitrierung durch dezentrales Daisy-Chaining. Es rotiert eine „Spielmarke“. Das Gerät, welches als letztes die Kontrolle über den Bus hatte, besitzt die Spielmarke und übernimmt die Rolle des Bus-Arbiters. d) Arbitrierung durch Polling. Vom Ansatz her handelt es sich um eine „Mischung“ zwischen dem Zugang über Stichleitungen und Daisy-Chaining.*

- Hat der Teilnehmer den Bus nicht angefordert, so leitet er das eingehende *grant*-Signal einfach nur an den nachfolgenden Teilnehmer, unabhängig von der Belegung des *grant*-Signals, weiter.

- Hat der Teilnehmer den Systembus angefordert, so deaktiviert er seinen ausgehenden *grant*-Anschluss, sodass der Bus keinem der ihm folgenden Teilnehmern zugeteilt wird. Der Bus wird ihm genau dann zugeteilt, wenn das eingehende *grant*-Signal aktiv ist. Ist dies der Fall, so aktiviert der Teilnehmer die *busy*-Leitung, um dem Bus-Arbiter und den anderen Teilnehmern des Busses anzuzeigen, dass der Bus unter der Kontrolle eines Teilnehmers (nämlich unter seiner Kontrolle) und somit belegt ist. Diese Aktivierung wird erst wieder durch den Teilnehmer zurückgenommen, wenn die Busoperation abgeschlossen ist.

Zentrales Daisy-Chaining ist kein faires Verfahren, da Prioritäten durch die „Verdrahtung" festgelegt sind. Je weiter ein Teilnehmer vom Bus-Arbiter entfernt ist, desto schwieriger ist es für ihn, den Bus zugeteilt zu bekommen.

Dezentrales Daisy-Chaining

Dezentrales Daisy-Chaining hingegen ist ein faires Verfahren. Im Unterschied zu zentralem Daisy-Chaining gibt es bei der dezentralen Variante keinen expliziten Bus-Arbiter. Vielmehr übernimmt der Teilnehmer, dem als letztes der Bus zugeteilt worden ist, die Rolle des Bus-Arbiters, wobei die Teilnehmer in einem Ring zusammengeschlossen sind. Eine Illustration des Verfahrens ist in Abbildung 12.7 (c) zu sehen.

12.2.3   Polling

Arbitrierung durch Polling (siehe Abbildung 12.7 (d)) ist vom Ansatz her eine „Mischung" zwischen dem Zugang über Stichleitungen und Daisy-Chaining. Die Bus-Anforderungen durch die Teilnehmer erfolgen analog zum Daisy-Chaining über eine gemeinsame *request*-Leitung. Die Bus-Zuteilung ähnelt dem Zugang über Stichleitungen, indem der Bus-Arbiter über einen Adressbus gemäß Zufallsprinzip oder nach festgelegten Regeln unter Berücksichtigung des Fairness-Prinzips die einzelnen Teilnehmer abfragt, d. h. die Teilnehmer sukzessive adressiert. Adressiert er einen Teilnehmer, der den Bus angefordert hat, so aktiviert dieser die *busy*-Leitung und übernimmt die Kontrolle über den Bus. Im Gegensatz zu dem Ansatz über Stichleitungen ist dieser Zugang skalierbar, d. h. weitere Teilnehmer können ohne großen Aufwand zum Bus hinzugefügt werden.

12.2.4   Carrier Sense Multiple Access

Die CSMA-Busprotokolle (*Carrier Sense Multiple Access*) sehen von einer Bus-Arbitrierung ab und beruhen im Wesentlichen auf einem „Zufallsprinzip"[5]. Sie zeichnen sich dadurch aus, dass jeder Teilnehmer, der über den Bus etwas senden will, sendet, ohne den Bus explizit zugeteilt bekommen zu haben. Ein sendewilliger Teilnehmer versucht, durch Abhören des Busses festzustellen, ob der Bus frei ist. Stellt er fest, dass der Bus belegt ist, so stört er die laufende Übertragung nicht. Glaubt er, dass der Bus nicht

---

[5]Erstmalig wurde mit solchen zufälligen Strategien im Rahmen von *Aloha* gearbeitet, einem funkbasierten Forschungsnetz auf Hawaii.

belegt ist, so fängt er mit Senden an. Senden zwei Teilnehmer gleichzeitig, so stören sich die Signale (Überlagerung der Signale)[6]. Die sendenden Teilnehmer lauschen am Bus. Stellen sie eine solche Kollision fest, d. h. stellen sie fest, dass das von ihnen gesendete Signal verfälscht wurde, so stoppen sie ihren Sendevorgang und warten eine zufällige Zeitspanne, bis sie einen erneuten Sendeversuch unternehmen.

Die bekannteste Anwendung von CSMA ist das Ethernet-Protokoll. CSMA wird zunehmend auch bei drahtlosen lokalen Netzen eingesetzt.

12.3 Busstruktur in modernen Rechnern

Die vorangegangenen Abschnitte stellten die grundlegenden Techniken von Bussen vor. In realen Rechnern ist der Aufbau um ein Vielfaches komplexer als sich das durch die bisher gemachten Ausführungen erahnen lässt. Ein Rechner verfügt in der Regel nicht nur über einen einzelnen Bus, sondern über mehrere Busse, die zu verschiedenen Zwecken eingesetzt werden. Diese Busse fahren unterschiedliche Protokolle und erlauben unterschiedliche Übertragungsraten.

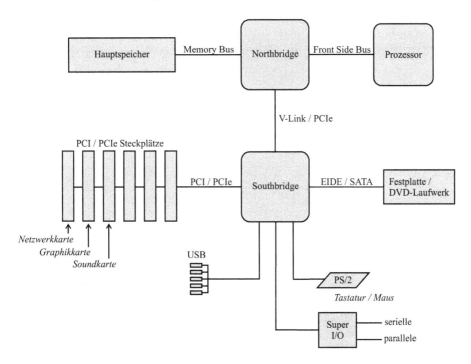

Abbildung 12.8: *Bussystem eines Rechners mit Northbridge und Southbridge*

---

[6]Auf technische Details wollen wir an dieser Stelle verzichten, sie würden über den Rahmen des Buches hinausgehen.

Moderne Hauptplatinen[7] stellen in der Regel zwei Chips zur Organisation des Datenverkehrs zur Verfügung, die mit *Northbridge* und *Southbridge* bezeichnet werden (siehe auch Abbildung 12.8):

- Die Northbridge ist für die Steuerung der Teile des Bussystems zuständig, die zum „High-Speed"-Bereich des Rechners gezählt werden. Hierzu gehören der Prozessor selbst und der Hauptspeicher.[8] Der Prozessor ist über den eigentlichen Systembus, den *Front-Side-Bus* (FSB), an die Northbridge angebunden, der Hauptspeicher über den *Memory-Bus*.

- Die Southbridge ist für die Steuerung des übrigen Datenverkehrs verantwortlich. Sie stellt unterschiedliche Schnittstellen zur Verfügung, so zum Beispiel (Stand Januar 2008):

  - USB (*Universal Serial Bus*), ein bitserieller Bus zur Anbindung externer Geräte (beispielsweise Drucker, Scanner, Maus, externe Festplatte, Speicherstick, Webcam).

  - PCIe-Bus (*Peripheral Component Interconnect Express*), der Nachfolger von PCI (*Peripheral Component Interconnect*) und AGP (*Accelerated Graphics Port*), über den Grafikkarten, Netzwerkkarten, Soundkarten und so weiter angebunden werden;

  - EIDE-Bus (*Extended Industry Standard Architecture*), ein 32-Bit breiter Bus, der zur Anbindung von Festplatten sowie CDROM/DVD- und Bandlaufwerken eingesetzt wird.

  - SATA-Schnittstelle (*Serial Advanced Technology Attachment*), über die bitserielle Punkt-zu-Punkt Verbindungen zwischen Hauptplatine und Geräten realisiert werden können; hier hat jedes Gerät (beispielsweise Festplatte, DVD-Laufwerk) seinen eigenen Anschluss.

  - serielle Anschlüsse, die PS/2 Schnittstelle (zur Anbindung der Tastatur und der Maus) sowie der parallele Druckeranschluss, die mehr und mehr durch USB verdrängt werden.

Die Northbridge und die Southbridge sind über den PCIe-Bus oder den sogenannten *(Ultra) V-Link*, einen proprietären Bus der Firma VIA Technologies Inc., miteinander verbunden.

---

[7]Die Hauptplatine (engl.: *motherboard*) ist die zentrale Platine in einem Rechner; auf ihr sind insbesondere Steckplätze für den eigentlichen Prozessor, den Hauptspeicher und Erweiterungskarten sowie die hier besprochenen Bausteine zur Intrarechnerkommunikation montiert.

[8]In älteren Rechnern wurde auch die Grafikkarte über den sogenannten AGP-Bus (*Accelerated Graphics Port*) über die Northbridge angesteuert.

12.4 Übungsaufgaben

Aufgabe 12.1

Überlegen Sie sich, wie das SCSI-Protokoll bei einer Schreibeoperation aussehen muss.

Aufgabe 12.2

Diskutieren Sie Vor- und Nachteile synchroner und asynchroner Übertragung.

Aufgabe 12.3

Welche Vorteile gewinnt man durch SATA gegenüber EIDE?

13 Fehlertolerante Kodierungen

Da beim Übertragen von Nachrichten wie auch beim Speichern und Lesen von Information Fehler auftreten können, ist es von großer Wichtigkeit, Codes zu benutzen, die in einem gewissen Sinne *fehlertolerant* sind. Fehlertolerante Codes sind Codes, die es einem Empfänger erlauben, zu erkennen, ob ein Fehler bei der Übertragung erfolgt ist, beziehungsweise Fehler zu erkennen *und* zu korrigieren.

13.1 Grundlegende Begriffe

Im Zusammenhang mit fehlertoleranten Codes sprechen wir von *fehlererkennenden Codes* beziehungsweise von *fehlerkorrigierenden Codes*. Dabei unterscheidet man zwischen einfachen Übertragungsfehlern und mehrfachen Übertragungsfehlern. Unter einem *einfachen Übertragungsfehler* versteht man das Kippen *eines* Bits in der Nachricht. Kippen mehrere Bits während der Übertragung, so sprechen wir von einem *mehrfachen Übertragungsfehler*.

Für die weitere Diskussion spielt der Begriff der Hamming-Distanz eines Codes eine bedeutende Rolle, sodass wir diesen Begriff formal fassen wollen.

Definition 13.1: *Hamming-Distanz zwischen zwei Wörtern*

Seien $x = (x_1, \ldots, x_n) \in \mathbb{B}^n$ und $y = (y_1, \ldots, y_n) \in \mathbb{B}^n$ zwei binäre Folgen der gleichen Länge n ($n \in \mathbb{N}$). Die *Hamming-Distanz $d_{hamming}(x, y)$ zwischen x und y* ist definiert als die Anzahl der Stellen, an denen x und y sich unterscheiden, d. h.

$$d_{hamming}(x, y) = |\{ j \in \{1, \ldots, n\}; \ x_j \neq y_j \}|.$$

Definition 13.2: *Hamming-Distanz eines Codes*

Sei $A = \{a_1, a_2, \ldots, a_m\}$ ein endliches Alphabet und $c : A \to \mathbb{B}^n$ ein Code fester Länge. Die *Hamming-Distanz $d_{hamming}(c)$ des Codes c* ist definiert als die kleinste Hamming-Distanz zwischen Codewörtern von A, d. h.

$$d_{hamming}(c) = \min \{ d_{hamming}(c(a_i), c(a_j)); \ a_i, a_j \in A \text{ und } a_i \neq a_j \}.$$

Da es sich bei Codes immer um injektive Abbildungen handelt, gilt stets:

Lemma 13.1

Ist $c : A \to \mathbb{B}^n$ ein Code fester Länge, so gilt $d_{hamming}(c) \geq 1$.

Im Folgenden werden wir zeigen, dass es einen direkten Zusammenhang zwischen der „Fehlertoleranz" eines Codes und seiner Distanz gibt. Zuerst (Abschnitt 13.2) verdeutlichen wir das hier betrachtete Szenario weiter und definieren detaillierter, was wir unter einem fehlererkennenden bzw. einem fehlerkorrigierenden Code verstehen. In diesem Abschnitt zeigen wir auch einen direkten Zusammenhang zwischen der Fehlertoleranz und der Hamming-Distanz eines Codes. Die dann folgenden Abschnitte beschäftigen sich mit aus der Praxis bekannten Codes, die wir näher vorstellen und deren Fehlertoleranz wir diskutieren wollen.

13.2   Grundlegende Eigenschaften fehlertoleranter Codes

Das Szenario, das wir im Folgenden betrachten, ist in Abbildung 13.1 illustriert. Es besteht aus einem Sender und einem Empfänger. Der Sender schickt ein beliebiges Codewort $c(a_i)$ über die eventuell gestörte Leitung an den Empfänger. Nachdem der Empfänger die Nachricht erhalten hat, muss dieser entscheiden, ob er die von ihm empfangene Bitfolge als korrekt akzeptiert. Tut er dies nicht, so kann er die Nachricht zurückweisen oder versuchen, das empfangene Wort zu korrigieren. Bei diesem Szenario gehen wir davon aus, dass der Empfänger die gültige Codetabelle, d. h. die Menge der Codewörter kennt. Welche Eigenschaft muss nun ein Code haben, damit der Empfänger Übertragungsfehler erkennen beziehungsweise Fehler korrigieren kann?

Abbildung 13.1: *Sender und Empfänger einer Nachricht. Der Sender verschickt ein Codewort. Das übertragene Codewort kann auf dem Kanal, d. h. der Leitung, gestört werden. Dies äußert sich dadurch, dass das empfangene Wort verschieden von dem gesendeten Codewort ist. Es wird davon ausgegangen, dass sich die Länge des empfangenen Wortes nicht von der Länge des gesendeten Wortes unterscheidet.*

Bevor wir uns mit dieser Frage näher beschäftigen, wollen wir zuerst formal fassen, welche Übertragungsfehler wir betrachten wollen. Die von uns betrachteten Fehler werden in einem sogenannten *Fehlermodell* modelliert.

Definition 13.3: *k-facher Fehler*

Sei $k \geq 1$ eine beliebige positive ganze Zahl. Kippen während der Übertragung eines Codewortes genau k Bits, d. h. ist die Hamming-Distanz zwischen dem gesendeten Codewort und dem empfangenen Wort genau k, so sagen wir, dass ein *k-facher Übertragungsfehler* vorliegt.

Wir sprechen von einem *k-Fehlermodell*, wenn wir davon ausgehen, dass bei jeder Übertragung über den Kanal das abgesendete Codewort entweder korrekt übertragen oder durch einen h-fachen Fehler mit $1 \leq h \leq k$ gestört wird.

13.2.1   Fehlererkennende Codes

Definition 13.4: *k-fehlererkennender Code*

Sei $c : A \to \mathbb{B}^n$ ein Code fester Länge eines endlichen Alphabets A. Dann ist c ein *k-fehlererkennender* Code, wenn es dem Empfänger unter der Annahme des k-Fehlermodells möglich ist, zu erkennen, ob das gesendete Codewort durch einen Übertragungsfehler verfälscht wurde.

Ein Code ist also genau dann k-fehlererkennend, wenn der Empfänger anhand der ihm vorliegenden Codetabelle entscheiden kann, ob während der Übertragung das Codewort gestört wurde, aber nur unter der Annahme, dass höchstens k Bits während der Übertragung kippen können.

Man sieht leicht, dass ein Code $c : A \to \mathbb{B}^n$ genau dann 1-fehlererkennend ist, wenn durch Kippen eines Bits in einem Codewort $c(a)$ kein anderes Codewort aus $c(A) := \{\, c(a_i)\,;\ a_i \in A \,\}$ entsteht, also wenn die Entfernung zwischen jeweils zwei verschiedenen Codewörtern von c mindestens zwei ist. Allgemeiner gilt

Lemma 13.2

Ein Code $c : A \to \mathbb{B}^n$ ist genau dann k-fehlererkennend, wenn $d_{hamming}(c) \geq k + 1$.

Beweis: Lassen Sie uns zuerst die Richtung von links nach rechts beweisen. Wir gehen also davon aus, dass der Code c ein k-fehlererkennender Code ist. Sendet nun der Sender ein Codewort $c(a_i)$ eines Alphabetzeichens $a_i \in A$ und wird das Codewort während der Übertragung gestört, indem bis zu k Bits in $c(a_i)$ kippen, so empfängt der Empfänger ein Wort $w \in \mathbb{B}^n$ mit

$$d_{hamming}(c(a_i), w) \leq k.$$

Kippen genau k Bits, was in dem zu Grunde liegenden Fehlermodell möglich ist, so gilt sogar Gleichheit, d. h. $d_{hamming}(c(a_i), w) = k$. Da der Empfänger entscheiden kann, ob ein Übertragungsfehler passiert ist, darf w kein Codewort von c sein, d. h. es muss

$$w \notin c(A)$$

gelten. Da w ein beliebiges Wort mit $d_{hamming}(c(a_i), w) \leq k$ sein kann, folgt damit

$$d_{hamming}(c) \geq k + 1.$$

Die Richtung von rechts nach links der Aussage ist noch sehr viel einfacher einzusehen. Ist die Hamming-Distanz eines Codes $c : A \to \mathbb{B}^n$ echt größer als k, so entsteht durch Kippen von bis zu k Bits in einem beliebigen Codewort $c(a_i)$ von c kein anderes Codewort von c, sodass der Empfänger anhand der ihm zur Verfügung stehenden Codetabelle nur entscheiden muss, ob das vom ihm empfangene Wort ein Codewort ist. Ist das empfangene Wort ein Codewort aus $c(A)$, so muss es das gesendete Codewort $c(a_i)$ sein, da in dem betrachteten Fehlermodell höchstens k Bits während der Übertragung kippen können.   ◁

Es ist relativ einfach, aus einem beliebigen Code $c : A \to \mathbb{B}^n$ eines endlichen Alphabets $A = \{a_1, \ldots, a_m\}$ einen Code $c_1 : A \to \mathbb{B}^{n_1}$ zu konstruieren, der 1-fehlererkennend ist. Man setzt $n_1 = 2 \cdot n$ und definiert c_1 durch

$$(\forall i \in \{1, \ldots, m\})(\forall q \in \{1, \ldots, n\}) \; c_1(a_i)_{2 \cdot q - 1} = c_1(a_i)_{2 \cdot q} = c(a_i)_q,$$

d. h. man wandelt c in dem Sinne in einen redundanten Code um, indem man jedes Bit des Codes verdoppelt. Empfängt der Empfänger dann ein Wort $w \in \mathbb{B}^{2 \cdot n}$ mit $w_{2 \cdot i - 1} \neq w_{2 \cdot i}$ für ein $i \in \{1, \ldots, n\}$, so ist das empfangene Wort fehlerbehaftet und kann vom Empfänger verworfen werden. Abbildung 13.2 veranschaulicht die Konstruktion. Die Hamming-Distanz des so konstruierten Codes c_1 ist offensichtlich größer gleich 2, da sich für je zwei unterschiedliche Zeichen a_i und a_j aus A die Codewörter $c(a_i)$ und $c(a_j)$ nach Lemma 13.1 an wenigstens einer Stelle und somit die Codewörter $c_1(a_i)$ und $c_1(a_j)$ an wenigstens zwei Stellen unterscheiden.

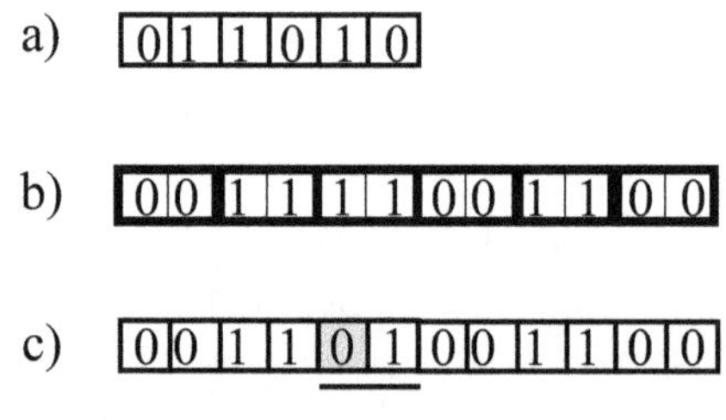

a) |0|1|1|0|1|0|

b) |0|0|1|1|1|1|0|0|1|1|0|0|

c) |0|0|1|1|0|1|0|0|1|1|0|0|

Abbildung 13.2: *Konstruktion eines naiven 1-fehlererkennenden Codes. a) Das Codewort $c(a)$. b) Das Codewort $c_1(a)$, das aus $c(a)$ in der Weise entsteht, dass jedes Bit verdoppelt wird. Die dunkel umrandeten Kästchen zeigen die so entstehenden Blöcke. c) Das Codewort $c_1(a)$, nachdem durch einen Übertragungsfehler ein Bit gekippt ist. Das Bit ist schattiert gekennzeichnet. Dadurch entsteht ein fehlerhafter Block, d. h. ein Block, dessen Bitstellen verschieden sind.*

Der durch dieses relativ naive Vorgehen konstruierte 1-fehlererkennende Code ist ziemlich teuer, was seine Länge angeht – wir haben die Länge des ursprünglichen Codes

c verdoppelt. Können 1-fehlererkennende Codes konstruiert werden, die bezüglich der Länge des Codes effizienter sind? Korollar 13.4, welches wir über Lemma 13.3 beweisen, gibt eine untere Schranke für die Länge von 1-fehlererkennenden Codes, als Funktion in der Größe des kodierten Alphabets A.

Lemma 13.3

Seien $A = \{a_1, \ldots, a_m\}$ ein Alphabet mit $m \geq 1$ und $c_{erk}^{(1)} : A \to \mathbb{B}^n$ ein beliebiger 1-fehlererkennender Code von A. Dann gilt $m \leq 2^{n-1}$.

Beweis: Wir beweisen die Behauptung mit Induktion nach n.

Ist $n = 1$, d.h. ist die Länge des Codes $c_{erk}^{(1)}$ gleich 1, dann würden mit $m = 2$ die Gleichungen

$$c_{erk}^{(1)}(a_1) = 0 \text{ und } c_{erk}^{(1)}(a_2) = 1$$

(oder umgekehrt) gelten, womit die Hamming-Distanz des Codes $c_{erk}^{(1)}$ im Widerspruch zur Voraussetzung nur 1 wäre. Somit muss $m \leq 1 = 2^0 = 2^{1-1}$ gelten.

Lassen Sie uns jetzt annehmen, dass für ein $n \geq 2$ die Behauptung für alle $n' < n$ bewiesen wäre. Wir zeigen nun, dass die im Lemma gemachte Aussage auch für n gilt. Sei hierfür $c_{erk}^{(1)} : A \to \mathbb{B}^n$ ein 1-fehlerkorrigierender Code eines Alphabets A der Größe m. Wir betrachten dann die beiden Codes $c_0 : A_0 \to \mathbb{B}^{n-1}$ und $c_1 : A_1 \to \mathbb{B}^{n-1}$ mit

$$A_0 = \{\, a_i \in A \,;\; \text{das hinterste Bit von } c_{erk}^{(1)}(a_i) \text{ ist gleich } 0 \,\} \subseteq A,$$
$$A_1 = \{\, a_i \in A \,;\; \text{das hinterste Bit von } c_{erk}^{(1)}(a_i) \text{ ist gleich } 1 \,\} \subseteq A.$$

Die Codes c_0 und c_1 selbst ergeben sich aus den ersten $n - 1$ Bitstellen des Codes $c_{erk}^{(1)}$ und sind 1-fehlererkennende Codes von A_0 bzw. A_1, da für je zwei Zeichen $a_i, a_j \in A_0$ (bzw. $a_i, a_j \in A_1$) mit $a_i \neq a_j$

$$\begin{aligned} d_{hamming}(c_0(a_i), c_0(a_j)) &= d_{hamming}(c_0(a_i) \cdot 0, c_0(a_j) \cdot 0) \\ &= d_{hamming}(c_{erk}^{(1)}(a_i), c_{erk}^{(1)}(a_j)) \\ &\geq 2 \end{aligned}$$

bzw.

$$\begin{aligned} d_{hamming}(c_1(a_i), c_1(a_j)) &= d_{hamming}(c_1(a_i) \cdot 1, c_1(a_j) \cdot 1) \\ &= d_{hamming}(c_{erk}^{(1)}(a_i), c_{erk}^{(1)}(a_j)) \\ &\geq 2 \end{aligned}$$

gilt. Nach Induktionsannahme gilt somit $|A_0| \leq 2^{n-2}$ und $|A_1| \leq 2^{n-2}$. Wegen $A = A_0 \cup A_1$ und $A_0 \cap A_1 = \emptyset$ folgt dann $m \leq 2^{n-2} + 2^{n-2} = 2^{n-1}$, womit die Aussage des Lemmas bewiesen ist. ◁

Korollar 13.4

Seien $A = \{a_1, \ldots, a_m\}$ ein Alphabet mit $m \geq 1$ und $c_{erk}^{(1)} : A \to \mathbb{B}^n$ ein 1-fehlererkennender Code von A. Dann gilt $n \geq \lceil \log_2 m \rceil + 1$.

Beweis: Aus Lemma 13.3 folgt $n - 1 \geq \log_2 m$, was äquivalent zu $n \geq \log_2 m + 1$ ist. Da n eine ganze Zahl ist, folgt hiermit $n \geq \lceil \log_2 m + 1 \rceil = \lceil \log_2 m \rceil + 1$.   ◁

Das Lemma sagt aus, dass man für einen 1-fehlererkennenden Code wenigstens ein Bit mehr als die Länge eines kürzesten Codes von A benötigt. Diese untere Schranke ist „scharf", d. h. es gibt zu jedem Alphabet $A = \{a_1, \ldots, a_m\}$ auch wirklich einen 1-fehlererkennenden Code der Länge $\lceil \log_2 m \rceil + 1$. Einen solchen Code, der unter dem Begriff der *Parity-Überprüfung* bekannt ist, werden wir in Abschnitt 13.3.1 kennen lernen.

13.2.2   Fehlerkorrigierende Codes

Definition 13.5: *k-fehlerkorrigierender Code*

Sei $c : A \to \mathbb{B}^n$ ein Code fester Länge eines endlichen Alphabets A. Dann ist c ein *k-fehlerkorrigierender* Code, wenn es dem Empfänger unter der Annahme des k-Fehlermodells möglich ist zu erkennen, ob das gesendete Codewort durch einen Übertragungsfehler verfälscht wurde. Liegt ein Übertragungsfehler vor, so ermöglicht der Code es dem Empfänger, das gesendete Codewort ohne Hilfe des Senders zu rekonstruieren.

Lemma 13.5

Ein Code c ist genau dann k-fehlerkorrigierend, wenn $d_{hamming}(c) \geq 2 \cdot k + 1$.

Beweis: Lassen Sie uns wieder den Beweis für die Richtung von links nach rechts zuerst durchführen. Wir gehen also davon aus, dass der Code $c : A \to \mathbb{B}^n$ k-fehlerkorrigierend ist. Nehmen Sie jetzt an, der Sender sendet das Codewort $c(a_i)$ eines beliebigen Zeichens $a_i \in A$ und der Empfänger empfängt das Wort $w \in \mathbb{B}^n$. Wegen der Voraussetzung, dass höchstens k Bits während der Übertragung gekippt sein können, gilt $d_{hamming}(c(a_i), w) \leq k$, schlimmstenfalls gilt Gleichheit. Gäbe es nun ein von a_i verschiedenes Alphabetzeichen $a_j \in A$, dessen Kodierung eine Hamming-Distanz zu dem Codewort $c(a_i)$ von weniger als $2 \cdot k + 1$ hätte, so würde es ein Wort $v \in \mathbb{B}^n$ mit

$$d_{hamming}(c(a_i), v) \leq k$$

und

$$d_{hamming}(c(a_j), v) \leq k$$

geben, d. h. ein Wort $v \in \mathbb{B}^n$, das durch einen fehlerhaften Kanal unter Annahme des k-Fehlermodells sowohl beim Versand von $c(a_i)$ als auch beim Versand von $c(a_j)$

empfangen werden könnte. Der Empfänger könnte in diesem Fall nicht entscheiden, ob das Alphabetzeichen a_i oder das Alphabetzeichen a_j gesendet worden ist.

Um die andere Richtung der Aussage zu beweisen, muss man sich überlegen, dass aus $d_{hamming}(c) \geq 2 \cdot k + 1$ folgt, dass die n-dimensionalen Kugeln $Kugel_k(a_i)$

$$Kugel_k(a_i) := \{\, v \in \mathbb{B}^n \,;\, d_{hamming}(v, c(a_i)) \leq k \,\}$$

paarweise disjunkt sind, d. h. dass

$$(\forall a_i, a_j \in A)\; a_i \neq a_j \Longrightarrow Kugel_k(a_i) \cap Kugel_k(a_j) = \emptyset$$

gilt. Wird nun das Codewort $c(a_i)$ eines Zeichens $a_i \in A$ vom Sender gesendet und der Empfänger empfängt das Wort $w \in \mathbb{B}^n$, so gilt $w \in Kugel_k(a_i)$ wegen des zu Grunde liegenden Fehlermodells und $w \notin Kugel_k(a_j)$ für jedes andere Zeichen a_j aus dem Alphabet. Somit kann der Empfänger entscheiden, dass das Zeichen a_i gesendet worden ist, indem er überprüft, in welche der zum Alphabet A gehörigen, paarweise disjunkten n-dimensionalen Kugeln das von ihm empfangene Wort enthalten ist. ◁

In der Regel werden in der Praxis, wenn überhaupt, 1-fehlerkorrigierende Codes betrachtet. Es ist relativ einfach, aus einem beliebigen Code $c : A \to \mathbb{B}^n$ eines Alphabets $A = \{a_1, \ldots, a_m\}$ einen Code $c_2 : A \to \mathbb{B}^{n_2}$ zu konstruieren, der 1-fehlerkorrigierend ist. Man setzt $n_2 = 3 \cdot n$ und definiert c_2 durch

$$(\forall i \in \{1, \ldots, m\})(\forall q \in \{1, \ldots, n\})$$
$$c_2(a_i)_{3 \cdot q - 2} = c_2(a_i)_{3 \cdot q - 1} = c_2(a_i)_{3 \cdot q} = c(a_i)_q,$$

d. h. man wandelt c in einen 1-fehlerkorrigierenden Code um, indem man jedes Bit des Codes verdreifacht. Dies führt offensichtlich zu einem Code mit einer Hamming-Distanz, die größer gleich 3 ist, und der somit nach Lemma 13.5 1-fehlerkorrigierend ist. Über eine einfache „Mehrheitsentscheidung" kann überprüft werden, ob ein einfacher Fehler bei der Übertragung eingestreut wurde, und falls ja, an welcher Stelle, sich dieser Fehler befindet. Abbildung 13.3 veranschaulicht die Konstruktion.

Dieses naive Vorgehen, einen 1-fehlerkorrigierenden Code aus einem beliebigen anderen Code zu konstruieren, verdreifacht die Länge des Codes. Geht dies effizienter? Lemma 13.6 gibt wieder eine untere Schranke für die Länge eines Codes eines endlichen Alphabets A der Größe m an, diesmal für den Fall, dass der Code 1-fehlerkorrigierend ist. Diese untere Schranke, die „scharf" ist, wie wir in Abschnitt 13.3.3 sehen werden, ist wesentlich kleiner als die Länge des 1-fehlerkorrigierenden Codes, den wir durch das gerade geschilderte naive Verfahren erhalten. Dieser Code ist dementsprechend nicht effizient und wird in der Praxis auch nicht eingesetzt.

Lemma 13.6

Seien $A = \{a_1, \ldots, a_m\}$ ein Alphabet mit $m = 2^q$ für eine geeignete natürliche Zahl q und $c_{kor}^{(1)} : A \to \mathbb{B}^n$ ein beliebiger 1-fehlerkorrigierender Code von A. Dann gilt

$$n \geq \log_2 m + \lceil \log_2 \log_2 m \rceil.$$

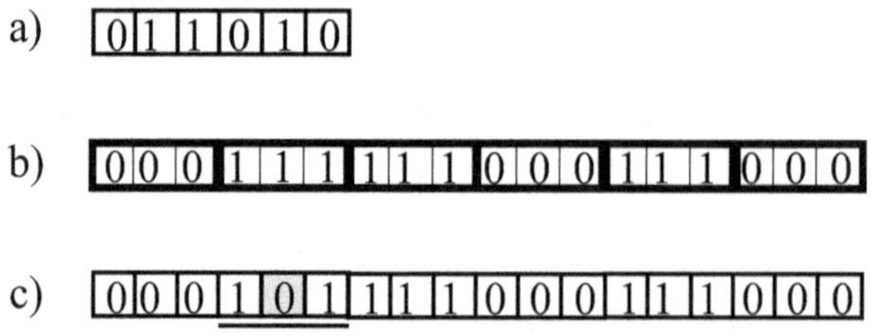

a) $\boxed{0\,|1\,|1\,|0\,|1\,|0}$

b) $\boxed{0\,|0\,|0\,|1\,|1\,|1\,|1\,|1\,|1\,|0\,|0\,|0\,|1\,|1\,|1\,|0\,|0\,|0}$

c) $\boxed{0\,|0\,|0\,|1\,|0\,|1\,|1\,|1\,|1\,|0\,|0\,|0\,|1\,|1\,|1\,|0\,|0\,|0}$

Abbildung 13.3: *Konstruktion eines naiven 1-fehlerkorrigierenden Codes. a) Das Codewort $c(a)$. b) Das Codewort $c_2(a)$, das aus $c(a)$ in der Weise entsteht, dass jedes Bit verdreifacht wird. Die Kästen zeigen die so entstehenden Blöcke. c) Das Codewort $c_2(a)$, nachdem durch einen Übertragungsfehler ein Bit gekippt ist. Das Bit ist schattiert gekennzeichnet. Es entsteht dadurch ein fehlerhafter Block.*

Ist q selbst eine Zweierpotenz, so gilt sogar

$$n \geq \log_2 m + \log_2 \log_2 m + 1.$$

Beweis: Zum Beweis betrachten wir die schon im Beweis von Lemma 13.5 eingeführten n-dimensionalen Kugeln

$$Kugel_1(a_i) = \{\, w \in \mathbb{B}^n \,;\, d_{hamming}(c_{kor}^{(1)}(a_i), w) \leq 1 \,\}$$

vom Radius 1 um die Codewörter herum. Da $c_{kor}^{(1)}$ ein 1-fehlerkorrigierender Code ist, muss

$$(\forall a_i, a_j \in A \text{ mit } a_i \neq a_j) \ Kugel_1(a_i) \cap Kugel_1(a_j) = \emptyset$$

gelten. Da für jedes der m Zeichen a_i des Alphabets die Kugel $Kugel_1(a_i)$ genau $n+1$ Wörter enthält und die Kugeln paarweise disjunkt sind, muss

$$m \cdot (n+1) \leq 2^n \tag{13.1}$$

gelten.

Um m Elemente kodieren zu können, muss $n \geq \log_2 m$ gelten – erinnern Sie sich daran, dass wir vorausgesetzt haben, das m eine Zweierpotenz ist, d. h. $m = 2^q$ für eine geeignete natürliche Zahl q gilt. Die Länge n des Codes $c_{kor}^{(1)}$ lässt sich demnach schreiben als

$$n = q + r \tag{13.2}$$

für eine geeignete ganze Zahl $r \geq 0$. Hiermit folgen dann zusammen mit Ungleichung (13.1) die Ungleichungen

$$2^q \cdot (q + r + 1) \leq 2^{q+r}$$

und

$$q + r + 1 \leq 2^r. \tag{13.3}$$

Wir unterscheiden nun die beiden Fälle:

- Ist q eine Zweierpotenz, d. h. $q = 2^t$ für eine geeignete natürliche Zahl t, und würde man in diesem Fall

$$
\begin{aligned}
r &:= \log_2 \log_2 m \\
&= \log_2 q \\
&= t
\end{aligned}
$$

setzen, so würde die Ungleichung (13.3) zu

$$2^t + t + 1 \leq 2^t$$

werden, was sicherlich nicht gilt. Es muss also

$$r \geq t + 1,$$

d. h. mit Gleichung (13.2)

$$
\begin{aligned}
n &= q + r \\
&\geq \log_2 m + t + 1 \\
&= \log_2 m + \log_2 \log_2 m + 1
\end{aligned}
$$

gelten.

- Ist q keine Zweierpotenz, d. h. gilt

$$q = 2^t + i$$

für geeignete natürliche Zahlen t und i mit $1 \leq i < 2^t$, und würde man

$$
\begin{aligned}
r &:= \lfloor \log_2 \log_2 m \rfloor \\
&= \lfloor \log_2 q \rfloor \\
&= t
\end{aligned}
$$

setzen, so würde Ungleichung (13.3) zu

$$2^t + i + t + 1 \leq 2^t$$

werden, was wiederum nicht gilt. Es muss also

$$
\begin{aligned}
r &\geq t + 1 \\
&= \lfloor \log_2 (2^t + i) \rfloor + 1 \\
&= \lceil \log_2 (2^t + i) \rceil \\
&= \lceil \log_2 q \rceil \\
&= \lceil \log_2 \log_2 m \rceil,
\end{aligned}
$$

d. h. mit Gleichung (13.2)

$$
\begin{aligned}
n &= q + r \\
&\geq \log_2 m + \lceil \log_2 \log_2 m \rceil
\end{aligned}
$$

gelten.

$\triangleleft$

13.3   Beispiele fehlertoleranter Codes

Wir wollen uns im Folgenden vier in der Praxis verwendete fehlertolerante Kodierungen anschauen. Bei jedem dieser Codes überlegen wir uns, ob und falls ja, warum er für welchen Wert k ein k-fehlererkennender beziehungsweise ein k-fehlerkorrigierender Code ist. Wir beginnen mit drei Verfahren, die auf dem Prinzip der Parity-Überprüfung basieren. Wir kommen abschließend auf die sogenannte CRC-Kodierung (engl.: *Cyclic Redundancy Code*) zu sprechen, die vielfach im Rahmen der Datenübertragung benutzt wird.

13.3.1   Eindimensionale Parity-Überprüfung

Der Einsatz eines *Parity-Bits* zur Überprüfung der Korrektheit eines Wortes ist ein oft verwendetes Verfahren, welches zum Beispiel im Rahmen der Speicherung auf Magnetbändern benutzt wird. Die Idee besteht darin, dass man einen Code fester Länge, zum Beispiel 7-Bit-ASCII, um eine zusätzliche Bitstelle verlängert und dieses für die neue, dann fehlertolerante Kodierung immer so setzt, dass jedes Codewort eine gerade Anzahl von Einsen enthält.

Wir wollen die Konstruktion formal beschreiben. Abbildung 13.4 illustriert die Konstruktion an dem Beispiel des 7-Bit-ASCII für das Teilalphabet $\{'a', \ldots, 'z'\}$ des Maschinenalphabets.

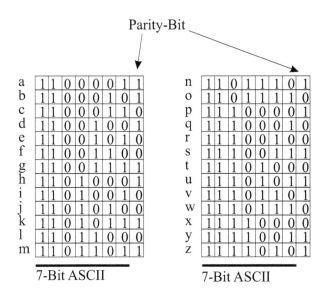

Abbildung 13.4: *7-Bit-ASCII für die Zeichen von 'a' nach 'z' mit zusätzlichem Parity-Bit. Das Parity-Bit ist schattiert gekennzeichnet. Es wird so gesetzt, dass in dem neuen 8-Bit langen Codewort eines jeden Zeichens die Anzahl der gesetzten Bits geradzahlig ist.*

Seien $A = \{a_1, \ldots, a_m\}$ ein Alphabet und $c : A \to \mathbb{B}^n$ ein Code fester Länge von A. Der Code c kann ein beliebiger Code sein, insbesondere die minimale Länge $\lceil \log_2 m \rceil$ haben. Der *um ein Parity-Bit erweiterte Code* $c^{\text{parity}} : A \to \mathbb{B}^{n+1}$ von c ist durch

$$(\forall a_i \in A)\ c^{\text{parity}}(a_i)_j = \begin{cases} c(a_i)_j, & \text{falls } 1 \leq j \leq n \\ \left(\sum_{p=1}^{n} c(a_i)_p\right) \bmod 2, & \text{falls } j = n+1 \end{cases}$$

gegeben.

Lemma 13.7

Seien $A = \{a_1, \ldots, a_m\}$ ein Alphabet und $c : A \to \mathbb{B}^n$ ein Code von A. Dann gilt

$$d_{hamming}(c^{\text{parity}}) \geq 2$$

für den um ein Parity-Bit erweiterten Code $c^{\text{parity}} : A \to \mathbb{B}^{n+1}$ von c.

Beweis: Für alle Zeichen $a_i \in A$ des Alphabets gilt, dass das Codewort $c^{\text{parity}}(a_i)$ eine gerade Anzahl von Einsen enthält. Kippt ein Bit, so wird aus der geraden Anzahl von

Einsen eine ungerade Anzahl, sodass das so entstehende Wort $w \in \mathbb{B}^{n+1}$ kein Codewort sein kann, d. h. $w \notin c^{\text{parity}}(A)$. Somit gilt

$$d_{hamming}(c^{\text{parity}}(a_i), c^{\text{parity}}(a_j)) \geq 2$$

für je zwei Alphabetzeichen a_i und a_j mit $a_i \neq a_j$, womit die Aussage des Lemmas bewiesen ist.   ◁

Korollar 13.8

Seien $A = \{a_1, \ldots, a_m\}$ ein Alphabet und $c : A \to \mathbb{B}^n$ ein Code von A. Dann ist der um ein Parity-Bit erweiterte Code $c^{\text{parity}} : A \to \mathbb{B}^{n+1}$ von c 1-fehlererkennend.

Beweis: Die Aussage folgt direkt aus Lemma 13.7 und Lemma 13.2.   ◁

13.3.2   Zweidimensionale Parity-Überprüfung

Zweidimensionale Parity-Überprüfung macht genau das, was der Name suggeriert. Sie wird im Rahmen der Übertragung von Blöcken von Zeichen angewendet und basiert auf der eindimensionalen Parity-Überprüfung. Man geht wieder von einer nichtfehlertoleranten Kodierung, wie zum Beispiel ASCII, aus. Die Kodierung eines jeden Zeichens für sich wird, wie im Abschnitt 13.3.1 gezeigt, um ein Parity-Bit erweitert – in diesem Zusammenhang spricht man von der Überprüfung der Zeilen des übertragenden Blocks. Nachdem alle Zeichen übertragen wurden, wird noch ein weiteres Byte übertragen, das die Parity-Bits der Spalten enthält.

Rein formal können wir den Block der zu übertragenden Zeichen als eine $(z \times s)$-Matrix $A = (a_{i,j})$ ansehen. Für jede Zeile $Z_i = (a_{i,1}, a_{i,2}, \ldots, a_{i,s})$ und jede Spalte $S_j = (a_{1,j}, a_{2,j}, \ldots, a_{z,j})$ werden die entsprechenden Paritäten

$$f_{\text{parity}}(Z_i) = \left(\sum_{j=1}^{s} a_{i,j} \right) \bmod 2$$

$$f_{\text{parity}}(S_j) = \left(\sum_{i=1}^{z} a_{i,j} \right) \bmod 2$$

berechnet. Fügt man die Paritäten an die Matrix A an, so ergibt sich eine neue $(z+1) \times (s+1)$-Matrix $B = (b_{i,j})$ mit

$$(\forall i \in \{1, \ldots, z+1\})(\forall j \in \{1, \ldots, s+1\})$$

$$b_{i,j} = \begin{cases} a_{i,j}, & \text{falls } 1 \leq i \leq z,\ 1 \leq j \leq s \\ f_{\text{parity}}(Z_i), & \text{falls } 1 \leq i \leq z,\ j = s+1 \\ f_{\text{parity}}(S_j), & \text{falls } i = z+1,\ 1 \leq j \leq s \\ f_{\text{parity}}(b_{z+1,1}, b_{z+1,2}, \ldots, b_{z+1,s}), & \text{falls } i = z+1,\ j = s+1. \end{cases}$$

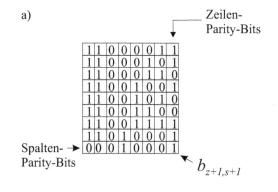

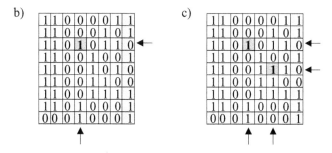

Abbildung 13.5: *Zweidimensionale Parity-Überprüfung. a) Konstruktion. Die hellen Felder sind die Komponenten des Feldes A. b) Bei Vorliegen eines Einzelfehlers ist genau ein Zeilen-Parity-Bit und ein Spalten-Parity-Bit falsch gesetzt. Die entsprechenden Parity-Bits sind mit jeweils einem Pfeil gekennzeichnet. Die Komponente, die sowohl in der entsprechenden Zeile als auch in der entsprechenden Spalte liegt, hat einen fehlerhaften Wert. Diese Komponente ist stark schattiert gekennzeichnet. c) Es liegt ein Doppelfehler vor, der an vier verschiedenen Parity-Bits erkannt wird.*

Man beachte, dass $b_{z+1,s+1}$ nicht nur das Parity-Bit der $(z+1)$-ten Zeile, sondern auch das Parity-Bit der $(s+1)$-ten Spalte von B ist. Dies besagt das folgende Lemma.

Lemma 13.9

Es gilt

$$f_{\text{parity}}(b_{z+1,1}, b_{z+1,2}, \ldots, b_{z+1,s}) = f_{\text{parity}}(b_{1,s+1}, b_{2,s+1}, \ldots, b_{z,s+1}).$$

Beweis: Lassen Sie uns zuerst den Fall betrachten, dass es in der Matrix A eine gerade Anzahl von Einsen gibt. Dann gibt es eine gerade Anzahl von Spalten in A, die jeweils eine ungerade Anzahl von Einsen enthalten (oder es gibt überhaupt keine solche Spalte).

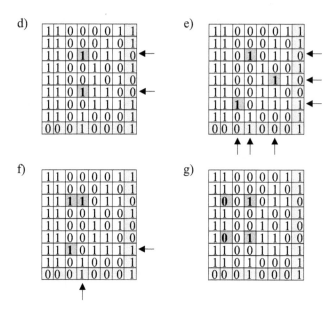

Abbildung 13.6: Fortsetzung des Beispiels aus Abbildung 13.5. *d) Es liegt ein Doppelfehler vor, der nur an zwei Parity-Bits erkannt werden kann, da die beiden Einzelfehler in der gleichen Spalte liegen. e), f) Es liegt jeweils ein 3-fach-Fehler an. Jeder 3-fach-Fehler kann durch die zweidimensionale Parity-Überprüfung erkannt werden. g) Ein 4-fach-Fehler, der nicht durch zwei-dimensionale Parity-Überprüfung erkannt wird.*

Seien dies die Spalten $1 \leq j_1, j_2, \ldots, j_{2 \cdot p} \leq s$ mit $p \geq 0$, d. h. es gelte

$$b_{z+1,j} = \begin{cases} 1, & \text{falls } j \in \{j_1, j_2, \ldots, j_{2 \cdot p}\} \\ 0, & \text{sonst.} \end{cases}$$

Damit gilt aber schon

$$f_{\text{parity}}(b_{z+1,1}, b_{z+1,2}, \ldots, b_{z+1,s}) = \left(\sum_{j=1}^{s} b_{z+1,j} \right) \bmod 2$$

$$= \left(\sum_{l=1}^{2 \cdot p} b_{z+1,j_l} \right) \bmod 2$$

$$= \left(\sum_{l=1}^{2 \cdot p} 1 \right) \bmod 2$$

$$= (2 \cdot p) \bmod 2$$

$$= 0.$$

Da es auch eine gerade Anzahl von Zeilen in A gibt, die jeweils eine ungerade Anzahl von Einsen enthalten (oder es gibt überhaupt keine solche Zeile), kann man analog zeigen, dass

$$f_{\text{parity}}(b_{1,s+1}, b_{2,s+1}, \ldots, b_{z,s+1}) = 0$$

gelten muss, womit der Fall, in dem die Matrix A eine gerade Anzahl von Einsen enthält, abgeschlossen ist.

Im Falle, dass die Matrix A eine ungerade Anzahl von Einsen enthält, gibt es eine ungerade Anzahl von Zeilen bzw. Spalten, die jeweils eine ungerade Anzahl von Einsen enthalten, sodass

$$f_{\text{parity}}(b_{z+1,1}, b_{z+1,2}, \ldots, b_{z+1,s}) = 1$$
$$= f_{\text{parity}}(b_{1,s+1}, b_{2,s+1}, \ldots, b_{z,s+1})$$

gilt. ◁

Was ist nun die Hamming-Distanz eines Codes mit zweidimensionaler Parity-Überprüfung, geht man von ASCII als „Start-Kodierung" aus? Wie in Abbildung 13.5 b) illustriert wird, erkennt man mit der zweidimensionalen Parity-Überprüfung jeden 1-fach-Fehler. Mehr noch, geht man von dem Einzelfehlermodell aus, so ist jeder 1-fach-Fehler durch die zweidimensionale Parity-Überprüfung sogar korrigierbar, da bei einem 1-fach-Fehler sowohl das entsprechende Spalten-Parity-Bit als auch das entsprechende Zeilen-Parity-Bit falsch gesetzt ist. Die zu korrigierende Komponente des Feldes B ist die Komponente, die im Schnitt dieser Spalte und dieser Zeile liegt. Mit Lemma 13.5 ist damit die Hamming-Distanz eines Codes mit zweidimensionaler Parity-Überprüfung jedenfalls größer gleich 3. Aufgabe 13.4 verlangt von Ihnen zu beweisen, dass man mit zweidimensionaler Parity-Überprüfung jeden $2k+1$-fach-Fehler, also jeden „ungeraden", insbesondere jeden 3-fach-Fehler erkennen kann. Abbildung 13.5 e) und f) illustrieren diesen Sachverhalt, sodass die Hamming-Distanz eines Codes mit zweidimensionaler Parity-Überprüfung auf Grund von Lemma 13.2 sogar größer gleich 4 ist. Abbildung 13.5 g) zeigt ein Beispiel eines 4-fach-Fehlers, der nicht mit zweidimensionaler Parity-Überprüfung erkennbar ist. Somit ist die Distanz des Codes echt kleiner als 5.

Satz 13.1

Eine Kodierung mit zweidimensionaler Parity-Überprüfung ist 1-fehlerkorrigierend und 3-fehlererkennend.

13.3.3 Hamming-Code

Der Hamming-Code ist ein 1-fehlerkorrigierender Code, der im Sinne von Lemma 13.6 optimal ist. Wieder geht man davon aus, dass eine Kodierung $c_{init} : A \to \mathbb{B}^q$ des Alphabets $A = \{a_1, \ldots, a_m\}$, deren Zeichen übertragen werden sollen, vorgegeben ist – in der Regel ist dies ASCII. Allgemein gilt $q \geq \lceil \log_2 m \rceil$, nach dem was wir in Abschnitt 3.2 gelernt haben.

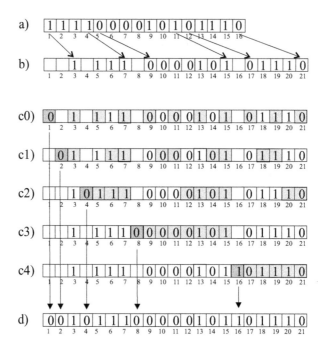

Abbildung 13.7: *Hamming-Code. a) Zu kodierende Bitfolge der Länge 16. b) Die Bitfolge wird um fünf Stellen erweitert, indem an den Position 2^i mit $i = 0, 1, 2, 3, 4$ Bitstellen eingefügt werden. c1)-c5) Berechnung der einzelnen Parity-Bits. Es sind jeweils die Stellen (hell und dunkel) schattiert gekennzeichnet, die in die Berechnung des entsprechenden Parity-Bits (dunkel schattiert) eingehen. d) Die „Hamming-kodierte" Bitfolge.*

Bei der Konstruktion des Hamming-Codes werden $\lceil \log_2 q \rceil + 1$ neue Bitstellen eingefügt und zwar an den Bitstellen $2^0, 2^1, \ldots, 2^{\lceil \log_2 q \rceil}$. Bitstelle 2^i agiert als Parity-Bit für die Positionen k, die in ihrer Binärdarstellung an der i-ten Stelle eine Eins haben. So agiert die Bitstelle an der Stelle 1 ($= 2^0$) als Parity-Bit für die Stellen $1, 3, 5, 7, 9, 11, \ldots$ – das sind genau die Positionen, die in ihrer Binärdarstellung an der 0-ten Stelle, also der Stelle mit Wertigkeit 2^0, eine Eins stehen haben. Die Bitstelle an der Position 2 ($= 2^1$) agiert als Parity-Bit der Stellen der Positionen $2, 3, 6, 7, 10, 11, \ldots$ Diese Positionen haben in ihrer Binärdarstellung an der ersten Stelle (Stelle der Wertigkeit 2^1) eine Eins. Die Bitstelle 4 ($= 2^2$) agiert als Parity-Bit für die Stellen $4, 5, 6, 7, 12, 13, 14, 15, \ldots$ Abbildung 13.7 illustriert die Konstruktion an einem Beispiel, in dem ein Zeichen x mit $c_{init}(x) = 1111000010101110$ „Hamming-kodiert" wird.

Betrachten Sie nun, welche Bitstellen durch welche Parity-Bits überprüft werden. In Abbildung 13.7 sieht man, dass die Bitstelle an der Position 13 durch die Parity-Bits 1, 4 und 8 überprüft werden. Beachten Sie, dass $1 + 4 + 8 = 13$ gilt. Allgemein gilt, dass es für jede natürliche Zahl j genau eine endliche Menge

$$\mathcal{B}(j) \subseteq \{\, 2^i \,;\, i \in \mathbb{N} \,\}$$

mit

$$j = \sum_{i \in \mathcal{B}(n)} 2^i \tag{13.4}$$

gibt (siehe auch Abschnitt 3.3.1 bzw. Abbildung 13.8) und dass das Parity-Bit an der Position 2^i genau die Bitstellen der Positionen j mit $2^i \in \mathcal{B}(j)$ überprüft.

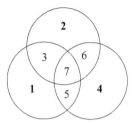

Abbildung 13.8: *Hamming-Code. Illustration, welche Bitstellen durch welche Parity-Bits überprüft werden. Das Parity-Bit an der Stelle 1 überprüft, die Stellen $1, 3, 5, 7$, das Parity-Bit an der Stelle 2 überprüft die Stellen $2, 3, 6, 7$ und das Parity-Bit an der Stelle 4 überprüft die Stellen $4, 5, 6, 7$.*

Kippt bei der Übertragung eines „Hamming-kodierten" Wortes nun das Bit an der Stelle j, so erkennt man diesen 1-fach-Fehler genau an jedem der Parity-Bits der Positionen, die in der Menge $\mathcal{B}(j)$ abgespeichert sind. Wegen Gleichung (13.4) ergibt sich die fehlerhafte Position aus den fehlerhaften Parity-Bits, sodass der Hamming-Code in der Tat ein 1-fehlerkorrigierender Code ist. Zudem ist die Länge mit $q + \lceil \log_2 q \rceil + 1$ (siehe Lemma 13.6) optimal.

Satz 13.2

Der Hamming-Code ist ein optimaler 1-fehlerkorrigierender Code.

13.3.4 CRC-Kodierung

Der wohl am häufigsten benutzte fehlertolerante Code ist der *Cyclic Redundancy Check*, den wir im Folgenden CRC-Kodierung nennen wollen. CRC-Kodierung wird zum Beispiel bei Ethernet, HDLC (*High-Level Data Link Control*) und ATM (*Asynchronous Transfer Mode*) eingesetzt.

CRC-Kodierung benutzt einige mathematische Grundlagen, die über den Rahmen des Buches hinausgehen, Polynome in einer Variablen x über dem endlichen Körper $\mathbb{Z}_2$. Die für CRC-Kodierung notwendigen Grundlagen haben wir versucht, in den folgenden zwei Exkursen zusammenzufassen.

Exkurs: Der endliche Körper $\mathbb{Z}_2$ ▷ ▷ ▷

Unter dem endlichen Körper $\mathbb{Z}_2$ versteht man die algebraische Struktur $(\mathbb{B}, \oplus, \cdot)$ mit

$$\alpha \oplus \beta = 1 \iff \alpha \neq \beta$$
$$\alpha \cdot \beta = 1 \iff \alpha = 1 = \beta$$

für alle $\alpha, \beta \in \mathbb{B}$. Diese algebraische Struktur erfüllt die Eigenschaften eines Körpers, d. h. $(\mathbb{B}, \oplus)$ ist eine abelsche Gruppe mit dem neutralen Element 0, die *additive Gruppe des Körpers* $\mathbb{Z}_2$, und $(\mathbb{B} \setminus \{0\}, \cdot)$ ist eine abelsche Gruppe mit dem Einselement 1, die *multiplikative Gruppe des Körpers* $\mathbb{Z}_2$. Des Weiteren gilt das Distributivgesetz, d. h. für alle $\alpha, \beta, \gamma \in \mathbb{B}$ gilt

$$\alpha \cdot (\beta \oplus \gamma) = (\alpha \cdot \beta) \oplus (\alpha \cdot \gamma).$$

Die additive Gruppe des Körpers $\mathbb{Z}_2$ hat die für unsere Anwendung wichtige Besonderheit, dass die Subtraktion der Addition entspricht. Es gilt für alle $\alpha, \beta, \gamma \in \mathbb{B}$ die Äquivalenz

$$\alpha = \beta \oplus \gamma \iff \alpha \oplus \gamma = \beta.$$

◁ ◁ ◁

Exkurs: Polynome in einer Variablen über dem endlichen Körper $\mathbb{Z}_2$ ▷ ▷ ▷

Unter einem *Polynom* in einer Variablen x über dem endlichen Körper $\mathbb{Z}_2$ versteht man eine formale Summe

$$f(x) = (a_n \cdot x^n) + (a_{n-1} \cdot x^{n-1}) + \ldots + (a_1 \cdot x^1) + a_0,$$

die wir im Folgenden auch als $f(x) = \sum_{i=0}^{n} a_i x^i$ schreiben wollen. Hierbei ist n eine nichtnegative ganze Zahl und $a_n, \ldots, a_0 \in \mathbb{B}$. Der Wert n heißt *Grad des Polynoms* $f(x)$ und wird mit $grad(f)$ bezeichnet.

Die *Division* $f(x)/d(x)$ mit Rest ist für zwei Polynome $f(x) = \sum_{i=0}^{n} a_i x^i$ und $d(x) = \sum_{i=0}^{m} b_i x^i$ definiert, falls $grad(f) \geq grad(d)$ gilt. Der Quotient von $f(x)/d(x)$ ist durch das Polynom $q(x) = \sum_{i=0}^{k} c_i x^i$ mit $k = grad(f) - grad(d)$ und

$$c_k \quad = a_n / b_m$$
$$c_{k-1} = (a_{n-1} \oplus (c_k \cdot b_{m-1})) / b_m$$
$$\ldots$$
$$c_0 \quad = (a_m \oplus (c_1 \cdot b_{m-1}) \oplus \ldots \oplus (c_k \cdot b_{m-k})) / b_m.$$

gegeben. Nimmt man $b_m = 1$ an, so reduziert sich die Konstruktionsvorschrift auf

$$
\begin{aligned}
c_k &= a_n \\
c_{k-1} &= (a_{n-1} \oplus (c_k \cdot b_{m-1})) \\
&\ldots \\
c_0 &= (a_m \oplus (c_1 \cdot b_{m-1}) \oplus \ldots \oplus (c_k \cdot b_{m-k})).
\end{aligned}
$$

Das *Restpolynom* $r(x)$ der Division von $f(x)$ und $d(x)$ ergibt sich als

$$
r(x) = f(x) - (q(x) \cdot d(x)).
$$

Ist $r(x)$ gleich dem Nullpolynom, d. h. $r(x) = 0$, so spricht man von einer *Division mit Rest null*.

◁ ◁ ◁

Bei Verwendung der CRC-Kodierung wird jede zu übertragende n-Bit-Nachricht

$$
\alpha = (\alpha_{n-1}, \alpha_{n-2}, \ldots, \alpha_1, \alpha_0) \in \mathbb{B}^n
$$

als Polynom vom Grad $n - 1$

$$
\Phi(\alpha) = \sum_{i=0}^{n-1} \alpha_i x^i
$$

in der Variablen x interpretiert. Beispielsweise wird die 8-Bit Nachricht 11011001 als das Polynom

$$
\begin{aligned}
\Phi(11011001) = (1 \cdot x^7) + (1 \cdot x^6) + (0 \cdot x^5) + (1 \cdot x^4) + \\
(1 \cdot x^3) + (0 \cdot x^2) + (0 \cdot x^1) + (1 \cdot x^0)
\end{aligned}
$$

interpretiert, das in vereinfachter Schreibweise dem Polynom

$$
\Phi(11011001) = x^7 + x^6 + x^4 + x^3 + 1
$$

entspricht.

Wir können uns das Szenario bei der CRC-Kodierung so vorstellen, dass der Sender ein Polynom versendet und der Empfänger ein Polynom empfängt. Sender und Empfänger einigen sich zudem auf ein Divisor-Polynom $d(x)$. Eine der folgenden sechs Varianten für das *Divisor-Polynom* wird in der Praxis in der Regel benutzt:

$$
\begin{aligned}
x^8 + x^2 + x + 1 &\qquad (CRC - 8) \\
x^{10} + x^9 + x^5 + x^4 + x + 1 &\qquad (CRC - 10)
\end{aligned}
$$

$$x^{12} + x^{11} + x^3 + x^2 + 1 \qquad\qquad (CRC - 12)$$

$$x^{16} + x^{15} + x^2 + 1 \qquad\qquad (CRC - 16)$$

$$x^{16} + x^{12} + x^5 + 1 \qquad\qquad (CRC - CCITT)$$

$$x^{32} + x^{26} + x^{23} + x^{22} + x^{16} + x^{12} +$$
$$x^{11} + x^{10} + x^8 + x^7 + x^5 + x^4 + x^2 + x + 1$$
$$(CRC - 32)$$

Sei nun α die Nachricht, die vom Sender verschickt werden soll. Hierzu transformiert der Sender das Polynom $\Phi(\alpha)$ in ein Polynom

$$t_\alpha(x) = \Phi(\alpha) \cdot x^m + \delta_\alpha(x),$$

wobei m der Grad $grad(d)$ des Divisor-Polynoms $d(x)$ und $\delta_\alpha(x)$ ein Polynom vom Grad $m - 1$ ist. Das Polynom $\delta_\alpha(x)$ wird so gewählt, dass $t_\alpha(x)$ durch $d(x)$ mit Rest null geteilt werden kann. Die Konstruktion von $t_\alpha(x)$ erfolgt über die drei folgenden Schritte:

1. Multipliziere das Polynom $\Phi(\alpha)$ mit x^m. Dies kann dadurch erfolgen, dass an die Nachricht α genau m Nullen an das rechte Ende angehängt werden.

2. Dividiere $\Phi(\alpha) \cdot x^m$ durch $d(x)$. Sei $\delta_\alpha(x)$ das bei dieser Division entstehende Restpolynom.

3. Subtrahiere bzw addiere das Restpolynom $\delta_\alpha(x)$ auf $\phi(\alpha) \cdot x^m$. Das so entstehende Polynom $t_\alpha(x) = \phi(\alpha) \cdot x^m + \delta_\alpha(x)$ ist die CRC-Kodierung der Nachricht α.

Abbildung 13.9 zeigt die Konstruktion der CRC-Kodierung an unserem Beispiel. Als Divisor-Polynom $d(x)$ haben wir auf Grund des relativen kleinen Grades der zu übermittelnden Nachricht 11011001 das Polynom $x^3 + x^2 + x^1 + 1$ verwendet. Die CRC-Kodierung der Nachricht 11011001 ist gleich $x^{10} + x^9 + x^7 + x^6 + x^3 + x^1$.

Nachdem der Sender das Polynom $t_\alpha(x)$ weggeschickt hat, empfängt der Empfänger ein Polynom $receive(x)$. Dieses Polynom lässt sich formal als

$$receive(x) = t_\alpha(x) + error(x)$$

schreiben, wobei das Polynom $error(x)$ die Übertragungsfehler darstellt – im Falle einer fehlerfreien Übertragung ist $error(x)$ das Nullpolynom. Kippt zum Beispiel während der Übertragung das Bit an der Stelle i und das Bit an der Stelle j, so ist $error(x) = x^i + x^j$. Ist das empfangene Polynom $receive(x)$ ohne Rest durch das vereinbarte Divisor-Polynom $d(x)$ teilbar – dies ist insbesondere dann der Fall, wenn $receive(x) = t_\alpha(x)$ gilt –, so geht der Empfänger von einer fehlerfreien Übertragung des Polynoms aus und dekodiert das Polynom $receive(x)$ durch Division durch x^m. Es sind also folgende Schritte durch den Empfänger auszuführen:

a) 1 1 0 1 1 0 0 1

b) 1 1 0 1 1 0 0 1 0 0 0

c) 1 1 0 1 1 0 0 1 0 0 0 / 1 1 1 1 = 1 0 1 1 1 1 1 0

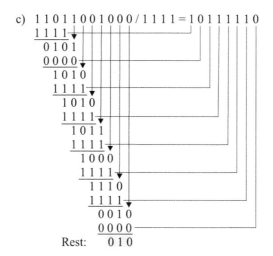

Rest: 0 1 0

d) 1 1 0 1 1 0 0 1 0 1 0

Abbildung 13.9: *Konstruktion der CRC-Kodierung am Beispiel einer zu übertragenden 8-Bit Nachricht. a) Die zu übertragende Nachricht $\alpha = 11011001$, die dem Polynom $\Phi(\alpha) = x^7 + x^6 + x^4 + x^3 + 1$ entspricht. b) Multiplikation von $\Phi(\alpha)$ mit x^3 durch Anhängen von drei Nullen an die Nachricht α. Der Grad $grad(d)$ des Divisor-Polynoms $d(x) = x^3 + x^2 + x^1 + 1$ ist gleich 3. c) Division von $\Phi(\alpha) \cdot x^3$ durch $d(x)$. Der Rest $\delta_\alpha(x)$ der Division ist durch x^1 gegeben. d) Die CRC-kodierte Nachricht.*

- Dividiere $receive(x)$ durch $d(x)$ und betrachte den Rest $r(x)$ der Division.

- Ist das Restpolynom $r(x)$ nicht das Nullpolynom, so verwerfe das Polynom, da ein Übertragungsfehler aufgetreten ist.

- Ist $r(x) = 0$, so dividiere $receive(x)$ durch x^m. Betrachte den Quotienten als die übermittelte Nachricht.

Lassen Sie uns jetzt ein Divisor-Polynom $d(x) = \sum_{i=0}^{m} b_i x^i$ betrachten. Welche Fehler können bei Verwendung dieses Divisor-Polynoms erkannt werden?

Lemma 13.10

Ist $b_m = 1$ und $b_0 = 1$, so ist die CRC-Kodierung 1-fehlererkennend.

Beweis: Aus den an das Polynom $d(x)$ gestellten Bedingungen folgt, dass es ein Polynom $d'(x)$ vom Grad kleiner als m gibt, der den Term 1 nicht enthält, sodass

$$d(x) = x^m + 1 + d'(x)$$

gilt.

Um die Aussage des Lemmas zu beweisen, müssen wir zeigen, dass jedes Polynom $error(x)$, das nur einen Term beinhaltet, nicht durch $d(x)$ ohne Rest teilbar ist. Sei also $error(x) = x^s$, d. h. bei der Übertragung des Polynoms $t_\alpha(x)$ sei das Bit an Position s gekippt. Wir unterscheiden die beiden Fälle $s < m$ und $m \leq s$:

- Ist $s < m$, so ist $x^s / d(x) = 0$ Rest x^s, womit die Aussage bewiesen wäre.

- Ist $s \geq m$, so überlegt man sich, dass die Multiplikation des Polynoms $d(x)$ mit einem beliebigen Polynom $q(x) = \sum_{i=0}^{s-m} c_i x^i$ mit $c_{s-m} = 1$ zu

$$d(x) \cdot q(x) = (x^m + 1 + d'(x)) \cdot \sum_{i=0}^{s-m} c_i x^i$$

$$= \sum_{i=0}^{s-m} c_i x^{i+m} + \sum_{i=0}^{s-m} c_i x^i + d'(x) \cdot \sum_{i=0}^{s-m} c_i x^i$$

führt.

Wegen $c_{s-m} = 1$, $m \geq 1$ und $grad(d') < m$ ist x^s ein Term von $d(x) \cdot q(x)$.

Wegen $m \geq 1$ und der Voraussetzung, dass das Polynom $d'(x)$ den Term 1 nicht enthält, folgt, dass $x^{\min\{\, i \,;\, c_i = 1\,\}}$ ebenfalls ein Term von $d(x) \cdot q(x)$ sein muss.

Wegen $\min\{\, i \,;\, c_i = 1\,\} \leq s - m$ und $m \geq 1$ sind die Terme x^s und $x^{\min\{\, i \,;\, c_i = 1\,\}}$ verschieden, sodass das Produkt $d(x) \cdot q(x)$ für ein beliebiges Polynom $q(x)$ verschieden von x^s ist. Somit lässt sich x^s nicht durch das Divisor-Polynom $d(x)$ ohne Rest teilen.

Hiermit folgt die Aussage des Lemma.   ◁

13.4   Übungsaufgaben

Aufgabe 13.1

Gegeben sei ein Alphabet $A = \{a_1, a_2, a_3, a_4, a_5\}$ und eine Abbildung $c : A \to \mathbb{B}^4$, die durch $c(a_1) = 0010$, $c(a_2) = 0111$, $c(a_3) = 0100$, $c(a_4) = 0011$ und $c(a_5) = 1001$ definiert ist.

1. Zeigen Sie, dass die Abbildung ein Code ist.

2. Bestimmen Sie die Hamming-Distanz des Codes c und erläutern Sie, warum c kein 1-fehlererkennender Code ist.

3. Ändern Sie den Code c zu einem 1-fehlererkennenden Code $c_1 : A \to \mathbb{B}^4$ ab, indem Sie möglichst wenige Stellen in den Codewörtern von 0 auf 1 setzen.

Aufgabe 13.2

Gegeben sei ein Alphabet $A = \{a_1, a_2, a_3, a_4, a_5, a_6, a_7, a_8\}$.

1. Geben Sie einen Code c fester Länge an, der die Elemente aus A kodiert. Dieser Code soll 3-fehlererkennend, aber nicht 4-fehlererkennend sein. Sie dürfen die Länge des Codes selbst festlegen. Zeigen Sie, dass Ihr Code c die beiden Eigenschaften erfüllt.

2. Für welches k ist Ihr Code k-fehlerkorrigierend und nicht mehr $(k+1)$-fehlerkorrigierend? Begründen Sie Ihre Aussage.

Aufgabe 13.3

Gegeben sei die Bruttoinformation

```
1 1 1 0 1 0 1 1
1 1 1 1 1 1 1 1
0 0 0 0 1 1 1 1
1 1 0 1 1 0 1 1
1 0 1 1 0 1 0 1
0 0 1 1 0 1 1 0
1 1 1 1 0 0 0 0
1 0 1 1 0 0 1 0
```

die nach dem Prinzip der zweidimensionalen Paritätsüberpüfung aus einer Nettoinformation generiert wurde. Während der Übertragung können Fehler passiert sein.

1. Welche Prüfbits sind falsch gesetzt?

2. Kann diese Bruttoinformation empfangen worden sein, wenn man annimmt, dass höchstens ein einfacher Fehler passiert ist.

3. Kann diese Bruttoinformation empfangen worden sein, wenn genau zwei Bits bei der Übertragung gekippt sind?

4. Kann diese Bruttoinformation empfangen worden sein, wenn genau drei Bits bei der Übertragung gekippt sind?

Aufgabe 13.4

Sei k eine natürliche Zahl mit $0 \leq k \leq \lfloor \frac{(z+1) \cdot (s+1) - 1}{2} \rfloor$. Beweisen Sie, dass das Verfahren der zweidimensionalen Parity-Überprüfung angewendet auf eine beliebige $(z \times s)$ Boolesche Matrix alle $(2 \cdot k + 1)$-fach-Fehler erkennt.

Aufgabe 13.5

Gegeben sei bei CRC das Divisorpoylnom $d(x) = x^5 + x^2 + x + 1$. Geben Sie die CRC-Kodierung der Bitfolge 1010110111011 unter Verwendung von $d(x)$ an.

Aufgabe 13.6

Sei $m \in \mathbb{N}$ beliebig, dann aber fest. Betrachten Sie ein „gutes" Divisorpolynom $d(x)$ vom Grad m. Wie lang dürfen die durch CRC unter Verwendung des gewählten Divisorpolynoms $d(x)$ zu kodierenden Nachrichten höchstens sein, damit jeder einfache Fehler korrigiert werden kann.

Aufgabe 13.7

Ihr Mitarbeiter schlägt vor, für die CRC-Kodierung im Intranet Ihrer Firma das Divisorpolynom $d(x) = x$ zu wählen. Wieso sollten Sie, dem Vorschlag Ihres Mitarbeiters nicht folgen? Wäre $d(x) = x^5$ eine bessere Wahl? Wäre $d(x) = x + 1$ eine bessere Wahl?

Aufgabe 13.8

Betrachten Sie bei CRC das Divisorpolynom $d(x) = x^3 + x + 1$. Geben Sie j in Funktion von i mit $j < i$ an, sodass $error(x) = x^i + x^j$ durch $d(x)$ ohne Rest geteilt wird.

14   Datenkompression

Im vorigen Kapitel haben wir uns Codes unter dem Gesichtspunkt der Fehlertoleranz angeschaut. Wir wollen uns in diesem Kapitel überlegen, wie Zeichen kodiert werden können, sodass die Übertragung einer *Sequenz* von Zeichen möglichst wenig Aufwand zur Folge hat. Wir betrachten also das folgende Problem

Gegeben seien ein Alphabet $A = \{a_1, \ldots, a_m\}$ und eine Wahrscheinlichkeitsverteilung $P(a_i)_{i=1,\ldots,n}$, die für alle $i \in \{1, \ldots, n\}$ angibt, mit welcher Häufigkeit das Zeichen a_i vorkommt.

Gesucht ist ein Code $c : A \to \mathbb{B}^*$, sodass die *mittlere Codewortlänge*

$$\sum_{i=1}^{m} (P(a_i) \cdot |c(a_i)|)$$

minimal ist, wobei $|c(a_i)|$ die Länge des Codewortes $c(a_i)$, d. h. die Anzahl der Bits von $c(a_i)$, bezeichnet.

Wir überlegen uns, wie gut solche längenoptimalen Kodierungen sein können, zeigen, dass solche Codes auch wirklich existieren, und stellen entsprechende in der Praxis verwendete Codes auch vor.

14.1   Grundlagen der Informationstheorie

Um verstehen zu können, wie gut eine *längenoptimale* Kodierung sein kann, müssen wir uns die Grundlagen der Informationstheorie, wie sie von Claude Shannon [29] begründet wurde, näher anschauen.

Shannon beschäftigte sich mit der Frage, wie viel Information man gewinnt, wenn man ein bestimmtes Experiment **E** durchführt. Zentral für diese Frage ist der Begriff der *Eigeninformation* (oder *Selbstinformation*) eines Ereignisses.

Nehmen Sie an, dass $a_1, \ldots, a_m$ die möglichen Ereignisse sind, die als Ausgang des Experimentes **E** auftreten können. Shannon führt ein Maß für den Informationsgehalt eines jeden Ereignisses a_i ein, den er als *Eigeninformation* $i(a_i)$ (oder *Selbstinformation*) (engl.: *Self-Information*) des Ereignisses a_i bezeichnet. Intuitiv sollten für die Eigeninformation eines Ereignisses a_i die folgenden Regeln gelten:

- Ist $m = 1$, d. h. ist der Ausgang des Experimentes **E** immer der gleiche, so gewinnt man natürlich keine Information durch das Durchführen des Experimentes. Es ist schon vor der Durchführung klar, dass $\mathbf{a_1}$ das eintretende Ereignis sein wird. Deshalb sollte in diesem Falle $i(\mathbf{a_1}) = 0$ gelten.

- Ist die Wahrscheinlichkeit $P(\mathbf{a_i})$, dass das Ereignis $\mathbf{a_i}$ als Ausgang des Experiments eintritt, gering, so sollte die Eigeninformation $i(\mathbf{a_i})$ groß sein. Oder formaler gesagt: Je kleiner die Wahrscheinlichkeit, dass das Ereignis $\mathbf{a_i}$ als Ausgang des Experiments $\mathbf{E}$ eintritt, desto höher sollte die Eigeninformation $i(\mathbf{a_i})$ des Ereignisses $\mathbf{a_i}$ sein.[1]

- Der Informationsgewinn, den man durch zwei voneinander unabhängigen Ereignissen erhält, ist die Summe der Informationsgewinne der beiden Ereignisse. Es sollte demnach für zwei unabhängige Ereignisse $\mathbf{a_i}$ und $\mathbf{a_j}$

$$i(\mathbf{a_i} \cdot \mathbf{a_j}) = i(\mathbf{a_i}) + i(\mathbf{a_j})$$

gelten.

Diese drei Forderungen werden erfüllt, definiert man die Eigeninformation $i(\mathbf{a_i})$ eines Ereignisses $\mathbf{a_i}$ durch

$$i(\mathbf{a_i}) = \log_b \frac{1}{P(\mathbf{a_i})} = -\log_b P(\mathbf{a_i}),$$

da für jede Basis $b \in \mathbb{N}$ gilt:

- $-\log_b 1 = 0$

- $-\log_b x$ ist eine streng monoton fallende Funktion in der Variablen x.

- Sind $\mathbf{a_i}$ und $\mathbf{a_j}$ zwei voneinander unabhängige Ereignisse, so gilt

$$P(\mathbf{a_i} \cdot \mathbf{a_j}) = P(\mathbf{a_i}) \cdot P(\mathbf{a_j})$$

und somit auch

$$i(\mathbf{a_i} \cdot \mathbf{a_j}) = \log_b \frac{1}{P(\mathbf{a_i} \cdot \mathbf{a_j})}$$

---

[1]K. Sayood gibt in seinem Buch *Introduction to Data Compression* [25] ein schönes Beispiel, das die Forderung, dass die Eigeninformation eines Ereignisses umso höher sein sollte, je geringer die Wahrscheinlichkeit ist, dass dieses Ereignis eintritt, sehr schön illustriert: Das Bellen des Wachhundes während eines Einbruchs ist ein sehr wahrscheinliches Ereignis. Die Aussage, der Hund hätte gebellt, birgt nicht viel Information. Hingegen ist das Ereignis, dass der Wachhund nicht während des Einbruchs gebellt hat, ein sehr unwahrscheinliches Ereignis. Die Kenntnis dieses Faktes gibt einem sehr viel Information – der Wachhund muss den Einbrecher gekannt haben. Sayood schließt dieses Beispiel mit der Bemerkung „*Sherlock Holmes muss offensichtlich sehr viel von Informationstheorie verstanden haben!*"

$$= \log_b \frac{1}{P(\mathbf{a_i}) \cdot P(\mathbf{a_j})}$$

$$= \log_b \frac{1}{P(\mathbf{a_i})} + \log_b \frac{1}{P(\mathbf{a_j})}$$

$$= i(\mathbf{a_i}) + i(\mathbf{a_j}).$$

Wir werden in den nächsten Abschnitten sehen, dass es einen Zusammenhang zwischen der mittleren Eigeninformation eines Alphabets und der mittleren Codewortlänge einer längenminimalen Kodierung des Alphabets gibt. Da die mittlere Codewortlänge in Bits gemessen wird, ist es angebracht, die Eigeninformation über der Basis $b = 2$ zu betrachten. Dies vereinfacht die nun folgenden Formeln.

Exkurs: Entropie eines Experiments ▷ ▷ ▷

Unter der *Entropie* $H(\mathbf{E})$ eines Experiments $\mathbf{E}$ versteht man die mittlere Eigeninformation der Ereignisse $\mathbf{a_1}, \mathbf{a_2}, \ldots, \mathbf{a_m}$, die Ausgang des Experiments sein können, d. h.

$$H(\mathbf{E}) = \sum_{j=1}^{m} P(\mathbf{a_j}) \cdot i(\mathbf{a_j}),$$

was äquivalent zu

$$H(\mathbf{E}) = -\sum_{j=1}^{m} P(\mathbf{a_j}) \cdot \log_2 P(\mathbf{a_j})$$

ist.

◁ ◁ ◁

Um den Zusammenhang zwischen einer Kodierung einer Zeichenfolge mit minimaler mittleren Codewortlänge und dem Begriff der Entropie aus der Informationstheorie zu erkennen, betrachtet man eine gedächtnislose Quelle[2] S, die Zeichen aus einem Alphabet $A = \{a_1, a_2, \ldots, a_m\}$ ausgibt, als Experiment $\mathbf{S}$. Das Zeichen a_i werde mit einer Wahrscheinlichkeit $P(a_i)$ durch die Quelle ausgegeben. Shannon zeigte, dass die Entropie $H(\mathbf{S})$ dieses Experimentes $\mathbf{S}$ eine untere Schranke für die mittlere Codewortlänge ist, d. h. für die mittlere Anzahl der Bits pro Zeichen, die benötigt werden, um die von der Quelle ausgegebene Zeichenfolge (verlustfrei) zu kodieren.

Satz 14.1

Für alle Codes $c : A \to \mathbb{B}^*$ gilt:

$$H(\mathbf{S}) := -\sum_{j=1}^{m} P(a_j) \cdot \log_2 P(a_j) \leq \sum_{j=1}^{m} P(a_j) \cdot |c(a_j)|$$

---

[2]Eine Quelle heißt *gedächtnislos*, wenn die Wahrscheinlichkeitsverteilung, mit der die Zeichen durch die Quelle ausgegeben werden, unabhängig von den durch die Quelle schon ausgegebenen Zeichen ist.

Auf den Beweis dieses Satzes von Shannon wollen wir hier verzichten. Interessierte Leser finden den Beweis in der Arbeit [27] oder in [16].

Sprech- und Schreibweise. Wir wollen im Folgenden den so definierten Wert $H(\mathbf{S})$ *Entropie der Datenquelle von A unter der Wahrscheinlichkeitsverteilung P* nennen und schreiben hierfür $H(A, P)$ (statt $H(\mathbf{S})$).

14.2   Eindeutige Dekodierbarkeit

Lassen Sie uns nun zurück zu Codes variabler Länge eines endlichen Alphabets $A = \{a_1, a_2, \ldots, a_m\}$ kommen. Unser Ziel ist es, zu einer gegebenen (festen) Wahrscheinlichkeitsverteilung P, die angibt, mit welcher Häufigkeit welches Zeichen vorkommt, einen Code $c : A \to \mathbb{B}^*$ zu konstruieren,

- dessen mittlere Codewortlänge

$$\sum_{j=1}^{m} P(a_j) \cdot |c(a_j)|$$

  minimal ist, und

- der es erlaubt, jede Bitfolge $w \in \mathbb{B}^*$ eindeutig zu dekodieren, d. h., der die Eigenschaft hat, dass es zu jeder Bitfolge $w \in \mathbb{B}^*$ *höchstens eine* Folge

$$a_{i_1} \cdot a_{i_2} \cdot \ldots \cdot a_{i_q} \in A^*$$

  von Zeichen aus A mit

$$c(a_{i_1}) \cdot c(a_{i_2}) \cdot \ldots \cdot c(a_{i_q}) = w$$

  gibt.

Definition 14.1:   *eindeutig dekodierbarer Code*

Ein Code $c : A \to \mathbb{B}^*$ heißt *eindeutig dekodierbar*, falls die auf Zeichenfolgen über A fortgesetzte Abbildung $c^* : A^* \to \mathbb{B}^*$ von c, die für alle $a_{i_1}, a_{i_2}, \ldots, a_{i_q} \in A$ durch

$$c^*(a_{i_1} \cdot a_{i_2} \cdot \ldots \cdot a_{i_q}) := c(a_{i_1}) \cdot c(a_{i_2}) \cdot \ldots \cdot c(a_{i_q})$$

definiert ist, injektiv ist.

Die im Kapitel 13 vorgestellten Codes erfüllen alle die Eigenschaft der eindeutigen Dekodierbarkeit, da sie *Codes fester Länge* sind. Eine Datenkomprimierung mit Codes fester Länge zu erreichen, ist jedoch nicht möglich, da die Anzahl der Bits, die bei einem

Code $c : A \to \mathbb{B}^n$ fester Länge zur Kodierung von q Zeichen des Alphabets benötigt werden, immer gleich $n \cdot q$ ist. Die Auftrittshäufigkeit der einzelnen Zeichen schlägt sich ja nicht in der Länge der jeweiligen Codewörter nieder.

Zur Datenkomprimierung sind aus diesem Grunde *Codes variabler Länge* notwendig, bei denen Codewörter verschiedener Zeichen unterschiedliche Längen haben dürfen. Lassen Sie uns ein Beispiel betrachten und annehmen, dass das Alphabet A aus nur drei Zeichen besteht, α, β und γ. Nehmen wir weiter an, dass die Wahrscheinlichkeitsverteilung P durch

$$P(\alpha) = 2^{-1}$$
$$P(\beta) = 2^{-2}$$
$$P(\gamma) = 2^{-2}$$

gegeben ist – die Entropie $H(A, P)$ der Datenquelle von A unter der Wahrscheinlichkeitsverteilung P ist dementsprechend gleich

$$H(A, P) = 2^{-1} \cdot 1 + 2^{-2} \cdot 2 + 2^{-2} \cdot 2 = 1,5 \text{ Bits.}$$

Die Abbildung $c_1 : A \to \mathbb{B}^*$ mit

$$c_1(\alpha) = 1$$
$$c_1(\beta) = 01$$
$$c_1(\gamma) = 11$$

ist sicherlich injektiv und somit ein Code von A. Die mittlere Codewortlänge ist mit $1,5$ Bits minimal. Eindeutig dekodierbar in obigem Sinne ist der Code c_1 aber nicht, wie das Beispiel der Binärfolge 111 zeigt. Es gibt drei verschiedene Zeichenfolgen, nämlich $\alpha \cdot \alpha \cdot \alpha$, $\alpha \cdot \gamma$ und $\gamma \cdot \alpha$, die als Codewortfolge die Binärfolge 111 haben, d. h. es gilt

$$(\forall x \in \{\alpha \cdot \alpha \cdot \alpha, \, \alpha \cdot \gamma, \, \gamma \cdot \alpha\}) \quad c^*(x) = 111,$$

und die Abbildung c^* ist offensichtlich nicht injektiv.

14.3   Präfixcodes

Eine zentrale Rolle bei eindeutig dekodierbaren Codes spielen die sogenannten *Präfixcodes*, bei denen kein Codewort Präfix eines anderen Codeworts ist.

Definition 14.2:   *präfixfreier Code*

Ein Code $c : A \to \mathbb{B}^*$ heißt *präfixfrei* oder *Präfixcode*, wenn es für je zwei verschiedene Zeichen a_i und a_j aus A kein Wort $w \in \mathbb{B}^*$ mit $c(a_i) = c(a_j) \cdot w$ gibt.

Der Code $c_2 : \{\alpha, \beta, \gamma\} \to \mathbb{B}^*$ mit

$$c_2(\alpha) = 1$$
$$c_2(\beta) = 01$$
$$c_2(\gamma) = 00$$

ist ein Präfixcode.

Lemma 14.1

Präfixcodes sind eindeutig dekodierbar.

Beweis: Ist $w \in \mathbb{B}^*$ gegeben, so kann diese Binärfolge w bezüglich eines präfixfreien Codes $c : A \to \mathbb{B}^*$ wie folgt eindeutig dekodiert werden: Man scannt das Wort w von links nach rechts, bis das erste Codewort $\rho \in c(A)$ mit $w = \rho \cdot w'$ für eine geeignete Binärfolge $w' \in \mathbb{B}^*$ gefunden ist. Man hat zwischen zwei Fällen zu unterscheiden:

- Erreicht man das Ende der Folge w, ohne ein solches Codewort ρ gefunden zu haben, so gibt es *keine* Folge $a_{i_1} \cdot a_{i_2} \cdot \ldots \cdot a_{i_q} \in A^*$ mit $c^*(a_{i_1} \cdot a_{i_2} \cdot \ldots \cdot a_{i_q}) = w$.

- Gibt es ein solches Codewort ρ, so gibt es genau ein Zeichen $a_{i_1} \in A$ mit $c(a_{i_1}) = \rho$. Wegen der Präfixfreiheit von c gibt es keine echte Fortsetzung von ρ, die ebenfalls ein Codewort von c ist, sodass a_{i_1} eindeutig erkannt worden ist. Der gefundene Präfix ρ wird in w vorne entfernt und die verbleibende Binärfolge w' muss weiter dekodiert werden.

$\triangleleft$

Die Umkehrung des Lemmas gilt nicht. Nicht jeder eindeutig dekodierbare Code ist präfixfrei. So ist der Code

$$c_3 : \{\alpha, \beta, \gamma\} \to \mathbb{B}^*$$

mit

$$c_3(\alpha) = 01$$
$$c_3(\beta) = 011$$
$$c_3(\gamma) = 0111$$

nicht präfixfrei – das Codewort $c_3(\alpha)$ ist ein Präfix des Codewortes $c_3(\beta)$, das selbst wieder Präfix des Codewortes $c_3(\gamma)$ ist. Der Code ist aber offensichtlich eindeutig dekodierbar, da eine Null jeweils den Anfang eines neuen Codewortes markiert.

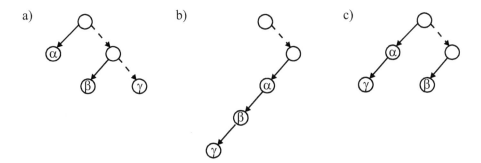

Abbildung 14.1: *Codebäume. Gestrichelte Kanten sind mit 0, durchgezogene Kanten mit 1 markiert. a) Codebaum des Präfixcodes $c_2(\alpha) = 1$, $c_2(\beta) = 01$, $c_2(\gamma) = 00$. b) Codebaum des nichtpräfixfreien, aber eindeutig dekodierbaren Codes $c_3(\alpha) = 01$, $c_3(\beta) = 011$, $c_3(\gamma) = 0111$. c) Codebaum des nicht eindeutig dekodierbaren Codes $c_1(\alpha) = 1$, $c_1(\beta) = 01$, $c_1(\gamma) = 11$.*

Ein einfacher Test, um zu überprüfen, ob ein Code c ein Präfixcode ist, kann dadurch erfolgen, dass man sich den Codebaum von c näher anschaut.

Exkurs: Codebaum ▷ ▷ ▷

Der *Codebaum* eines Codes $c : A \to \mathbb{B}^*$ ist durch einen gerichteten[3] binären Baum mit einer Wurzel r gegeben (zur Illustration siehe Abbildung 14.1). Jeder innere Knoten des Baumes hat eine oder zwei ausgehende Kanten. Gibt es zu einem inneren Knoten zwei ausgehende Kanten, so ist die eine Kante mit einer 1, die andere Kante mit einer 0 markiert. Geht von einem inneren Knoten genau eine ausgehende Kante aus, so hat sie entweder eine 0 oder eine 1 als Markierung. Jedem Pfad von der Wurzel r zu einem Knoten v des gerichteten Baumes ist somit eine eindeutige Binärfolge $w \in \mathbb{B}^*$ zugeordnet. Ist w das Codewort des Zeichens $a_i \in A$, d. h. $c(a_i) = w$, so beschriften wir den Knoten v mit a_i. Dem Codewort w ist hiermit ein Pfad beginnend in der Wurzel r zugeordnet worden. Der Codebaum des Codes c besteht genau aus der Vereinigung dieser Pfade.

◁ ◁ ◁

Man sieht leicht, dass ein Code genau dann ein Präfixcode ist, wenn kein innerer Knoten mit einem Zeichen aus A markiert ist.

Es stellt sich die Frage nach der Qualität von Präfixcodes. Gibt es zu jedem Alphabet $A = \{a_1, a_2, \ldots, a_m\}$ mit dazugehöriger Häufigkeitsverteilung P einen optimalen, eindeutig dekodierbaren Code, der präfixfrei ist? Hierzu müssen wir uns zuerst klar machen, was wir unter einem optimalen eindeutig dekodierbaren Code verstehen wollen.

---

[3]Im Unterschied zu Definition 8.6 auf Seite 169 sind bei einem Codebaum die Kanten von der Wurzel weg hin zu den Blättern gerichtet.

Definition 14.3: *optimaler eindeutig dekodierbarer Code*

Ein eindeutig dekodierbarer Code $c : A \to \mathbb{B}^*$ heißt optimal unter der Wahrscheinlichkeitsverteilung $P : A \to (0, 1)$, wenn es keinen eindeutig dekodierbaren Code $c' : A \to \mathbb{B}^*$ gibt, dessen mittlere Codewortlänge

$$\sum_{a_i \in A} (P(a_i) \cdot |c'(a_i)|)$$

echt kleiner als die mittlere Codewortlänge

$$\sum_{a_i \in A} (P(a_i) \cdot |c(a_i)|)$$

von c ist.

Mit dem Satz von Kraft-McMillan werden wir die Frage nach der Qualität präfixfreier Codes beantworten können. Bevor wir uns dieser Frage widmen, wollen wir den Satz von Kraft-McMillan aber beweisen.

Satz 14.2: *Satz von Kraft-McMillan*

Sei $A = \{a_1, a_2, \ldots, a_m\}$ ein endliches Alphabet.

a) Ist $c : A \to \mathbb{B}^*$ ein eindeutig dekodierbarer Code von A, dann gilt

$$\sum_{j=1}^{m} 2^{-|c(a_j)|} \leq 1.$$

b) Sind $l_1, l_2, \ldots, l_m \in \mathbb{N}$ natürliche Zahlen, die die Kraft-McMillan-Ungleichung

$$\sum_{j=1}^{m} 2^{-l_j} \leq 1 \tag{14.1}$$

erfüllen, dann gibt es einen Präfixcode $c : A \to \mathbb{B}^*$, der als Codewortlängen $l_1, l_2, \ldots, l_m$ hat.

Beweis:

a) Sei im Folgenden

$$l_m = \max_{a_i \in A} |c(a_i)|$$

die Länge des längsten Codewortes von c und lassen Sie uns mit $c(A)$ die Menge aller Codewörter von c bezeichnen, d. h.

$$c(A) = \{ c(a_i) ; \; a_i \in A \}.$$

Dann gilt

$$c(A) \subseteq \mathbb{B}^{\leq l_m},$$

wobei $\mathbb{B}^{\leq q}$ die Menge aller binären Folgen der Länge kleiner gleich q bezeichnet.

Für die Menge $c(A)^k$ der binären Folgen, die aus der Konkatenation von genau k Codewörtern aus $c(A)$ entstehen, gilt dann

$$c(A)^k \subseteq \mathbb{B}^{\leq k \cdot l_m}.$$

Da es genau 2^j binäre Folgen der Länge j gibt und somit

$$\sum_{w \in \mathbb{B}^j} 2^{-|w|} = \sum_{w \in \mathbb{B}^j} 2^{-j}$$
$$= 2^{-j} \cdot \sum_{w \in \mathbb{B}^j} 1$$
$$= 2^{-j} \cdot 2^j$$
$$= 1$$

gilt, folgt aus der obigen Überlegung

$$\sum_{w \in c(A)^k} 2^{-|w|} \leq \sum_{j=k}^{k \cdot l_m} \sum_{w \in \mathbb{B}^j} 2^{-|w|}$$
$$= \sum_{j=k}^{k \cdot l_m} 1$$
$$= k \cdot l_m - k + 1$$
$$\leq k \cdot l_m.$$

Da c eindeutig dekodierbar ist, gilt des Weiteren

$$\sum_{w \in c(A)^k} 2^{-|w|} = \left(\sum_{w \in c(A)} 2^{-|w|} \right)^k,$$

sodass

$$\sum_{w \in c(A)} 2^{-|w|} \leq \sqrt[k]{k \cdot l_m}$$

gilt. Mit

$$\lim_{k \to \infty} \sqrt[k]{k \cdot l_m} = 1$$

folgt dann die Aussage a) des Satzes.

b) Der Beweis, den wir für die Aussage b) des Satzes vorstellen, ist konstruktiv.

Lassen Sie uns ohne Beschränkung der Allgemeinheit annehmen, dass die vorgegebenen natürlichen Zahlen sortiert sind, d. h. es gelte

$$l_1 \leq l_2 \leq \ldots \leq l_m.$$

Wir bezeichnen im Folgenden für eine binäre Folge $w \in \mathbb{B}^p$ der Länge p mit $p \leq l_m$ die Menge aller Wörter v der Länge l_m, die das Wort w als Präfix haben, mit $F(w)$, d. h.

$$F(w) := \{\, v \in \mathbb{B}^{l_m} \; ; \; w \text{ ist ein Präfix von } v \,\} \subseteq \mathbb{B}^{l_m}.$$

Dann gibt es in $F(w)$ genau $2^{l_m - p}$ Elemente, also

$$|F(w)| = 2^{l_m - p}. \tag{14.2}$$

Induktiv nehmen wir nun an, dass wir schon Codewörter $w_1, \ldots, w_k$ der Längen $l_1, \ldots, l_k$ für $1 \leq k \leq m-1$ konstruiert haben, die der Präfixfreiheit genügen. Als Nächstes haben wir ein Codewort w_{k+1} der Länge l_{k+1} zu finden, sodass keines der schon erzeugten Codewörter Präfix von diesem ist – man erinnere sich, dass $l_1 \leq l_2 \leq \ldots \leq l_k \leq l_{k+1}$ gilt. Dies ist genau dann der Fall, wenn

$$F(w_{k+1}) \cap \left(\bigcup_{i=1}^{k} F(w_i) \right) = \emptyset$$

gilt. Offensichtlich können wir ein solches Codewort w_{k+1} genau dann finden, wenn

$$\mathbb{B}^{l_m} \setminus \left(\bigcup_{i=1}^{k} F(w_i) \right) \neq \emptyset$$

ist.

Es gilt

$$\left| \bigcup_{i=1}^{k} F(w_i) \right| = \sum_{i=1}^{k} |F(w_i)| \tag{14.3}$$

$$= \sum_{i=1}^{k} 2^{l_m - l_i} \tag{14.4}$$

$$= 2^{l_m} \cdot \sum_{i=1}^{k} 2^{-l_i} \tag{14.5}$$

$$< 2^{l_m} \cdot \sum_{i=1}^{m} 2^{-l_i} \tag{14.6}$$

$$\leq 2^{l_m}. \tag{14.7}$$

Gleichung (14.3) folgt aus der Tatsache, dass die Teilmengen $F(w_1), F(w_2), \ldots, F(w_k)$ nach Induktionsannahme paarweise disjunkt sind. Gleichung (14.4) ist eine direkte Anwendung von Gleichung (14.2). Die Ungleichung (14.6) folgt aus $k < m$ und $l_m \geq 1$. Die Ungleichung (14.7) gilt wegen der Kraft-McMillan-Ungleichung (14.1).

Da es 2^{l_m} binäre Wörter der Länge l_m gibt, muss es also ein Wort $v \in \mathbb{B}^{l_m}$ der Länge l_m geben, das keine Fortsetzung eines der schon erzeugten Codewörter $w_1, \ldots, w_k$ ist. Für w_{k+1} kann man demnach den Präfix der Länge l_{k+1} von v wählen. ◁

Aus dem Satz von Kraft-McMillan folgt nun unmittelbar:

Korollar 14.2

Es gibt zu jedem endlichen Alphabet $A = \{a_1, a_2, \ldots, a_m\}$ und jeder auf A definierten Häufigkeitsverteilung P einen optimalen eindeutig dekodierbaren Code, der präfixfrei ist.

Die Frage, die wir uns jetzt noch beantworten müssen, ist, wie nahe die mittlere Codewortlänge optimaler eindeutig dekodierbarer Codes (und somit auch optimaler präfixfreier Codes) an die durch die Entropie gegebene untere Schranke herankommt.

Satz 14.3

Sei $A = \{a_1, a_2, \ldots, a_m\}$ ein Alphabet und P eine Wahrscheinlichkeitsverteilung auf A. Dann ist die mittlere Codewortlänge eines optimalen Präfixcodes von A unter P kleiner als $H(A, P) + 1$.

Beweis: Setze für alle $i \in \{1, \ldots, m\}$

$$l_i = \left\lceil \log_2 \frac{1}{P(a_i)} \right\rceil.$$

Dann gilt offensichtlich

$$(\forall i \in \{1, \ldots, m\}) \ \log_2 \frac{1}{P(a_i)} \leq l_i < \log_2 \frac{1}{P(a_i)} + 1. \tag{14.8}$$

Aus der linken Ungleichung (14.8) folgt

$$(\forall i \in \{1, \ldots, m\}) \ 2^{-l_i} \leq P(a_i)$$

und somit auch

$$\sum_{i=1}^{m} 2^{-l_i} \leq \sum_{i=1}^{m} P(a_i) = 1.$$

Nach dem Satz von Kraft-McMillan gibt es also einen Präfixcode von A mit den Codewortlängen $l_1, l_2, \ldots, l_m$.

Die obere Schranke für die mittlere Codewortlänge dieses Präfixcodes folgt aus der rechten Ungleichung (14.8):

$$
\begin{aligned}
\sum_{i=1}^{m} P(a_i) \cdot l_i &< \sum_{i=1}^{m} P(a_i) \cdot \left(\log_2 \frac{1}{P(a_i)} + 1\right) \\
&= \sum_{i=1}^{m} \left(P(a_i) \cdot \log_2 \frac{1}{P(a_i)}\right) + \sum_{i=1}^{m} P(a_i) \\
&= \sum_{i=1}^{m} \left(P(a_i) \cdot \log_2 \frac{1}{P(a_i)}\right) + 1 \\
&= H(A, P) + 1
\end{aligned}
$$

$\triangleleft$

14.4 Längenoptimale Codes

Wir wollen drei Kodierungen vorstellen, die versuchen, die mittlere Codewortlänge zu minimieren, die *Shannon-Fano-Kodierung*, die *Huffman-Kodierung* und die sogenannte *arithmetische Kodierung*. Shannon-Fano- und Huffman-Kodierung ähneln sich in ihrer Vorgehensweise, wobei jedoch die Shannon-Fano-Kodierung in der Regel schlechtere Codes als die Huffman-Kodierung erzeugt.

Wir beginnen mit einem kurzen historischen Rückblick.

14.4.1 Historischer Rückblick

Datenkompression wurde in einem gewissen Sinne schon von den Urvölkern benutzt. So verwendeten die Indianer Rauchzeichen, um über große Distanzen Nachrichten zu übermitteln. Man findet zum Beispiel auf den Internetseiten der Pfadfinder folgende Erklärung zu diesem Thema: „ *Smoke signals were not a standardized code as in the sign language. Inasmuch as they aimed to transmit secret knowledge, most or many of the signs were devised privately and to suit a particular purpose or the caprice of the transmittor. As the signals were visible to all, unless they had a secretly understood significance they would be conveying the information alike to friend and enemy. There were, however, certain more or less recognized abstract smoke signals, of which the following are a few. One puff meant ATTENTION. Two puffs meant ALL'S WELL. Three puffs of smoke, or three fires in a row, signifies DANGER, TROUBLE, or A CALL FOR HELP.* "

Das erste wirkliche Beispiel für einen Code, der versucht, die Übertragungsdauer zu reduzieren, stellt der Morse-Code dar. Mit der Morse-Kodierung können die lateinischen

Buchstaben, Zahlen und einige Satzzeichen übertragen werden. Das bekannteste Morse-Codewort ist wohl das Codewort für die Zeichenfolge SOS als Notsignal. Es besteht aus drei kurzen, gefolgt von drei langen und wieder drei kurzen Pieptönen. Das Zeichen S ist durch drei kurze, das Zeichen O durch drei lange Töne repräsentiert. Tabelle 14.1 zeigt die Morse-Kodierung.

Tabelle 14.1: Morse-Code

Zeichen	Code	Zeichen	Code	Zeichen	Code
A	. −	N	− .	0	− − − − −
B	− . . .	O	− − −	1	. − − − −
C	− . − .	P	. − − .	2	. . − − −
D	− . .	Q	− − . −	3	. . . − −
E	.	R	. − .	4	. . . . −
F	. . − .	S	. . .	5	. . . . .
G	− − .	T	−	6	− . . . .
H	. . . .	U	. . −	7	− − . . .
I	. .	V	. . . −	8	− − − . .
J	. − − −	W	. − −	9	− − − − .
K	− . −	X	− . . −	Stop	. − . − . −
L	. − . .	Y	− . − −	Komma	− − . . − −
M	− −	Z	− − . .	Anfrage	. . − − . .

Man sieht, dass Zeichen, die oft in der englischen Sprache verwendet werden, Codewörter mit relativ kurzen Längen haben. So besteht das Morse-Codewort für den Buchstaben E nur aus einem kurzen Ton während das Morse-Codewort des Zeichens X insgesamt aus zwei kurzen und zwei langen Tönen besteht.

Nachteil des Morse-Codes ist, dass er kein Präfixcode ist. Zudem ist er nicht eindeutig dekodierbar, solange keine Vereinbarungen getroffen wurden, wie zwei aufeinander folgende Codewörter voneinander getrennt werden können (siehe auch Übungsaufgabe 14.3).

14.4.2 Shannon-Fano-Kodierung

Die Idee der *Shannon-Fano-Kodierung* ist recht einfach. Man ordnet die Zeichen nach ihrer Auftrittswahrscheinlichkeit beginnend mit dem am häufigsten auftretenden Zeichen. Die Zeichenfolge wird nun in zwei nichtleere Teilfolgen geteilt. Sie wird an einer Stelle geteilt, sodass die Summen der Einzelauftrittswahrscheinlichkeiten der beiden Teilfolgen ungefähr gleich sind. Alle Zeichen der ersten Teilfolge erhalten ein Codewort, das mit

0 beginnt; alle Zeichen der zweiten Teilfolge erhalten ein Codewort, das mit 1 beginnt.
Das Verfahren wird nun rekursiv auf den beiden Teilfolgen fortgesetzt. Besteht eine
Teilfolge nur noch aus zwei Zeichen, so wird noch ein weiteres Bit an jedes der beiden
schon berechneten Codewörter angehängt, über das die beiden Zeichen unterschieden
werden können. Abbildung 14.2 illustriert das Verfahren an einem kleinen Beispiel.

Zeichen	Häufigkeit	Schritte	Codewort
E	$40,6\%$	0 0	00
T	$16,5\%$	0 1	01
A	$16,5\%$	1 0 0	100
O	$9,9\%$	1 0 1	101
I	$6,6\%$	1 1 0 0	1100
H	$3,3\%$	1 1 0 1	1101
N	$3,3\%$	1 1 1 0	1110
S	$3,3\%$	1 1 1 1	1111

*Abbildung 14.2: Shannon-Fano-Kodierung. Die horizontalen Striche stellen jeweils die Auf-
spaltungen in die Teilfolgen dar, beginnend bei dem längsten horizontalen Strich, der die erste
Aufspaltung darstellt. Die mittlere Codewortlänge des Codes ist gleich* $(0,406 + 0,165) \cdot 2 +$
$(0,165 + 0,099) \cdot 3 + (0,066 + 0,033 + 0,033 + 0,033) \cdot 4 = 2,594$ *Bits.*

14.4.3   Huffman-Kodierung

Wir kommen nun zu der von Huffman im Jahre 1952 eingeführten Kodierung.

Dieses Verfahren wählt einen der Shannon-Fano-Kodierung sehr ähnlichen Ansatz. Der
wesentliche Unterschied besteht darin, dass die Shannon-Fano-Kodierung die Bits der
Codewörter von vorne nach hinten und die Huffman-Kodierung sie von hinten nach
vorne berechnet. Das *Verfahren von Huffman* baut den Codebaum bottom-up, iterativ
auf:

- Es wird zuerst für jedes Zeichen des Alphabets ein Blatt erzeugt, das mit der Auftrittswahrscheinlichkeit dieses Zeichens beschriftet wird. Die Blätter sind in Abbildung 14.3 grau gekennzeichnet. Abbildung 14.3 illustriert das Huffman-Verfahren
  an dem schon in Abbildung 14.2 betrachteten Alphabet bei gleicher Häufigkeitsverteilung.

- In jedem weiteren Schritt werden die beiden Knoten mit den zwei kleinsten Beschriftungen – die Beschriftung eines Knotens entspricht der Wahrscheinlichkeit,
  dass ein Zeichen aus dem zu dem Knoten gehörigen Teilbaum auftritt – zu einem neuen Knoten zusammengefasst. Der neue Knoten erhält als Beschriftung
  die Summe der Einzelauftrittswahrscheinlichkeiten der in seinem Teilbaum enthaltenen Knoten, die sich leicht aus der Addition der beiden Beschriftungen der
  beiden Kindern ergibt. Es wird je eine Kante von dem neuen Knoten zu den beiden
  zusammengefassten Knoten eingefügt. Eine dieser Kanten wird mit 0, die andere
  Kante mit 1 markiert. Die beiden Knoten, die zu dem neuen Knoten zusammengefasst wurden, werden in den folgenden Iterationen nicht mehr betrachtet.

- Ist ein Codebaum erstellt, so stoppt das Verfahren.

Die Kanten in der Abbildung 14.3 sind in entgegengesetzter Richtung als in einem Codebaum üblich eingezeichnet, um zu verdeutlichen, welche beiden Knoten jeweils zu einem neuen Knoten zusammengefasst werden.

Zu bemerken ist, dass der Huffman-Code zu einem Alphabet mit zugehöriger Häufigkeitsverteilung nicht eindeutig ist. So sehen wir in unserem Beispiel in Abbildung 14.3, dass es in verschiedenen Schritten mehrere Knoten mit der gleichen Beschriftung gibt. Welche dieser Knoten als nächste ausgewählt werden, um zu einem neuen Knoten zusammengefasst zu werden, hat jedoch keinen Einfluss auf die mittlere Codewortlänge des resultierenden Codes.

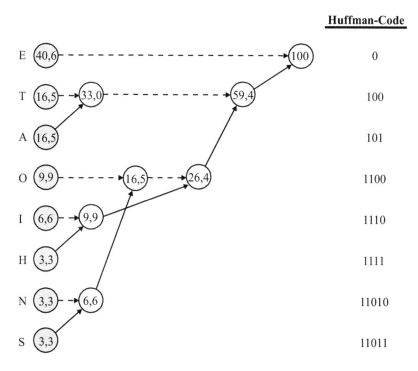

Abbildung 14.3: *Huffman-Kodierung. Gestrichelte Kanten sind mit 0 markiert, durchgezogene Kanten mit 1.*

Wir sehen in unserem Beispiel, dass die Huffman-Kodierung einen Code erzeugt, der mit einer mittleren Codewortlänge von $0,406 \cdot 1 + (0,165 + 0,165) \cdot 3 + (0,099 + 0,066 + 0,033) \cdot 4 + (0,033 + 0,033) \cdot 5$ Bits, d. h. $2,518$ Bits, leicht besser als der durch Shannon-Fano erzeugte Code ist (siehe Abbildung 14.2), der eine mittlere Codewortlänge von $2,594$ Bits aufweist. Die durch die Entropie $H(A, P)$ gegebene untere Schranke für die mittlere Codewortlänge ist jedoch noch niedriger, nämlich $2,462$ Bits.

Satz 14.4

Der Huffman-Code ist ein optimaler eindeutig dekodierbarer Code.

Einen ausführlichen Beweis findet man in [35].

14.4.4   Erweiterte Huffman Kodierung

Der Nachteil eines Huffman-Codes und allgemein eines optimalen Präfixcodes besteht darin, dass, obwohl Satz 14.3 aussagt, dass seine mittlere Codewortlänge höchstens um 1 größer als die Entropie der Datenquelle ist, bei kleiner Entropie der Huffman-Code ziemlich ineffizient gegenüber der Entropie sein kann. Eine Möglichkeit, dies zu umgehen, ist, die Zeichen des Alphabets nicht einzeln zu kodieren, sondern Zeichenfolgen als Block zu betrachten und diese Blöcke anstelle der einzelnen Zeichen zu kodieren.

So könnten wir zum Kodieren von Texten über dem in der Abbildung 14.3 gezeigten Alphabet $A = \{E, T, A, O, I, H, N, S\}$ jeweils zwei Zeichen zu einem Block zusammenfassen, also das Alphabet

$$A^2 = \{EE, ET, EA, EO, EI, EH, EN, ES, TE, TA, \ldots, SS\}$$

statt des Alphabets A betrachten.

Die Häufigkeit, mit der ein Block auftritt, ergibt sich aus dem Produkt der Häufigkeiten, mit der seine Zeichen auftreten, also z. B.

$$\begin{aligned} P(EE) &= P(E) \cdot P(E) \\ &= 0,406 \cdot 0,406 \\ &= 0,164836 \end{aligned}$$

und

$$\begin{aligned} P(ET) &= P(E) \cdot P(T) \\ &= 0,406 \cdot 0,165 \\ &= 0,06699. \end{aligned}$$

Das Alphabet A^2 unter der Wahrscheinlichkeitsverteilung P kann nun wie gehabt durch das Huffman-Verfahren kodiert werden. Die mittlere Codewortlänge (zurückgerechnet auf ein Zeichen aus A) nähert sich durch dieses Vorgehen an die Entropie $H(A, P)$ von A unter P an – bemerken Sie jedoch, dass ein erweiterter Huffman-Code von A kein Code des Alphabets A ist, sodass wir hier keinen Widerspruch zur Optimalität der Huffman-Kodierung haben. Akzeptable Werte erhält man in der Regel, wenn man Blöcke mit ungefähr acht Zeichen betrachtet.

14.4.5 Arithmetische Kodierung

Der Nachteil der erweiterten Huffman Kodierung besteht darin, dass man in einem Vorverarbeitungsschritt alle Codewörter der Blöcke berechnen muss. Betrachtet man Texte über dem lateinischen Alphabet und, sagen wir mal, fünf verschiedenen Sonderzeichen, wie zum Beispiel Leerzeichen, Komma, Punkt, Fragezeichen, Ausrufezeichen, so gibt es 852.891.037.441 Blöcke der Länge 8. Es ist nicht effizient und somit nicht praktikabel, den Huffman-Code eines solchen großen „Alphabets" zu berechnen.

Die sogenannte *arithmetische Kodierung* hat diesen Nachteil nicht. Sie kodiert wie die erweiterte Huffman-Kodierung Folgen von Zeichen und im Unterschied zur Huffman-Kodierung sogar Folgen beliebiger, auch unterschiedlicher Längen. Die arithmetische Kodierung hat den Vorteil, dass das Codewort einer („beliebig langen") Zeichenfolge „on the fly" berechnet werden kann, also ohne die Codewörter aller Zeichenfolgen zu kennen.

Arithmetische Kodierung ordnet jeder Zeichenfolge $w = a_{i_1} \cdot a_{i_2} \cdot \ldots \cdot a_{i_q}$ über dem Alphabet $A = \{a_1, a_2, \ldots, a_m\}$ eine reelle Zahl $c_{arith}(w)$ aus dem halboffenen Intervall $[0, 1)$ zu. Dies ist prinzipiell möglich, da zwischen je zwei verschiedenen reellen Zahlen a und b mit $a < b$ unendlich viele reelle Zahlen liegen.

Lassen Sie uns im Folgenden detaillierter auf die Arbeitsweise der arithmetischen Kodierung eingehen.

Wir gehen wieder von einem endlichen Alphabet $A = \{a_1, a_2, \ldots, a_m\}$ und einer auf A definierten Häufigkeitsverteilung P aus. Wir setzen voraus, dass es eine (beliebige) totale Ordnung $\leq$ auf A gibt, und nehmen im Folgenden ohne Beschränkung der Allgemeinheit an, dass $a_1 \leq a_2 \leq \ldots \leq a_m$ gilt.

Das Intervall $[0, 1)$ wird nun in m disjunkte, in der Regel unterschiedlich lange Teilintervalle unterteilt, ein Teilintervall für jedes Zeichen. Die Größenverhältnisse der Teilintervalle entsprechen den Verhältnissen der Auftrittswahrscheinlichkeiten ihrer Zeichen. Zur Unterteilung des Intervalls benötigen wir den Begriff der *kumulativen Wahrscheinlichkeit* $P_{kum}(a_i)$, die durch

$$P_{kum}(a_i) = \sum_{j=1}^{i} P(a_j)$$

definiert ist.

In unserem Beispiel aus Abbildung 14.3 gilt somit

$$P_{kum}(E) = 0,406 \qquad P_{kum}(I) = 0,901$$
$$P_{kum}(T) = 0,571 \qquad P_{kum}(H) = 0,934$$
$$P_{kum}(A) = 0,736 \qquad P_{kum}(N) = 0,967$$
$$P_{kum}(O) = 0,835 \qquad P_{kum}(S) = 1,000$$

Das Intervall $[0, 1)$ wird nun genau an den Stellen

$$P_{kum}(a_1), P_{kum}(a_2), \ldots, P_{kum}(a_{m-1})$$

in die m Teilintervalle aufgeteilt. Das zu dem Zeichen a_i $(1 \leq i \leq m)$ gehörige Teilintervall ist das halboffene Intervall

$$[P_{kum}(a_{i-1}), \; P_{kum}(a_i)),$$

wobei $P_{kum}(a_0)$ per Definition gleich 0 gesetzt ist. Abbildung 14.4 links zeigt die entsprechende Unterteilung des Intervalls $[0, 1)$ in unserem Beispiel.

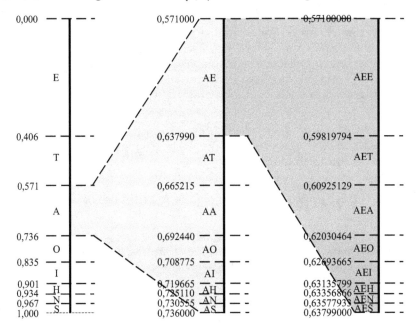

Abbildung 14.4: *Arithmetische Kodierung. Die Zeichensequenz w, die hier mittels arithmetischer Kodierung kodiert wird, beginnt mit den beiden Zeichen $A \cdot E$. Das Codewort von w liegt in dem halboffenen Teilintervall $[0,571, 0,63799)$. Man bemerkt, dass mit jeder Iteration, d. h. mit der Länge der zu kodierenden Zeichenfolge, das Teilintervall, in dem das Codewort enthalten ist, immer kleiner wird, sodass die Rechengenauigkeit des Rechners nicht mehr ausreichen könnte.*

Nehmen Sie nun an, dass eine Folge $w = a_{i_1} \cdot \ldots \cdot a_{i_q}$ kodiert werden soll. Die arithmetische Kodierung schaut sich das erste Zeichen an, das in diesem Fall das Symbol a_{i_1} ist. Diesem Symbol ist das Teilintervall

$$[P_{kum}(a_{i_1-1}), \; P_{kum}(a_{i_1}))$$

zugeordnet. Daraus ergibt sich, dass der arithmetische Code $c_{arith}(w)$ von w eine reelle Zahl aus diesem halboffenen Intervall ist. Das Verfahren wird nun auf diesem Teilintervall $[P_{kum}(a_{i_1-1}), \; P_{kum}(a_{i_1}))$ fortgesetzt, indem dieses Intervall wie gehabt in m Teilintervalle unterteilt wird. Das i-te Teilintervall ist nun gegeben durch

$$[P_{kum}(a_{i_1-1}) + Bereich \cdot P_{kum}(a_{i-1}), \; P_{kum}(a_{i_1-1}) + Bereich \cdot P_{kum}(a_i))$$

mit

$$Bereich = P_{kum}(a_{i_1}) - P_{kum}(a_{i_1-1}).$$

Lassen Sie uns das Verfahren an unserem Beispiel näher erklären. Das Beispiel wird in Abbildung 14.4 erläutert. Sei die zu kodierende Zeichenfolge w gleich $A \cdot E \cdot O$. Da das erste Zeichen von w das Symbol A ist, liegt der arithmetische Code von w in dem zu A gehörigen Teilintervall, also innerhalb von $[0,571\,,\,0,736)$. Dieses Teilintervall wird für die weitere Kodierung wieder in acht Teilintervalle unterteilt, deren Längen wieder proportional zu den jeweiligen Auftrittswahrscheinlichkeiten ist (siehe mittlerer Teil der Abbildung 14.4). Die Grenzen der einzelnen Intervalle ergeben sich durch:

- untere Grenze des zu AE gehörigen Teilintervalls:
  $(0,736 - 0,571) \cdot 0,000 + 0,571 = 0,571$

- obere Grenze des zu AE gehörigen Teilintervalls:
  $(0,736 - 0,571) \cdot 0,406 + 0,571 = 0,63799$

- obere Grenze des zu AT gehörigen Teilintervalls:
  $(0,736 - 0,571) \cdot 0,571 + 0,571 = 0,665215$

- obere Grenze des zu AA gehörigen Teilintervalls:
  $(0,736 - 0,571) \cdot 0,736 + 0,571 = 0,69244$

- obere Grenze des zu AO gehörigen Teilintervalls:
  $(0,736 - 0,571) \cdot 0,835 + 0,571 = 0,708775$

- obere Grenze des zu AI gehörigen Teilintervalls:
  $(0,736 - 0,571) \cdot 0,901 + 0,571 = 0,719665$

- obere Grenze des zu AH gehörigen Teilintervalls:
  $(0,736 - 0,571) \cdot 0,934 + 0,571 = 0,72511$

- obere Grenze des zu AN gehörigen Teilintervalls:
  $(0,736 - 0,571) \cdot 0,967 + 0,571 = 0,730555$

- obere Grenze des zu AS gehörigen Teilintervalls:
  $(0,736 - 0,571) \cdot 1 + 0,571 = 0,736$

Da das zweite Zeichen von w das Symbol E ist und dieses dem ersten Teilintervall entspricht, wird das Verfahren mit dem Intervall

$$[0,571\,,\,0,63799)$$

fortgesetzt. Dieses Teilintervall wird wieder in m Teilintervalle unterteilt. Mit dem dritten Zeichen von w, welches das Symbol O ist, landen wir dann im Intervall

$$[0,62030464\,,\,0,62693665).$$

Als arithmetischen Code $c_{arith}(w)$ können wir nun eine beliebige reelle Zahl aus diesem Teilintervall auswählen, zum Beispiel den linken Rand $0,62030464$ oder die Mitte $0,623620645$ des Intervalls.

Ein Problem, das bei Verwendung der arithmetischen Kodierung gelöst werden muss, rührt daher, dass die Teilintervalle immer kleiner werden, je länger die zu kodierende Zeichenfolge ist. Das Beispiel in Abbildung 14.4 zeigt dies eindrucksvoll. Die Wortbreite eines Rechners erlaubt jedoch nur eine eingeschränkte Rechengenauigkeit, sodass ab einer gewissen Grenze, nicht mehr „fein genug gerechnet" werden kann. Um dieses Problem in den Griff zu bekommen, werden in der Literatur verschiedene Ansätze vorgeschlagen, auf die wir im Rahmen dieses einführenden Buches jedoch nicht weiter eingehen wollen. Wir verweisen hierfür auf [24].

Die Dekodierung bei einem arithmetischen Code ist genau so einfach wie die Kodierung, sofern entweder

- die Länge der kodierten Zeichenfolge im Vorfeld bekannt ist

oder

- es ein spezielles Zeichen im Alphabet gibt, das das Ende der Zeichenfolge kennzeichnet.

Ohne eine dieser beiden Voraussetzungen ist eine eindeutige Dekodierung nicht möglich. In Aufgabe 14.13 werden Sie aufgefordert, sich einen Dekodieralgorithmus zu überlegen, der davon ausgeht, dass die Länge der kodierten Zeichenfolge bekannt ist.

14.5   Übungsaufgaben

Aufgabe 14.1

Zeigen Sie, dass die Entropie $H(\mathbf{E})$ eines Experimentes $\mathbf{E}$ mit m möglichen Ausgängen $\mathbf{a_1}, \mathbf{a_2}, \ldots, \mathbf{a_m}$ kleiner gleich $\log_2 m$ ist.

Aufgabe 14.2

Sei $B = (V, E)$ ein (von der Wurzel weg hin zu den Blättern) gerichteter binärer Baum und $t : V \to \mathbb{N}_0$ die Abbildung, die durch

$$(\forall v \in V)\ \ t(v) = \begin{cases} 0, & \text{falls } v \text{ die Wurzel von } B \text{ ist.} \\ t(w) + 1, & \text{sonst, wobei } w \text{ der Vorgänger von } v \text{ ist.} \end{cases}$$

definiert ist und jedem Knoten seine Tiefe im Baum zuordnet. Sei $L \subseteq V$ die Menge der Blätter des Baumes B. Zeigen Sie, dass die Kraft-McMillan-Ungleichung gilt, d. h.

$$\sum_{v \in L} 2^{-t(v)} \leq 1$$

Aufgabe 14.3

Zeigen Sie, dass der Morse-Code nicht eindeutig dekodierbar ist, sofern keine Vereinbarungen getroffen wurden, wie zwei aufeinander folgende Codewörter voneinander getrennt werden.

Aufgabe 14.4

Gehen Sie davon aus, dass die in der Tabelle 14.2 aufgeführten Auftrittswahrscheinlichkeiten den Häufigkeiten der Alphabetszeichen in der englischen Sprache entsprechen. Wie hoch ist die Entropie $H(A, P)$ des Alphabets A unter dieser Wahrscheinlichkeitsverteilung P?

Tabelle 14.2: Buchstabenhäufigkeiten in der englischen Sprache

E	12,33%	S	6,28%	C	2,48%	K	0,80%
T	9,05%	R	5,72%	Y	2,11%	X	0,15%
A	8,17%	D	4,31%	F	2,09%	J	0,10%
O	7,81%	L	3,97%	G	1,82%	Q	0,09%
I	6,89%	U	3,04%	P	1,56%	Z	0,05%
H	6,68%	M	2,77%	B	1,45%		
N	6,62%	W	2,64%	V	1,02%		

Aufgabe 14.5

Welche mittlere Codewortlänge hat der Morse-Code, wenn die in Tabelle 14.2 angegebene Wahrscheinlichkeitsverteilung zu Grunde gelegt wird? Nehmen Sie an, dass ein kurzer Ton einem Impuls der Länge 1, ein langer Ton einem Impuls der Länge 3 entspricht. Zwei aufeinander folgende Töne werden durch eine Pause der Länge 1 voneinander getrennt.

Aufgabe 14.6

Kodieren Sie das lateinische Alphabet mit Shannon-Fano-Kodierung unter Verwendung der in Tabelle 14.2 gegebenen Auftrittswahrscheinlichkeiten. Wie groß ist die mittlere Codewortlänge dieses Codes?

Aufgabe 14.7

Seien $A = \{W, i, n, t, e, r\}$ ein Alphabet bestehend aus sechs Zeichen und $c : A \to \mathbb{B}^*$ ein Code variabler Länge von A mit $c(W) = 00$, $c(i) = 010$, $c(n) = 0111$, $c(t) = 101$, $c(e) = 100$ und $c(r) = 1011$. Ist c ein Huffman-Code? Begründen Sie Ihre Aussage.

Aufgabe 14.8

Sei das Alphabet $A = \{a, b, c, d, e, f\}$ gegeben. Zu jedem Zeichen $x \in A$ sei eine Auftrittswahrscheinlichkeit $p(x)$ ermittelt worden, die durch $p(a) = 0,10$, $p(b) = 0,15$, $p(c) = 0,15$, $p(d) = 0,15$, $p(e) = 0,20$ und $p(f) = 0,25$ gegeben ist. Berechnen Sie für das Alphabet A und die vorgegebene Auftrittswahrscheinlichkeit p einen Huffman-Code.

Aufgabe 14.9

Unter welchen Konstruktionsbedingungen ist der Huffman-Code für ein beliebiges Alphabet A mit dazugehöriger Auftrittswahrscheinlichkeit p eindeutig bestimmt? An p dürfen Sie hierbei keine weiteren Bedingungen stellen, außer dass die Summe der Einzelauftrittswahrscheinlichkeiten gleich eins ist.

Aufgabe 14.10

Konstruieren Sie den Huffman-Code für das lateinische Alphabet unter Verwendung der in Tabelle 14.2 angegebenen Auftrittswahrscheinlichkeiten. Wie groß ist die mittlere Codewortlänge dieses Codes?

Aufgabe 14.11

Sei das Alphabet $A = \{a, b, c, d\}$ mit den Auftrittswahrscheinlichkeiten $p(a) = 0,4$, $p(b) = 0,3$, $p(c) = 0,2$ und $p(d) = 0,1$ gegeben. Kodieren Sie die Folge $a\,a\,b\,d\,c\,a$ mittels arithmetischer Kodierung.

Aufgabe 14.12

Es seien die gleichen Voraussetzungen wie in Aufgabe 14.11 gegeben. Dekodieren Sie das Codewort 0,375 jeweils zu

1. einer Folge der Länge 1,

2. einer Folge der Länge 2,

3. einer Folge der Länge 4.

Aufgabe 14.13

Überlegen Sie sich ein Verfahren, wie die Dekodierung bei einem arithmetischen Code erfolgen kann. Gehen Sie dabei davon aus, dass die Länge der kodierten Zeichenfolge bekannt ist.

15   Schlusswort

Seit den ersten Ansätzen in den 1930er und 1940er Jahren hat die Rechnerentwicklung eine stürmische Entwicklung genommen, beginnend bei den Zuse-Rechnern (siehe Abschnitt 1.2), die für eine Multiplikation etwa drei Sekunden benötigt haben, bis hin zu den alltäglich gewordenen PCs, Notebooks und PDAs (*Personal Data Assistant*) oder – betrachtet man den Hochleistungsbereich – bis hin zu dem *IBM BlueGene/L*-Rechner des Lawrence Livermoore National Laboratory, der mit 478, 2 Teraflops pro Sekunde, also mit 478.200.000.000.000 Gleitkomma-Operationen pro Sekunde, heute, November 2007, nach der *TOP 500 Supercomputer Sites* [28] der schnellste Rechner der Welt ist. Im Vergleich zu Juni 2007 hat die Top 1 unter den Supercomputern in den nur sechs Monaten eine Performanzsteigerung um circa 70 % (von 280,6 Teraflops auf die oben schon genannten 478,2) erfahren.

Prognosen für die Zukunft zu stellen, ist sicherlich schwierig. Wie falsch die Zukunftsentwicklung der Computer-Technologie beurteilt werden kann, zeigen etliche Zitate aus der Anfangszeit der Computer. Stellvertretend seien hier nochmals die beiden, schon in Kapitel 1 aufgeführten Zitate genannt:

> „ *I think there is a world market for maybe five computers*"

von Thomas Watson, *IBM Corporation*, und

> „ *Computers in the future may weigh no more than 1,5 tons*"

aus *Popular Mechanics*. Im Jahre 1979, also bereits vor fast 30 Jahren, waren 75 Millionen Mikroprozessoren im Einsatz. Im Jahre 1996, zum 50-ten Geburtstag der ENIAC – den ENIAC-Rechner haben wir auf Seite 8 vorgestellt –, integrierten Studierende der *University of Pennsylvania* die ENIAC auf einem 7, 44 × 5, 29 Quadratmillimeter großen Chip [36].

Zur Zeit gelten eingebettete Systeme – „ Computer, die man nicht sieht" – als die Schlüsselanwendung der Informationstechnologie in den kommenden Jahren. Ihr Wachstumspotential und ihre Anwendungsvielfalt verbunden mit unzähligen, konzeptuellen und technischen Fragestellungen sind Herausforderung und Chance für Industrie und Forschung gleichermaßen. Bereits heute kommt, so Schätzungen, der durchschnittliche Europäer mit circa 60 bis 100 eingebetteten Systemen täglich in Berührung. Das sind, wie der Name bereits andeutet, Rechnersysteme, die in einer Umgebung eingebettet sind und dort komplexe Regelungs-, Steuerungs- oder Datenverarbeitungsaufgaben übernehmen. Beispiele finden sich im Verkehrswesen (Autos, Eisenbahnen und Flugzeugen), in der Mobilkommunikation, Unterhaltungselektronik und in der Fertigungstechnik. Realisiert werden die Systeme durch die Integration von Prozessoren, Spezialhardware und Software. Die Heterogenität der Systemarchitektur, die Komplexität der Aufgabenstellung und die Notwendigkeit, vielfältige technische und ökonomische Vorgaben einhalten zu müssen, machen die Integration sehr anspruchsvoll. Typische Anforderungen in diesem Kontext sind unter anderem

- Zuverlässigkeit und Korrektheit,

- Effizienz,

- Wartbarkeit und

- Echzeitfähigkeit.

Auf Grund des Fortschritts der Technologie lassen sich inzwischen mehrere solcher Prozessor-Einheiten integrieren und preisgünstig in die Umgebung einbetten. Diese Trends bringen neue und spezifische Herausforderungen für Forschung und Entwicklung in vielen Bereichen, insbesondere der Informatik, der Elektrotechnik und der Mikrosystemtechnik mit sich, so zum Beispiel:

- effiziente Multiprozessor-Architekturen und entsprechende Softwareentwicklungen mit den dafür notwendigen spezifischen Werkzeugen und Arbeitsprozessen,

- neue Anwendungen und Algorithmen basierend auf diesen komplexen Systemen, wobei oftmals zusätzliche Bedingungen wie beschränkte Ressourcen (Speicherbedarf, Stromverbrauch usw.) oder Ablauf in Echtzeit berücksichtigt werden müssen.

Getragen wurde diese rasante Entwicklung durch technologische Fortschritte: Seit den 1970er Jahren stieg die Anzahl der möglichen Transistoren pro Chipfläche um etwa 60 bis 80 Prozent pro Jahr, die Taktrate stieg um etwa 30 Prozent pro Jahr. Bis noch vor zwei oder drei Jahren konnte diese Wachstumsrate auch in dieser Höhe eingehalten werden. Es zeigt sich heute, dass die weitere Entwicklung diesbezüglich als eher kritisch zu beurteilen ist; zumindest sind vielfältige Probleme, z. B. im Bereich der Zuverlässigkeit, zu überwinden, wenn man die Technologie auch weiterhin „beherrschen" will.

Das Technologie-Potential kann allerdings auch nur dann ausgenutzt werden, wenn die im Rahmen der Technischen Informatik erarbeiteten und bereitgestellten Methoden angewendet und weiterentwickelt werden.

Das vorliegende Buch hat eine Einführung in diesen komplexen Themenbereich gegeben. Wie der Leser sehen konnte, gibt es hierbei sehr unterschiedliche Aspekte zu beachten. Man benötigt ein Grundwissen über die zu erstellenden physikalischen Systeme und Ansätze zur formalen Modellierung und algorithmischen Vorgehensweise. Nur durch eine gute Integration dieser Aspekte wird es auch in Zukunft gelingen, erfolgreich komplexe Systeme zu erstellen, die in zunehmendem Maße unseren Alltag prägen werden.

Wir gehen abschließend exemplarisch darauf ein, wie das Technologie-Potential zu weiteren Leistungssteigerungen im Hochleistungsbereich genutzt werden kann.

Die steigende Komplexität der Prozessoren geht einher mit architektonischen Verbesserungen, wobei die *prozessinterne* parallele Verarbeitung von Daten eine wesentliche Rolle spielt. So wurden folgende Arten der parallelen prozessinternen Verarbeitung bisher eingesetzt:

- *Parallelität auf Bit-Ebene*

  Die Wortbreite der Prozessoren wurde schrittweise von 8 Bit (*Intel 8080*) über 16 und 32 Bit auf 64 Bit (*Intel IA64*) erhöht.

- *Parallelität durch Befehlspipelining*

  Die Verarbeitung eines Maschinenbefehls wurde in Teilaufgaben zerlegt, die von Pipelinestufen nacheinander ausgeführt werden, sodass bei voneinander unabhängigen Befehlen aufeinander folgende Teilaufgaben benachbarter Befehle wie auf einem Fließband parallel zueinander verarbeitet werden können (siehe Abschnitt 11.2) – heutige Prozessoren verwenden je nach Befehlstyp zwischen 2 und 14 Pipelinestufen.

- *Parallelität durch mehrere Funktionseinheiten*

  Moderne Prozessoren enthalten mehrere Funktionseinheiten, die unabhängig voneinander Befehle verschiedenen Typs bearbeiten können. Typische Funktionseinheiten sind ALUs (engl.: *Arithmetic Logic Units*), FPUs (engl.: *Floating Point Units*), Speicherzugriffseinheiten (engl.: *Load/Store Units*) oder Sprungeinheiten (engl.: *Branch Units*). Beispielhaft seien hier die sogenannten *Vektorrechner* genannt, die neben einer gewöhnlichen skalaren Einheit eine spezielle Einheit für Vektor-Operationen, die in der Regel in mehreren parallel ablaufenden Pipelinestufen realisiert werden, enthält.

Neben dem Einsatz von Parallelität auf Prozessor-Ebene gibt es seit Mitte der 1970er Jahre die Tendenz, zur Durchführung von rechenzeitintensiven Simulationen aus dem physikalisch-technischen Bereich speziell für dieses Einsatzgebiet konstruierte Parallelrechner einzusetzen, in denen mehrere Prozessoren zur Durchführung der Berechnung strukturiert zusammenarbeiten. Im Laufe der Jahre wurde dazu eine Vielzahl verschiedener Ansätze verfolgt, die sich in der Zusammenarbeit der Prozessoren und in der Ablage der Daten – gemeinsamer oder verteilter Speicher – unterscheiden. Für eine grobe Strukturierung kann man unterscheiden zwischen

- einem Mehrprozessoren-System mit *lokalem Speicher*, das je nach verwendetem Verbindungsnetzwerk eine gute physikalische Skalierbarkeit erlaubt;

- einem Mehrprozessoren-System mit *gemeinsamem, nichtverteiltem Speicher*, bei dem die Prozessoren über einen gemeinsamen Adressraum verfügen;

- einem Mehrprozessoren-System mit *gemeinsamem, verteiltem Speicher*, bei dem die Prozessoren trotz eines gemeinsamen Adressraumes mit schnellen, lokalen (und zeitaufwändigen, entfernten) Speicherzugriffen arbeiten können.

Die dabei für Forschungslaboratorien entwickelten Höchstleistungsrechner bestehen zum
Teil aus mehreren Tausend einzelner Prozessoren und sind in der Lage, die sogenannten „Grand-Challenge"-Probleme bisher nicht bewältigbarer Größenordnung anzuge-
hen, wie zum Beispiel Wettervorhersage im Stundenbereich, Simulation von Crash-Tests
in der Automobilindustrie, Design von Medikamenten oder Simulation der Sicherheit
und Zuverlässigkeit von Atomwaffen. Stellvertretend sei hier der *Earth-Simulator* genannt, der aus 5.000 *NEC-SX6*-Prozessoren aufgebaut ist und über zwei Jahre (bis Juni
2004) als der schnellste Höchstleistungsrechner der Welt galt (siehe [28]). Dieser Rechner
wurde am *Earth Simulator Center* in Yokohama, Japan, mit Unterstützung der japani-
schen Regierung gebaut, um das System Erde aufbauend auf Daten der Vergangenheit
zu simulieren.

Wegen der steigenden Anzahl von Transistoren, die auf einem Chip untergebracht werden können, ging die Tendenz der letzten Jahre in Richtung der Integration mehrerer
unabhängiger Prozessoren auf einem Chip, sodass jeder Rechner schon einen Parallelrechner darstellt. Diese können dann zum Aufbau sehr leistungsfähiger, größerer Parallelrechner mit Zehntausenden von Prozessoren verwendet werden. Dieser Ansatz wurde
insbesondere durch die *IBM Corporation* verfolgt. So besteht der aktuelle Performanz-
König der Supercomputer (Stand November 2007), der *IBM BlueGene/L*-Rechner des
Lawrence Livermoore National Laboratory, aus 212.992 verkoppelter *Power440*-Pro-
zessoren [31]. Mit um die 100 Quadratmeter ist er um ein Vielfaches kleiner als der
Earth Simulator, der mit 3.000 Quadratmeter eine ganze Halle ausfüllt [30] – Geschichte scheint sich zu wiederholen, frei nach *Popular Mechanics*

>   „Supercomputers in the future may weigh no more than 1,5 tons."

Literaturverzeichnis

[1] Gene M. Amdahl, Gerrit A. Blaauw und F. P. Brooks. Architecture of the IBM System/360. *IBM Journal of Research and Development*, 8(2), 1964.

[2] Bernd Becker, Thomas Burch, Günter Hotz, Detlef Kiel, Reiner Kolla, Paul Molitor, Hans-Geog Osthof, Gisela Pitsch und Uwe Sparmann. A Graphical System for Hierarchical Specifications and Checkups of VLSI Circuits. In *European Conference on Design Automation*, Seiten 174–179, März 1990.

[3] Bernd Becker, Günter Hotz, Reiner Kolla, Paul Molitor und Hans-Georg Osthof. Hierarchical Design based on a Calculus of Nets. In *Design Automation Conference*, Seiten 649–653, Juni 1987.

[4] Robert Brayton, Gary Hachtel, Curtis McMullen und Alberto Sangiovanni-Vincentelli. *Logic Minimization Algorithms for VLSI Synthesis*. Kluwer Academic Publishers, 1984.

[5] Richard P. Brent und H. T. Kung. A regular layout for parallel adders. *IEEE Transactions on Computers*, 31(3):260–264, März 1982.

[6] Randy Bryant. Graph-based algorithms for Boolean function manipulation. *IEEE Transactions on Computers*, 35(8):677–691, August 1986.

[7] Johannes Buchmann. *Einführung in die Kryptographie*. Springer Verlag, 1999.

[8] Wai-Kai Chen, Herausgeber. *The VLSI Handbook*. CRC Press, 2000.

[9] Thomas Cormen, Charles Leiserson, Ronald Rivest und Clifford Stein. *Algorithmen – Eine Einführung*. Oldenbourg Wissenschaftsverlag, München, 2. Auflage, 2007.

[10] Oliver Coudert. Two-level logic minimization: an Overview. *INTEGRATION, the VLSI Journal*, 17(2):97–140, 1994.

[11] Rolf Drechsler und Bernd Becker. *Graphenbasierte Funktionsdarstellung*. B. G. Teubner, Stuttgart, 1998.

[12] Karl Horninger. *Integrierte MOS-Schaltungen*. Springer-Verlag, 1987.

[13] Günter Hotz. *Informatik: Rechenanlagen*. Studienbücher. B. G. Teubner, Stuttgart, 1972.

[14] Günter Hotz. *Schaltkreistheorie*. Walter de Gruyter, Berlin, New York, 1974.

[15] Günter Hotz. Vorlesungen zu Rechenanlagen und Schaltkreistheorie. Vorlesungsmitschrifte, 1978-1992.

[16] Günter Hotz. *Algorithmische Informationstheorie*. B. G. Teubner, Stuttgart, 1997.

[17] Jörg Keller und Wolfgang Paul. *Hardware Entwurf, Formaler Entwurf digitaler Schaltungen*. B. G. Teubner, Stuttgart, Leipzig, 1997.

[18] Reiner Kolla, Paul Molitor und Hans-Georg Osthof. *Einführung in den VLSI - Entwurf*. B. G. Teubner, Stuttgart, 1989.

[19] Richard E. Ladner und Mike J. Fisher. Parallel prefix computation. *JACM*, 27:831–838, 1980.

[20] Paul Molitor und Jörg Ritter. *VHDL, eine Einführung*. Pearson Studium, 2004.

[21] Paul Molitor und Christoph Scholl. *Datenstrukturen und effiziente Algorithmen für die Logiksynthese kombinatorischer Schaltungen*. B. G. Teubner, Stuttgart, Leipzig, 1999.

[22] David A. Patterson und John L. Hennessy. *Computer Organization and Design. The Hardware/Software Interface*. Morgan Kaufman Publishers, 1994.

[23] Reinhold Paul. *Elektrotechnik und Elektronik für Informatiker*. Leitfäden und Monographien der Informatik. B. G. Teubner Stuttgart, 1994.

[24] David Salomon. *Data Compression – The Complete Reference*. Springer, 3. Auflage, 2004.

[25] Khalid Sayood. *Introduction to Data Compression*. Multimedia Information and Systems. Morgan Kaufmann Publishers, 1996.

[26] Bernd Schürmann. *Rechnerverbindungsstrukturen*. Vieweg Verlag, 1997.

[27] Claude E. Shannon. A mathematical theory of communication. *Bell System Technical Journal*, 27:379–423 und 623–656, 1948.

[28] TOP 500 Supercomputer Sites. http://www.top500.org/.

[29] Neil J.A. Sloane und Aaron. D. Wyner, Herausgeber. *Claude Elwood Shannon: Collected Papers*. IEEE Press, 1993.

[30] Wolfgang Stieler und Andreas Stiller. Kosmos im Computer. *c't Magazin für Computer Technik*, 2004(22):104–109, 2004.

[31] Andreas Stiller. Top-Finish. *c't Magazin für Computer Technik*, 2004(24):22–24, 2004.

[32] Dominic Sweetman. *See MIPS Run*. Morgan Kaufmann Publishers, 1999.

[33] Andrew S. Tanenbaum. *Modern Operating Systems*. Prentice Hall International, 1992.

[34] Andrew S. Tanenbaum und James Goodman. *Computerarchitektur*. Prentice-Hall, Inc., 1999.

[35] Flemming Topsoe. *Informationstheorie*. Teubner Studienbücher. B. G. Teubner, Stuttgart, 1974.

[36] J. van der Spiegel. ENIAC-on-a-Chip. http://www.ee.upenn.edu/ jan/eniacproj.html, November 2004.

[37] The VIS Group. VIS: A system for verification and synthesis. In *Computer Aided Verification*, Band 1102 von *Lecture Notes on Computer Sciences*, Seiten 428–432. Springer Verlag, 1996.

[38] Wikimedia. http://de.wikipedia.org/wiki/Hauptseite.

[39] Michael R. Williams. *History of Computing Technology*. IEEE Computer Science Press, 2. Auflage, 1997.

Index

$*$, 28
$+$, 22, 27, 28, 36, 190
$^-$, 36
0, 28, 32
1, 28, 32
$=$, 27
$\mathbb{B}$, 24
$\mathbb{B}_n$, 26
$\mathbb{B}_{n,m}$, 26
$C(.)$, 172, 173
$C_2(.)$, 177, 187
$DC(.)$, 26
$DEF(.)$, 26
$DSp[.]$, 240
$H(.)$, 377
$ITE(.)$, 118
$OFF(.)$, 26
$ON(.)$, 26
$P(.)$, 375
$PIT(.)$, 146
$P_{kum}(.)$, 391
$R[.]$, 240
$[.]$, 52, 190
$[.]_1$, 51
$[.]_2$, 52
$[.]_{BV}$, 49
Ω, siehe Ohm
$\cdot$, 22, 27, 28, 36
$\delta(.)$, 46
$\equiv$, 32
$\langle.\rangle$, 46, 55, 189
$\langle.\rangle_b$, 189
$\leq$, 27, 135
$|\,.\,|$, 375
$|\,.\,|_1$, 144
$\prod$, 34
$\psi(.)$, 32
$\sim$, 22, 27, 28, 36
$\sum$, 34

$\vee$, 36
$\wedge$, 36
$bin(.)$, 248
$bin_m(.)$, 248
$bin_{twocomp}(.)$, 248
$c(\alpha)$, 35
$d_{hamming}(.)$, 351
depth$(.)$, 161, 172, 173
$m(\alpha)$, 34
x_i^ϵ, 34

A, siehe Ampere
A/D-Wandler, 92
Absorption, 22
Accelerated Graphics Port, 348
ADD, 254
ADDI, 258
Addierer, 196
    Carry Chain, 198
    Carry Ripple, 198
    Carry-Lookahead, 208
    Carry-Save, 214
    Conditional-Sum, 202
    n-Bit, 196
Addition
    Bereichsüberschreitung, siehe Over-
        flow
    Overflow, 196, 198, 218
    Schulmethode, 190
Adress
    -TAG, 314
    -bus, 338
    -leitung, 337
AEB, 283
Äquivalenz, 32, 167, 260
AGP, siehe Accelerated Graphics Port
Algorithmus
    von Quine, 139
    von Quine/McCluskey, 144

Aloha, 346
ALU, *siehe* Arithmetisch-Logische Ein-
    heit
Ampere, 70, 71
Analog/Digital-Wandler, 92
AND, 259
AND-Feld, 125
AND-OR-Realisierung, 175
ANSI, 339
Anwendungsebene, 3
Arbeitsstromkreis, 8
Arbeitszyklus, 11
Arbitrierung, 344
Architektur
    Ein-Zyklen-, 231
    Harvard-, 228
    Mehr-Zyklen-, 231
Arithmetic Logic Unit, *siehe* Arithmetisch-
    Logische Einheit
Arithmetisch-Logische Einheit, 215, 229
ARM, 279
Assembler, 273
    -Ebene, 3
Assemblierer, 273
Assoziativität, 22, 49
Atom, 39
Ausgang
    primärer, 164
Ausgangs
    -grad, 160
    -signal, 165
Auslöschung, 22
Aussagenlogik, 24
Axiom, 22

Babbage, Charles, 5
Bardeen, John, 12
Bauelement
    Differenzverstärker, 80
    einstellbarer Widerstand, 78
    Festwiderstand, 78
    Kondensator, 79
    Operationsverstärker, 80
    Schalter, 78
    Spannungsquelle, 78
    Widerstand, 72, 78
Baum, 169

balanciert, 176
binär, 170
Blatt, 169
Wurzel, 169
BDD, *siehe* Binary Decision Diagram
Befehl
    ADDI, 258
    ADD, 254
    AND, 259
    BEQ, 262
    BES, 275
    BGT, 263
    BLT, 273
    BNEQ, 263
    BO, 264
    JAL, 276
    JMP, 261
    LDD, 248
    LDPC, 275
    LI, 272
    MOVE, 273
    NOP, 273
    NOT, 273
    OR, 259
    POP, 275
    PUSH, 275
    RET, 276
    ROLI, 256
    ROL, 253
    RORI, 257
    ROR, 253
    SHLI, 255
    SHL, 251
    SHRI, 256
    SHR, 251
    STO, 249
    STPC, 275
    SUBI, 258
    SUB, 253
    XNOR, 260
    XOR, 259
    arithmetischer, 226, 236, 247, 251
    elementarer, 279
    Funktionsbits, 244
    Klassen, 247
    Lade-, 226, 235, 247, 248
    logischer, 226, 236, 247

Maschinen-, 225
Mikro-, 279
Op-Code, 244
Parameter, 244
Speicher-, 226, 235, 247, 248
Sprung-, 226, 247, 260, 265
vom Immediate-Typ, 247
vom Register-Typ, 247
Befehls
-pipelining, 3, 285
-register, 229
-satz, 225
Maschinen-, 226
orthogonaler, 278
-zähler, 229, 232, 238
-zyklus, 229
BEQ, 262
Bereichsüberschreitung, *siehe* Overflow
Betriebssystem, 3
-Ebene, 3
BGT, 263
BH, 283
BIAS, 57
Bibliothek, 162, 168
Gatter, 162
kombinatorische, 162
sequentielle, 163
Standard-, 162
Binärsystem, 46, 47
Binary Decision Diagram, 99, 106
Edge-Valued, 121
geordnet, 108
Komplementkanten, 119
Komplementpunkt, 119
Multi-Terminal, 121
ordered, 108
Binary Moment Diagram, 121
Kronecker Multiplicative, 121
Bit, 41
Blatt, 169
BNEQ, 263
BO, 264
Boden, 303
Boole, George, 21
Boolesche
Algebra, 21, 22
Absorption, 22

Assoziativität, 22
Atom, 39
Auslöschung, 22
Consensus, 23
de Morgan, 23
der Funktionen, 27
der Teilmengen, 23
Distributivität, 22
Einselement, 23
Idempotenz, 23
Kommutativität, 22
Nullelement, 23
zweielementige, 24
Differenz, 104
Funktion, 21, 25
AND-, 27
Darstellung, 26, 28, 35, 99
Definitionsmenge, 26
Dekomposition, 104
Differenz, 104
Division, 184
Don't-Care-Bereich, 26
Erfüllbarkeitsmenge, 26
Exklusiv-Oder-, 27
Implikant, 125, 139
Intervall-, 155
kleiner gleich, 135
Kofaktor, 103
Komplexität, 173
Minterm, 34, 139
monoton, 155
Nichterfüllbarkeitsmenge, 26
Oder-, 27
OR-, 27
partielle, 26
Primimplikant, 125, 146
Projektion, 27
Schwellenfunktion, 123
Support, 103
symmetrische, 123
totale, 26
Träger, 103
Und-, 27
XOR-, 27
Boolescher
Ausdruck, 21, 29
äquivalenter, 32

überdeckter, 147
atomarer, 29
Disjunktion, 29
disjunktive Normalform, 34
erweiterter, 31
Interpretation, 32
Klausel, 34
Komplement, 29
Konjunktion, 29
konjunktive Normalform, 35
Literal, 34
Maxterm, 34
Minterm, 34, 125
Monom, 34, 125
Polynom, 34, 125
Ringsummen-Normalform, 35
Semantik, 28, 32
Syntax, 28
Tiefe, 29
bpi, *siehe* byte per inch
Branch Prediction, *siehe* Sprungvorher-
    sage
Brattain, Walter, 12
Bus, 227, 228, 333
    I^2C-, 334
        Startbedingung, 335
        Stoppbedingung, 336
    -Arbiter, 343, 344
    -Arbitrierung, 344
        Aloha, 346
        CSMA, 346
        Daisy-Chaining, 344, 346
        faire, 346
        Fairness, 344
        Polling, 346
        Stichleitung, 344
        unfaire, 346
    -Master, 339
    -Slave, 335, 339
    -Steuerleitung, 337
    -konflikt, 343
    -protokoll, 228
    -system, 333
        Northbridge, 348
        Southbridge, 348
    Adress-, 338

AGP-, *siehe* Accelerated Graphics
    Port
asynchroner, 337
belegter, 336
busy, 336
Daten-, 338
EIDE-, *siehe* Extended Industry Stan-
    dard Architecture
Ethernet, 334
FSB-, *siehe* Front-Side-Bus
Handshake-Verfahren, 338
Memory-, 348
paralleler, 228, 337
PCI-, *siehe* Peripheral Component
    Interconnect
PCIe-, *siehe* Peripheral Component
    Interconnect Express
Priorität, 343
PS/2, 348
SATA-, *siehe* Serial Advanced Tech-
    nology Attachment
SCSI-, *siehe* Small Computer Sy-
    stem Interface
serieller, 228, 334
synchroner, 337
USB-, *siehe* Universal Serial Bus
V-Link-, 348
Busicom, 13
Byte, 41
byte per inch, 305

C, *siehe* Coulomb, 173
Cache, 302, 308
    -Kohärenz, 317
    Daten-, 310
    direct mapped, *siehe* direktabgebil-
        deter
    direktabgebildeter, 312, 314
    first level, *siehe* on-chip cache
    hit, 310
    Instruktions-, 310
    Lesezugriff, 310
    miss, 310
    on chip, 308
    satz-assoziativer, 316
    Schreibzugriff, 316
        write-allocation, 318

write-back, 317
write-through, 317
second level, 308
Trefferrate, 311, 316
vollassoziativer, 312, 313
Carrier Sense Multiple Access, 346
Carry-Chain-Addierer, 198
Carry-Lookahead-Addierer, 208
Carry-Ripple-Addierer, 198
Carry-Save-Addierer, 214
CCA, *siehe* Carry-Chain-Addierer
CD, *siehe* Compact Disc
Channel-Bit, 304
CISC, *siehe* Complex Instruction Set Computer
CLB, *siehe* konfigurierbarer logischer Block
Code, 42
    -baum, 381
    -wörter, 42
    ASCII-, 44
    eindeutig dekodierbarer, 378
    fehlererkennender, 351, 353
        Cyclic Redundancy Code, 367
        Parityüberprüfung, 360
    fehlerkorrigierender, 351, 356
        2-dim. Parityüberprüfung, 362
        Hamming-Code, 365
    fehlertoleranter, 351
    fester Länge, 42, 378
    Hamming-Distanz, 351
    optimaler, 382
    Präfix-, 379
    präfixfreier, 379
Codewortlänge, mittlere, 375, 377
Compact Disc, 303
    Boden, 303
    Channel-Bit, 304
    EFM, *siehe* Eight to Fourteen Modulation
    Frame, 305
    Grube, 303
    Land, 303
    Merge-Channel-Bits, 304
    Pit, 303
Compiler, 5
    Cross-, 3
Complex Instruction Set Computer, 277

Conditional-Sum-Addierer, 202
Consensus, 23
Control Hazard, 287
Coulomb, 70, 71
CPU, *siehe* Prozessor
CR, *siehe* Carry-Ripple-Addierer
CRC, *siehe* Cyclic Redundancy Code
Cross-Compiler, 3
CSA, *siehe* Conditional-Sum-Addierer
CSavA, *siehe* Carry-Save-Addierer
CSMA, *siehe* Carrier Sense Multiple Access
Cyclic Redundancy Code, 367

D/A-Wandler, 91
Daisy-Chaining, 344
    dezentrales, 346
    zentrales, 344
Darstellung
    äquivalente, 102
    kanonische, 102
Darstellungssatz, 171
Data Hazard, 287
Daten
    -abhängigkeiten, 287
    -bus, 338
    -leitung, 337
Davio-Dekomposition
    negativ, 104
    positiv, 104
DD, *siehe* Decision Diagram
    Abbildung, 179
de Morgan'sche Regeln, 23
Decision Diagram, 99, 101
    high-Nachfolger, 101
    low-Nachfolger, 101
    Binary, 99, 106, 108
    Entscheidungsvariable, 101
    freies, 102
    geordnetes, 102
    Größe, 117
    Interpretation, 102
    Komplementkanten, 119
    komplettes, 102
    Kronecker Functional, 106
    nichtterminaler Knoten, 101
    terminaler Knoten, 101

Word-Level, 121
Decode-Phase, 11
Dekoder, 220, 314
Dekodierung, 43
Dekomposition, 104, 184
    funktionale, 181
    nichttriviale, 188
Dekompositions
    -gleichung, 104
        negativ Davio, 104
        positiv Davio, 104
        Shannon, 104, 176
    -typ, 106
    -typen-Liste, 106
Dekrementierer, 201
depth(), 173
Dezimalsystem, 46, 47
Differenzverstärker, 80
    idealer, 80
    negativ-rückgekoppelter, 81
Digital Versatile Disc, 303
Digital/Analog-Wandler, 91
Disjunktion, 29, 259
Distributivität, 22, 49
Division, 184
    algebraische, 184
Divisor-Polynom, 369
DNF, 34
Drain, *siehe* Transistor
DRAM, 293
    DDR-SDRAM, 300
    doppelte Datenrate, 300
    Fast Page Mode, 297
DSZ, 283
DT, *siehe* Dekompositionstyp
DTL, *siehe* Dekompositionstypen-Liste
duale Gleichung, *siehe* Dualitätsprinzip
Dualitätsprinzip, 24
DVD, *siehe* Digital Versatile Disc

Earth Simulator, 400
Ebene
    Anwendungs-, 3
    Assembler-, 3
    Betriebssystem-, 3
    Hardware-, 2
    Maschinenprogramm-, 2

Mikroprogramm-, 2
    Programmiersprachen-, 3
Eckert, Presper, 10
Edge-Valued BDD, 121
EFM, *siehe* Eight to Fourteen Modulation
EIDE, *siehe* Extended Industry Standard Architecture
Eigeninformation, 375, 376
Eight to Fourteen Modulation, 304
Einer-Komplement, 51
Eingang
    primärer, 164
Eingangs
    -grad, 160
    -signal, 165
Einheiten
    Ω, *siehe* Ohm
    A, *siehe* Ampere
    C, *siehe* Coulomb
    f, *siehe* Farad
    Hz, *siehe* Hertz
    K, *siehe* Kelvin
    S, *siehe* Siemens
    V, *siehe* Volt
Einselement, 23
Einsetzung, 166
Elektronenstrom, 71
Eliminierung, 184
ENIAC, 8, 397
Entropie, 377
Entscheidungs
    -diagramm, *siehe* Decision Diagram
    -variable, 99
Entscheidungsvariable, 101
Entschlüsselung, *siehe* Dekodierung
Entwurf, 125
    Gate-Array, 157
    halbkundenspezifischer, 158
    hierarchischer, 168
    Komplexität, 281
    Sea-of-Gates, 157
    vollkundenspezifischer, 159
Ethernet, 334
    Bus-Arbitrierung, 347
Execute-Phase, 11
Exklusiv-Oder, 260

Exponenten, 55
Extended Industry Standard Architec-
    ture, 348
Extraktion, 185

f, *siehe* Farad
FA, *siehe* Volladdierer
Faggin, Federico, 14
Faltung, 128, 129
Farad, 70, 72
Fast Page Mode, 297
Fehler
    k-fach, 353
    -modell, 352
Feldeffektransistor, 79
Femto, 70
Festkomma
    -darstellung, 45
    -zahl, 46
        Betrag und Vorzeichen, 49
        Einer-Komplement, 50
        negative, *siehe* vorzeichenbehaf-
        tete
        vorzeichenbehaftete, 49
        Zweier-Komplement, 52
Festplatte, 3, 300
    Cache, 302
    Lese-/Schreibekopf, 300
    Positionierungszeit, 302
    Sektor, 301
    Speicherkapazität, 302
    Spur, 301
    Umdrehungsgeschwindigkeit, 303
    Zone, 301
    Zwischenspeicher, 302
Festwiderstand, 78
Fetch-Decode-Execute, 2, 11
Fetch-Phase, 11
Field Programmable Logic Array, 158
Fließbandverarbeitung, *siehe* Befehlspi-
    pelining
Flipflop, 165, 295
    Master-Slave-, 295
        Master, 295
        Slave, 295
floating point number, *siehe* Gleitkom-
    mazahl

formale Summe, 191
    erweiterte, 191
    plus 1, 191
Forwarding Unit, 290
FPGA, *siehe* Field Programmable Lo-
    gic Array
Frame, 305
Frequenz, 70
Front-Side-Bus, 348
FSB, *siehe* Front-Side-Bus
Full-Adder, *siehe* Volladdierer
Funktion
    Exklusiv-Oder-, 27
    Oder-, 27
    Und-, 27
Funktionsbits, 267

Gate, *siehe* Transistor
Gate-Array, 157
    Verdrahtungskanal, 158
Gatter, 162
    -symbol, 163
    Inverter, 89
    kommutativ, 163
    NAND-, 89
    NOR-, 89
    Pin, 163
GB, 302
GByte, 302
Gesetze
    Kirchhoff'sche, 74
    Ohm'sches, 71, 73
gewurzelter Graph, 101
Gibibyte, 232, 302
Giga, 70
Gigabyte, 232, 302
Gleitkommazahl, 55
    Addition, 61
    denormalisierte, 59
    Multiplikation, 63
    normalisierte, 56
    Normalisierung, 62, 64
Grad, 160
Graph
    azyklischer, 101
        Pfad, 101
    gerichteter, 100

Ausgangsgrad, 160
azyklisch, 101
Eingangsgrad, 160
gewurzelter, 101
Grad, 160
indegree, 160
outdegree, 160
Quelle, 101, 160
Senke, 160
Tiefe, 161
Ziel, 101
Zyklus, 101
Kante, 100
Knoten, 100
ungerichteter, 131, 160
Grube, 303
Grundzelle, 157
Gruppe
additive, 368
multiplikative, 368

HA, *siehe* Halbaddierer
Halbaddierer, 196
halbkundenspezifisch, 158
Half-Adder, *siehe* Halbaddierer
Hamming
-Code, 365
-Distanz, 351
Handshake-Verfahren, 338
harddisc, *siehe* Festplatte
Hardware-Ebene, 2
Hauptspeicher, 2, 293, 296
adressierbarer, 3
Hazard, 277, 286
Control, 287
Data, 287
Hertz, 6, 70
Hexadezimalsystem, 46, 47
hidden bit, 58
high
-Kante, 101
-Nachfolger, 101
high-aktiv
Schalter, 79
Signal, 339
Hoff, Ted, 14
Hz, *siehe* Hertz

IAS, 10
IBM BlueGene/L, 397
Idempotenz, 23
IEEE-754-Standard, 56
IF-THEN-ELSE-Operator, 118, 168
Implikant, 125, 135
Prim-, 135
wesentlicher, 147
Indegree, 160
Information, 41
Informationstheorie, 375
Inkrementierer, 201
Input-Pin, 163
Instruktionsregister, 229
Intel Corporation, 13
Intel 4004, 13
Intel 8008, 399
Intel IA64, 399
Montecito, 14
Pentium, 14
Interpreter, 3
Intervallfunktion, 155
Inverter, 89, 126
ITE, *siehe* IF-THEN-ELSE-Operator

JMP, 261

K, *siehe* Kelvin
Kanonizität, 102
Kante, 100
Kapazität, 70, 72
kDNF, 34
Kelvin, 70
KFDD, *siehe* Kronecker Functional Decision Diagram
Kibibyte, 232, 302
Kilby, Jack, 13
Kilo, 70
Kirchhoff'sche
Knotenregel, 74
Maschenregel, 75
kKNF, 35
Klausel, 34
KNF, 35
Knoten, 100
-regel von Kirchhoff'sche, 74
nichtterminaler, 101

terminaler, 101
    Tiefe, 161
Kodierung, 42, 43
    arithmetische, 391
    Huffman-, 388
        erweiterte, 390
    Shannon-Fano-, 387
Kofaktor, 103
    negativer, 104
    positiver, 104
kommutativ, 163
Kommutativität, 22
Komplement, 29
    -kanten, 119
    -punkt, 119
Kondensator, 79
konfigurierbarer logischer Block, 158
Konjunktion, 29, 259
Kosten, 128, 172
    eines Monoms, 129
    eines Polynoms, 129
    Fläche, 127
    minimale, 173
    primäre, 129
    sekundäre, 129
Kraft-McMillan
    Satz von, 382
    Ungleichung, 382, 394
Kronecker
    Functional Decision Diagram, 106,
        179
        ordered, 106
        reduziertes, 109
    Multiplicative Binary Moment Dia-
        gram, 121
Kryptographie, 45
Körper, 368
    mathds Z_2, 368
    Gruppe
        additive, 368
        multiplikative, 368

Ladung, 70
    negative, 70
    positive, 70
LAN, *siehe* Local Area Network
Land, 303

Latch, 295
LDD, 248
Leibniz, Gottfried Wilhelm, 5
Leitfähigkeit, 72
Leitwert, 70, 72
Literal, 34
LOAD/STORE-Architektur, 279
Local Area Network, 336
Logik
    -minimierung
        mehrstufige, 157
        zweistufige, 130
    -synthese, 125, 169
        mehrstufige, 157
        zweistufige, 125
Lokalitätsprinzip, 310
low
    -Kante, 101
    -Nachfolger, 101
low-aktiv
    Schalter, 79
    Signal, 339
LR, 283

Magnetband, 305
    Frame, 305
Manchester-Leitungskodierung, 336
Manipulationsalgorithmus, 117
Mantisse, 55
Maschenregel, Kirchhoff'sche, 75
Maschinen
    -befehl, VI, 2
    -programm-Ebene, 2
    -sprache, VI, 225
Masse, 72
Master, 295, 296, 339
Master-Slave-Flipflop, 295
    Master, 296
    Slave, 296
Matrixüberdeckungsproblem, 145
    dominierte Spalte, 148
    dominierte Zeile, 148
    Primimplikantentafel, 146
    zyklisches, 151
Mauchly, John, 8
Maxterm, 34
Mebibyte, 302

Mega, 70
Merge-Channel-Bits, 304
Methode von Petrick, 151
Mikro, 70
    -befehl, 2, 279
    -programm, 2, 279
        -Ebene, 2
Milli, 70
Minimalpolynom, 136
Minterm, 34, 125, 139
Minuspol, 78
MIPS, 14
Modulknoten, 164
Monom, 34, 125
    Überdeckung, 135
    benachbartes, 144
    Kosten, 129
    Partner, 140
monoton, 155
Morland, Samuel, 5
Multi-Terminal BDD, 121
Multiplexer, 203
Multiplikation
    Partialprodukt, 213
    Schulmethode, 213
Multiplizierer, 213
MUX, 203

Nachfolger
    high, 101
    low, 101
Nachkommastellen, 47
Nano, 70
nD, 104
Normalform, 57
    disjunktive, 34
    kanonische disjunktive, 34
    kanonische konjunktive, 35
    kanonische Ringsummen-, 35
    konjunktive, 35
    Ringsummen-, 35
Northbridge, 348
Null
    -element, 23
    -register, 243
Nurlesespeicher, *siehe* Read Only Memory, 279

OBDD, *siehe* Ordered Binary Decision Diagram
ODD, *siehe* geordnetes Decision Diagram
Ohm, 70, 71
Ohm'sches Gesetz, 71, 73
OKFDD, *siehe* Ordered Kronecker Functional Decision Diagram
Op-Code, 244, 267
operating system, *siehe* Betriebssystem
Operationscode, *siehe* Op-code
Operationsverstärker, 80
    Differenzverstärker, 80
    invertierender, 83
    nichtinvertierender, 82
OR, 259
OR-Feld, 125
Ordered
    Binary Decision Diagram, 108
    Kronecker Functional Decision Diagram, 106
        Komplementkanten, 119
        Komplementpunkt, 119
OurMips, 225
    Architektur, 240
    Aufbau, 230
    Befehlssatz, 242, 244
    Initialisierung, 243
    Prozessor, 240
Outdegree, 160
Output-Pin, 163
Overflow, 196, 198, 218

Paging, 321
PaP, 213
Parallelrechner, 399
Parity
    -Bit, 305, 360, 361
    -Überprüfung, 360
        2-dimensionale, 362
        eindimensionale, 360
Partialprodukt, 213
Pascal, Blaise, 5
Pass-Transistor, 294
PC, *siehe* Befehlszähler
PCI, *siehe* Peripheral Component Interconnect

PCIe, *siehe* Peripheral Component Interconnect Express
pD, 104
Pentium, 14
Peripheral Component Interconnect, 348
Peripheral Component Interconnect Express, 348
Pfad, 101
Phase
    Decode-, 11
    Execute-, 11
    Fetch-, 11
phasengesteuert, 295
Pico, 70
Pin
    Input-, 163
    Output-, 163
Pipelining, 277, 282
    Beschleunigung, 285
    Geschwindigkeitsgewinn, *siehe* Beschleunigung
    Konflikte, 286
    Speedup, *siehe* Beschleunigung
PIT, 146
Pit, 303
PLA, *siehe* Programmable Logic Array
Pluspol, 78
Polling, 346
Polynom, 34, 125, 368
    Kosten, 129
    minimales, 136
    primäre Kosten, 129
    sekundäre Kosten, 129
Positionierungszeit, 302
Potential, 72
PowerPC, 279
Primimplikant, 125, 135
    wesentlicher, 147
Primimplikanten
    -satz von Quine, 137
    -tafel, 146
Program Counter, *siehe* Befehlszähler
Programmable Logic Array, 125
    AND-Feld, 125
    Aufbau, 126
    Faltung, 128, 129
    Fläche, 127

OR-Feld, 125
Programmiersprachen-Ebene, 3
Projektion, 27
Prozessor, 2, 225, 228, 229
Präfix
    -Berechnung, 206
    -code, 379
Pseudoinstruktion, 3, 272

Quelle, 101, 160, 164
Quellenspannung, 78
Quine/McCluskey, 125
    Verfahren, 139

RAM, *siehe* Random Access Memory
Random Access Memory, 296
Read Only Memory, 2
Realisierung, 157
Rechner
    -architektur, VI
    -entwurf, 223
    -komponenten, 226
    virtueller, 4
    von Neumann-, 227
Reduced Instruction Set Computer, 14, 277
Reduced Ordered Kronecker Functional Decision Diagram, 109
Reduktion
    Typ D, 109
    Typ I, 109
    Typ S, 109
Reduktions
    -art, 109
    -regel, 109
Reduktionsregel, 147
Register
    -bank, 234
    Befehls-, 229
    Befehlszähler, 229, 232, 238, 260
    Daten-, 229, 233
    Instruktions-, 229
    Null-, 243
    Spezial-, 229, 238
    Status-, 229, 238
Relais, 8
Resolvente, 140

RISC, *siehe* Reduced Instruction Set Computer

ROKFDD, *siehe* Reduced Ordered Kronecker Functional Decision Diagram

ROL, 253

ROLI, 256

ROM, *siehe* Read Only Memory, 279

ROR, 253

RORI, 257

Rücksprungadresse, 275, 276

S, *siehe* Siemens, 104

SASI, 339

SATA, *siehe* Serial Advanced Technology Attachment

Schalter, 78
  geschlossener, 79
  high-aktiver, 79
  low-aktiver, 79
  offener, 79

Schaltkreis, 157
  -transformation, 182
  äquivalenter, 167
  flacher, 172
  hierarchischer, 168
  Inverter, 89
  kombinatorischer, 163
    innerer Knoten, 164
    Quelle, 164
    Semantik, 165
    Senke, 164
    Simulation, 167
  Kosten, 172
  Modulknoten, 164
  NAND-, 89
  NOR-, 89
  Semantik, 165
  sequentieller, 165
  Signalknoten, 164
  Spannungsteiler, 85
  Taste, 86
  Tastenfeld, 87
  Tiefe, 172

Schaltungsoptimierung, 125

Schickard, Wilhelm, 5

Schwellenfunktion, 123, 182

SCSI, *siehe* Small Computer System Interface

Sea-of-Gates, 157

Seagate, 339

Segmentierung, 321, 324

Selbstinformation, 375

Semantik kombinatorischer Schaltkreise, 165

Senke, 160, 164

Serial Advanced Technology Attachment, 348

Shannon, Claude, 375

Shannon-Dekomposition, 104, 176

Shift
  arithmetischer, 252
  logischer, 253

SHL, 251

SHLI, 255

Shockley, William, 12

SHR, 251

SHRI, 256

Shugart, 339

Siemens, 70, 72

Signal
  -knoten, 164
  high-aktives, 339
  low-aktives, 339

Simulation, 167
  symbolische, 167

Slave, 295, 335, 339

Small Computer System Interface, 339
  -ID, 343
  -Kennung, 343

Software/Hardware-Schnittstelle, VI, 3

Source, *siehe* Transistor

Southbridge, 348

Spalte, dominierte, 148

Spaltendominanz, 148

Spannung, 70–72

Spannungs
  -quelle, 78
  -teiler, 85

Speicher, 226
  -adressen, 227
  -hierarchie, 307, 319
  -kapazität, 302
  -organisation, 306

-segmente, 324
-seiten, 321
　-fehler, 323
　-rahmen, 321
　-tabelle, 321
-typen, 306
-wortbreite, 227
-zelle, 293
　DRAM, 293
　dynamische, 293
　Flipflop, 295
　Latch, 295
　Master-Slave-Flipflop, 295
　phasengesteuert, 295
　SRAM, 293
　statische, 293
　taktgesteuerte, 295
Cache-, *siehe* Cache
CD, *siehe* Compact Disc
Daten-, 228, 231–233
DVD, *siehe* Digital Versatile Disc
Festplatten-, 300, 307, 319
Haupt-, 227, 293, 296, 307, 319
Magnetband-, 305, 307
physikalischer, 320
Programm-, 228, 231–233, 240
RAM, *siehe* Random Access Memory
Random Access Memory, 296
Register-, 307
virtueller, 319, 320
Sprung
　-befehl, 260
　-vorhersage, 292
　bedingter, 287
SRAM, 293
Stack, 274
　-pointer, 271
Standardbibliothek, 162
Stapel, 274
　-zeiger, 274
Statusregister, 229
STD, 162
Stellenwertsystem, 46
Steuer
　-einheit, *siehe* Steuerwerk
　-leitung, 230, 337

-stromkreis, 8
-werk, 266
　festverdrahtetes, 279
STO, 249
Strom, 70, 71
　-kreis
　　Arbeits-, 8
　　Steuer-, 8
　-richtung, 71
　　physikalische, 71
　　technische, 71
　Elektronen-, 71
StrongARM, 279
SUB, 253
SUBI, 258
Substitution, 185
Subtrahierer, 196
Summe
　formale, 191
Summenbit, 191
Support, 103
symmetrisch, 123
Synthesealgorithmus, 117

TAG, 314
taktgesteuert, 295
Taste, 86
　invertierende, 87
　nichtinvertierende, 87
Tastenfeld, 87
Teilmonom, 135
　echtes, 135
Teilschaltkreis, 168
Temperatur, 70
Tera, 70
Tiefe, 161, 172
　minimale, 173
Träger, 103
Transistor, 12
　Drain, 12
　Gate, 12
　n-Kanal, 294
　p-Kanal, 294
　Pass-, 294
　Quelle, 12
　Senke, 12
　Source, 12

Transmission-Gate, 294

überdecken, 135, 147
Überdeckungsproblem, *siehe* Matrixüber-
    deckungsproblem
Überlauf, 229
Übersetzer, 5
Übertrag
    Generierung, 209
    Propagation, 209
Übertragsbit, 191
Übertragungsfehler, 43
    einfacher, 351
    mehrfacher, 351
Umdrehungsgeschwindigkeit, 303
Ungleichung
    Kraft-McMillan, 382, 394
UNIVAC, 10, 305
Universal Serial Bus, 348
UPM, *siehe* Umdrehungsgeschwindigkeit
USB, *siehe* Universal Serial Bus

V, *siehe* Volt
V-Link, 348
Vakuumröhre, 9
Variablen
    -ordnung, 107, 117
Vektorrechner, 399
Verbraucher, 69
Verdrahtungskanal, 158
Verdrängung, 313, 315, 323
Verdrängungs
    -strategie, 313
        FIFO, 314, 324
        least frequently used, 314, 323
        least recently used, 314, 323
Vereinfachung, 185
Verschlüsselung, *siehe* Kodierung
Verstärkungsfaktor, 80, 82
virtueller Rechner, 4
    Hierarchie, 4
Visualisierung am Würfel, 130
Volladdierer, 182, 196, 197
Vollcompiler, 5
vollkundenspezifisch, 159
Volt, 70, 72
von Neumann

Architektur, 10
Prinzip, 10
Vorkommastellen, 47
Vorwiderstand, 87
Vorzeichen, 49, 51, 52, 55
    -bit, 49
    -erweiterung, 240
    negatives, 49
    positives, 49

Wahrscheinlichkeit, kumulative, 391
Wandler
    A/D-, 92
    Analog/Digital-, 92
    D/A-, 91
    Digital/Analog-, 91
Widerstand, 70–72, 78
    einstellbarer, 78
    elektrischer, 71
    Fest-, 78
    Licht-abhängiger, 78
    parallele Anordnung, 75
    pull-down, 78, 87
    pull-up, 78, 87, 126, 334, 335
    serielle Anordnung, 75
    spezifischer, 72
    Temperatur-abhängiger, 78
WLDD, *siehe* Word-Level Decision Dia-
    gram
Word-Level Decision Diagram, 121
Würfel, 130
Wurzel, 169
Wägeverfahren, 91, 92

XNOR, 260
XOR, 259
XScale, 279

Z1, 6
Z2, 7
Z3, 7
Zahlendarstellung, 45
    Betrag-und-Vorzeichen-, 49
    eindeutige, 54, 60
    Einer-Komplement-, 50
    Gleitkomma-, 54
    symmetrische, 50, 53

Zweier-Komplement-, 52
Zahlensystem, *siehe* Stellenwertsystem
Zeichenketten-Darstellung, 42
Zeile, dominierte, 148
Zeilendominanz, 148
Zeit, 70
Ziel, 101
ZS, 284
Zuse, Konrad, 6
Zweier-Komplement, 52
Zyklus, 101

www.ingramcontent.com/pod-product-compliance
Lightning Source LLC
LaVergne TN
LVHW080111070326
832902LV00015B/2515